I0358519

www.ingramcontent.com/pod-product-compliance
Lightning Source LLC
Chambersburg PA
CBHW071227070526
44583CB00017B/2076
* 9 7 8 1 7 3 8 3 6 3 8 4 1 *

یادگاری روی دیوار دیگران

مجموعهٔ مقالات و گفت‌وگوهای محمد محمدعلی
دربارهٔ چهره‌های برجستهٔ ادبیات معاصر

یادگاری روی دیوار دیگران

مجموعهٔ مقالات و گفت‌وگوهای محمد محمدعلی
دربارهٔ چهره‌های برجستهٔ ادبیات معاصر

به کوشش
بهاره دهکردی

نشر رها

ونکوور، کانادا

نشر رها، بخش انتشارات کتاب رسانهٔ همیاری - ونکوور، کانادا
چاپ اول: ۲۰۲۵ میلادی - ۱۴۰۴ خورشیدی
همهٔ حقوق محفوظ و متعلق به نشر رها است.
هیچ بخشی از این کتاب بدون اجازهٔ مکتوب ناشر قابل بازنشر، تکثیر یا تولید مجدد به هیچ شکلی از جمله چاپ، کپی، انتشار الکترونیکی، فیلم، عکس و صدا نیست.
یادگاری روی دیوار دیگران
مجموعهٔ مقالات و گفت‌وگوهای محمد محمدعلی دربارهٔ چهره‌های برجستهٔ ادبیات معاصر
به کوشش: بهاره دهکردی
ویراستاران: سیما غفارزاده و هومن کبیری پرویزی
طرح جلد: فرهاد سفیدی، برگرفته از عکس محمد محمدعلی، کاری از محمدرضا امینی چهرق
صفحه‌آرایی و چاپ: نشر رها
شابک نسخهٔ چاپی: 978-1-7383638-4-1
شابک نسخهٔ الکترونیک: 978-1-7383638-5-8

Rahaa Publishing is the book publishing division of Hamyaari Media Inc.
PO Box 31055, St Johns Street, Port Moody, BC V3H 4T4, Canada
+1-604-671-9505
info@rahaa.pub
www.rahaa.pub
Copyright © 2025 by Rahaa Publishing
All rights reserved, including the right to reproduce this book or portions thereof in any form whatsoever. Without limiting the rights under copyright reserved above, no part of this publication may be reproduced, stored in or introduced into a retrieval system, or transmitted in any form or by any means (electronic mechanical, photocopying, recording or otherwise), without the prior written permission of the publisher.

Yādegārī Rū-ye Dīvār-e Dīgarān: Majmū'eh Maqālāt Va Goftogūhā-ye Mohammad Mohammadalī Darbāre-ye Chehrehā-ye Barjaste-ye Adabīyyāt-e Mo'āser

(Inscriptions on Others' Walls: A Collection of Articles by Mohammad Mohammadali and Interviews with Him about Prominent Figures in Contemporary Literature)

With Contributions by Bahareh Dehkordi
Editors: Sima Ghaffarzadeh and Houman Kabiri Parvizi
Cover Design: Farhad Sefidi, Inspired by a photo of Mohammad Mohammadali by Mohamad Reza Amini Chehragh

دربارهٔ نویسنده

محمد محمدعلی، نویسنده و پژوهشگر ادبی، هفتم اردیبهشت ۱۳۲۷، در خیابان مولوی تهران به دنیا آمد. در غرب تهران، خیابان سلسبیل و هاشمی به دبستان رفت. اولین مشوق و مصحح دل‌نوشته‌های او، ترانه‌سرای رادیو ایران، محمود ثنایی با تخلص شهرآشوب، بود. در دورهٔ چهارسالهٔ دبیرستان مروی، نخست والیبالیست و سپس بازیگر نمایشنامه‌هایی شد که دکتر ایرج امامی کارگردانی می‌کرد. در همین دوره، به عضویت هیئت تحریریهٔ سالنامهٔ مروی درآمد و همچنین با نادر نادرپور، شاعر و نخستین سخنگوی کانون نویسندگان ایران، آشنا شد.

در سال تحصیلی ۱۳۴۷ - ۱۳۴۶، در مسابقات روزنامه‌نگاری مدارس با احراز مقام نخست، از وزیر آموزش‌وپرورش وقت، فرخ‌رو پارسا، لوح تقدیر گرفت. محمدعلی دورهٔ نظام وظیفه را در سپاه ترویج و آبادانی و در روستاهای کُردنشین مرزی سردشت سپری کرد. سپس از دانشکدهٔ علوم سیاسی و اجتماعی لیسانس گرفت.

در سال ۱۳۵۴، هم‌زمان با انتشار مجموعه‌داستان «درهٔ هندآباد گرگ داره» با نسرین کیهانی ازدواج کرد و به استخدام سازمان بازنشستگی

کشـوری درآمد. سـال ۱۳۵۷ پس از انتشار مجموعه‌داسـتان «از ما بهتران»، بـه عضویـت کانون نویسـندگان ایران پذیرفته شـد و یک سـال بعد، در سـال ۱۳۵۸، عهده‌دار مسئولیت امور مالی کانون نویسندگان شد. پس از بازگشت از سـفر شـوروی در سال ۱۳۵۹، فصلنامهٔ برج را منتشر کرد. در سال ۱۳۶۶، هم‌زمـان بـا انتشـار مجموعه‌داسـتان «بازنشسـتگی»، مجموعه‌مقالاتـی در ادبیات و هنر به‌نام «مس» را به دست چاپ سپرد. محمد محمدعلی در سال ۱۳۶۹ از سـازمان بازنشسـتگی کشـوری به معاونت پژوهشی وزارت فرهنگ و آمـوزش عالی منتقل شـد. در سـال ۱۳۷۰، دو رمان «رعدوبـرق بی‌باران» و «نقش پنهان» از او منتشـر شـد. در سـال ۱۳۷۲، مجموعه‌گفت‌وگوهای او بـا شـاملو، دولت‌آبادی و اخـوان ثالث انتشـار یافت. در سـال ۱۳۷۳، همراه گلشـیری و محمـد مختـاری و... جزو هشـت نویسـنده و انتشـاردهندهٔ متن «بیانیـهٔ ۱۳۴ نویسـنده» کـه بـه متن «ما نویسـنده‌ایم» نیز مشـهور اسـت، به سانسـور کتـاب اعتـراض کـرد و مجموعه‌داسـتان «چشـم دوم» او در همـان سـال به بازار آمد.

در سـال ۱۳۷۵، محمدعلی جزو سرنشـینان اتوبوسـی بود که نویسـندگان و شـاعران ایرانـی را به ارمنسـتان می‌برد. اتوبوسـی که قرار بود سرنشـینانش را به‌جای رسـاندن به ارمنسـتان، به قعر دره بفرسـتد که خوشـبختانه با هوشیاری نویسـندگان از مأموریت خود بازماند.

محمدعلی از سـال ۱۳۷۶ به‌همراه علی باباچاهی، سـردبیری سه ویژه‌نامهٔ شـعر و داسـتان مجلهٔ آدینه را به عهـده گرفت و در همان سـال رمان «باورهای خیس یک مرده» از او منتشـر شـد. در اسفند ۱۳۷۷، به‌همراه سیمین دانشور و محمـود دولت‌آبادی و... لوح تقدیر بیسـت سـال داستان‌نویسـی ایران را بابت مجموعه‌داسـتان «بازنشستگی و داسـتان‌های دیگر» از آن خود کرد.

در سـال ۱۳۷۸، سـفرنامهٔ شـوروی به‌نـام «پنـج سـال قبـل از ۱۹۸۵» و

مجموعه‌داستان «دریغ از روبه‌رو» از او منتشر شد. پس از آن در سال ۱۳۷۹ رمان «برهنه در باد» را منتشر کرد و جایزهٔ نخست یلدا را به خود اختصاص داد. در سال ۱۳۸۰، پس از ترجمهٔ دو داستان «عکاسی» و «مرغدانی» او به‌زبان آلمانی، به اولین فستیوال بین‌المللی ادبیات برلین دعوت شد و در تئاتر برشت به‌همراه جمعی از آلمانی‌های دوستدار ادبیات فارسی، شاهد روخوانی نمایشی داستان عکاسی خود شد. در همان سال، عضو هیئت تحریریهٔ «مجلهٔ کارنامه» شد و مسئولیت بخش داستان آن مجله را به عهده گرفت. محمدعلی در سال ۱۳۸۱ از وزارت فرهنگ و آموزش عالی (وزارت علوم) بازنشسته و بلافاصله در مؤسسهٔ فرهنگی-هنری «کارنامه» به تدریس داستان‌نویسی مشغول شد. در همان سال، رمان اسطوره‌ای-پژوهشی «آدم و حوا» از او منتشر شد. محمدعلی سال ۱۳۸۳ را با انتشار رمان «قصهٔ تهمینه» و رمان پژوهشی «جمشید و جَمَک»، شروع و با انتشار مجموعهٔ نقد و نظری به‌نام «واقعیت و رؤیا» همراه علیرضا پیروزان، به پایان رساند. سال ۱۳۸۴ را با چاپ خلاصه‌ای از شرح سفر بدفرجام ۲۱ نویسنده و شاعر به ارمنستان در مجلهٔ شهروند کانادا آغاز کرد و با انتشار مجموعهٔ نقد و نظری به‌نام «از قعر دره تا روز اول عشق»، همراه فرامرز پورنوروز به پایان رساند.

محمدعلی در مهرماه ۱۳۸۵ برای شرکت در سمینار ادبیات چندصدایی (پولی‌فونی) به‌همراه دکتر رضا براهنی و دیگران به ترکیه دعوت شد و در رونمایی ترجمهٔ رمان «نقش پنهان» به ترکی استانبولی شرکت کرد، و یک‌سال بعد یعنی در سال ۱۳۸۶، رمان اسطوره‌ای-پژوهشی او با عنوان «مشی و مشیانه» منتشر شد.

محمدعلی دو روز پیش از انتخابات ریاست جمهوری ۱۳۸۸ به‌همراه همسرش به کانادا رفت تا کنار فرزندانش باشد. او در شهر ونکوور کارگاه‌های هفتگی داستان‌نویسی دایر کرد و مشغول تدریس داستان‌نویسی

شد؛ کلاس‌هایی که تا کمی پیش از درگذشتش در شهر ونکوور و حتی در دوران همه‌گیری کووید-۱۹ بی‌وقفه برقرار بود و نویسندگان بنام ایرانی از سراسر دنیا به‌صورت حضوری یا غیرحضوری مهمان کلاس‌هایش می‌شدند. حاصل این کلاس‌ها انتشار چندین کتاب به‌قلم دانشجویان «کارگاه داستان‌نویسی ونکوور» بود.

در دوران مهاجرت محمدعلی، کتاب او با عنوان «شاملویی که من می‌شناختم» در سال ۱۳۹۲ و رمانش با عنوان «جهان زندگان» در سال ۱۳۹۴ در ایران به چاپ رسید. شایان ذکر است که رمان «جهان زندگان» سه سال پیش از چاپ در ایران، در ونکوور به چاپ رسیده بود.

کتاب «واقعیت و رؤیا ۲» که مجموعهٔ گفت‌وگوهای بهاره دهکردی با محمد محمدعلی دربارهٔ سفرهای فرهنگی، سه‌گانه‌های روز اول عشق و مطبوعات و سینماست، در سال ۱۴۰۰ از سوی «نشر آفتاب» در نروژ به چاپ رسید. چاپ دوم این کتاب را «نشر زن» در ونکوور در سال ۱۴۰۲ منتشر کرد.

آخرین کتاب محمد محمدعلی «خطابه‌های راه‌راه: داستانی ناتمام» بود که حدود سه ماه پیش از درگذشتش در جریان مراسم نکوداشت او در شهر ونکوور، از سوی «نشر رها»، ناشر این کتاب، رونمایی شد؛ مراسمی که در آن از یک عمر فعالیت ادبی، پژوهشی و فرهنگی محمد محمدعلی، قدردانی شد و نمایندگان پارلمان فدرال کانادا و استان بریتیش کلمبیا، به‌پاس خدماتش به ادبیات و فرهنگ، تقدیرنامه‌هایی به او تقدیم کردند.

تمام آثار محمدعلی بارها به چاپ رسیده است و منتقدان، آثار این نویسنده را واقع‌گرا با گرایش به نوعی سمبولیسم، چندصدایی و عدم قطعیت در روایت ارزیابی کرده‌اند.

محمد محمدعلی، روز ۱۴ سپتامبر ۲۰۲۳، برابر با ۲۳ شهریور ۱۴۰۲، به‌دلیل مشکلات ریوی، در بیمارستان عمومی ونکوور درگذشت و جامعهٔ

ادبی ایران را سوگوار کرد. او تا آخرین لحظه پیش از بستری‌شدن در بیمارستان، بی‌وقفه بر روی دو اثر جدیدش کار می‌کرد ولی متأسفانه نتوانست شاهد به‌چاپ‌رسیدن آن‌ها باشد. کتابی که اکنون در دست دارید یکی از آن دو کتاب یادشده است.

پیکر او روز ۲۵ سپتامبر ۲۰۲۳، با حضور خانواده‌اش و صدها تن از شاگردان، دوستان و دوستدارانش در آرامگاه کپیلانو ویو در بخش وست ونکوور، استان بریتیش کلمبیای کانادا، به‌خاک سپرده شد.

یاد و نامش زنده و گرامی باد

بیوگرافی بهاره دهکردی

بهاره دهکردی، متولد ۱۰ دی ۱۳۵۶ در شهرکرد، استان چهارمحال و بختیاری، دوران کودکی و تحصیلات ابتدایی تا پایان دبیرستان را در زادگاه خود گذراند. او در سال ۱۳۸۰ در رشتۀ ادبیات نمایشی (دراماتیک) فارغ‌التحصیل شد و برای ادامۀ فعالیت‌های هنری‌اش به تهران مهاجرت کرد.

دهکردی از دوران دانشجویی، فعالیت خـود را در تئاتر آغاز کـرد. ازجمله نقش‌آفرینی‌هـای او می‌توان بـه بـازی در نمایش‌هـای «آرش» (۱۳۸۱) و «اژدهـاک» (۱۳۸۲) نوشتۀ بهرام بیضایـی، به‌کارگردانی میکائیل شهرستانی، «از پشت شیشه‌ها» (۱۳۸۴) نوشتۀ اکبر رادی، به‌کارگردانی زنده‌یاد مصطفی عبداللهی، و «اُتِلو» (۱۳۸۶) نوشته و کارگردانی حمید مظفری اشـاره کرد. او همچنین سال‌هایـی در مجموعۀ تئاتر شهر به‌عنوان بازیگر و کارمند دفتری فعالیت داشت.

دهکردی در سال ۱۳۹۳ به‌همراه همسـر هنرمند خود، مجتبی دانشی، به کشور کانادا مهاجرت کرد و سـاکن شهر ونکوور شد. او در همان روزهای اول ورودش، با حضور در کارگاه داستان‌نویسـی استاد محمد محمدعلی، فعالیت ادبی خود را به‌زبان فارسی در فضای مهاجرت ادامه داد و به‌عنوان نویسنده،

بازیگـر، تهیه‌کننده و دسـتیار کارگردان در پروژه‌هـای گوناگون حضور یافت.

نخسـتین کتاب منتشرشـده از بهاره دهکـردی، گفت‌وگویی بلنـد با محمد محمدعلی با عنوان «واقعیت و رؤیا ۲» اسـت که چاپ اول آن در سـال ۱۴۰۰ از سـوی نشـر آفتـاب در نـروژ و چـاپ دوم در سـال ۱۴۰۱ از سـوی نشـر زن در ونکـوور منتشـر شـد. و کتـاب حاضر، آخرین کتابی اسـت که به‌کوشـش او گردآوری شـده است.

ازجملـه فعالیت‌های نمایشـی بهاره دهکردی در ونکـوور می‌توان به نمایش «آرش» (۱۳۹۵) نوشـتهٔ بهـرام بیضایـی و نمایش «عاقبت عشـاق سـینه‌چاک» (۱۳۹۵) نوشـتهٔ نیـل سـایمون، هـر دو به‌کارگردانی مجتبی دانشـی و اجراشـده در سـالن سـنتنیال تیاتر اشـاره کرد. او همچنین در نمایش «خلوتگاه» (۱۳۹۸) نوشـتهٔ محمـد چرم‌شـیر و به‌کارگردانی سـهراب سـلیمی که در سـالن کی میک سـنتر اجرا شـد، نقش داشـت، و نیز نقش‌آفرینی در نمایش «آنتیگونه در زنجیر» (۱۴۰۳) نوشـته و کارگردانـی مجتبـی دانشـی و نمایـش «خانـهٔ لهسـتانی‌ها» (۱۴۰۴) به‌کارگردانـی پیـروز میرزایـی، تجربه‌هـای دیگـری از همـکاری او در عرصـهٔ تئاتر در مهاجرت محسـوب می‌شـود.

او در سـال‌هایی پیـش از مهاجـرت، در ایـران به‌عنـوان دسـتیار دکتـر کمال‌الدیـن شـفیعی در حوزهٔ کودک و نوجوان فعالیت می‌کـرد. با تکیه بر همین سـابقه، پـس از مهاجرت نیـز به خلق آثار هنـری برای این گروه سـنی پرداخت. در سـال ۱۳۹۹، نمایـش عروسـکی «دیدار رسـتم و اکوان دیو» - اقتباسـی آزاد از داسـتان‌های شـاهنامه - را در ونکوور به روی صحنه برد. در سـال ۱۴۰۰، با طراحـی برنامـه‌ای ویژهٔ کودکان و نوجوانـان، آن‌ها را با آیین‌ها و شـخصیت‌های نـوروزی آشـنا کـرد. ایـن برنامـه شـامل اجـرای نمایـش عروسـکی ننه‌سـرما با حضـور عروسـک‌های حاجی‌فیـروز و عمونـوروز بـود. در نـوروز ۱۴۰۴، ایـن برنامه به‌روزرسـانی شـد و دوبـاره به اجـرا درآمد.

در حوزهٔ سینما نیز، بهاره دهکردی در فیلم‌های متعددی حضور یافته است. در سال ۱۳۹۶ در فیلم «سیدا»، در سال ۱۳۹۷ در فیلم «پاپ لایف»، هر دو به‌کارگردانی سام محسنی، و در سال ۱۴۰۳ در فیلم بلند «نینا» برگرفته از رمانی با همین نام از دکتر مهدی مشگینی به‌کارگردانی عبدالرضا کاهانی ایفای نقش کرد.

یادداشتی که کاش نوشته نمی‌شد...

«به‌عنوان حرف آخر، حالا در ونکوور چه می‌کنید؟»
این آخرین پرسش من از محمد محمدعلی در پایان کتاب «واقعیت و رؤیا ۲» بود.
با پاسخ ایشان به این سؤال فصلی تازه باز شد؛ صحبت از دغدغهٔ نوشتن خاطرات کانون نویسندگان ایران شروع شد و دوباره به بحث برجسته‌سازی خاطرات در ثبت تاریخ شفاهی رسید. قرار به گردآوری مجموعه‌ای شد که ماحصلِ پنجاه سال قلم‌زدن محمد محمدعلی در مطبوعات داخل و خارج کشور، دربارهٔ نویسندگان، شاعران و مترجمان ایرانی را یک‌جا جمع کند. حاصل کار شد حدود سی و پنج مقاله که با هدف انتشار در این مجموعه از سوی ایشان بازبینی و ویرایش شد و نیز سی و سه گفت‌وگوی کوتاه. روزی که بررسی چکیدهٔ مقالات منتشرشده در دوره‌های گذشته به پایان رسید، محمدعلی از زاویه‌ای دیگر به روایت پرداخت. او در دل این تاریخ نفس کشیده بود و حالا به ابعاد عمیق‌تری از زندگی هم‌نسلان خود می‌پرداخت و امکان سفری درونی به دنیای آن‌ها را ممکن می‌ساخت.

ر / یادگاری روی دیوار دیگران

و کلام آخر؟

حرف آخر ناتمام ماند. قاصدک خوش‌خبر این‌بار در بهت و ناباوری با کوله‌باری از غم رسید و پیش از آنکه این سفر به پایان برسد، کلام آخر ناتمام ماند.

مرگ، همراه دیرینهٔ محمد محمدعلی بود. او باور داشت که مرگ نیستی مطلق نیست؛ نه به‌معنای زندگی دوباره، بلکه به‌شکلی دیگر از بودن و وجودداشتن. مرگ برای ایشان مفهومی مبهم و رازآلود داشت که همواره پیرامون او در جریان بود؛ پریدن از روی یک خط و عبور از مرزی به مرزی دیگر.

کار بازبینی و ویرایش نهایی این کتاب، در غم سنگین فقدانش بسیار دشوار و حتی ناممکن می‌نمود. تنها با همراهی و همدلی جمعی از عزیزان بود که به‌پایان‌رسیدن آن ممکن شد.

صمیمانه از نشر رها، سیما غفارزاده و هومن کبیری پرویزی، سپاسگزارم که با دقت و تعهدی مثال‌زدنی مسئولیت تنظیم و ویرایش را بر عهده گرفتند و با تلاش بی‌وقفه اثری شایستهٔ نام محمد محمدعلی را به سرانجام رساندند.

همچنین سپاسگزار دختران محمد محمدعلی هستم و همسر گران‌قدر ایشان، نسرین کیهانی، که به‌درستی خستگی را خسته کردند و با وجود غم عمیق درونشان ما را در درک و پیاده‌سازی خواسته‌ها و دیدگاه‌های استاد تنها نگذاشتند.

بهاره دهکردی،
ونکوور، ژانویهٔ ۲۰۲۵

پیشگفتار به‌قلم محمد محمدعلی

«خدایان آدمیان را گرفتار می‌کنند تا بتوانند دربارهٔ آن حرف بزنند.»

~ هومر

یادآوری اول[1]

ادبیات شفاهی همواره منابع ارزشمندی برای مردم‌شناسان، جامعه‌شناسان و دیگر شاخه‌ها و انشعابات علوم انسانی بوده و است. این بخش از شیوهٔ پژوهشی در احوالات مردم یک سرزمین که طی قرن‌ها سینه‌به‌سینه از نسلی به نسل دیگر رسیده‌اند، به‌طور کل به نقل حماسه‌ها و افسانه‌ها و اسطوره‌ها و ضرب‌المثل‌ها و ترانه‌هایی که در دسته‌بندی‌های گوناگون به فرهنگ عامه (فولکلور) تعلق دارند، خلاصه و محدود نمی‌شوند.

سفرنامه‌ها، خودزندگی‌نامه‌ها، خاطره‌های پراکنده، گفت‌وگوهای دوجانبه و چندجانبه، برخی معرفی‌های روزنامه‌ای و سخنرانی‌های مناسبتی و موقعیتی در تولد و مرگ، مصاحبه در رونمایی کتاب‌ها و حواشی سمینارها، حاشیه‌نویسی عکس‌ها، گفتار هم‌زمان فیلم‌های مستند و دیگر رویدادهای شنیدنی و دیدنی در رادیو و تلویزیون و دیگر فضاهای مجازی،

۱- از مقدمهٔ کتاب واقعیت و رؤیا ۲، در گفت‌وگو با بهاره دهکردی، نشر آفتاب، نروژ، ۱۴۰۰ خورشیدی

می‌توانند در ردیف ادبیات شفاهی قرار بگیرند. در این رویکرد هر یک، بُعدی از شخصیت افراد، نظم و نظام حاکم بر آداب و رسوم زمانهٔ ساکنان روستاها و شهرها و کشورها را روشن می‌سازند و این همه میراثی ارزشمند شمرده می‌شوند از تجربه‌های زیستی برای معاصران و نسل‌های بعدی علاقه‌مند به مردم‌شناسی و جامعه‌شناسی و...

یادآوری دوم
متأسفانه در کشورهای جهان سوم یا پیرامونی، اکثر امور عادی و روزمرهٔ مردم با سیاست و مذهب گره خورده است. تداخل و رخنهٔ این دو عنصر که هر یک جایگاه جداگانه‌ای دارد، در زندگی خصوصی مردمان منجر به عوارضی شده است که نمی‌توان از آن چشم پوشید. هنگامی که بحث جابه‌جایی ارزش‌ها به میان می‌آید و اصطلاحاً حفظ آبرو بین غریبه و آشنا، یکی از ضرورت‌ها محسوب می‌شود، این خود باعث نوعی پنهان‌کاری و رواج دورویی می‌گردد. ترس و واهمهٔ نویسندگان و شاعران و هنرمندان از نگارش خودزندگی‌نامه و مواجهه با افکار عمومیِ آغشته به دو عنصر یادشده، لطمه‌های جبران‌ناپذیری به ادبیات همین کشورهای پیرامونی زده است.

خیل عظیمی از خوانندگان در سراسر جهان توقع دارند سیر تحول و فرازونشیب زندگی نویسندگان و شاعران خود را بدانند. در جریان پرورش خوی و خصلت و شخصیت و برداشت‌های او از هستی تا امور خصوصی او قرار بگیرند. آگاهی از برخی حوادث مربوط به زندگی آنان، خوانندگان علاقه‌مند را قادر می‌سازد به بخش‌هایی از تغییر و تحولات درونی آنان که منشأ فعالیت‌های هنری‌شان بوده و باعث خلق آثارشان شده است، دست یابند. مجموع همین موشکافی‌ها و کنجکاوی‌هاست که دست‌به‌دست هم می‌دهند تا ماهیت بیرونی و درونی آن شخصیت ادبی-هنری روشن‌تر شود و

عمق روح و سلیقه و پسندش در کلیهٔ امور چه عمومی و چه خصوصی آشکار و به تبعِ آن، منتقدان نیز قادر شوند با دیدی وسیع‌تر و همه‌جانبه‌تر آثارشان را بررسی و مددرسان خود و شناخت هرچه‌بیشتر خوانندگان احتمالی باشند.

مجموعهٔ «یادگاری روی دیوار دیگران» نیز آن‌طور که از نامش پیداست، یادآور گونه‌ای ادبیات شفاهی به‌طور کلی، و جزئی از تاریخ شفاهی است که در غرب سابقهٔ طولانی دارد. چرا که آنان به‌درستی به ارزش آن در شناخت بیشتر و حسی‌تر آن لحظاتِ پنهان‌مانده در ادبیات و تاریخ خود پی برده‌اند. در ایران نیز ده بیست سالی است که این ژانر یا نوع اطلاع‌رسانی دارد باب می‌شود و با همت دوستان اهل ادب و فرهنگ کم‌کم جایگاه شایستهٔ خود را به دست می‌آورد.

آنچه حالا و اکنون در خصوص این مجموعهٔ کتبی و شفاهی گفتنی است، آنکه هرچند بیشتر صفحاتش اختصاص یافته به یادداشت‌های کوتاه و بلند راقم سطور دربارهٔ برخی آراء و آثار نویسندگان معاصر، اما در ذات خود چون دلی یا گذری و نظری بوده، باز هم در ردیف خاطرات قرار می‌گیرد.

این نوشته‌ها دربرگیرندهٔ برخی یادداشت‌های من است در بازهٔ زمانی سی‌ساله (۱۳۹۶ - ۱۳۶۶) و به‌طور کلی در جوار و حوالی ادبیات شفاهی و صرفاً دربارهٔ نویسندگان و شاعران ایرانی و بعید نیست بخشی از آن با معیارهای امروزِ نقد و نظر همخوانی نداشته باشد. از سوی دیگر، سعی شده است در بخش پرسش و پاسخ با مرور خاطره‌هایی چند و به‌منظور رونقِ بخش شفاهی، برخی اطلاعات شخصی به‌روزرسانی شود.

در این مجموعه به‌منظور خدشه‌دارنشدن مهر و نشان سال‌های نگارش حتی‌المقدور سعی شده دچار اصلاحات اساسی ساختاری و زبانی نشود و کماکان بازتاب‌دهندهٔ دیدگاه‌های راقم سطور باشد. در بخش پرسش و پاسخ‌های پایان مقاله‌ها، بهاره دهکردی همواره مددرسان بوده است تا

مجموعه کماکان خاصیت شفاهی‌بودن را از دست ندهد.

«آن‌قدر خاطره دارم که انگار هزاران سال زندگی کرده‌ام.» این جملهٔ شارل بودلر (۱۸۶۷ - ۱۸۲۱) شاعر و نویسندهٔ فرانسوی ذهن و زبان خاطره‌جوی مرا با پرسشی روبه‌رو کرد؛ آیا مسئله ترس از فراموشی خودم یا فراموشکاری دیگران است؟ این روزها حوالی ۷۵ سالگی پرسه می‌زنم و بعید نیست اگر مکتوب‌ها یک‌جا پیشم نباشد خیلی از رویدادها را فراموش کنم. فراموشی از نظر من یعنی نیستی و من می‌خواهم تا وقتی نفس می‌کشم با خاطرات خودم و دیگر دوستان نویسنده‌ام زندگی کنم. پس نخست برای جمعیت خاطر خودم تن به جمع‌آوری داده‌ام به این امید که لابه‌لای آن حرف و سخنی هم پیدا شود که به کار اکنونیان و چه‌بسا فرزندان معنوی آینده و حتی تاریخِ اجتماعی‌نویسان بیاید. به هر رو من هم جزو نویسندگانی‌ام که در عرصهٔ روزنامه‌نگاری هم فعالیت کرده و با نگاه خاص خود نه هزارسال اما بیشتر از بهاران یا پاییزان عمرم زندگی کرده‌ام.

دیگر اینکه پرداختن به شعر و داستان و ترجمه و حتی شخصیت برخی دوستان مطلقاً به‌معنای تأیید دیدگاه سیاسی آن نویسنده و شاعر و مترجم نبوده و نیست. چرا که بزرگی آدم‌ها در عرصهٔ هنر و ادبیات به‌قول بیهقی «جای دیگر نشیند» من هم مثل برخی دوستانم بر این باورم که می‌توان اثر ادبی کسی را پسندید، ولی سیاست و شخصیت اجتماعی آن‌کس را قبول نداشت. عکس این قضیه هم صادق است.

محمد محمدعلی

ونکوور، ۱ سپتامبر ۲۰۲۳

فهرست

صادق هدایت ۱
صادق چوبک ۴۹
سیمین دانشور ۶۱
ابراهیم گلستان ۶۹
جلال آل احمد ۷۷
پرویز شاپور ۹۷
احمد شاملو ۱۰۷
سهراب سپهری ۱۲۳
احمد محمود ۱۳۳
فروغ فرخزاد ۱۴۹
رضا براهنی ۱۶۵
غلامحسین ساعدی ۱۹۳
نادر ابراهیمی ۲۱۳

بهرام صادقی	۲۲۱
اسماعیل خویی	۲۲۹
اکبر رادی	۲۴۳
محمود دولت‌آبادی	۲۵۵
سعید سلطان‌پور	۲۶۹
علی اشرف درویشیان	۲۹۷
علی باباچاهی	۳۰۷
محمد مختاری	۳۱۷
نسیم خاکسار	۳۲۷
مهدی سحابی	۳۴۱
اصغر الهی	۳۵۱
مسعود بهنود	۳۵۷
عمران صلاحی	۳۶۹
فرخنده حاجی‌زاده	۳۷۷
مسعود نقره‌کار	۳۸۵
محمدجعفر پوینده	۳۹۷
علی دهباشی	۴۰۷
جمشید برزگر	۴۱۷
نمایه	۴۳۱

۱

صادق هدایت

اکثر آثار صادق هدایت:

«انسـان و حیـوان»، «مازیـار»، «فوائد گیاه‌خـواری»، «زنده‌به‌گور»، «اوسـانه»، «پرویـن دختر سـاسـان»، «سـه قطـره خـون»، «اصفهان نصـف جهـان»، «سایه‌روشـن»، «علویـه خانـم»، «نیرنگسـتان»، «وغ‌وغ سـاهاب»، «ترانه‌های خیام»، «بوف کور»، «سـگ ولگرد»، «حاجی آقا»، «افسـانهٔ آفرینش»، «آب زندگـی»، «ترانه‌های خیام»، «توپ مـرواری» و...

ترجمه‌ها: «زند و هوم یسن»، «کارنامهٔ اردشیر پاپکان» و...

شاید پرندهٔ رهگذری خواب می‌دید

پیرامون برخی آثار صادق هدایت (۱۳۳۰ - ۱۲۸۱)
به‌مناسبت صد و یکمین سال تولدش[1]

در یک تقسیم‌بندی کلی، داستان کوتاه «داش آکل» و داستان بلند «بوف کور» مهم‌ترین آثار رئالیستی و غیررئالیستی صادق هدایت‌اند. این دو اثر دربرگیرندهٔ اکثر شگردها و ظرایف فکری و خلاقیت‌های هنری در داستان‌نویسی او به شمار می‌آیند. دیگر داستان‌ها هریک عناصری شناخته‌شده و مهم از داستان‌نویسی جدید ایران را در خود دارند. اما مثال‌های جامع هنر داستان‌نویسی او در همین دو اثر نهفته است که پیش از پرداختن به آن، گذرا به یکی چند داستان کوتاه دیگر او هم اشاره می‌کنیم.

داستان «تاریک‌خانه» بحث واقع‌گرایی نمادین را پیش می‌کشد. در این داستان، شخصیت‌ها، اعمال و رفتار و ریزه‌کاری آن‌ها واقعی و طبیعی‌اند، اما جزئیات و توصیفات به‌قصد ارائهٔ معنای خاصی از واقعیت‌های عادی و روزمره کنار هم چیده شده‌اند. در مثال می‌گویند فضای تاریک‌خانه الگوبرداری از زهدان زنان است و...

۱- چاپ اول، روزنامهٔ همشهری، شنبه، ۲۹ تیر ۱۳۸۱

یـا داسـتان کوتاه «فردا» داسـتانی کارگری اسـت که پیام اجتماعی روشـنی دارد. یـا «علویه خانم» در نوع آثار پیکارسـک[1] می‌گنجد. یا در خصوص دیگر داسـتان‌های هدایـت، می‌توان شـاخصه‌هایی را برشـمرد و البتـه هریک از این داسـتان‌ها بـا توجه بـه موقعیت زمانـی و مکانی هدایت جزو داسـتان‌های نوی زمانـهٔ خود بوده اسـت. یا حتی در مقایسـه با داسـتان‌های نسـل بعـد، می‌توان گفت که برخی از آن‌ها از برخی آثار نسـل بعدتر امروزی‌تر اسـت. البته با قید احتیاط قابل‌ذکر اسـت که داسـتان‌های «مادلن» و «اسـیر فرانسـوی» اولین داسـتان‌های کوتاهِ کوتاه (مینی‌مال) ایران به شـمار می‌رود که در سـال ۱۳۰۸ شمسـی نوشته شـده‌اند. یا داسـتان بلند «حاجی آقا» نمونهٔ شـخصیت‌پردازی قراردادی و چه‌بسـا ایرانی‌شدهٔ خسـیس مولیر است.

در یک تقسیم‌بندی دیگر، داستان‌های هدایت در دو ردهٔ مشخص جا می‌گیرد:

الف. داسـتان‌های رئالیسـتی مانند داش آکل، مردی که نفسـش را کشت، طلـب آمرزش، حاجی آقا و چند داسـتان دیگر.

ب. داسـتان‌های اعتراف‌گونـه و تک‌گفتـاری درونـی مثـل بـوف کـور، زنده‌به‌گـور، سـه قطـره خـون و چنـد داسـتان دیگـر.

البتـه در داسـتان‌های ردیف «ب» نیـز و اصولًا در همهٔ داسـتان‌های هدایت کم‌وبیش از واقعیت‌هـای پیرامونی و زمانهٔ او اخباری تلـخ وجود دارد، و باز هم به‌طـور کلی می‌توان صادق هدایت را نویسـنده‌ای اجتماعی با لحنی پرخاشـگر و سـتیزه‌جو و در تقابل مردمان الدنگ و حاکمان زورگوی زمانه دانسـت.

در ایـن بررسـی ابتـدا بـه «بـوف کـور» می‌پردازیـم و سـپس بـه «داش آکل». چکیـدهٔ مطلـب آنکـه هدایـت در بوف کـور، تصویـر خیال را تـا آنجا

۱- رندنامـه، داسـتان قلاشـان یـا پیکارِسـک (به‌انگلیسـی: Picaresque) یکـی از انـواع ادبی‌سـت کـه جـد رمان‌هـای امـروزی محسـوب می‌شـود. ایـن نوع داسـتان غالبـاً زندگـی طبقهٔ متوسـط و بـورژوا را بـا لحنی آمیختـه بـه هجـو و طنـز و مطایبـه تصویـر می‌کنـد و اغلـب شـرح زندگـی آدم خانه‌بـه‌دوش و بی‌سـروپا و ماجراجویـی از طبقهٔ تهی‌دسـت اسـت که بـا دریوزگی و مسـخرگی و کلاهبـرداری امرارمعـاش می‌کند و از کار جـدی و پرزحمـت سـر بـاز می‌زند.

پیش می‌برد که در معیاری جهانی خالق یکی از آثار برجسته سوررئالیستی شناخته می‌شود، و می‌تواند «غنا و اوج قدرت هنری» خود را نشان دهد. درعین‌حال جامعهٔ زمان خود را به نقد بکشاند و آن را جامعهٔ رجاله‌ها بنامد. چراکه به‌زعم او ارزش‌های انسانی در آن ناپدید یا نادیده گرفته شده‌اند. او در یک داوری ادیبانه، روی ترش خود را به آدم‌های بی‌سواد طماع نشان داد.

بوف کور از نظر حجم، داستانی بلند یا رمانی کوتاه است. اثری که اوج قدرت هنری هدایت به شمار می‌آید. چراکه نویسنده در آن نهایت قدرت و مهارت خود را نشان داده، و ویژگی‌های بلوغ فکری و تکنیکی و فلسفی خود را در آن متجلی ساخته است. در ایران اثر دیگری وجود ندارد که بتوان به اتکای خود اثر و مقبولیت عام و خاص آن در داخل و خارج از کشور اطلاق اوج قدرت هنری را بی‌دغدغهٔ خاطر بر آن روا داشت. آثار خوب و بسیار خوب فراوان است که بهترین آثار نویسندگان خود باشند، اما اوج قدرت هنری مقولهٔ دیگری است. من‌باب مثال بوف کور در ایران شهرت عام و خاص دارد و در خارج کشور نیز به بیش از سی زبان ترجمه شده و مثال‌زدنی است. اما اثر ارزندهٔ «شازده احتجاب» گلشیری و «کلیدر» دولت‌آبادی عمدتاً در داخل کشور مشهورند. گویا «دایی‌جان ناپلئون» ایرج پزشک‌زاد کم‌کم دارد راه باز می‌کند به زبان‌های دیگر.

در بوف کور، افق دید یا دیدگاه فکری و استعداد ذهنی نویسنده برای دیدن همهٔ آنچه در داستان به کار رفته، مثل پرورش شخصیت‌ها و دیگر اجزاء و عناصر داستانی، نسبت به زندگی بدبینانه و تیره می‌نماید. البته بدبینانه و تیره‌دیدن به‌معنای ناامیدانه و بریده‌ازدنیا نیست بلکه بیشتر ارجاع به درون است؛ درون آدمی معترض و پرسشگر.

بن‌مایهٔ بوف کور مثل تصویر خیال و اندیشه، وضعیت و موقعیت، صحنه‌پردازی و فضا و رنگ و... خاصیت تکرارشوندگی دارد. تکرار

بن‌مایه‌هـا ایـن رمـان را در جهت هماهنگـی و یکپارچگی پیش برده اسـت و تأثیـری را کـه متضمـن آن تکرار اسـت، در بافتار و سـاختار خـود تقویت کرده اسـت. شـخصیت‌های تکرارشـوندهٔ بخش اول مثل پیرمرد افسانه‌ای، دختـر سـیاه‌پوشِ نیلوفربه‌دسـتِ اثیری کـه متافیزیکی می‌نمایـد و در بخش دوم بـه زمینـی تبدیل شـده و بـه زندگی عـادی و روزمره منتقل شـده، نوعی هبـوط را یـادآوری می‌کنند.

شـخصیت‌ها پس از اسـتحاله این‌بار در دنیای زمینی تفسـیر می‌شـوند؛ پیرمرد افسـانه‌ای به پیرمرد خنزرپنزی، دختر سـیاه‌پوش نیلوفربه‌دسـت به زن لکاتـه تبدیـل و باز هم تکرار می‌شـوند. جوی آب و شـراب هم به‌شـرح ایضاً در سراسـر رمـان بارهـا به‌شـکل‌های گوناگـون به تصویر کشـیده می‌شـوند. یا آن شـعر گزمه‌هـا: «بیـا بریـم تا مِـی خوریم / شـراب ملک ری خوریـم / حالا نخوریم کـی خوریم...»

در ادبیات، جاندارپنداری به‌معنی شخصیت‌بخشـیدن به اشـیای بی‌جان و دادن صفات انسـانی به حیوانات، گیاهان، امـور مجرد و انتزاعی در مظاهر طبیعـت آمـده اسـت. همچنین تشـخیص، که اسـاس تمثیل اسـت و آن را به دو نـوع اجمالی و تفصیلی تقسـیم می‌کنند. در تشـخیص اجمالی، شـاعر یا نویسـنده یـک یا چند خصوصیت انسـانی را بـرای موجودی غیربشـری قائل می‌شـود، امـا در تشـخیص تفصیلـی سراسـر یـک قطعـه شـعر یا داسـتان به توصیـف موجود یا موجوداتی غیربشـری اختصـاص می‌یابد.

نگاه کنید به نمونهٔ تشـخیص اجمالی در بوف کور: «شب پاورچین‌پاورچین می‌رفـت. گویـا به‌انـدازهٔ کافـی خسـتگی در کـرده بـود. صداهـای دوردسـت خفیف به گوش می‌رسـید، شـاید یک مـرغ یا پرندهٔ رهگذری خـواب می‌دید. شـاید گیاهـان می‌روییدنـد. در ایـن وقـت سـتاره‌های رنگ‌پریـده پشـت توده‌هـای ابـر ناپدیـد می‌شـدند. روی صورتـم نفس ملایـم صبـح را حس

می‌کـردم و در همیـن وقـت بانـگ خـروس از دور بلنـد شـد...»

در بـوف کـور تصویـر خیـال، ایمـاژ، به‌حـد اعـلای خـود می‌رسـد. نویسنده، با یاری کلمات از برداشـت‌های عاطفی و ادراکی خود از طبیعت و اشـیای دور و اطرافـش صـورت ذهنـی تـازه می‌آفرینـد. با مهارت، تشبیه، اسـتعاره، تمثیـل، نمـاد و ماننـد آن را کـه حاصـل تجربه‌هـا و مشـاهده‌های شـخصی اسـت، بـه ذهـن خواننـدۀ داسـتانش منتقـل می‌کنـد. وقتـی می‌گویـد: «در زندگی زخم‌هایی هسـت که مثل خوره روح را آهسـته در انزوا می‌خورد و می‌تراشـد...» زخم‌ها به‌صورت اسـتعاره‌ای برای درد و رنج آورده شـده‌اند تـا خواننـده تجربۀ عاطفـی و ادراکی راوی داسـتان را از واقعیت‌های زندگی به‌صورتی عینـی و مجسـم و بـا کمک کلمـات دریابد کـه نویسـنده چگونه جهان را واقع‌بینانه و گاه تیره می‌دیده و به تصویر می‌کشـیده اسـت. باز هم قابل‌ذکر اسـت که بدبینانه و تیره‌دیدن بیانگر ناامیدانه‌دیدن نیسـت. این اثر به‌رغـم سرشـاربودن از تصاویـر خیالی، عنصـر حقیقت‌ماننـدی را نیز در خود پروراندـه اسـت. خوانندۀ آشـنا با کتاب با سـاختی قابل‌قبول روبه‌رو می‌شـود.

ارسـطو، فیلسـوف یونانـی، می‌گویـد: «آنچـه قابل‌بازگویـی اسـت، عیـن حقیقـت نیسـت، بلکه چیـزی اسـت کـه امـکان وقـوع آن وجـود دارد...» به‌عبارت‌دیگر کاری محـال کـه وقـوع آن محتمل به‌نظر بیایـد، ترجیح دارد بـه امر ممکنی کـه باورپذیر نیسـت. کیفیت حقیقت‌مانندی در داسـتان بوف کـور بـر جنبۀ خیـال و وهم آن غلبه می‌کنـد، و خواننده به‌وقوع‌پیوسـتن چنین سرگذشـتی را محتمل می‌پنـدارد. او با نویسـنده‌ای روبه‌روسـت که توانسـته تجربـه و آگاهی‌هـای خـود را در داسـتانی خیالـی باورپذیـر کنـد. خواننـدۀ کتاب‌خـوان پـس از بسـتن کتاب آن را عرصـه‌ای قابل‌قبول از واقعیت جاری پیرامـون خـود می‌یابـد. گـو کـه حـوادث و اتفاقـات آن از حد بـاور معمولی تجاوز کرده باشد.

وقتی برخی خوانندگانِ اثر از خود می‌پرسند، چرا برای بعضی‌ها چنین سرگذشتی و چنین سرنوشتی اتفاق می‌افتد، وظیفهٔ نویسنده به‌عنوان خالق اثر به پایان می‌رسد. به‌عبارت‌دیگر، هر اثری که روایت‌های غیرواقعی را به‌صورت عام به تصویر بکشد، بر اعتماد خواننده نسبت به خود می‌افزاید. در بخش اول بوف کور، زن اثیری، وقتی به خانهٔ راوی می‌رود و می‌میرد، بلافاصله بدنش تجزیه می‌شود، و زنبورهای طلایی بالای جنازه‌اش به پرواز درمی‌آیند. این مردن و تجزیه‌شدن و به‌عبارتی ازچشم‌افتادن به‌نظر خواننده که قبلاً حوادث غیرعادی‌تری را دیده یا خوانده است، قابل‌قبول می‌نماید. به‌عبارت‌دیگر، خواننده ابتدا ریزه‌کاری‌ها و جزئیات و توصیفات را می‌پذیرد و سپس به‌معنای خاصی از واقعیت‌های عادی روزمرهٔ پیرامونش دست می‌یابد. آنگاه راهش را آرام‌آرام به لایه‌ها و پرده‌های دوم و سوم اثر، و به تصاویر جانشین‌شونده و واقع‌گرایی نمادین می‌کشاند.

بوف کور سرشار از ذهنیت است. راوی (نویسنده) احساسات و تجربه‌های شخصی خود را اصل قرار می‌دهد و آن را در تقابل با عینیت به کار می‌برد، و دو نوع ادراک را از هم متمایز می‌کند. نظرگاه فردی و خصوصی‌اش را چنان با جهان درونی و خیالی درهم می‌آمیزد که در جهان بیرونی و واقعی، خواننده، گرایش نویسنده را در ارائهٔ احساسات و خاطرات با افکار و عواطف شخصیت‌ها در هم می‌آمیزد، و آن را نوعی اتوبیوگرافی یا خودزندگی‌نامه تعبیر می‌کند.

در این درهم‌آمیزی غیرخطی، چون وقایع به‌ترتیب توالی زمانی تقویمی روایت نشده‌اند، و وقایع به‌ضرورت پی‌رنگ، گاه مدور، گاه عمودی و در مجموع چندآوایی شکل گرفته‌اند، به‌دلیل پی‌رنگ محکم، فاقد حوادث اضافی شده است. شخصیت‌ها با انگیزهٔ روشن خود و با عقل سلیم خود حس مقتصدانه‌ای را بر گسترش عناصر آن حاکم کرده‌اند. خوانندگانِ

خوب‌خوانده و مدرن آن را رمانی خوش‌ساخت می‌دانند.

در این رمان، روایت سنتی تحت‌الشعاع احساسات و حال و هوا و افکار درونی قرار گرفته‌اند. مواد و مصالح آن نیز چون شخصیت‌ها، پی‌رنگ‌ها و صحنه‌پردازی‌ها نه براساس توصیف بلکه بر الگوی تصویری بنا شده‌اند، که به ساختار شعری بلند و مونولوگی درونی نزدیک است. در شعر، وقتی تسلسل خطی زمان می‌شکند و تصویر جایگزین واقعه یا حادثه می‌شود، از دیالوگ دور و به مونولوگ می‌گراید. به‌طور طبیعی نوعی تناقض همراه کشش ایجاد می‌شود که خاص شعرهای غنایی است.

این رمان کوتاه با انتخاب زاویهٔ دید اول‌شخص، مصالح و مواد داستانی را به‌گونه‌ای ارائه کرده است که گرایش به ماورای واقعیت یا واقعیت برتر در آن مشهود است. سوررئالیست‌ها نیز ذهن را هنگام خلق اثر از قید منطق و استدلال و اراده، آزاد می‌سازند. در این مکتب محدودشدن حالت‌های هوشیاری هنرمند باعث فعالیت بیشتر ذهن و نیروی تخیل او می‌شود. هدایت در بوف کور هرچند با سنت‌های متحجر و قراردادهای اجتماعی حاصل از آن مقابله می‌کند، اما به دنیایی می‌رود که در آن‌سوی واقعیت‌های ملموس وجود دارد. در آن حوزه، بازآفرینی زندگی عادی و طبیعی و اجتماعی نگوییم کاری بیهوده، بلکه دشوار است. برای رسیدن به دنیای فراواقعیت، ضمیر ناخودآگاه به‌طور طبیعی یا مصنوعی برانگیخته می‌شود و تحت تأثیر خواب هیپنوتیزمی و در حالت‌های بین خواب و بیداری اثر خود را بر خوانندهٔ آشنا به سبک‌های ادبی آشکار می‌کند.

هدایت برخلاف برخی سوررئالیست‌های تندرو از نوشتن جمله‌های بسیار گسیخته پرهیز کرد. از آمیختن هذیان‌ها با موضوع‌های منطقی جهان خارج، واقعیتی منسجم و جدید پدید آورد. رنگی از نیشخند و طنز و هزل بر آن زد که حاصل بی‌اعتنایی‌اش به زندگی واقعی و روزمره بود. همچنین

حربه‌ای برای جنگیدن با الباقی واقعیتی که در سال ۱۶۱۵ میلادی، سروانتس اسپانیایی با نوشتن دن کیشوت زنگ پایان دوره‌اش را نواخت، او در بوف کور از حاصل جمع اعمال و گفتار راوی خود، خوانندهٔ باهوش را به چیزی فراتر از خودِ راوی راهنمایی می‌کند و شخصیت نمادینی می‌سازد که در ظاهر مرد تنهایی است که در شرایط سخت و دشوار عصبی با خودش حرف می‌زند، به دنیای درون انسان‌ها می‌رود و از عوالم نامکشوف ذهن دریچه‌ای بر دنیای پنهان روح زخم‌خوردهٔ خود می‌گشاید، تا به آزادی اندیشه و احساس خود برسد. احساسی سرشار از پرخاشگری، ستیزه‌جویی، نیشخند، طنز و هزل و... او نمادی از انسان سرگشتهٔ عصر خود است که در دو قطب دلباختگی و بیزاری از هستی موجود به تصویر در آمده است.

اعمال و گفتار این نماد انسان سرگشتهٔ عصر ماشین قادر است مفاهیم اخلاقی با کیفیت‌های روحی و روانی و روشنفکرانهٔ خود را به قالب عمل درآورد و چیزی پیش روی خواننده بگذارد بسیار فراتر از یک راوی بی‌طرف و بی‌مسئولیت. انتخاب درست زمان و مکان که عمل داستانی بوف کور در آن اتفاق می‌افتد، باعث کاربرد درست دیگر اجزا و عناصر بر صحنه و صحنه‌پردازی اثر شده است. نگاه کنید به زمینهٔ داستان که بر بستر شهر ری است. یک شهر مهم و تاریخی ایرانی که اکنون از یادها رفته و فقط خرابه‌ای از آن حوالی تهران (شاه عبدالعظیم و توابع) پابرجاست. هریک از آن صحنه‌ها با جنبه‌های نمادین خود متضمن معنای عمیق و گسترده‌ای است که به‌مثابهٔ درون‌مایه، جزئی از عناصر حیاتی و سازندهٔ داستان محسوب می‌شود و مفاهیم خاص آن در ساختار و تکوین داستان مؤثر است.

در بوف کور، فضا و رنگ‌آمیزی، مجموعهٔ صحنه‌ها، توصیف‌ها، گفت‌وگوها، بیان جزئیات مادی و عینی همگی ریزه‌کاری‌های روانی شخصیت‌ها را می‌سازد و واکنش‌های عاطفی خوانندگان را بر می‌انگیزد

و به استعاره‌های وسیعی بدل می‌شود، با اتمسفر و شیوهٔ نگارش و سبک و ویژگی‌های شخصیت‌ها و تمثیل‌ها و نمادها هماهنگ است، و عنصر قالب بر داستان و پی‌رنگ و درون‌مایه را تحت‌الشعاع قرار می‌دهد. این داستان بدون فضاسازی استادانهٔ خود قادر نبود به درک عمومی نزدیک و پذیرای این‌همه موفقیت در داخل و خارج کشور باشد. به فرازی از متن توجه کنید:

«آفتاب بالا می‌آمد و می‌سوزانید. در کوچه‌های خلوت افتادم، سر راهم خانه‌های خاکستری‌رنگ به‌اشکال هندسی عجیب و غریب، مکعب، منشور مخروطی با دریچه‌های کوتاه و تاریک دیده می‌شد. این دریچه‌ها بی‌دروبست، بی‌صاحب و موقت به‌نظر می‌آمدند، مثل این بود که هرگز یک موجود زنده نمی‌توانست در این خانه‌ها مسکن داشته باشد. خورشید مانند تیغ طلایی از کنار سایهٔ دیوار می‌تراشید و برمی‌داشت. کوچه‌ها بین دیوارهای کهنهٔ سفیدکرده ممتد می‌شدند، همه‌جا آرام و گنگ بود، مثل اینکه همهٔ عناصر، قانون مقدس آرامش هوای سوزان، قانون سکوت را مراعات کرده بودند. به‌نظر می‌آمد که در همه‌جا اسراری پنهان بود، به‌طوری که ریه‌هایم جرئت نفس‌کشیدن نداشتند...»

چنین راوی‌ای با این منظر روایی، ضدقهرمانی است فاقد خصوصیات قراردادی و فضایل و محاسن عرف جامعه. او نه اصیل‌زاده است، نه سلحشور، نه آرمان‌گرایی بی‌نیاز از مال و منال، نه پرهیزکار است، نه منزه‌طلب، نه پاکدامن و بلندنظر. او اصطلاحاً ضدقهرمانی است با ویژگی‌ها و خلقیاتی خلاف عرف و عادت مرسوم زمانه. او پرخاشگری است سایه‌وار، منزوی، مطرود که اغلب همدردی خواننده را نسبت به خود جلب می‌کند. او انسانی هم‌عصر خود است که قدرت دارد با جهانی نو کنار آید اما نمی‌تواند آن را به اختیار خود بگیرد، با جهانی که ارزش‌های انسانی را نفی می‌کند چه می‌توان کرد یا گفت جز حدیث نفس؟ جز

رسیدن به آن حقیقتی که دن کیشوت اسپانیایی از آن می‌گریخت؟

هدایت به‌کمک شگردهای سوررئالیستی و تخیل نیرومندش، ظواهر طبیعی و عادی و غیرعادی زندگی را از هم جدا می‌کند، و هنگامی‌که زخم‌هایش را می‌شکافد و یک‌یک برملا می‌کند تا همگان ببینند که این زخم‌ها مثل خوره روحش را آهسته در انزوا می‌خورد و می‌تراشد، آن‌گاه با نگاهی تازه بار دیگر به آن‌ها رو می‌آورد. او در درون آن زخم‌ها و روح زخمی خود، میکروب‌های کشندهٔ روابط ناروای اجتماعی را بازمی‌یابد، سپس به‌شیوهٔ خود به خواننده می‌فهماند که این تیرگی و نحوست حاکم بر فضای داستان از کجا به درون او راه یافته و تابع کدام واقعیت عینی است. به فرازی از متن توجه کنید:

«حس کردم که این دنیا برای من نبود. برای یک دسته آدم‌های بی‌حیا، پررو، گدامنش، معلومات‌فروش، چاروادار و چشم‌ودل‌گرسنه بود. برای کسانی که به فراخور دنیا آفریده شده بودند و از زورمندان زمین مثل سگ گرسنه جلو دکان قصابی که برای یک لثه دم می‌جنبانند، گدایی می‌کردند و تملق می‌گفتند...»

هدایت که پرخاشگری و طنزاندیشی در روح و روانش به‌صورت صفت ثانویه درآمده، در تاریخ ادبیات ما یگانه است. او همه‌چیز این هستی را با نگاهی طعن‌آلود می‌نگریست. شوخ‌چشمی و شکاکی‌اش به پدیده‌ها و روابط پیرامونی اگر در حد یکی دو رمان دیگر از این دست ادامه می‌یافت، آغاز بسیار خوشایند و باشکوهی بود برای دیگر نویسندگان پس از خودش.

یکی از ویژگی‌های هدایت، شجاعت او در تنوع‌بخشی به آثارش است. بر خلاف «بوف کور»، داش آکل داستانی است با شخصیت‌های پرانگیزه برای کشمکش درونی و بیرونی. کلیهٔ عوامل صحنه، از قبیل فضا و رنگ و وضعیت و موقعیت‌های ساخته‌شده پیامد انگیزهٔ درونی شخصیت‌هاست.

آن‌ها شخصیت‌ها را وادار می‌کنند همان‌طور عمل کنند که باید بکنند و همان‌طور حرف بزنند که باید بزنند. اگر در فضای قهوه‌خانه‌اند، طوری حرف می‌زنند که خواننده می‌پذیرد آنان از اهالی قهوه‌خانه‌اند. شب یا روزِ قهوه‌خانه ملموس است، همچنین آیند و روَند مشتری‌ها، که هرکدام مناسباتی با یکدیگر دارند... کوچه‌های تاریک بیرون قهوه‌خانه گویی جان می‌دهند برای دیدن برق قمه که یا بر قلب کسی فرو رود، یا بر پشتش بنشیند.

در داستان «داش آکل» خواننده با انگیزهٔ خویشتن‌داری در برابر عشق مرجان روبه‌روست. همچنین وفادارماندن به سنت جوانمردی که در مقابل آن کاکارستم قرار می‌گیرد. کاکارستمی که کلیهٔ عوامل داستانی او را به‌سوی حسادت سوق می‌دهد تا بحرانی بیافرینند دیدنی. ادامهٔ حقیقی یا مجازی فضا و رنگ و صحنه به‌طور مستقیم یا غیرمستقیم انگیزهٔ عمل شخصیت‌های داستانی داش آکل را به‌وجود می‌آورد. در داش آکل نیروهای متقابل داستانی با هم تلاقی می‌کنند و عمل داستانی را به نقطهٔ اوج با بزنگاهی تلخ می‌کشانند که موجب دگرگونی زندگی شخصیت‌های داستانی می‌شوند و تغییری قطعی یا نیمه‌قطعی در خط داستانی پدید می‌آورند. مرجان، کشمکش عاطفی و عشقی داش آکل را می‌سازد، و موجب بحران روحی‌اش می‌شود. این بحران که از عناصر ساختاری و ضروری پی‌رنگ است، عمل داستانی را پیش می‌برد. بزنگاه در این داستان وقتی است که داش آکل ناچار است مرجان (دختر زیباروی تاجر ورشکسته) را به مردی مسن‌تر از خودش شوهر بدهد و از عشق خودش دم نزد.

درون‌مایه یا مضمون یا تم، از همین لحظه شکل تازه می‌گیرد، به‌مثابهٔ فکر اصلی و مسلط در داستان پیش می‌رود، و مثل رشته و خطی است که در خلال اثر کشیده می‌شود و عناصر آن را به یکدیگر پیوند می‌دهد،

هماهنگ‌کننـدهٔ موضـوع بـا شـخصیت و دیگـر عناصـر داسـتانی می‌شـود و داسـتان را به‌سـوی وحدت سـوق می‌دهـد. درون‌مایه از دل موضوع داسـتان به‌وجـود می‌آیـد، و بـر رونـد گسـترش و تکامـل آن تأکیـد می‌کنـد و بیـش از یـک جملـه نیسـت: «وفـاداری بـه عهـد و میثـاق، انسـان اخلاقمنـد را به ازخودگذشـتگی و ایثـار سـوق می‌دهد.»

برخـی منتقـدان بر ایـن باورند که داش آکل شـخصیتی قراردادی اسـت. مـن بـر این بـاور و اعتقـاد نیسـتم. چرا کـه در مقایسـه با شـخصیت قصوی پوریـای ولـی و سـمک عیـار و... داش آکل اولیـن داسـتانی اسـت که چنین شـخصیت ملمـوس و باورپذیری را در داستان‌نویسـی امروز ایـران ارائه داده اسـت. در واقـع داش آکل بعدها و پس از چاپ‌هـای متعدد آن در مطبوعات توسـط فیلمنامه‌نویسـان عامه‌پسـند، از بـس مـورد اسـتفاده قـرار گرفـت، به شـخصیتی قـراردادی یا قالبی تبدیل شـد. شـخصیت پوریای ولـی هم نمونهٔ دیگـری اسـت کـه بعدهـا بـه شـخصیت قـراردادی این‌گونـه فیلم‌هـا تبدیل گردیـد. فیلمنامهٔ مسـعود کیمیایـی از این روند مجزاسـت.

در این داسـتان بحث خیر و شـر در تقابل و مقایسـه به‌صورت برجسته‌ای نشـان داده می‌شـود. شخصیت حسود و شـرور کاکارسـتم در برابر کیفیت و ویژگی‌هـای داش آکل ظاهـر شـده اسـت، همچنین مرجان و آن خواسـتگار پیـر. از همـه مهم‌تـر شـخصیت قبلـی داش آکل، کـه در تقابل با شـخصیت داش آکل زمـان وقـوع داسـتان قـرار گرفته اسـت و او را به مرکـز توجه، عمل یـا جاذبـه تبدیـل کـرده اسـت. کانـون تمرکـز ایـن داسـتان عـلاوه بر مسـئلهٔ ازخودگذشـتگی و ایثـار، نـگاه انسـانی بـه عشـق آدم تنهایی مثـل داش آکل اسـت که بر وضعیـت و موقعیـت او ثابـت می‌ماند.

کشـمکش خیـر و شـر در ایـن داسـتان نـه فقـط بر سـر عشـق داش آکل بـه مرجـان و جـدال او بـا کاکارسـتم اسـت، بلکـه نیروهـای دیگـری چـون

قراردادهای اجتماعی یا خوی و خصلت خاص خود شخصیت‌های اصلی داستان نیز در کشمکش‌ها دخیل است. نگاه کنید به حسادت کاکارستم و داش آکلی که از دد و دیو ملول است و انسانش آرزوست. از این‌ها گذشته به سرنوشت و تقدیر در این داستان نگاه کنید، برحسب تصادف پدر مرجان، داش آکل را وصی و قیم زن و فرزند خود می‌کند و سرنوشت او را در مسیری تازه می‌اندازد. مسیری که عصیان سرنوشت نام دارد و علیه کسی است که به قراردادهای اجتماعی و خوی و خصلت خاص انسانی خود پایبند بوده است و آن را زیر پا نمی‌گذارد. نکتهٔ دیگر در داستان داش آکل این است که خواننده با ترکیبی از چند نوع کشمکش روبه‌روست:

۱- کشمکش جسمانی، وقتی است که داش آکل و کاکارستم به‌زور و نیروی جسمی متوسل می‌شوند.

۲- کشمکش ذهنی، وقتی است که مرجان و داش آکل به هم فکر می‌کنند و لایهٔ پنهان عشق مرجان به داش آکل برملا می‌شود.

۳- کشمکش عاطفی، وقتی است که عصیان و شورشی در میان باشد تا درون شخصیت داستان را متلاطم کند. به یاد بیاورید وقتی که داش آکل ساکت نشسته، اما در وجودش جوششی است که ناگهان سرریز می‌کند و با طوطی خانگی حرف می‌زند، و موجب دگرگونی و آشکارشدن شور و سودای خود به مرجان می‌شود.

۴- مرجان نیز درگیر کشمکش اخلاقی است. او با یکی از اصول اخلاقی و اجتماعی به مخالفت برمی‌خیزد و با ازخودگذشتگی افراطی داش آکل مخالف است.

گره‌افکنی و گره‌گشایی در داستان «داش آکل» به‌دنبال بزنگاه اصلی پیش می‌آید. زمانی‌که شخصیت‌های داستان به وضعیت و موقعیت خود آگاهی می‌یابند، گره‌افکنی شروع و زمانی که بزنگاه را پشت سر می‌گذارند،

گره‌گشایی صورت می‌گیرد. عشق داش آکل گره‌افکنی و عروسی مرجان و سپس کشته‌شدن داش آکل، گره‌گشایی محتوم داستان است.

*****

در اغلب داستان‌های صادق هدایت شخصیت‌ها با شکست روبه‌رو می‌شوند و مرا یاد حزن عمیق در موسیقی سنتی ایرانی می‌اندازد.

حق دارید چنین احساسی کنید. اغلب اهل نظر، موسیقی سنتی ایرانی را نوایی حزن‌انگیز و غمناک می‌دانند. در آثار صادق هدایت نیز، مخصوصاً همین دو اثر، بوف کور و داش آکل، شخصیت‌ها هر دو در عمق وجود خود آدم‌های خسته و غمگین و عاصی از رسم زمانه‌اند. البته خود هدایت هرچند در درون افسرده و غمگین و عاصی بود، اما در بیرون آدمی بگو و بخند و مجلس‌آرا و عمل‌گرا می‌نمود. آدم پیچیده‌ای بود. او به هنر که می‌رسید، آن روی سکهٔ خود را به نمایش می‌گذاشت. این البته با دورنگی و تعریف‌های رایج دم‌دستی جداست. در هنر، او وجه تاریک ماه را می‌دید. هدایت در بخشی از داستان‌هایش از دیدگاه راوی آشفته‌ذهن و حساس، رنج‌ها و نومیدی‌های روشنفکران عصر خود را به‌شیوه‌ای سمبلیک توصیف می‌کرد. در دسته‌ای دیگر از داستان‌هایش از دیدگاهی انتقادی زندگی مردم کوچه و بازار را شرح می‌داد، و آشنایی خود را با لایه‌های پنهان زندگی و تیپ‌های متنوع ایرانی به نمایش می‌گذاشت. اتفاقاً در مسائل اجتماعی بسیار کارآمد و فعال بود. به‌عنوان مثال می‌توان گفت او در سال ۱۳۲۴ برای شرکت در جشن بیست و پنجمین سالگرد تأسیس دانشگاه دولتی آسیای میانه به ازبکستان سفر کرد. در همین سال به عضویت انجمن روابط فرهنگی ایران و شوروی درآمد و عضو هیئت تحریریهٔ مجلهٔ «پیام نو» شد. عضویت هیئت‌رئیسهٔ کنگرهٔ نویسندگان ایران

(۱۳۲۵) را پذیرفت. برای مجلات «سخن» و «پیام نو» آثار نویسندگان اروپایی را ترجمه کرد و از همه مهم‌تر با حضورش در محافل نویسندگان و شعرا راه و رسم زندگی روشنفکران غربی را به نمایش می‌گذاشت.

بعضی‌ها گفته‌اند که صادق هدایت با الهام‌گرفتن از یکی از رمان‌های فرانتس هلنس، نام «بوف کور» را برای کتاب خود انتخاب کرده است. این نظریه تا چه حد قابل‌اعتناست؟

بنا به گفته‌های شاهدان عینی و پژوهشگران ادبی، از آن اعجوبهٔ عصر هرچه بگویی برمی‌آید. حالا از شوخی گذشته من هم شنیده‌ام که هدایت نام بوف کور را از رمان «ملوزین» نویسندهٔ هلندی-بلژیکی الهام گرفته است. الهام و اقتباس که چیز بدی نیست، بعضی‌ها تو روز روشن متن فلان نویسنده را می‌دزدند و به روی مبارک خود نمی‌آورند. متأسفانه به‌دلیل عدم عضویت ایران در کپی رایت جهانی، حق و حقوق نویسندگان ایرانی هم ندیده گرفته می‌شود که امیدوارم روزی در ایران چنین قانونی تصویب بشود.

در مصاحبه‌ای به‌مناسبت شصت و دومین سال تولد محمود دولت‌آبادی، از جهاتی نثر او را با جلال آل احمد و صادق هدایت مقایسه کرده‌اید. لطفاً کمی در این‌باره بیشتر توضیح دهید.

باید عرض کنم مقایسه‌ای به‌آن معنی در کار نبود. در آن مصاحبهٔ کوتاهِ جمعی با روزنامهٔ «صدای عدالت» مورخ ۱۳۸۱/۵/۱۴ گفتم در بررسی زبان آثار دولت‌آبادی می‌توان گفت رمان جای خالی سلوچ و کلیدر، جزو آثار برجستهٔ دولت‌آبادی و شاخص در ادبیات روستایی ایران‌اند. گو که هنوز هیچ‌یک به اوج قدرت هنری دولت‌آبادی تبدیل نشده باشند. زبان متشخص او در آثار روستایی‌نویسی‌اش همان‌گونه که نثر مقاله‌های جلال آل احمد تقلیدپذیر نبود، این نیز تقلیدپذیر نیست.

دیگر اینکه زبان دولت‌آبادی، یک سرِ طیفی است که زبان صادق

هدایت در بوف کور سر دیگر آن است و نثر آل احمد این میان قرار دارد. هر سه زحمت فراوان کشیدند، همراه عرق‌ریزان روح، ولی نثر هدایت قابل‌تقلید است. نگاه کنید به برخی از نخستین آثار صادق چوبک، غلامحسین ساعدی، احمد محمود که کم‌وبیش تحت تأثیر هدایت شروع کردند ولی نثر آن دو دیگر این‌طور نیست... هرچند آثار هر سه نویسنده خوانندگان فراوانی دارند، ولی یکی مقبول خوانندگان غیرایرانی هم است درحالی‌که آن دو دیگری چنین نیست. به‌هر حال این مهم به‌آسانی به دست نیامده است. هدایت و جلال و دولت‌آبادی، هر سه با ذوق سلیمشان خواننده را شگفت‌زده و مجذوب می‌کنند. هر سه روان‌شناسان زبردستی‌اند و تا عمق وجود شخصیت‌های داستانی خود چنگ می‌اندازند. انبوه اطلاعات هدایت و آل احمد از جامعهٔ شهری و انبوه اطلاعات دولت‌آبادی از جامعهٔ روستایی، برای خوانندگان فارسی‌زبان شگفت‌آور است. چاپ‌های متعدد برخی آثار آل احمد و دولت‌آبادی و ترجمه‌های گوناگون از بوف کور هدایت و انتشار آن از سوی ناشران معتبر داخلی و خارجی، واقعیتی را برای ما روشن می‌کند و آن این است که آثار جلال آل احمد و دولت‌آبادی با خوانندگان غربی اخت نشده‌اند. در طول سالیان، فقط بوف کور است که توجه غربی‌ها را جلب کرده است. البته شاید این میان نقش مترجم دخیل بوده در کم‌اثرکردن آثار دولت‌آبادی و آل احمد برای جماعت کتاب‌خوان غرب.

بعضی‌ها بر این عقیده‌اند که با وجود آثاری نظیر «دن آرام» و «زمین نوآباد» میخائیل شولوخوف، نویسندهٔ روسی، و «اینجه ممدِ» یاشار کمال، نویسندهٔ ترک، «کلیدر» و «جای خالی سلوچِ» دولت‌آبادی زیره‌به‌کرمان‌بردن است. عقیدهٔ شما چیست؟

دو اثر یادشده از دولت‌آبادی به چند زبان ترجمه شد، اما آن استقبالی

که باید می‌شد نشد. کماآنکه آثار آل احمد و گلشیری هم جایگاه شایسته‌ای بین خوانندگان غربی نیافتند. کماکان بوف کور صادق هدایت پیشتاز است، چون بیشتر از آل احمد و دولت‌آبادی با ادبیات غرب آشنا بود و بلد بود با شیوه‌های نو به درون شخصیت‌هایش برود.

* * * * *

چند یادداشت کوتاه دربارهٔ صادق هدایت

۱- عکس و مکث با صادق هدایت[۱]

بارها دیده‌ایم در روزنامه‌ها و مجله‌ها، عکس شاعری مسن و شاعری جوان چاپ شده، یا داستان‌نویسی صاحب‌نام با جوانی شانه‌به‌شانه کنار هم نشسته، یکی به مغرب یا مشرق نگاه می‌کند و دیگری به‌طرف دیگر یا به عدسی دوربین خیره شده است. گاهی شانه‌ها نزدیک هم است، اما سرها دور از هم. افکار و اندیشه‌ها هم کسی نمی‌داند کجاها در سِیروسفر است. با دیدن این عکس‌ها می‌شود حدس زد مثلاً یکی از دیگری تقاضای مصاحبه، یا مقاله کرده و دیگری اندکی بیشتر از اندکی طاقچه بالا گذاشته است تا مخصوصاً در عکس معلوم شود رابطه‌ها چگونه بوده است؛ دور و نزدیک، صمیمانه یا خصمانه، از سر ناچاری یا...

صادق هدایت از این عکس‌ها زیاد دارد. نگاه جست‌وجوگرانه به عکس و مضمون عکس و عوالم عکاسی و مکاثی عالمی است که می‌توان هرازگاه به آن ورود کرد و نقبی به درون آدم‌ها زد و پس از مکثی کوتاه از روی رفتار و گفتار و پندار شخصیت‌ها، یک عکس جدید گرفت و بار دیگر نشست به تعبیر و تفسیر آن.

در عکس روی جلد شمارهٔ ۶ مجلهٔ «دفتر هنر» بیژن اسدی‌پور

۱- چاپ اول، روزنامهٔ فرهنگ آشتی، ایران، بهمن ۱۳۸۷

(مهر ۱۳۷۵)، صادق هدایتِ شیک‌پوش به‌پهنای صورت و وسعت دل می‌خندد. خنده، طبیعی و از ته دل‌وجان می‌نماید. سرِ بالا و دندان‌های سفید مرتب، حاکی از دل قرص اوست. حداقل در آن لحظه و گویی به کسانی می‌خندد که فکر می‌کنند او از فرط خمودگی و درماندگی و بیچارگی و به‌علت ضربه‌های روحی-روانی یا از دست روزگار غدار کج‌مدار، وا داده و در پاریس خودکشی کرده است.

به‌باور من هدایت در آن عکس خندان به بیننده می‌گوید برای تکمیل سرنوشت نوشته‌های خودم، خودم را کشتم تا تو بدانی در بوف کور و سه قطره خون و دیگر نوشته‌ها، با چه شخصیت داستانی‌ای سروکار داشته و داری. پس، به دوستان، به خوانندگان پیر و جوان آیندهٔ من بگویید خودکشی هدایت رنگ مطلوب و مضمون مناسب تابلو زندگی هنری و زندگی اجتماعی او بوده است. مرگی ازپیش‌طراحی‌شده که در تکمیل تابلویی از آثار یک نویسندهٔ غرب‌گرای شرقی به کار می‌آید. از آنان بخواهید بین انگیزهٔ خودکشی من و ارنست همینگوی، نویسندهٔ آمریکایی، مقاله‌ای پژوهشی بنویسند.

در دومین عکس (صفحهٔ ۶۸ مجلهٔ دفتر هنر) صادق هدایت را در کنار پسربچه‌ای موفرفری می‌بینید. بیگانگی بین دو چهره در فضا و رنگ محیط کاملًا واضح و روشن است. هدایت با دستی بر زیر چانه و حوالی گونه، انگار به چیزی کمی بالاتر از گل‌های قالی کف اتاق یا... نگاه می‌کند و پسربچه هم به عدسی دوربین یا به عکاس یا به کسی که در آن حوالی برایش شکلک درمی‌آورده یا قول که نه، آدامس و شکلات به او می‌داده است.

در زیرنویس عکس آمده «۱۷ آذرماه ۱۳۲۶، صادق هدایت با روزبه چوبک، در جشن سه‌سالگی روزبه، این عکس به‌خواست قدسی‌خانم چوبک، توسط صادق چوبک، با یک دوربین امانتی روسی گرفته شده است و...»

با کمی مکث و مکاثی روی تاریخ ذکرشده درمی‌یابید که در لحظهٔ انتشار مجدد عکس (۱۳۷۵) روزبه چوبک ۵۱ ساله و حالا در لحظهٔ انتشار این یادداشت (بهمن ۱۳۸۷) ۶۳ ساله است. ما نمی‌دانیم او به این عکس افتخار می‌کند یا نه، و نمی‌دانیم آیا او به‌یاد می‌آورد پدر هنرمندش (صادق چوبکِ داستان‌نویس) یا مادر فرهیخته‌اش با چه آرزویی او را کنار صادق هدایت نشانده بودند؟ آیا از صادق هدایت خواسته بودند دست راست خود را به‌نشانهٔ محبت و یکرنگی با این خانوادهٔ فرهنگی، بگذارد روی سر یا سینهٔ روزبهِ سه‌ساله تا معلوم شود او چه میزان به بچه‌ها، ازجمله به بچهٔ دوستش علاقه‌مند بوده است؟ آیا طبق زیرنویس عکس، تقاضای مستقیم قدسی‌خانم از صادق هدایت باعث شده تا او راضی شود با پسر او عکس بگیرد؟ آیا...

* * * * *

آقای محمدعلی، من این یادداشت کوتاه شما (عکس و مکث با صادق هدایت) را هرازچندگاهی یک بار می‌خوانم. برایم لذتی تمام‌نشدنی به همراه دارد. اما همیشه به واژهٔ مکاثی که می‌رسم، کمی مکث می‌کنم و بعد هربار معنی خاصی برایش می‌تراشم و از آن رد می‌شوم. حالا از خود شما می‌پرسم مکاثی را به چه معنی به کار گرفته‌اید؟

خوانندگان واقف‌اند، در فرهنگ لغات، مکاث به معنی باج‌گیر و خراج‌گیر آمده است و هیچ ربطی به سوژهٔ گیرندهٔ عکس ندارد. همچنین مکاث به‌معنی مکث‌کننده یا مکاثی به‌معنی مکث‌کنندگی صدالبته از ساخته‌های من است و فقط به‌سبک طنز گفتاری هدایت قابل‌استفاده و تعبیر و تفسیر است. رگه‌های طنز در آثار زنده‌یاد صادق هدایت بسیار به چشم می‌خورد و از گفته‌های شفاهی دوستان معاصرش چنین برمی‌آید

که هر وقت حال و حوصله داشته به طنازی پرداخته است. این تصورات دربارهٔ عکس‌ها هم به‌همین سبک و سیاق است. نوعی طنز آغشته به استهزاست و جولانگاه اندیشه و خیال و وهم. چیزی که چندان دور از ذهن و زبان هدایت هم شاید نیست. کتاب «وغ‌وغ ساهاب» هدایت نمونهٔ برجسته‌ای از طنز اوست که تاکنون چند تفسیر دربارهٔ آن نوشته شده است.

خود شما هم کتابی دارید تحت عنوان «جستاری در فرهنگ وغ‌وغ ساهاب»، کمی از این کتاب بگویید.

این کتاب نشان از علاقهٔ بیش‌ازحد من به نوع ادبیات شفاهی صادق هدایت دارد. سال‌ها پیش بخشی از آن را در مؤسسهٔ هنری «کارنامه» تدریس کردم و سپس با مشارکت یکی از هنرجوها (فریده خرمی) به کتابی تبدیل شد که در سال ۱۳۹۵ از سوی انتشارات کتاب‌سرای تندیس چاپ شد. اگر بخواهید بیشتر مطالعه کنید، کتاب دیگری هم هست که ناصر پاکدامن گردآوری کرده و انتشارات کتاب چشم‌انداز، ونسن (فرانسه) در بهار ۱۳۸۲ منتشرش کرده که عالی است. به‌جرئت می‌توان گفت صادق هدایت به‌جد یکی از آن یکی‌یک‌دانه‌ها و عزیزدردانه‌های ادبیات معاصر فارسی است.

* * * * *

۲- عکس و مکث روی جاروی دسته‌بلند هدایت[1]

یادمان باشد ۲۸ بهمن ۱۳۸۷، صد و ششمین سال تولد صادق هدایت است و در همین سال عبدالحسین نوشین (۱۳۵۰ - ۱۲۷۹) نمایشنامه‌نویس و تئوریسین تئاتر نوین ایران، صد و هشت ساله می‌شود. خیلی از منتقدان دربارهٔ آثار این دو عزیز هنرمند، به‌خصوص دربارهٔ شخصیت و آثار صادق هدایت مطلب نوشته‌اند ازجمله راقم سطور که حالا جای بحث نقد آثار هیچ‌کدام

۱- چاپ اول، روزنامهٔ فرهنگ آشتی، بهمن ۱۳۸۷

نیست، بلکه بحث بر سر مکث است بر عکس مشهوری از آن عزیزانِ زنده‌نام که هر دو در سال ۱۳۲۶ کنار یک جاروی دسته‌بلند ایستاده‌اند. بعضی عکس‌ها به‌رغم بارها و بارها چاپ‌شدن، کمتر روی آن مکث شده حال آنکه هر یک ناظر بر زاویه‌ای از زندگی شخصیت صاحب عکس (سوژه) بوده‌اند و گاه نکاتی در آن پوشیده مانده است که بد نیست کاویده شود.

اگر به چهرهٔ صادق هدایت و عبدالحسین نوشین و جاروی دسته‌بلند بین آن دو نگاه کنید، در آن عکس هرگز با تصویری شفاف مانند آب و آینه روبه‌رو نیستید. در نحوهٔ ایستادن و جایگاه چشم‌ها تبادل عاطفه و دوستی نمی‌بینید. آنچه می‌بینید پوشاندن لایه‌هایی از فکر یا اوراقی از نسخه‌ای نامکشوف از قلب و اندیشه‌های متضاد است. به چشم‌ها و لب‌ها دقت کنید. بغض‌های درگلومانده کاملاً مشهود است. شاید هم اجباری یا ضرورتی، در صحنه‌ای از نمایشنامه‌ای که پیش رو بوده است. شاید هم لحظه‌ای آغشته به طنازیِ (طنزگویی) یکی برای دیگری است و ما بی‌خبریم و می‌بایست از باخبران استمداد بطلبیم. حضور نویسندهٔ بوف کور و سه قطره خون و... در کنار کارگردان توانمند کشور این سؤال را مطرح می‌سازد که چرا هدایت به‌نظر خجالت‌زده است و سربلند و خندان نیست. گرچه نشان از بدحالی هم ندارد. اما در عوض عبدالحسین نوشین به‌وضوح پرخاشگر و عصبی است. به شواهد آن مخصوصاً در حوالی لب و دهانش دقت کنید! حالا آن میانه، جاروی دسته‌بلند بین آن دو به چه معنی است؟ همان‌طور که پیش‌تر گفتم، این عکس بارها و بارها چاپ شده اما متأسفانه هیچ توضیحی دربارهٔ آن ذکر نشده است.

چه‌بسا بین آن دو عزیز ارجمند بحث رعایت بهداشت و نظافتِ جا و مکانی که در آن ایستاده‌اند، مطرح بوده است. شاید هم در حال تمرین نمایشنامه‌ای بوده‌اند که هرگز به اجرا در نیامده است (هرچند می‌دانیم

هدایت در سال ۱۳۰۹ همراه یا بی‌همراهی نوشین نمایشنامه‌ای بازی کرده است و...) حالا فکر کنید اگر به‌جای جاروی دسته‌بلند، یک تفنگ برنو یا دولول و تپانچه بین آن دو بود، بینندگان اکنون دربارهٔ این دو هنرمند چه قضاوتی می‌کردند، مخصوصاً در آن سال‌های پرهیاهوی بعد از دستگیری ۵۳ نفر در سال ۱۳۱۶ که اندکی بوی سوسیال دموکراسی، کمونیسم، انترناسیونالیسم یا سوسیالیسم ملی‌گرایانه می‌آمد.

توجه کنید! در سال ۱۳۲۵، صادق هدایت کتاب «افسانهٔ آفرینش آدم و حوا» را نوشته است. عبدالحسین نوشین گروه تئاتری «فردوسی» را بنیان نهاده است. سال ۱۳۲۶ صادق هدایت در حال نوشتن تفسیری با عنوان «پیام کافکا» است و عبدالحسین نوشین نمایشنامهٔ «فردوسی» را نوشته است و... به‌ظاهر جهان هر دو بسامان و آراسته و همه‌چیز سر جای خود نشسته است، اما در سال ۱۳۲۷، هدایت «پیام کافکا» را به‌صورت مقدمه‌ای بلند بر کتاب «گروه محکومین» فرانتس کافکا منتشر می‌کند. گروه محکومینِ کافکا را داشته باشید تا برسیم به ۱۵ بهمن ۱۳۲۷ که ناگهان یک خبرنگار و عکاسِ ظاهراً وابسته به حزب توده به محمدرضاشاه شلیک می‌کند و چون عبدالحسین نوشین عضو حزب توده بوده، تر و خشک با هم می‌سوزند و او هم دستگیر و زندانی می‌شود. (اگر به دستگیری صادق هدایت به‌جرم رفاقت با عبدالحسن نوشین و از این‌رو مشارکت در ترور محمدرضاشاه می‌انجامید، داستان به‌قدر کافی خنده‌دار می‌شد.)

به‌هر حال گویا این عکس مربوط به سال ۱۳۲۶ است (چرا و چگونه و کجا گرفته شده؟ معلوم نیست.) سال ۱۳۲۶ چه سالی است که صادق هدایتِ نویسنده و روشنفکرِ به‌ظاهر ازدماغ‌فیل‌افتاده راضی می‌شود بار دیگر (پس از نگارش حاجی آقا در ۱۳۲۴) کنار نوشین، یکی دیگر از اعضای حزب توده، بایستد و همراه جارویی دسته‌بلند، زیر آفتاب سوزان، عکسی

یادگاری بگیرد. عکس گویای سایه‌روشن در چهرهٔ نوشین و روشنی کامل در چهرهٔ هدایت است. آن‌ها چه چیزی یا چه کسی را می‌خواستند جارو کنند؟ آیا شخص به‌خصوصی را در نظر داشتند یا برای هم شاخ‌وشانه می‌کشیدند؟

در اینکه صادق هدایت با اصل و نسب قاجاری از خاندان پهلوی، مخصوصاً رضاشاه دل خوشی نداشت، بحثی نیست، اما آیا او راضی شده بود کنار یکی از اعضای سرشناس حزب توده (عضو گروه ۵۳ نفر) علیه رژیم پهلوی دست به چوب و چماق ببرد و به‌صورت فیزیکی با عوامل آن رژیم به مبارزه برخیزد؟ البته جای تردید فراوان دارد. فرض دیگر اینکه جاروی دسته‌بلند شاید نشانهٔ سمبلیکی باشد بر جدایی بیشتر بین آن دو. به چشم‌ها نگاه کنید! نه عاطفه‌برانگیزند و نه به نقطهٔ مشترکی نگاه می‌کنند. چشم نوشین معطوف به‌سمت راست عکاس است و چشم صادق هدایت معطوف به کمی بالاتر از زمین. شاید به گلولهٔ مهیب «توپ مرواری» که در همان سال نوشت (از عجایب روزگار اینکه شلیک یا چاپ اول آن سال ۱۳۵۸ به‌صورت زیرزمینی انجام شد. اما تراشه‌ها و ترکش‌های گلوله‌اش صورت آقایان (دزدان انقلاب مردمی ۱۳۵۷) را خراشید.)

اما طفلکی‌ها چه سرنوشتی داشتند پس از گرفتن این عکس! نوشین به‌دنبال غیرقانونی‌شدن فعالیت حزب توده به مسکو گریخت و تا پایان عمر (۱۳۵۰) در شوروی ماند و صادق هدایت نیز دو سال بعد سر از فرانسه در آورد و سرانجام در فروردین ۱۳۳۰ خود را به دست مرگ سپرد.

شاید هم این جاروی دسته‌بلند، میان دو هنرمند سمبلی است که نشان از رسم رایج و نوع برخورد حکومت آن زمان با کوشندگان عرصهٔ فرهنگ را با خود دارد. نگاهی که سرانجام از نوشین آوانگارد در هنر تئاتر ایران، محقق و داستان‌نویس متوسطی ساخت و هدایت را وادارکرد به‌عنوان آخرین شگرد هنری و تکمیل تصویر زندگی خود دست به خودکشی بزند و دل این دوست

و دیگر دوستانش را بسوزاند. بار دیگر روی عکس مکث کنیم. نگاهی از این‌سو، سردی و سستی رابطهٔ میان آن دو را آشکارتر می‌کند. گویی پس از زایل‌شدن گرمایی کم‌جان، برودتی پرقوت و مکار به میان آمده و با خود کدورت و بی‌مهری و بی‌اعتنایی آورده است. البته من در این عکس حضور مکاث یا مکاس به‌معنی باج‌گیر و اختلاف‌اندازی مکار را می‌بینم حتی مکاس به‌معنی ایجاد تردید نیز به چشم می‌آید تا نظر شما چه باشد.

* * * * *

تا آنجا که من می‌دانم هدایت هرگز عضو حزب توده نشد، اما برخی دوستان نزدیک او از اعضای برجستهٔ حزب توده بودند. چرا؟ منظورم این است که آیا علت این بوده که هدایت از نظر سیاسی با آن‌ها در یک گروه نمی‌گنجید یا نه، به این علت بود که او عملاً در صدد برآمده بود استقلال هنری خود را حفظ کند، یا علت دیگری داشته؟ نظر شما در این‌باره چیست؟

کسی نمی‌داند در ذهن آن نابغهٔ ایرانی چه می‌گذشت. فقط می‌توان حدس زد جلوتر از هم‌عصرانش می‌زیست و از رسم زندگی و هم‌وطنان و سیاستمدارهای ایرانی بیزار بود. آنچه مسلم است آن نویسندهٔ معترض و متعهد در هر نظامی قرار می‌گرفت، به نقایص و کمبودها اشاره می‌کرد. اما آیا ایستادن صادق هدایت در کنار عبدالحسین نوشین دلیلی بر گرایش هدایت به حزب توده بوده؟ من بعید نمی‌دانم. البته گویا پس از نگارش داستان «حاجی آقا» در سال ۱۳۲۴ مورد توجه حزب قرار گرفت. بعضی‌ها حتی گفته‌اند که حاجی آقا در واقع به‌سفارش حزب توده بوده. اما به‌نظر من آنچه بیش از هرچیز رابطهٔ دوستی میان هدایت و مثلاً نوشین را استوار نگه داشته و آن دو را به هم نزدیک می‌کرد، چه‌بسا تنها ذوق سرشار هنری‌شان

بوده و بس. هر دو باسواد بودند و اهل قلم و عمل و هر دو در فرانسه درس خوانده بودند. هدایت در داستان‌نویسی پایه‌گذار راه و رسم نوین شد و نوشین پایه‌گذار آموزش اصول علمی تئاتر در ایران بود. نخستین کتاب نظری دربارهٔ هنر تئاتر به‌زبان فارسی را او نوشت. با مؤسسهٔ خاورشناسی مسکو همکاری کرد و کتاب واژه‌نامک (فرهنگ واژه‌های دشوار شاهنامه) هم حاصل کار اوست. همراه همسرش، لرتا، تئاتر فردوسی را تأسیس کرد و شاگردان فراوانی را به جامعهٔ تئاتری و هنری ایران تحویل داد. ترجمه‌هایش هم از «روسپی بزرگوار» ژان پل سارتر و یکی چند از آثار شکسپیر و تورگنیف و چخوف عالی بود. یاد هر دوشان گرامی.

* * * * *

۳- مکث روی فاصلهٔ هدایت با زنان[۱]

در مکث‌های من روی عکس‌های هدایت، بارها به این نتیجه رسیده‌ام که، هر وقت، او قهوه را سرد و تلخ می‌نوشید، به فکر فال‌بینی می‌افتاد که روزگاری به او گفته بود... در سرنوشت تو هیچ زنی باب دلت پیدا نمی‌شود چون تو دل‌ودماغ راه‌دادن زن به زندگی‌ات را نداری!... و او پاسخ داده بود، دیگر هیچ شاهزاده‌خانمی اسیر قلعهٔ سنگ‌باران یا دیو سفید مازندران نمی‌شود تا من نجاتش بدهم و... و آن فال‌بین گفته بود، اگر حتی دختری را نجات بدهی و با هم ازدواج کنید، سر هفته طلاقش می‌دهی و اگر دخترک (شاهزاده‌خانم) مهرش را حلالت نکند و موی دماغت شود، بعید نیست یا خودت را بکشی یا او را یا هر دو با هم مرگ موش بخورید...

آیا هدایت به‌عنوان نویسنده‌ای آشنا به انواع تیپ‌ها و شخصیت‌ها با توجه به نوع سرشت و طبیعت خود یا اِشراف به خصایص و خصایل

۱- چاپ اول، روزنامهٔ فرهنگ آشتی، بهمن ۱۳۸۷

ثانوی یا ژنتیکی خود به این جمله اعتراض می‌کند که چرا مثل سایر مردان طبیعی، چشم‌انتظار زنی نیست که خود را از اسارت رسم و رسوم سنتی برهاند و نزد او آید و... آیا این دیدگاه همان دیدگاهی است که هدایت را وادار می‌کرده اغلب زنان داستان‌های خود را به‌صورت اثیری یا لکاته و شلخته و خرافاتی ببیند و مسخره کند؟

آیا جدال بین اهورا و اهریمن در ذهن و زبان صادق هدایت جاری بوده است، و از دل آن آثاری در ادبیات داستانی ایران پدید آمده که تا قبل از او سابقه نداشته است؟ آیا چون کسی نتوانست زیبایی‌های معمولی بین عامهٔ مردم را چنین زشت و زشتی‌ها را چنین زیبا به تصویر بکشد، او شاخص شد؟ آیا چون هدایت از طبیعی‌بودن خود در مقابل زنان عاجز بود، آنان را واقعیِ واقعی یا غیرواقعی می‌دید؟ یا نمی‌خواست ببیند؟ آیا هدایت به زنان نگاهی غیرمتعارف داشت و آنان را موجوداتی پررو و بی‌پروا و مخلوقاتی ناقص‌وضعیت می‌دید که می‌بایست از دست دیوان بال‌دار و شاخ‌دار (بخوان سنت‌های دیرپای مردان زورگو و خشن) نجاتشان داد و سپس بهانه‌ای تراشید و از آنان گریخت؟ البته بی‌آنکه شرح مفصلی بنویسد که چرا نجاتشان داده و حالا از دستشان می‌گریزد! آیا هدایت در ردیف کسانی قرار می‌گیرد که می‌اندیشند، زنان موجودات ناقصی‌اند، حتی اگر سالی یک بار وضع حمل کنند و عاطفهٔ مادری‌شان برای همگان مسلم بوده و به عرش برسد!

هدایت از پوست و گوشت حیوان‌ها دوری می‌جست، از روح و روان وحشی برخی انسان‌ها نیز بیزار بود. او انسانیت را می‌ستود، اما این به‌آن معنا نیست که آمیزش بین دو انسان نر و ماده را هم به‌معنای رایج آن ستایش می‌کرد. در یکی از عکس‌های چاپ‌شده در «مجلهٔ دفتر هنر – بیژن اسدی‌پور» به‌نظر می‌رسد دختری هفده هجده ساله حوالی هدایت نشسته.

گویا هدایت در سال ۱۳۰۷ شمسی، با دختری فرانسوی به‌نام ترز مراوده و دوستی داشته است. در عکس زنی میانه‌سال با گردن‌بندی سفید و بلند هم حوالی هدایت نشسته است، در حالی‌که این خطای چشم من و شماست. کافی است با ذره‌بین معمولی به عکس نگاه کنید:

۱- هدایت به‌تقریب یک متر جلوتر از آن دو زن روی صندلی نشسته است.

۲- ترز، روی زمین زانو زده (مثل فوتبالیست‌ها) و پارچه‌ای سیاه در دست دارد.

۳- زن میانه‌سال روی صندلی نشسته و مثل دختر چشم دوخته به دوربین و معلوم نیست واقعاً خوشحال است یا زورکی لبخند می‌زند.

۴- هدایت هیچ‌کدام را تحویل نگرفته تا کنار خود بنشاند یا برود بین آن‌ها.

۵- زنان هم خوشحال‌اند که با فاصله به دوربین نگاه می‌کنند و هدایت سر به زیر انداخته و احیاناً سرنخ لباس کاموایی را باز می‌کند یا دو سر پارچه یا کیسه‌ای سفید را گره می‌زند. شاید هم هر دو زنی که پشت سرش نشسته‌اند، مسخره‌اش می‌کنند از بس هدایت عبوس یا طناز بوده است.

شاید شخصیت‌های این تصویر یادآور همان نکته‌ای است که مصطفی فرزانه در کتاب آشنایی با صادق هدایت نشانی و آدرسش را می‌دهد. در بخشی از خاطرات فرزانه در فرانسه آمده... هدایت گفت: «آن سکوی زیر پل را می‌بینی؟ (سکویی بود پهن و بلند و در واقع حامل پایهٔ پل) اینجا محل قرارهای من با معشوقه‌ام بود.» - که دروغی آشکار به‌نظر می‌رسد! یک سرکارگذاشتن حسابی!

اگر تصور کنیم دختری که پشت سر هدایت نشسته (ترز یا ترزا) همان دختر فرانسوی است که هدایت با او قرار ملاقات می‌گذاشته، دختری پدرومادردار بوده، پس لبخند آن زن میانه‌سال پشت سر هدایت چه معنی می‌دهد؟ آیا مادرش خوشحال بوده که دخترش دوست‌پسری گرفته مسن‌تر

از خودش؟ آیا هدایت که استاد قصه و داستان بوده، همچنین سرِکارگذاشتن آدم‌ها، آن دختر را موجودی قابل‌ترحم می‌دیده که باید نجاتش می‌داده؟ هدایت به همهٔ جنبه‌های زندگی خود به‌صورت یک کلکسیونر نگاه می‌کند (کلکسیونر یا سمسار؟) که از فروشگاه‌ها و نمایشگاه‌های معروف قطعه‌ای می‌خریده و مثل فروشنده‌ای حرفه‌ای آن را در دیدرس مشتریان (خوانندگان) خود قرار می‌داده است، بی‌آنکه از آن نوشته‌ها سود مادی ببرد.

مثال متنوع‌بودن طبع او فراوان است: ایران‌دوستی و ایران‌پرستی، و سپس نفی وطن‌پرستی تا جایی که ترجیح می‌دهد هر جایی بمیرد جز در وطن. رفاقت با اعضای حزب توده و نفی آن، دوستی غیرمتعارف با حسن قائمیان و نفی او پس از انتشار اثری از قائمیان، آوردن نام چند دختر و زن ازجمله ترز فرانسوی و یکی از دختران شاهزاده‌فرمانفرمای ایرانی و... نمونه‌ها فقط مکث کوتاهی است بر تکمیل تصویر خودش که دوست داشت کنجکاوی کند و از هر چیزی سر درآورد.

هدایت دلایل خوبی داشت برای سرِزبان‌انداختن انتخاب‌هایش، چون بلافاصله دنبال دلایل قانع‌کننده‌ای می‌گشت برای پس‌زدن و نفی آن‌ها، به‌عبارت‌دیگر مجازات آگاه‌کردن آدم‌های پیرامونش به روح و روان پیچیدهٔ خود، برای هدایت بسیار سرگرم‌کننده بود و سرانجام به قیمت انزوای خودش تمام شد. او می‌ساخت و به‌محض به‌نمایش‌درآوردن آن برای عوام یا خواص، خودش با دست خودش همه‌چیز را ویران می‌کرد تا در یک نقطهٔ فکری نایستد. هر روز ساز جدیدی را کوک می‌کرد تا این هستی را مسخره کند، تا آدم‌ها در این دنیای وسیع پیچیده فقط و فقط ظاهر را نبینند و به درون خود بروند. خودِ پریشان و آنارشیست خود را هم ببینند... سرانجام ساخت مادی خودش را هم تحمل نکرد. دست به تخریب آن زد تا ساخت معنوی و غیرحضوری خود را بسازد - که ساخت و خیلی‌ها را آگاه کرد.

چون هدایت از خود نمی‌پرسید یا دوستان نزدیکش از او نمی‌پرسیدند دخترها از او خوششان می‌آید یا نه، کسی پی نگرفت حس دوست‌داشتن و عشق‌ورزیدن چه‌موقع به‌سراغ او می‌آمده است. آیا هر وقت لباس نو می‌پوشید و کراوات تازه می‌زد یا... تاکنون این‌همه خاطره از اطرافیان هدایت چاپ شده ولی من هنوز خاطره‌ای از هیچ زنی نخوانده‌ام که هدایت او را دوست داشته یا او هدایت را به چشم مرد مورد علاقه‌اش معرفی کرده باشد. او برای زنان و دخترانِ فهیم و آداب‌دان و تحصیل‌کرده احترام قائل بود و به‌نظر می‌رسد به جنبش برابری‌خواهی زنان رأی مثبت می‌داد، اما اگر یکی‌شان می‌آمد جلو ابراز عشق کند، پسش می‌زد و چه‌بسا دماغش را می‌گرفت و اگر نمی‌گفت پیف‌پیف بو می‌دهی! حتماً می‌گفت چرا خودت را نازل کرده‌ای.

او طی سالیانی که قابلیت عاشق‌شدن و عشق‌ورزیدن داشت، شاید در و دروازهٔ دلش را فقط به روی دو سه دختر یا زن باز کرد، ولی زود بست یا نیمه‌باز گذاشت و آن‌قدر بدخلقی و بدقلقی کرد تا «یارو» بگریزد. چون به‌احتمال قوی آن «یاروها» پس از مدت کوتاهی خود نیز احساس می‌کردند فریب ظاهر بگووبخند نویسنده‌ای را خورده‌اند که هیچ احساس عاطفی‌ای نسبت به آنان نداشته است. بیننده با دیدن همان عکس سه‌نفره از خود می‌پرسد ترز چه‌جور دختری است که حاضر شده پشت سر مردش، مثل شلخته‌ها روی زمین خاکی بنشیند و مثلاً وانمود کند دختر خانه‌داری است که در دوخت‌ودوز همتا ندارد... چه‌بسا زنان تحصیل‌کرده و واقعی هم برای هدایت نقش تزئینی داشته‌اند. قطعاً او نخست به زیبایی و ظاهر آراسته و آداب‌دانی دخترها اهمیت می‌داده است. حس زیبایی‌شناسی قوی وادارش می‌کرده نخست از یک زن توقع درک و همزیستی با یک هنرمند داشته و انسانی فکور باشد تا زنی که پس از ازدواج برایش غذا بپزد و

لباس‌هایش را بشوید و... او به ملزومات میز شام و ناهار بیشتر از خود شام اهمیت می‌داد، چون گیاه‌خوار بود اشتهای فراوانی نداشت. اشتهایش منحصر شده بود به نوشتن از همان سایه‌هایی که حضورش را در ادبیات فارسی جاودانه کرد. کماآنکه پس از این‌همه سال کسانی پیدا می‌شوند که با یاد و مثل او در سایه‌های درون دنبال خودِ خودشان بگردند.

اگر مکثی کمی بیشتر از مکثی کوتاه کنید روی آثارش، او را در شکل و شمایل زنی به‌نام ایران می‌بینید، زنی با گربه‌ای ملوس که با خودش حرف می‌زند و به خود عشق می‌ورزد و گاهی هم در عین شیفتگی به خود، ناگهان از خود بیزار می‌شود تا جایی که به خلقت خود، و به خصلت‌های نهفته در وجود خود اعتراض می‌کند، و ممکن است در این اعتراض‌ها همان گربهٔ ملوس و دست‌آموز، صاحب خود را از پنجرهٔ آپارتمانش پرت کند وسط خیابانی شلوغ و بعد برای او داستانی عاشقانه به‌نام «سگ ولگرد» بنویسد و اصل‌ونسب او را اسکاتلندی ذکر کند، تا مردم هشتاد سال پیش ایران با کشوری به‌نام اسکاتلند آشنا شوند، که سگ‌ها در آن از جایگاهی شایسته برخوردارند.

* * * * *

من هیچ نویسنده و به‌طور کلی هنرمند ایرانی‌ای سراغ ندارم که این‌همه حرف و حدیث پیرامونش شکل گرفته باشد. به‌راستی او حتی از داستایوفسکی، ادگار آلن پو یا حتی کافکا مرموزتر و ناشناخته‌تر می‌نماید، حتی به‌نظرم خود شما هم تصویر عجیبی از نگاه هدایت به زن‌ها ساخته‌اید، واقعاً چرا؟

صادق هدایت چه در زندگی واقعی و چه در آثاری که نوشت، همان‌گونه بود که بود. گاهی بی‌ادعا و بی‌پیرایه. گاهی ازبالانگاه‌کن و... اما انگار آدم‌هایی را که خودشان باشند، باور نمی‌کنیم و آن وقت از هر کار و

کردارش یک معما می‌سازیم و هر روز که می‌گذرد آن معما را بزرگ‌تر جلوه می‌دهیم... در هر حال تا حدودی با شما موافقم. چون سایه در میان ما زیست و ناگهان چون سایه ناپدید شد... اما سایه‌ای که گستردگی آن هرگز از یاد ما نخواهد رفت. به‌تعبیری پایان زندگی او فاجعه بود اما فاجعه‌ای که خود، «هستی» تازه‌ای برای او و ما به ارمغان آورد... او همهٔ امیدها و نومیدی‌های ما را به‌خوبی شناخت و دفتری گشود که شاید وسیلهٔ تفأل باشد؛ تفأل برای آنکه ببینند ملتی چگونه می‌زیسته است. نگاه صادق هدایت به زن هم در زمان خود برگرفته از هوشیاری اوست و از زاویهٔ دید من، او اعتراض خود را در خصوص حقوق زنان عنوان کرده است. شاید دوستی با مریم فیروز را بشود در همین رابطه دید. فراموش نکنیم که او با فرهنگ غرب آشنا بود. می‌دید که روزبه‌روز بر قدرت زنان در برابری‌خواهی با مردان افزوده می‌شود. به‌باور من هدایت در داستان‌هایش مهجوری زنان را به رُخ آنان کشید بلکه در بیداری آنان مؤثر باشد. برخلاف نظر شما من تصویر عجیبی از نگاه هدایت به زن‌ها نساختم، خودش ساخته. کافی است نگاه کنید به صفحهٔ اول کتاب توپ مرواری و علویه خانم؛ با خرافاتی که او سراغ گرفته و برملا ساخته از زنان، به‌واقع با مسخره‌کردن آنان، آگاهی و هشدار داده بلکه دست از این خرافات بردارند. البته در داستان‌های دیگر از زنان مدرن و امروزی (داستان ساق پا) سخن گفته. اتفاقاً من می‌خواهم بگویم صادق هدایت یک واقع‌بین تمام‌عیار است.

*****

۴- مکث روی عکس بالماسکه[1]

اگر روی یکی از معدود عکس‌های دسته‌جمعی صادق هدایت که مربوط

۱- چاپ اول، روزنامهٔ فرهنگ آشتی، بهمن ۱۳۸۷

به نمایش «بالماسکه» است، مکث کنید، او را ردیف وسط، نفر دوم از سمت راست می‌بینید. این عکس خلاف تصوراتی است که اغلب خوانندگان آثار هدایت، از او سراغ دارند، پس مهم است که دیگران هم درباره‌اش بنویسند. این عکس (جشن بالماسکه؟) با لباس دلقک‌ها در تهران (۱۳۰۹) گرفته شده... اگر به گوشهٔ عکس نگاه کنید، «شب شنبه ۲۳/اسفند/۱۳۰۹» را می‌توانید بخوانید. این عکس منعکس‌کنندهٔ گوشهٔ دل و ذهن هدایتی است که با نوشته‌ها و نوع رفتار و کردار و مرگش، بازیگری و بازیگردانی خود را به‌تمام معنا و بی‌کم‌وکاست به اثبات رسانده است.

خیلی از خوانندگان در سراسر جهان توقع دارند سِیر تحول و فرازونشیب زندگی نویسندگان محبوب و تأثیرگذار خود را بدانند. جریان پرورش خوی و خصلت و شخصیت و برداشت او را از هستی کشف کنند. با شناسایی کوچک‌ترین حوادث مربوط به زندگی خصوصی او قادر شوند به کلیهٔ تحولات درونی او که منشأ فعالیت‌های هنری‌اش و باعث خلق آثارش شده است، آگاه شوند. مجموع همین دقت‌نظرهاست که ماهیت بیرونی و درونی آن شخصیت ادبی-هنری را روشن می‌کند و عمق روح و سلیقه و پسندش را برملا و آشکار می‌سازد و منتقدان می‌توانند هریک با نگاهی متفاوت به آثارش نگاه کنند و در مسیر نوعی از ادبیات شفاهی به شناخت هرچه‌بیشتر خود و دیگری کمک کنند.

از هدایت هیچ بعید نیست بارها اینجا و آنجا، در سخنان شفاهی این مفهوم را رسانده باشد که... ممکن است آمدنِ من به این دنیا بر اثر یک بازی یا یک قرارداد دونفره باشد، مثل رفتن دوستی به خانهٔ دوستی در ساعتی معین، اما بازگشت من در اختیار دیگری نیست... همچنین... اگر الزام و اجباری در بازی ببینم، هر وقت بخواهم کنار می‌کشم چون نمی‌توانم به‌زور بخندم یا به‌توصیهٔ کسی گریه کنم، یا برای رعایت موازین

اخلاقی اجتماعی بچه‌دار شوم یا چون از طایفهٔ قاجارم، در لباس دلقک در بالماسکه ظاهر نشوم. من در لباس دلقک ظاهر می‌شوم، و به هیچ‌کس مربوط نیست که چرا در سالگرد ماه مهٔ ۱۳۲۶ جارو‌به‌دست همراه رفتگرها در تظاهرات کارگری شرکت می‌کنم و به‌نفع طبقهٔ کارگر شعار می‌دهم...
او خوب می‌داند:

۱- دلقک در تراژدی‌های بزرگ یکی از نقش‌های اصلی را به عهده می‌گیرد.

۲- دلقک با چهرهٔ رنگ‌آمیزی‌شده و لباس‌های غیرمعمول برای خنداندن و آگاهی‌دادن به مردم و ارضای حس صراحت لهجهٔ خودش لحظه‌شماری می‌کند.

۳- این زبان تند و صراحت لهجه همان چیزی است که هدایت را به خود جذب کرد تا جایی که در ۲۸ سالگی در بالماسکه‌ای، لباس دلقکان پوشید و مجوز رسمی گرفت برای ریزتربینی، ریزترگویی و تیزترگویی! یا به خود مجوز داد که هر چه دلش می‌خواهد علیه کج‌اندیشانِ ظاهرفریب بگوید و بنویسد.

سپس او در این اندیشه تا جایی پیش رفت که طبق گفتهٔ مصطفی فرزانه (آشنایی با صادق هدایت) رزم‌آرا (شوهرخواهر هدایت) بعد از انتخاب‌شدن به نخست‌وزیری محمدرضاشاه در سال ۱۳۲۹، هدایت را به یک میهمانی مهم دعوت کرد تا او با بذله‌گویی و هزل‌گویی‌هایش میهمانان را بخنداند یا متلک‌بارانشان کند. اگر شغل دلقکی را خوار و خفیف نشماریم، او محترمانه بر تبحر صادق هدایت در این حرفه و هنر مهر تأیید زده است. هدایت با هزل‌گویی از نسل ادبای سنتی و سیاست‌بازان مردم‌فریبِ عصر خود، خود را از آنان جدا و به روح زمانه نزدیک کرد. نیازهای عصر خود را به خود و به دیگران یادآور شد. او گوش خیلی‌ها را کشید تا به عرف‌های پوسیدهٔ جامعه پشت کنند. بزرگ‌ترین

آرزوی بازیگری که نقش خودش را خوب بازی می‌کند، شنیدن صدای هورا و کف‌زدن‌های ممتد تماشاچیان است که به‌باور من هنوز هم برای صادق هدایت ادامه دارد.

آیا تاکنون کسی به این پرسش پاسخ داده است که چرا هدایت پیش از انتشار آثار معروفش چون بوف کور و سگ ولگرد و علویه خانم و ... مشهور بود؟ این شهرت از کجا و چگونه فراهم آمده بود؟ به‌باور من او مثل بازیگری حرفه‌ای که جای‌جای خانه‌اش را آینه‌های متعدد کار گذاشته تا هر لحظه در حال تمرین و بهتر‌شدن اجرای نقش خود باشد، به تنها چیزی که اهمیت می‌داد اجرای نهایی نقش خودش بود به‌بهترین شکل ممکن در روی صحنه‌ای که تمام اجتماعات ادبی و محفل‌های شبانه و روزانه را در بر می‌گرفت.

به‌جرئت می‌توان گفت هدایت جزو اولین نویسندگان و رواج‌دهندگان اغلب رفتارها و اطوارها و منش‌های تلخ‌وشیرین روشنفکری در ایران بود، که هنوز هم ادامه دارد. البته منهای مو بلند‌کردن و سبیل پت و پهن گذاشتن. او به دیگر روشنفکران زمانهٔ خود یاد داد چگونه ناراضی دائمی باشند و عصیان خود را از فیلتر رفتار و کردار و نوشتار هنرمندانه بگذرانند تا ناخودآگاه در صف سیاسیون طالب قدرت قرار نگیرند.

هدایت این زندگی را مجلس رقص و بالماسکه‌ای وسیع به‌وسعت سراسر گیتی می‌دید که می‌بایست علاوه بر شرکت در آن و انتخاب محبوب‌ترین یا منفورترین صورتک، در آن با لباس غیر معمول ظاهر شود، و خود را در قالب دلقکی دانا یا وزیر و وکیل و پادشاهی نادان پنهان کند. مثل سیاستمداری سیاه‌بازِ سیاه‌کار بگوید و بخندد و فی‌البداهه اغنیا را دست بیندازد تا دل فقرای اقتصادی را التیام بخشد یا فقر فرهنگی اغنیا را به رخ آن‌ها بکشد تا دل اغنیای فرهنگی را خنک کند. وقتی صحنهٔ تاخت‌وتاز

فکری هنرمندی جهان یا دست‌کم سراسر ایران است، هر نوشته‌اش درخور بررسی مجدد است، چون زشتی گفتار و پندار و رفتارها را به رخ می‌کشد و این کافی است برای کسب حداقل امتیاز.

در دنیای بالماسکهٔ هدایت (من آن را دروازهٔ ورود هدایت برای به‌سخره‌گرفتن خود و دیگران و هیچ‌انگاری جهان پس از جنگ اول جهانی می‌دانم)، رباعیات یا ترانه‌های خیام (۱۳۱۳) به‌کمک هدایت آمده است تا این نظم جهانی مسخرهٔ غم‌انگیز را پس از مضحکه از هم بپاشد و چه‌بسا دنیای منطقی‌تری روی خرابه‌های آن بسازد.

آیا بیزاری عمر خیام از نظم زمانه به‌دلیل ندیدن فضلیت‌های خوب انسانی بود که بیزاری هدایت از آدم‌های پیرامونش دوری از انسانیت و نفی آن باشد؟ هرگز! هرگز!

هدایت لباس دلقکی پوشید و در جشن بالماسکه و اشباح شرکت کرد تا از سر لیلاجی برود داخل و از انتهای بی‌آبرویی و بی‌مقداری در مقابله با عرف جامعه بیرون بیاید و فریاد بزند من همهٔ بی‌مزه‌ها را دور زده‌ام و حالا هر بی‌مزه‌ای که مرا متهم می‌کند به هیچ‌انگاری، خود یک بی‌مزه بیش نیست. من از انتهای دلقکی، جدی‌ترین سخن‌ها را در قالب هزل برای شما بازگو می‌کنم.

* * * * *

صحبت دربارهٔ هدایت هرگز برایم ملال‌انگیز نبوده، اتفاقاً وقتی درگیرش می‌شوم، مثل تماشای یک فیلم خوب، مایل نیستم به‌زودی تمام شود. اجازه بدهید برگردیم به مرگ هدایت... من خودم هرگز در موقعیتی قرار نگرفته‌ام که به خودکشی فکر کنم. اما در همین حال این جرئت و شهامتش را پنهانی ستوده‌ام! به‌نظر شما چگونه باید به این مسئله نگاه کرد تا علاوه

بر اینکه شـهادت و جسـارتش را می‌سـتاییم، به او حـق هم بدهیم؟

مـن هـم بـه او حـق می‌دهـم. کمـاکان به‌بـاور من مـرگ صـادق هدایت مرگـی بـود کـه خـودش آن را نوشـت، یـا تألیـف کـرد. شـاید هـم، بـرای رنگین‌ترکـردن جنبش روشـنفکری و ادبی ایران ایـن کار را کرد. باز هم به‌باور مـن شـیوه‌ای کـه او در زندگی اختیـار کرد، این‌گونه زیسـت و مـرگ را طلب می‌کـرد. اوج نـگاه هجوآمیـزش به زندگـی و آن آدم‌های پیرامونـش در کتاب مسـتطاب «وغ‌وغ سـاهاب» به‌خوبـی منعکـس شـده اسـت. عـلاوه بـر آن، مـرگ خودخواسـته‌اش گـواه بر این مدعاسـت که او بـه مرگ نـه به‌مثابهٔ پایان زندگـی بلکـه اتفاقـاً ادامهٔ آن به‌شـکل دیگر معتقد بود. شـما تصـور کن مرگ به‌مثابـهٔ ابزاری که می‌تواند به زندگی من و ما معنی انسـانی‌تری ببخشـد. من سـال‌ها پیش در کتاب «جسـتاری در فرهنگ وغ‌وغ سـاهاب» که انتشـارات کتاب‌سـرای تندیـس چاپـش کـرد، در مقدمـه گفتـم نمی‌توان تصور کرد که صـادق هدایـت بی‌توجه بـه کاربرد واژگان وغ‌وغ سـاهاب در نـزد عوام چنین نامـی بـرای کتابـش انتخـاب کرده باشـد، چرا کـه او عـلاوه بر نقـد نخبگانِ عصاقـورت‌دادهٔ جامعـهٔ ادبی و غیرادبی شـهری آن روزگار، نقاط ضعف عوام در روسـتاها و شـهرها را نیـز همـواره به ما گوشـزد کرده اسـت. آیـا هدایت و اسـتاد فرزانـه‌ای چون مسـعود فرزاد[۱] به‌عنـوان مؤلفان کتاب، سـخنان خود را به‌دیدهٔ تحقیر می‌نگریسـته‌اند؟ اینکه نویسـنده‌ای بگویـد حرف‌های من مثل وغ‌وغ سـاهاب گاهـی گوش‌خـراش، گاهـی باعث خنـده و اغلـب بی‌ارزش اسـت، هنـوز هـم پس از انتشـار انبوهـی از آثار ترجمـه و تألیـف حرفه‌ای یا تجربی سـاختارشـکن و پسـت‌مدرن، مرسوم نیست چه رسـد به هفتاد هشتاد سـال پیش کـه به‌طور کلی نـزد ادبای جاسـنگین ریش‌وسـبیل‌دار بـه حرکتی ضداخلاقی و حتی آنارشیسـتی تعبیر می‌شـده اسـت، کماآنکـه توفان لعن و

۱- مسـعود فرزاد (زادهٔ ۱۲۸۵ در سنندج – درگذشتهٔ ۱۳۶۰ در لندن)، نویسـنده و مترجم معاصر ایرانی بود. وی برادر هومان فرزاد و برادرزن سـعید نفیسی بود.

نفریـن بـر او باریدن گرفـت و هدایت همـه را به جان خرید تا حـرف خود را دربـارهٔ تغییـر و ضـرورت آن تغییر در ایـران به همگان گوشـزد کند.

آقای محمدعلی، آیا «مکث روی عکس»ها چند مطلب پشتِ‌سرهم‌اند دربـارهٔ هدایـت کـه دریک روزنامه چاپ کردید؟ آن‌ها را به‌سـفارش مسـتقیم این روزنامه نوشـته‌اید؟

واقعیـت ایـن اسـت که بعـد از انقـلاب اغلـب کتاب‌های صـادق هدایت به‌دلیـل فـروش خـوب در فروشـگاه‌ها و بسـاط کنـار پیاده‌روهـا، اسـتخوان لای زخمی شـده اسـت بـرای آقایـان وزارت ارشـاد و هرازچندگاهـی منتقدی اصطلاحـاً خـودی از یـک جایی سـر در مـی‌آورد و ناله و شـکوه سـر می‌دهد از دسـت زندگـی ولنگارانهٔ غرب و دسـت آخـر می‌تازد به صـادق هدایت. من هـم حالا یادم نیسـت علاوه بـر مقابله با مشـکلات اقتصادی بر اثـر کدام ناله و نفریـن آقایـان شـروع کـردم به نوشـتن. البتـه مدتی هـر هفتـه در آن روزنامه مطالبـی پیرامـون ادبیـات می‌نوشـتم و حـالا ایـن تعـدادش دم دسـتم بـود که در اختیـار شـما گذاشـتم. البتـه خشـم و حسـادت آقایـان بی‌علت نیسـت. او نویسـنده‌ای ضـد تحجرِ مذهبی بود. علاوه بـر این گویا طبـق آخرین اخبار و آمار، بوف کور تاکنون به ۴۷ زبان ترجمه شـده و صادق هدایت تنها نویسـندهٔ ایرانی اسـت که توانسـته ۸۵ سـال پیش یک اثر سـوررئال به جهان عرضه کند و هنـوز بحث‌انگیـز باشـد. این اثر در سرشـت اندیشـگی خیلی‌هـا مؤثر بوده اسـت. جـدا از این مباحث، چند روز پیش شـنیدم مصطفی فرزانه، دوسـت و همـدم صـادق هدایت و یکی از عاشـقان بوف کور، هم فوت کرده. سرنوشـت ایـن روشـنفکر ایرانـی هـم مثل هدایـت اندکی بیش از اندکی عجیب اسـت. او جـزو اولیـن سـینماگران ایرانی اسـت که در سـه جشـنوارهٔ مهم کـن، ونیز و لوکارنـو حضـوری چشـمگیر داشـت و جوایـزی هم برنده شـده بود. داسـتان کوتاه و رمان هم نوشـت و چون اجازهٔ انتشـار نیافت، از ایران رفت. در نتیجه،

افکار عمومی او را اساساً با همان سه کتاب خوب که دربارهٔ هدایت نوشت، می‌شناسد. حتی ترجمه‌هایش از گوگول و چخوف و گروسه هم به چشم نیامد یا کمتر به چشم آمده است. در یک کلام بگویم خیلی‌ها از هدایت پشتیبانی یا حتی تقلید کردند، اما او سرآمد و همچنان بی‌همتا مانده است.

*****

باز هم پیرامون بوف کور[۱]

بیا بریم تا مِی خوریم
شراب ملک ری خوریم
حالا نخوریم کی خوریم؟[۲]

اشاره:

۱- گویا صادق هدایت بوف کور را اولین بار در سال ۱۳۱۵ در بمبئی هندوستان منتشر کرد. کتاب با دستخط نویسنده، به‌صورت پلی‌کپی و در پنجاه نسخه با قید عبارت «فروش و طبع در ایران ممنوع است» به‌طور رسمی منتشر شد، تاریخ چاپ اول این کتاب در ایران سال ۱۳۲۰ بوده است. این اثر سوررئالیستی که تاکنون به بیش از چهل زبان زنده ترجمه شده، سکهٔ معروف‌ترین اثر داستانی ایران معاصر را به‌نام خود ضرب کرده است.

۲- ابتدا می‌بایست مضمون هر داستانی، ازجمله بوف کور را به‌روشنی دریافت و سپس به‌دنبال نحوهٔ به‌کارگیری دستور زبان، جهان‌بینی، پرداختِ هنری و دیگر موارد نقد و تفسیرپذیری آن رفت.

۱- چاپ اول، مجلهٔ شهروند بی‌سی، به‌مناسبت ۱۰۹ سالگی صادق هدایت، ۱۷ فوریهٔ ۲۰۱۲، ۲۸ بهمن ۱۳۹۰

۲- «شراب ملک ری» نام تصنیفی قدیمی است و گویا از ساخته‌های علی‌اکبر شیدا. قدمت آن به دورهٔ مظفرالدین‌شاه برمی‌گردد. این تصنیف سال‌ها پیش از سوی آقای شجریان در دستگاه شور بازخوانی شده است.

۳- به‌نظر برخی منتقدان در داستان بوف کور تناسخ نقش اساسی کلیدی و ساختاری بازی می‌کند. اما به‌باور راقم سطور بوف کور مصداق کامل تناسخ نیست، بلکه مصداق این گفتهٔ مولوی است که می‌گوید «این نیست تناسخ، سخن وحدت محض است.» چرا که تناسخیان بر این اعتقادند که روح به‌مجرد جداشدن از بدن انسان، به بدن انسانی دیگر یا به حیوان، گیاه یا جماد منتقل می‌شود...

۴- به‌باور برخی منتقدان بوف کور آغاز و انجامی ندارد، حال آنکه به‌باور راقم سطور این داستان به‌صورت دایره‌ای و در دو بخش گذشته و حال بیان شده و می‌توان ابتدا گذشتهٔ راوی را خواند و بعد به حال رسید. ارتباط صوری بین آن دو بخش با چند صفحه در پایان بخش اول و در پایان بخش دوم برقرار می‌شود. بخش اول: راوی، تجربه‌ای غریب و روانی با زن اثیری و پیرمرد قوزی یا خنزرپنزری را پشت سر می‌گذارد. بخش دوم: راوی طی فرایندی چند قرن پیش را تجربه می‌کند و به زادگاه اولیهٔ خودش و اجدادش بازمی‌گردد و داستان زندگی پدر و مادر و اطرافیانش را بازگو می‌کند، مثلاً در جایی مثل هند.

مضمون بوف کور

بخش اول:

روایت یا داستان بوف کور با آمدن عمویی ناشناخته از هند آغاز می‌شود که راوی یا همان نقاش روی قلمدان، قبلاً او را ندیده است. هنگامی که راوی برای پذیرایی از عمو می‌رود تا بغلیِ شراب را از بالای رف بیاورد، از سوراخ دریچه‌ای کوچک یا هواخوری، منظرهٔ یگانه‌ای می‌بیند که مضمون غیرارادی همهٔ نقاشی‌هایش است. زنی در لباس سیاه، با زیبایی وصف‌ناپذیر، غریب، آرام و رؤیایی که در کنار جوی آبی، گل نیلوفر

کبـودی را به پیرمـردی در لباس هندی تعـارف می‌کند.

راوی بـا تمـام وجود اسیر عشـق ایـن زن اثیـری (هم به‌معنای شـریف و کریم و در معنای مجاز، آسـمانی و فلکی، مانند روح بسـیار لطیف) می‌شود و درسـت ماننـد عاشـقی معتاد کـه بـرای مدتـی طولانی مـواد مخدر به او نرسـیده اسـت، تمـام حوالی خانـه را در جست‌وجـوی او زیـر پـا می‌گذارد. تـا اینکه یک شـب، هنگامـی که خسـته و ناامیـد به خانه بازمی‌گـردد، او را بر سـکوی در منزل خود نشسـته می‌یابد. زن، سـاکت و آرام و مدهـوش - درسـت همان‌طور که در خیال راوی بوده اسـت - وارد اتاق او می‌شـود و روی تخت دراز می‌کشـد، راوی در آن واحد، هم هیجان‌زده و هم اندوهگین اسـت. شاد و حیـران و گیـج، فاصلـهٔ عاطفی بیـن خـود و آن زن را احسـاس می‌کند. اما وقتی به‌آرامی پیاله‌ای شـراب در دهـان زن می‌ریزد، با بسته‌شـدن چشـمان جادویـی و گیـرای او ناگهـان آرامـش می‌یابـد و می‌توانـد تـن او را لمس کند، امـا تن زن کامـلاً سـرد اسـت، چـرا که او مرده اسـت.

راوی کـه مایـل نیسـت، نـگاه بیگانـه بـه زن بیفتـد، جسـم او را بـا کارد تکه‌تکه می‌کنـد و در چمدانـی می‌گـذارد و بـا کمـک یک کالسکه‌چی قوزی در قبرسـتان کوچکی که روی خرابه‌های شـهر باسـتانی ری بنا شـده اسـت به خـاک می‌سـپارد. پیر مرد قوزیِ کالسکه‌چی، گلدان یا کوزه‌ای متعلق به شـهر قدیـم ری را بـه راوی می‌دهـد. راوی وقتی به خانه بازمی‌گـردد، درمی‌یابد که نقاشـی روی کـوزهٔ قدیمی هم درسـت ماننـد نقاشـی روی قلمدان‌های خود اوسـت. نتیجـه می‌گیرد قرن‌ها پیش کسـی همچـون او می‌زیسـته کـه از این قلمدان‌ها می‌سـاخته اسـت.

حاصـل ایـن بخـش، تجربهٔ غریـب و روانـی راوی اسـت بـا زن اثیری و پیرمـرد قـوزیِ خنزرپنزری.

به‌این ترتیب بخش اول به پایان می‌رسـد و خواننده آماده می‌شـود برای

رویارویی با سرگذشت راوی در بخش دوم که مربوط به گذشتهٔ چند قرن پیش اوست. (برخی منتقدان این رویارویی را تناسخ نامیده‌اند.)

بخش دوم:

در شروع این بخش، راوی تریاک می‌کشد و دچار حالت خلسه می‌شود، حالتی که او را چند قرن به عقب و به زندگی قبلی می‌برد. در زندگی قبلی، راوی از مادری هندی که رقاصهٔ معبد لینگم[1] است، زاده شده و هرگز او را ندیده است. او همچنین با زنی شبیه مادرش ازدواج کرده است. زنی که خودش و دیگران او را لکاته می‌نامیدند. این زن لکاته و آن زن اثیری بخش اول و مادر راوی کاملاً شبیه هم‌اند. راوی در این بخش متوجه می‌شود پدر و عمویش، هر دو به عشق همان رقاصهٔ معبد لینگم گرفتار آمده بودند و ناگزیر به «آزمایش مارناگ»[2] تن در داده‌اند. طبق رسم و آیین قدیمی هر دو را به «سیاه‌چال مارناگ» انداخته‌اند، و راوی نمی‌داند کدام‌یک از سیاه‌چال زنده بیرون آمده‌اند تا شوهر مادرش بشوند. عمهٔ راوی او را بزرگ کرده و دختر لکاته‌اش را به عقد ازدواج او درآورده تا برای دخترش آبرو دست‌وپا کند. البته جرم راوی در چند قرن پیش فقط این بوده که دخترعمهٔ لکاته‌اش را یک بار در انظار بوسیده است؛ طنزی سیاه بین زنی لکاته و پسری چشم‌وگوش‌بسته.

دخترعمهٔ لکاته‌اش، از همان لحظهٔ ازدواج از هم‌بستری با راوی امتناع می‌کند، ولی با مردان دیگر رابطه دارد. راوی به‌شدت از او متنفر است، اما در آرزوی هماغوشی با او می‌سوزد. حتی در مرحله‌ای نقش دلال محبت را برای او بازی می‌کند، به‌امید آنکه مورد پذیرش دخترعمهٔ لکاتهٔ خود

۱- لینگم یا لینگا در آیین هندو نماد شیوا خدای هندو است و به‌عنوان نماد قدرت انرژی خلاق و تولید مثل، برای هندوان مقدس و قابل‌احترام است و مجسمهٔ او در معابد و زیارتگاه‌های خصوصی نصب می‌شود.

۲- مارناگ نوعی مار کبری است که در فرهنگ آیینی بخشی از مردم هندوستان (هندو) ماری است که می‌تواند گناهکار را از بی‌گناه تشخیص دهد. آن‌کس که نیش مارناگ بر تنش نشیند، گناهکار محسوب می‌شود. یادآور افسانهٔ سیاوش، پسر کیکاووس‌شاه، در شاهنامه و اثبات بی‌گناهی او با عبور از آتش.

واقـع شـود. امـا کماکان دخترعمـه بـه او راه نمی‌دهد. راوی بیمار می‌شـود و دایه، تنها کسـی اسـت کـه از او مراقبت می‌کنـد. روزی راوی در حال گردش در شـهری به‌ظاهـر خالـی از سـکنه، بـه ایـن نتیجـه می‌رسـد کـه وجـودش به‌کلـی فاقد ارزش اسـت. پـس گزلیکی برمـی‌دارد، خود را به لبـاس پیرمرد خنزرپنـزری درمـی‌آورد و به خانه برمی‌گردد تا دخترعمهٔ لکاته‌اش را بکشـد، امـا ناگهـان پشـیمان می‌شـود. مدتی بعد، بـار دیگـر در قالب همـان پیرمرد قـوزی بـه خانه می‌رود تا بلکه با دخترعمهٔ لکاله‌اش هم‌بستر شـود. لحظاتی را در اضطـراب و شـادی سـپری می‌کند. سـپس دخترعمهٔ لکاتـه، لب‌های او را به‌سـختی می‌گـزد و چنـان از میان مـی‌درد که راوی احسـاس می‌کند مانند پیرمرد خنزرپنزری لب‌شـکری شـده اسـت. از شـدت درد می‌خواهد خود را از چنـگ زن لکاتـهٔ خـود برهانـد که گزلیـک بی‌اختیـار به تن او فـرو می‌رود و دخترعمـهٔ لکاتـه می‌میـرد. راوی هراسـان از کشـتن همسـر خود بـه اتاقش مـی‌رود. جلـوی آینه بـه خودش نـگاه می‌کند و متوجه می‌شـود کـه تبدیل به پیرمرد خنزرپنزری شـده اسـت.

در پایـان بخش دوم، راوی از شـدت وحشـت از زندگی قبلـی، به زندگی فعلـی بـاز می‌گـردد. می‌بینـد پیرمـرد قـوزی، با یـک کـوزه از اتاقـش بیرون مـی‌رود. دنبـال پیرمرد قوزی مـی‌دود. اما پیرمـرد در دل مه ناپدید می‌شـود. راوی برمی‌گردد و بار دیگر احسـاس می‌کند سـنگینی مرده‌ای روی سـینه‌اش فشـار می‌آورد و...

سـاختار «بـوف کـور» دایره‌شـکل و به‌تعبیـر برخـی منتقـدان، شـبیه اوروبـروس (Ouroboros) اسـت. اوروبـروس (بـاور مصریـان و یونانیـان) مـاری دُم‌خـور اسـت که اگـر دمـش را گاز بگیـرد، به‌صـورت حلقـه (دایره) درمی‌آیـد و باعث تجدید حیات و جاودانگی می‌شـود. این حلقهٔ دایره‌وار در بـوف کور به‌دلیـل بن‌مایه‌های تکرارشـونده، پدید آمده اسـت. تکـرار بن‌مایه

در دو بخش حال و گذشتهٔ راوی، داستان بوف کور را در جهت هماهنگی و یکپارچگی و تجدید حیات پیش برده است. نگاه کنید به تکرار درخت سرو، پیرمرد خنزرپنزری و مار و سه زن...

در بوف کور سه زن وجود دارد که گاه تمایز هریک از چهره‌ها و اندام‌ها با دیگری بسیار مشکل است و از عوامل بن‌مایه تلقی می‌شوند:

۱- زن اثیری، زنی است که در بخش اول حضور دارد و راوی همیشه چهره‌اش را روی قلمدان نقاشی می‌کند. همچنین مشابه زنی است که روی کوزه زاغه نقش بسته است. راوی زن اثیری را «فرشتهٔ آسمانی» می‌داند. زن اثیری نمایندهٔ صفت مثبت زنان و زنده‌کنندهٔ راوی است، اما از نظر ظاهری شبیه زن لکاته و برادر کوچک اوست.

۲- زن لکاته، نمایندهٔ صفت منفی زنان است، رفتار و کردار لکاته اعصاب راوی را آشفته می‌کند و او را تا دم مرگ می‌کشاند. اما باز هم مشابهتی بین او و زن اثیری و مادر راوی دیده می‌شود.

۳- مادر راوی (بوگام داسی) نمایندهٔ هر دو صفت زنان است. او هم راوی را به دنیا آورده؛ زندگی‌بخش است، هم درعین‌حال میرانندہ است، زیرا موقع خداحافظی شراب زهرآلودی برای راوی به یادگار می‌گذارد. او نیز مشابهتی دارد با دو زن دیگر.

در توصیفات شکل ظاهری سه زن، توجه نویسنده به چشم‌ها متمرکز است و چشمان هر سه زن، درشت و مورب و جذاب است تا جایی که می‌توان گفت به چشم مار شبیه است، و مار از عوامل بن‌مایه است که در این داستان بارها تکرار شده است.

* * * * *

وقتی شما از صادق هدایت و بوف کور صحبت می‌کنید، انگار او این اثر

داستانی را طوری نگاشته که هر نسلی از راه می‌رسد با او درگیر می‌شود و مشغول به آن و چه‌بسا به خود می‌آید، به نقاط ضعف و قدرت خود نظری می‌افکند و با تأثیرپذیری از آن شاید گام‌های آینده‌اش سنجیده‌تر باشد. با من موافقید؟

می‌توان گفت صادق هدایت در تاریخ ادب معاصر نقشی ویژه دارد. او بود که برای نخستین بار داستان را به‌معنای داستان مدرن و امروزی رواج داد. عمده‌ترین ویژگی ساختاری و محتوایی نوشته‌های هدایت را می‌توان چنین برشمرد: ۱- درون‌مایهٔ اغلب داستان‌های او مرگ‌اندیشی، پوچ‌گرایی، انتقاد از جامعهٔ تحت استبداد، و نفی خرافه‌پرستی است. ۲- تصاویر و توصیفات و شخصیت‌ها و چهره‌های داستانی او اغلب رنگ بومی ایرانی دارند. ۳- نثرش ساده و بی‌پیرایه و عاری از دشوارنویسی و درعین‌حال مستحکم و منسجم و قوی‌مایه است. ۴- از زبان و فرهنگ مردم به‌خوبی و در حد اعجاز بهره گرفته و همین مایهٔ غنای داستان‌هایش شده است. ۵- همراه سیالیت ذهن، توصیفاتش سوررئالیستی اما دقیق و واقع‌بینانه است. ۶- به جنبه‌های روانی و درونی چهره‌ها و اشخاص داستانی پرداخته و از وصف ظاهر آن‌ها نیز پرهیز نکرده است. ۷- برخی از داستان‌هایش انعکاس مسائل روحی و روانی خود نویسنده است. ۸- طنز قوی و مؤثر و انتقادی‌اش در سرتاسر آثار داستانی و تحقیقی وی سایه افکنده است. ۹- اندیشه و تفکری در پس داستان‌های اوست که وی را متفکری اندیشمند معرفی می‌کند. ۱۰- به زندگی مردمی که در کنارشان روزگار می‌گذراند توجه خاصی دارد و همدل و هم‌داستان مردم فرودست است، اما مقابل خرافات آن‌ها می‌ایستد و نقدشان می‌کند. ۱۱- در انتخاب زاویهٔ دید و سلیقهٔ نویسندگان پس از خود تأثیری ژرف و شگرف گذاشته است. ۱۲- چه‌بسا این تأثیر بر اثر به‌روزبودن اطلاعات

هدایت از درون آدم‌های عصر جدید و منطبق با نظرات روان‌شناسی فروید و شاگردان پس از او باشد.

آقای محمدعلی، برای حسن ختام مبحث صادق هدایت کمی هم دربارهٔ جایزهٔ ادبی صادق هدایت بگویید. شنیده‌ام از سال ۱۳۸۱، هرساله طی مراسمی جوایزی به برگزیدگان داستان کوتاه اعطا می‌شود. آیا شما این‌گونه جوایز را مفید می‌دانید؟

اهدای جوایز ادبی نوعی پاسداشت و نکوداشت است و عملی شایسته که به اعتلای داستان‌نویسی می‌انجامد. البته بعضی از جوایز ادبی دولتی‌اند و از اهدای جایزه اهداف دیگری را دنبال می‌کنند و چه‌بسا باعث گمراهی و حتی بدنامی نویسندهٔ جوان شوند که جای بحث آن حالا نیست. اما جایزهٔ صادق هدایت خصوصی است و من خوشحالم که تاکنون دو تن از دوستان و همراهان کارگاه داستان‌نویسی ونکوور، آقای فرامرز پورنوروز در سال ۱۳۹۱ بابت داستان «مرگ دانای کل» و آقای مهدی کاشانی در سال ۱۳۹۲ بابت داستان «تلنگر» جوایز ارزنده‌ای دریافت کردند. این جایزه هرساله به‌همت جهانگیر هدایت، برادرزادهٔ صادق هدایت، برگزار می‌شود.

۲

صادق چوبک

اکثر آثار صادق چوبک:

«تنگسیر»، «سنگ صبور»، «خیمه‌شب‌بازی»، «انتری که لوطی‌اش مرده بود و داستان‌های دیگر»،«روز اول قبر»، «چراغ آخر» و...

ترجمه‌ها: «پینوکیو آدمک چوبی»، «مهپاره داستان‌های عشقی هندو» و...

حامی صادق زنان و کودکان و حیوانات در داستان‌نویسی ایران (۱۳۷۷ - ۱۲۹۵)[۱]

نوشتن دربارهٔ صادق چوبک آسان است اگر بخواهیم فقط به اجزا و عناصر داستان‌های او بپردازیم. دشوار است چنانچه بخواهیم او را در سبک ناتورالیسم با همتایان غربی‌اش مقایسه کنیم و در جایگاهی شایسته قرار بدهیم. پس در حال گذر از راه آسان می‌گویم... وقتی شیرازهٔ زندگی و آثار نویسندهٔ صاحب‌نام و اثرگذاری با مرگ او بسته می‌شود، اولین سؤالی که پیش می‌آید این است که آن نویسنده وابسته و دلبستهٔ چه مضامین و درون‌مایه‌هایی بود و آن مضامین و درون‌مایه‌ها را با چه زبان و تکنیکی و در کدام قالب هنری یا سبکی بیان کرده؟ و آیا از این طریق توانسته خشتی بر خشت بنای ادبیات داستانی کشورش و احیاناً جهان اضافه کند و پنجره‌ای رو به افق‌های تازه بگشاید؟

من به این پرسش اساسی در پاسخی کوتاه می‌گویم که صادق چوبک توانست به اعتبار چهار مجموعه‌داستان «خیمه‌شب‌بازی»، «انتری که لوطی‌اش مرده بود»، «روز اول قبر» و «چراغ آخر» و دو داستان بلند «تنگسیر» و «سنگ صبور» آنچه در توان ذهنی و قدرت نگارشی در خود

۱- چاپ اول، مجلهٔ مهاجر، ونکوور، ۳ اوت ۲۰۱۸، ۱۲ مرداد ۱۳۹۷

داشـت به‌بهترین شـکل ممکن و مطابق با تاب و توان فکری و اندیشـگی زمانه، بـروز دهد و یک سـر و گـردن از همتایـان ایرانـی هم‌عصر خود بالاتر بایسـتد.

چوبـک توانسـت با طرح درسـت (به‌مثابهٔ دفـاع درسـت) و به‌مدد قالب هنری مورد پسـندش، بیشـترین و بهترین انتقادها را از سه مقولهٔ کج‌اندیشی، کـج‌رَوی و نـگاه متحجرانـهٔ برآمـده از طـول تاریـخ اجتماعـی ایـران، چـون نادیده‌گرفتـن زنـان و کـودکان و حیواناتـی نظیـر سـگ و گربـه و اسـب و انتر و... مطـرح سـازد. او توانسـت جزو معدود نویسـندگان بی‌حاشـیه‌ای باشـد کـه هوشـیارانه و متعهدانـه زشـتی‌ها و پلشـتی‌های لایه‌هـای آشـکار و پنهان هم‌عصـران خـود را دربـارهٔ آن سـه مقوله که هنوز هـم موضـوع روز هواداران جنبش‌هـای حقوق بشـری اسـت به‌بهترین شـکل ثبـت کند و بی‌هیچ شـعار جانب‌دارانـه و توذوق‌زننده‌ای بازتاب دهد. او توانسـت بـا به‌کارگیری تکنیک گفت‌وگوهای درونی (مونولوگ) دوربین عینی و ذهنی و گاه سـیال ذهن خود را تـا اعماق روح و روان شـخصیت‌های اغلب خرافات‌زده و شـوریده‌حال از فقر فرهنگی و اقتصادی ببرد و حاصل کار داسـتانی خود را طی بیسـت و یک سـال کامـل خورشـیدی (۱۳۴۵ - ۱۳۲۴) در معـرض دیـد خواننـدگان قرار دهـد. او توانسـت درگیری‌هـای ذهنـی شـخصیت‌های اصلی داسـتان‌هایش را کـه برآمـده از امیـال و آرزوهـای سرکوب‌شـدهٔ آنـان بـود به‌طـور واضـح و قابل‌بـاور بـا توصیف‌هـای زنـده و دقیـق در پس‌زمینـهٔ داسـتان ارائـه دهد. او توانسـت در هـر داسـتانی که نوشـت یکـی از معضل‌های اجتماعـی را پیش بکشـد و تصویر روشـنی از فرهنـگ و خصوصیات دورهٔ تاریخـی و موقعیت زمانـی و مکانـی خـود و دیگـران در دسـترس خواننـدگان بگـذارد. چوبـک همچنیـن توانسـت از کلمـاتِ بیرون‌آمـده از ذهـن و زبـان شـخصیت‌های داسـتانی، لحن مناسـبی بـا خلق‌وخو و موقعیـت اجتماعی آنان بسـازد، و در ایـن رهگـذر اولین راوی شـوربختی زنـان و کـودکان و حیوانات دسـت‌آموز

در عرصهٔ داستان‌نویسی ایران باشد. البته داستان «سگ ولگرد» صادق هدایت را نباید فراموش کنیم.

*****

گذشته از مضمون و محتوای داستان‌های ایشان، انتخاب واژه‌ها و دیالوگ‌گویی استادانه که به‌نحو چشمگیری در پیش‌بردن قصه‌ها نقش‌بازی می‌کند و بعد به‌طور کلی لحن قصه‌ها، همه باعث می‌شوند تا سبکی خاص به‌نام او شکل بگیرد، و بارها خوانده‌ام که منتقدان گفته‌اند که فلانی مثل صادق چوبک می‌نویسد. آیا شما با نظر من موافقید؟

اگر بخواهیم دربارهٔ صادق چوبک و آثارش بیشتر بدانیم، خوشبختانه منابع اینترنتی در دسترس است. اسم اصلی چوبک، محمدصادق چوبین است. در تیر ماه ۱۲۹۵ در بوشهر به دنیا آمد و در تیر ماه ۱۳۷۷ در برکلی کالیفرنیا خاموش شد و من در شمارهٔ ۱۳۰ مجلهٔ آدینه یادداشتی نوشتم که در پایان می‌آید. به‌هر حال او سال‌ها در شرکت نفت کار کرده بود و به تدریس زبان انگلیسی هم اشتغال داشت.

همان‌طور که اشاره کردم، برخی منتقدان، صادق چوبک را داستان‌نویسی ناتورالیست به شمار می‌آورند. چرا که فساد، فقر، دزدی، فحشا، پلشتی، روابط جنسی آلوده و عاری از عشق، مرگ و اسارت در مداری بسته، درون‌مایهٔ اصلی آثار اوست. اغلب شخصیت‌های داستان‌های او ولگردان و فواحش و دزدان و اساساً قربانیان تباهی جامعه‌اند و او گاه از بیرون با توصیف دقیق و هوشمندانه و گاه از درون با گفتارهای درونی‌شان آن‌ها را می‌شناساند. نگاه بی‌طرفانه و درعین‌حال بی‌ترحم او به فساد و زشتی سبب شده است که بگوییم او توانسته با تکنیکی شبیه عکاسی غلوشده به‌جای توضیح و گزارش، با توصیف جزءجزء، متن‌های تصویری ارائه بدهد. چوبک برای

گریز از احساسات‌گرایی مرسوم زمانه، خود راه چاره را در ضدیت با آن از طریق تصویرسازی و آگاهی‌بخشی دید. اجتناب از اعمال نظرهای سیاسی رایج در سبک رئالیسم سوسیالیستی، احاطه به فرهنگ و زبان عامیانه و شیوهٔ کتابت آن و بالاخره جسارت در بیان درونی‌ترین افکار و احساسات انسانی، آثار او را در زمرهٔ غنی‌ترین و قوی‌ترین داستان‌های فارسی قرار می‌دهد. زبان و سبک او تا حدودی متأثر از صادق هدایت است، اما دقیق‌تر از اوست. پویایی و تحرک و سرعت این زبان متناسب با آهنگ داستان تغییر می‌کند.

آیا زنده‌یاد صادق چوبک در تشکیل کانون نویسندگان، دستی یا نظری داشتند؟ اصولاً آیا از ایشان به‌عنوان داستان‌نویس پیش‌کسوت دعوتی به عمل آمد و از ایشان نظری خواسته شد؟

او رمان سنگ صبور را در سال ۱۳۴۵، دو سال قبل از تشکیل کانون نویسندگان در ۱۳۴۷، نوشت و به‌نوعی از نویسندگی کناره گرفت. چه‌بسا اگر هم کناره نمی‌گرفت، به‌دلیل اشتغال در وزارت نفت و دوستی با امیرعباس هویدا، نخست‌وزیر، عضو کانون نمی‌شد. در سال ۱۳۴۹ به‌عنوان استاد مهمان به دانشگاه یوتای آمریکا رفت و در ۱۳۵۱ در کنفرانس نویسندگان آسیایی و آفریقایی در قزاقستان شرکت کرد. تعدادی از آثارش به انگلیسی و روسی ترجمه شد و از سال ۱۳۵۳ به‌بعد در انگلستان و سپس در آمریکا اقامت کرد. آخرین ترجمهٔ او «مهپاره»، مجموعه‌ای از داستان‌های عاشقانهٔ هندی است که در سال ۱۳۷۰ در ایران منتشر شد.

تاکنون آن‌طور که باید از زحمات ایشان در خلق آثار داستانی، تجلیل و قدردانی شده است؟ چه آثاری از ایشان بیشتر مورد علاقهٔ شماست؟

دربارهٔ صادق چوبک پنج کتاب تاکنون منتشر شده که تعدادی از آن‌ها خواندنی است. رمان تنگسیر تاکنون به ۱۸ زبان ترجمه شده و امیر نادری، فیلمساز معروف ایرانی در سال ۱۳۵۲ بر اساس آن فیلمی به‌همین

نام ساخت. در پاسخ به پرسش دیگر شما باید عرض کنم من تمام آثار چوبک را دوست دارم. اما رمان سنگ صبور پس از گذشت بیش از نیم‌قرن هنوز هم تازگی دارد. چون داستان را از چند منظر و زبان روایت می‌کند. بر بستر جریان سیال ذهن، تک‌تک شخصیت‌ها اعم از مذهبی و تاریخی و اساطیری را فرامی‌خواند و از تک‌تک آن‌ها تقدس‌زدایی می‌کند. به‌عبارتی یکی از پایه‌گذاران رمان چندصدایی در ایران به شمار می‌رود. همچنین بحث آشنایی‌زدایی را به میان می‌کشد و هریک از شخصیت‌ها با زبان خاص خود در فضاهای گوناگون از درون خود بی‌اعتبار و رسوا می‌شوند. صادق چوبک با شش عنوان کتابِ نه‌چندان قطور توانست نیم‌قرن در رده‌های بالای ادبیات داستانی ما بایستد. نفی زبان مؤدب و نقد مذهب و خرافه‌ستیزی، هویت‌بخشی به حیوانات و مخصوصاً شرح آلام زنان از دستاوردهای اوست.

یادم است دو سه سال پیش داستان «پیراهن زرشکی» چوبک را در کارگاه داستان‌نویسی خواندیم؛ با درون‌مایه‌ای از مرگ و فساد. چوبک از طریق گفت‌وگوی زنان کارگر غسالخانه ذهن آن‌ها را نسبت به هم و در تصاحب پیراهن زرشکیِ متوفی نشان می‌داد. تا لحظاتی پس از خواندن داستان، من همچنان می‌لرزیدم. گمان نمی‌کنم این داستان هرگز از ذهن و ضمیرم پاک بشود.

داستان پیراهن زرشکی نمونهٔ خوبی است از سبک نویسنده و نزدیک‌شدن به دیدگاه ناتورالیستی او. در خلال همان داستان‌ها و گفت‌وگوها بود که تصاویر روشنی داد از مرده‌شورخانه و وضعیت اجتماعی و روحی-روانی آن قشر از زنان تهی‌دست. چوبک واقعیت‌های اجتماعی را بی‌پرده و فارغ از رعایت اخلاق بیرون می‌ریخت. سعی داشت بیشتر تصویر زندگی طبقات محروم و وازده و عقب‌ماندهٔ مادی و فرهنگی جامعه را نشان بدهد.

و امـا در پایـان صحبتمـان دربـارهٔ صـادق چوبـک، ایـن هـم آن مقالـهٔ چاپ‌شـده در شـمارهٔ ۱۳۰ مجلهٔ آدینه در شـهریور ۱۳۷۷ که عنوانش بود در «آخریـن پیـام صـادق چوبک: فقط داسـتان اسـت کـه می‌ماند».

آخرین پیام صادق چوبک: فقط داستان است که می‌ماند[۱]

در گردش یک شب پر از درد شده/ نو می‌کند او هزار اندوه نهفت (نیما)

۱- کشـف درون انسان‌های چندبعدی و جزئی‌نگری به اشیاء و پدیده‌های موجـود در هسـتی، همـواره و هنوز برای ما مطرح اسـت. برخـی از آثار ادبـی به‌دلیل انتقـال عمیق‌ترین پیام‌های اجتماعی به افـکار و اعتقاداتی می‌ماننـد کـه در گـذر زمـان به‌ظاهر شـکل عـوض می‌کنند اما تـا پایان هسـتی و هسـت وجود دارند. آن‌هـا تنیده‌اند در تفکر و اوهـامِ گونه‌گون انسـان‌های جسـت‌وجوگری که تا پایان هسـتی و هسـت، همـواره برای دسـت‌یابی به ریشـه‌ها آزمـون و خطا می‌کنند. ریشـه‌ها چیزی نیسـتند جـز برملاکـردن سرنوشـت‌های به‌ظاهـر محتـوم و بیـان احسـاس‌های همدلانـه بـا وجودهـای گمشـدهٔ گسسـته و سـرانجام وجودهایـی که با شکسـت‌های مکرر یا میرنده‌انـد یا متحول می‌شـوند. البته هریک خود جهانی‌اند بدیع و خطیر در پهنهٔ هسـتی. ادبیات شکسـت و شکسـتگی در خـود، از مشـغولیات عمـدهٔ تفکـر بشـری‌اند کـه در ابعـادی متنـوع هم‌ردیـف پیروزی قرار می‌گیرد و از این‌روسـت که گفته شـده شکسـت مایـه یا پایهٔ پیروزی اسـت.

شکسـت‌های نهفتـه در آثـار صـادق چوبـک از آن دسـته اندوه‌های بشـری اسـت کـه مجالـی بـرای خواننـده فراهـم مـی‌آورد تـا در هنگام خوانـدن بـه پیـروزی هـم بیندیشـد. بـه یـاد بیاوریـم داسـتان غـم نـان

۱- مجلهٔ آدینه، شمارهٔ ۱۳۰، شهریور ۱۳۷۷

«یحیی» را وقتی که در خیمه‌شب‌بازی نام روزنامهٔ دیلی نیوز را فراموش کرد و بعد لحظه‌ای که توانست پریموس را جای دیلی نیوز بنشاند. یا احمدآقا را در داستان «سنگ صبور» که نماد پیروزی جهل بر خرافات است. زمانی که شور در تو فرو می‌نشیند در بازنگری منطقی به آن شور فرونشسته در درون خود، مدتی با شخصیت و جنم تازه‌ای روبه‌رو می‌شوی که ابتدا نه مفهوم شکست را بر پیشانی دارد و نه مفهوم پیروزی را، شاید چیزی یا کسی بشود وهم‌انگیز معلق بین هست و نیست بی‌چهره‌ای که عشقی تازه در دلش جوانه زده باشد و سپس لمس‌کنندهٔ گوهری ناب و نایاب و در نهایت آینه‌ای که غریبه‌ها راهی به درک آن ندارند.

شکست اگر به مرگ نینجامد، اگر دروغین و مصنوع نباشد، چراغی است در دستان شخص شکست‌خورده تا شخصیت واقعی‌اش پیش چشم‌هایش جلوهٔ ملموس‌تری بیابد. صاحب شکست خوب می‌داند که انسان‌ها بر اساس یک حقیقت نیست که با یکدیگر در ارتباط‌اند. چه اگر جز این بود، هستی ما، حقیر، مبتذل و محدود و تک‌بعدی می‌شد. اینکه زشتی به‌همان میزان حقیقت دارد که زیبایی، در جهان امروز پذیرفته شده است و صادق چوبک استاد نمایاندن حقیقت‌ها و واقعیت‌های موجود در عصر خود بود. استاد حقیقت‌نمایی و واقع‌گرایی مردمانی که در فقری فلج‌کننده به منجلابی متعفن می‌رسند.

۲- مرگ صادق چوبک برای جامعهٔ ادبی ایران ضایعه‌ای بزرگ محسوب می‌شود. او نویسنده‌ای کم‌گو و گزیده‌گو بود. ذوق تحلیل داشت و با سبکی ساده و روان می‌نوشت. جهان را عقلی می‌دید و مشاهداتش را در قالب رئالیسمی آغشته به ناتورالیسم ادبی، خوب عرضه می‌کرد. در طول بیست و اند سال (۱۳۴۵ - ۱۳۲۴) بدسگالی‌های زمانه را که از

ژرفای وجودش می‌دید، به آفرینش هنری مبدل کرد که با نثری نه‌چندان پرداخته بازتابی شد از رنج‌ها و آرزوهای به‌ظاهرخاکسترشده که زیر پوست شب آرام‌آرام می خُلید تا روزی سر برکشد که کشید. چوبک به گواهی مضمون داستان‌هایش نویسنده‌ای معترض بود که بسیاری از حرف‌هایش را توانست بزند. آنگاه بارش را بست و ما را ترک کرد، اما همچنان دورادور با چشمانی کم‌سو رخدادهای ادبی کشورش را پی گرفت. به‌رغم نوشته‌هایش که گاه بی‌پرده بود، سال‌ها در پرده و انزوایی منزه زندگی کرد. اگر تندروی‌هایی به ارزش‌های اعتقادی مردم روا نمی‌داشت، چه‌بسا امیدوار می‌شد به نسل حقیقت‌جوی پس از انقلاب که جهان را از ورای پلک‌های هوشیار خود مبتذل و تک‌بعدی نمی‌بینند.

در خیال روزهای روشنم کز دست رفتندم/ من به روی آفتابم/ می‌برم در ساحت دریا نظاره (نیما)

۳- کنار خبر ناگوار کوچ همیشگی او نکته‌ای مهم به چشم می‌خورد و آن... به‌آتش‌افکندن خاطرات روزانه... مجموعه‌ای که گویا در شش دفتر قطور تنظیم شده بود و... اینکه صادق چوبک چگونه خاطراتش را نابود کرده، آن‌قدر مهم نیست که چرایی‌اش. واقعاً چرا نویسنده‌ای پس از سی سال زندگی بین بیم و امید سرانجام خاطراتش را می‌سپارد دست همسرش تا به آتش بکشد؟ و کاش به آتش نکشیده باشد.

در یک واکاوی سطحی در این اتفاق ابتدا شکست خود چوبک محسوس است که از پی پیروزی‌اش رخ می‌دهد. بعد، آن درس مهم که هدایت و چوبک بارها در عمل نشان داده بودند. البته که در پسِ پشت سوزاندن خاطرات، رهایی از دلخوشکنک‌های گذشته نقش مهمی بازی می‌کند. اما شاید این همهٔ ماجرا نباشد. در صورت صحت خبر، تصمیم بسیار دشواری بوده که صادق چوبک به‌عنوان

تشـریح‌کنندهٔ وضـع فردی و اجتماعی خود توانسـته بـه اجرایش درآورد. به‌گمـان مـن او در ادامـهٔ نگاه و اندیشـه‌ای که بـر آثارش سـایه افکنده به نقطـه‌ای رسـید که زیباترین لحظهٔ آن هسـتی تجربه‌نگـر را برباید و از آن خـود کند. او با توانایی درخور تحسـینی بخش اعظـم ایده‌های ادبی‌اش را روی صفت‌هـا، مشـخصه‌ها، هوس‌هـا، تهورهـا، عادت‌هـای افـراد و اجتمـاع بشـری نوشـت تا سـه نسـل از علاقه‌مندانش با خوانـدن آثارش بـرای مـدت کوتاهی هم اگر شـده به اندیشـه فـرو روند. او حـالا پس از دو دهـه کـه کتاب‌هایـش اجازهٔ انتشـار ندارد امـا همـواره در اذهان مردم جدی‌نگـر بـه ادبیات، منتشـر بوده اسـت، خـوب می‌داند کـه نه حضور مسـتمر نویسـنده در پشـت آثارش بـرای مانـدگاری اثر مؤثر اسـت و نه مظلوم‌نمایـی و نـه پشـتیبانی دسـتگاه‌های عریـض و طویـل داخلـی و خارجـی. اینکـه صـادق چوبک سـال‌ها با دغدغـهٔ سـوزاندن خاطراتش می‌زیسـته و... هیچ بعید نیسـت واقعیت داشـته باشد. شـاید به این دلیل کـه می‌دیده بخشـی از خاطراتش دربارهٔ نویسـندگان و سیاسـتمداران در سـال‌های پس از انقلاب از زبان و قلم شـاهد خاطره‌نویسـان حرفه‌ای یا گردآورنـدگان این‌گونه نوشـته‌ها بیان شـده و دیگر جذابیـت لازم را ندارد یـا اینکه در یـک بازنگری جدی، خاطراتش را لایـق آن ندیده که در کنار داسـتان‌هایش قرار بگیرد. به‌هر رو بیسـت سـی سـال مدت کمی نیسـت بـرای تصمیم‌گیـری انتشـار خاطراتی که قطعاً هیچ مانعی بـرای چاپش در خـارج از کشـور نبـوده اسـت. چه‌بسـا هـم همسـر و فرزنـد و برخی دوسـتانش صـلاح نمی‌دیدنـد یک‌باره چهـرهٔ او به‌دلیل دوسـتی با برخی سـران حکومـت پهلوی دچار تلاطم‌های سیاسـی روز شـود. آنچه حالا مهم اسـت، سرکشـی عشـقی که به تبلور بیشـتر داسـتان‌هایش انجامید، جـدال زیبایی بوده بین خاطراتی که سطرسـطرش با دقت نوشـته شـده و

داستان‌هایی که کلمه‌به‌کلمه با خون دل به رشتۀ تحریر درآمده است. پیداست او سال‌ها با حذف تکرار و مکررات و پرگویی آموخته‌شده و نتیجۀ جبری و زیبای آن شجاعت و واقع‌بینی آن صاحب شکست بود که گوهری ناب در مشت داشت.

صادق چوبک به‌رغم سال‌ها ضعف بینایی، دچار اختلال حواس نبود و در عین شادمانی تصمیم به سوزاندن جسد خود و حذف خاطراتش گرفت. و سرانجام اینکه پرهیز از مخدوش‌کردن چهرۀ خود و دیگران دلیل موجهی بود برای عدم انتشار خاطرات. بپذیریم که از صادق چوبک فقط داستان‌های صادق چوبک است که می‌ماند.

من مرده نیم/ پراکنده شوید ای دوستان من/ که با گردونۀ سیه‌پوش گل‌نشان/ برای بردن من به گورستان/ گرد هم آمده‌اید.

۳

سیمین دانشور

اکثر آثار سیمین دانشور:

«سووشـون»، «جزیـرهٔ سـرگردانی»، «سـاربان سـرگردان»، «کـوه سـرگردان»، «آتش خاموش»، «شهری چون بهشـت»، «به کی سلام کنـم؟»، «از پرنده‌هـای مهاجـر بپرس»، «غروب جلال»، «سـوترا و داسـتان‌های دیگر»، «شـناخت و تحسـین هنـر» و...

ترجمه‌هـا: «سـرباز شـکلاتی»، « داغ ننـگ»، «مـاه عسـل آفتابی»، «بنـال وطـن»، «دشـمنان»، «کمدی انسـانی» و...

سیمین دانشور و تندیس مهرگان ادب (۱۳۹۰ - ۱۳۰۰)[1]

پیش از آنکه اهدای تندیس مهرگان ادب و دریافت جایزهٔ یک عمر تلاش در عرصهٔ نوشتن را به بانوی بزرگ ادبیات معاصر ایران، به دکتر سیمین دانشور تبریک بگویم، به او و تمامی زنان فرهیختهٔ ایرانی، اهدای جایزهٔ صلح نوبل به شیرین عبادی را تبریک می‌گویم.

قطعاً زندگی و آثار سیمین دانشور و سیمین بهبهانی سرلوحهٔ فعالیت‌های شیرین عبادی بوده است تا به دریافت چنین جایزهٔ با ارزشی نائل گردد...

اما بعد، من قبلاً (مصاحبه با خبرگزاری ایسنا - ۲۹ مهر ۱۳۸۱) دربارهٔ دکتر سیمین دانشور، خالق رمان سووشون، صحبت کرده و او را ستوده و از جهاتی با استادش، دکتر فاطمه سیاح مقایسه کرده‌ام. آن دو جزو اساتید نامدار دانشگاهی ایران بوده‌اند. اهمیت آنان از این جهت بوده است که هر دو از عصری برخاسته‌اند که هنوز تاریخ کهن مردسالارانه و زن‌ستیزانه بر آن سایه انداخته بود. البته رجحانی که سیمین دانشور بر فاطمه سیاح

۱- چاپ اول، روزنامهٔ یاس نو، دوشنبه، ۲۸ مهر ۱۳۸۲

داشــت، قریحهٔ داستان‌نویسـی اوسـت که اوج آن در رمان سووشـون متجلی شـده و افسـر تابنـاک رمان‌هـای دهـهٔ چهـل محسـوب می‌شـد. امـا آنچـه دربارهٔ سـیمین دانشـور در مقایسـه بـا تخصص فاطمه سـیاح به‌عنـوان منتقد ادبی گفتنی اسـت، بررسـی مجموعه‌مقاله‌های سـیمین دانشـور اسـت به‌نام «شـناخت و تحسـین هنر» که در سال ۱۳۷۲ منتشـر شد و در آن بیش از ۴۵ مقالـهٔ تألیـف و ترجمه فراهم آمده اسـت. دانشـور در ایـن مجموعه همچون دکتـر فاطمه سـیاح به دانسـته‌هایش پیرامون هنر دیروز و امـروز ایران و جهان می‌پـردازد و تعریـف و تبیین هنر و تاریخ اجتماعی آن و ارتباطش با فلسـفه و عرفان و مذاهب اسـلام و زرتشـت و مانی و مسیحیت را از اهم وظایف خود می‌داند. من بار دیگر به سـیمین دانشـور و کلیهٔ زنانی که در راه ترقی و تعالی و پیشـبرد زندگی امروز کوشـا بوده‌اند، تبریـک می‌گویم.

* * * * *

نقش خانم سیمین دانشور در کانون نویسندگان ایران چه بود؟

در سـال ۱۳۴۷ به‌عنـوان نخسـتین رئیس هیئت دبیران کانون نویسـندگان انتخاب شـد. پس از خاموشـی همسـرش، جلال آل احمد، در سـال ۱۳۴۸ و پیش‌آمـدن دورهٔ فتـرت یـا تعطیلـی موقـت کانـون که تـا سـال ۱۳۵۶ طول کشـید، او کمـاکان رابطـهٔ خـود را بـا اعضـای قدیمـی حفـظ کـرد و همواره مددرسـان آنان بود. در سـخنرانی مراسـم ده شـب کانون (۱۸ تـا ۲۷ مهرماه ۱۳۵۶) در انسـتیتو گوتـه خـوش درخشـید. طـی سـال‌های پـس از انقلاب نیز از حمایت کانون دسـت نکشـید. یکـی از اولین امضاکننـدگان متن ۱۳۴ نویسـنده بـود کـه شـهرت جهانی یافـت. من سـیمین‌خانم را خیلی دوسـت داشـتم. بارها به دیدارش رفتم. سـال ۱۳۶۱ یا ۱۳۶۲ دعوتش کردم به جلسـهٔ داستان‌نویسـان «پنجشـنبه» که اندکی بیش از اندکی مقابل هوشنگ گلشیری

ایستاد. قدرت نویسندگی او را می‌ستود، اما با خود گلشیری راه نمی‌آمد. بارها گفت جنسش شیشه‌خرده دارد. این جمله را سال‌ها بعد (۱۳۷۶) ضمن گفت‌وگویی که با زنده‌یاد گلشیری داشت و به‌صورت کتاب (جدال نقش با نقاش) منتشر شد، باز هم تکرار کرد. منظورم این است که سیمین دانشور از نظر شخصیتی زنی بسیار هوشمند و درعین‌حال بردبار و رُک‌گو بود که توانست سال‌ها کنار نویسندهٔ پرجنب‌وجوش و ناآرامی چون جلال آل احمد دوام بیاورد.

یکی دو سال پیش شما داستان «میزگرد» سیمین‌خانم را آوردید کارگاه داستان‌نویسی ونکوور برای تجزیه و تحلیل. چه شد که این داستان را انتخاب کردید؟

آن داستان جزو داستان‌های کوتاه مثال‌زدنی پسامدرن ایران شناخته می‌شود و از لحاظ بحث «فراداستان» و «فراتاریخ» مثال خوبی است. البته داستان «به کی سلام کنم» این نویسندهٔ ارزشمند را هم پیش‌تر در کارگاه خوانده و بررسی کرده بودیم. به‌باور منتقدان، سیمین دانشور در آن داستان کوشیده است با نگرشی اجتماعی، دنیای عینی و ذهنی بی‌پناهی زنان را توصیف کند که در پهنهٔ زندگی گم شده‌اند. مثلاً در داستان زیبای صورت‌خانه، که دربارهٔ بازیگران نمایش‌های سنتی است، زندگی و نمایش را به‌شیوه‌ای هنرمندانه در هم آمیخته و یکی را از طریق دیگری توصیف کرده است. در میان داستان‌های بلند و رمان، به‌گمانم شما هم با من موافق باشید که شاهکار زنده‌نام سیمین دانشور رمان سووشون است. اما در ادامهٔ بحث ادبیات شفاهی باید عرض کنم زندگی سیمین دانشور و جلال آل احمد مرا همیشه یاد زندگی مشترک نویسندگانی چون سیمون دوبوار و ژان پل سارتر فرانسوی می‌اندازد. کاش مجالی بود و شما به این موضوع می‌پرداختید.

از چنین ایده‌ای با آغوش باز استقبال می‌کنم. شاید گردش روزگار به‌گونه‌ای بچرخد که روزی در همین نزدیکی‌ها فرصتی دست بدهد تا زندگی این دو زوج را با هم مقایسه کنم. البته اجازه بدهید از همین حالا روی کمک‌های شما حساب باز کنم.

به‌باور من، زندگی سیمین دانشور پنج فراز مهم دارد و همه قابل‌بررسی. چون پشت هر یک انبوهی تلاش آشکار و پنهان نهفته است برای خروج از گفتمان مردانهٔ حاکم بر زمانه او؛ ۱- ادامهٔ تحصیل در رشتهٔ ادبیات فارسی در دانشگاه تهران در سال ۱۳۱۷ تا مقطع دکتری و قرار گرفتن در کنار زن باسواد و فرهیخته‌ای چون فاطمه سیاح ۲- آشنایی و ازدواج با جلال آل احمد در سال ۱۳۲۹، نویسندهٔ مشهور و سیاسی‌کار، و کنارآمدن با عقیم‌بودن او طبق اعترافات جلال در کتاب سنگی بر گوری ۳- مشارکت در تأسیس کانون نویسندگان و رسیدن به ریاست هیئت دبیران کانون در سال ۱۳۴۷ ۴- تثبیت جایگاه ادبی با انتشار رمان سووشون ۵- انتشار دو داستان «مردی که برنگشت» در مجموعهٔ «شهری چون بهشت» در سال ۱۳۴۰ و داستان «میزگرد» در مجموعهٔ «از پرنده‌های مهاجر بپرس» در سال ۱۳۷۶، که هر دو با گرایش پست‌مدرنیستی است و در نوع خود با توجه به زمان نگارش قابل‌توجه.

نگاه کنید به فراز اول، سیمین دانشور اولین زن تحصیل‌کردهٔ ایرانی بود که توانست از دانشگاه تهران دکترای ادبیات فارسی بگیرد و به دانشگاه معتبر استنفورد آمریکا دعوت شود تا تحصیلات خود را تکمیل کند. در مورد دوم، زندگی با جلال آل احمد که دو سه سالی از خودش کوچک‌تر بود و در یک خانوادهٔ متعصب مذهبی پرورش یافته و علاوه بر آن عقیم هم بود و سر آخر به‌طور موقت خارج کشور به او خیانت کرد؛ در این مرحله بردباری و تحمل سیاستمدارانهٔ سیمین دانشور برای حفظ موقعیت

خودش کنار آل احمد مثال‌زدنی است. مورد سوم، با توجه به اوضاع آزادی بیان در سال‌های ۱۳۴۷ - ۱۳۴۶ می‌توان حدس زد اعضای مؤسس کانون نویسندگان چه‌میزان شایستگی در او دیده‌اند که به‌عنوان رئیس هیئت دبیران انتخابش کرده‌اند. مورد چهارم، می‌توان با نگاهی به پشت سر و با حضور نویسندگانی چون صادق هدایت و ابراهیم گلستان و... جایگاه ادبی او را با عمده‌کردن رمان سووشون بیان کرد. مورد پنجم هم همان رویکرد سیمین است در آن سن و سال، و سالِ نگارش داستان‌های اصطلاحاً پست‌مدرن. قابل‌ذکر است که تاکنون رمان سووشون به هفده زبان ترجمه شده و ازجمله پرفروش‌ترین آثار ادبیات داستانی در ایران به شمار می‌رود. در پایان مقال بد نیست به دو نکته اشاره کنم؛ نخست اینکه سیمین دانشور، خواهرزاده و دختر خوانده‌اش، لیلی ریاحی، را وارث ثلث اموال خود و مسئول انتشار کتاب‌هایش دانسته است. اما نکتهٔ دیگر آنکه در تاریخ ادبیات داستانی ایران، برای اولین بار یک زن و شوهر نویسنده از شهرتی بسزا برخوردار شدند و این فکر نزد روشنفکران پدید آمد که مثل ممالک متمدن خانهٔ این دو نویسنده عنوان «موزه» یا «خانهٔ ادبیات» بگیرد، مردم از آن بازدید کنند و برخی دست‌نوشته‌ها و آثار شخصی آن‌ها را ببینند، دفتر یادبودی امضا کنند و... خانه که در سال ۱۳۳۲ ساخته شده، در سال ۱۳۸۳ از سوی سازمان میراث فرهنگی با شمارهٔ ۱۱۴۶۶ در فهرست آثار ملی به ثبت رسید. اما از آن زمان تاکنون [۱۴۰۲] هیچ اتفاق مؤثری در این مورد نیفتاده است. معلوم نیست چند سال باید صبر کرد تا ارگان‌های مسئول این امور ازجمله شهرداری معنای تغییر کاربری بدون درنظرگرفتن بهره‌وری مادی را درک کنند. این‌طور که از رسانه‌ها برمی‌آید، گویا شهرداری و میراث فرهنگی تا محلی برایشان درآمدزا نباشد، قدم از قدم برنمی‌دارند.

۴

ابراهیم گلستان

اکثر آثار ابراهیم گلستان:

«اسـرار گنـج درهٔ جنـی»، «خـروس»، «آذر ماه آخر پاییز»، «شـکار سـایه»، «جـوی و دیـوار و تشـنه»، «مـد و مـه»، «خشـت و آینـه»، «مختـار در روزگار»، «نامـه بـه سـیمین» و...

ترجمه‌هـا: «زندگـی خـوش و کوتاه فرانسـیس مکومبـر»، «هکلبری فیـن»، «کشـتی شکسـته‌ها»، «دون‌ژوان در جهنـم (نمایشـنامه)» و...

به‌مناسبت هشتاد سالگی ابراهیم گلستان (۱۴۰۲ - ۱۳۰۱)[۱]

ابراهیم گلستان جزو نویسندگانی‌ست که ظرفیت نثر در داستان‌نویسی معاصر فارسی را گسترش داده است. او به‌همراه صادق هدایت، صادق چوبک، جلال آل احمد، بزرگ علوی و... توانست تشخصی درخور برای نثر داستانی معاصر پدید آورد. داستان‌های گلستان، برخوردار از سلیقهٔ هنری است و این سلیقهٔ هنری در زبان و نثر او نهفته است، نه در تکنیک‌های داستان‌نویسی‌اش. نثر گلستان گاهی به شعر تبدیل می‌شود، و جزو بهترین نوشته‌های داستان‌نویسی معاصر است. خودش معترف است که نثرش را از آثار گرترود استاین، نویسندهٔ آمریکایی ساکن پاریس، آموخته است. همان‌گونه که ارنست همینگویِ آمریکایی اذعان دارد که با تکرار فعل‌ها در نثر، درک درستی از آثار گرترود استاین داشته و صدالبته خود نیز به کشف و شهودهایی رسیده است. گلستان نیز توانست راه تازه‌ای در نثر فارسی باز کند. تکرار فعل‌ها ریتم نثر را به‌وجود آورده است. سبکی متمایل به نثر ادبی و نوشتاری همراه موسیقی و آهنگ کلام و...

۱- چاپ اول، مصاحبه با خبرگزاری ایسنا، ۲۲ مهر ۱۳۸۱

از سـوی دیگـر، چون ابراهیم گلستان در سـاختار داسـتان نیـز صاحب سـلیقه اسـت و آن را بـا دقتـی خـاص بـه اجـرا می‌گـذارد، قـادر بوده است شیوهٔ موجز و مختصرنویسـی را در داسـتان فارسـی رواج بیشـتری بدهد. او در داستان عشق سال‌های سبز از کتاب «جوی و دیـوار و تشـنه» منتهای تکنیـک داستان‌نویسـی خـود را بـه نمایش می‌گـذارد. او بـا انتخاب زبـان آهنگیـن پرتحـرک و بی‌تکلـف بـرای پسـری تازه‌بالـغ و تازه‌عاشـق، به نسـل بعـدی خـود می‌آمـوزد کـه چندصدایی در متـن یک نوشـته، به‌معنای طرح صداهایی اسـت که خفه‌شده یا به‌حاشـیه رانده شـده‌اند یا به‌صورت زمزمه درآمـده و حـالا می‌باید شـنیده شـوند.

ابراهیـم گلسـتان در روزگار فعلـی مـا به‌دلیل پرداختن به ادبیات شـفاهی (مصاحبه‌هـای متعدد) حضور فعالی دارد. البته مدت‌هاسـت که کمتر طرف آفرینـش اثر ادبی می‌رود. گرچه با توجه به سـن او می‌تـوان درک کرد که چرا.

بایـد بگویـم نثـر صـادق هدایـت و ابراهیـم گلسـتان و جـلال آل احمـد زمینه‌ساز نثر داستان‌نویسـان بعـد از آنان بـوده اسـت. به‌نـدرت می‌تـوان نویسـندگانی از نسـل دوم مثل گلشـیری و دولت‌آبادی و نسـل سوم که نسـل من و مـا باشـد، سـراغ گرفت کـه به‌طور مسـتقیم از نثر آنـان پیروی کرده باشـند و به‌طور کامل به‌دنبال راهی رفته باشـند که ابراهیم گلسـتان در نثر فارسـی رفته بـود. البته دیده شـده اینجا و آنجا نویسـندگانی توانسـته‌اند مثلاً نثری آهنگین به‌وجـود بیاورنـد، ولی اینکـه متأثر از ابراهیم گلسـتان یا آل احمد باشـد و گل کرده باشـد، من سـراغ نـدارم. به‌عبارت‌دیگر نثر این دو عزیـز در عین زیبایی، در کوچه یا خیابـان بن‌بسـت زیبـای خودشـان مانده امـا طـراوت آن در فضا پخش شـده اسـت. در خصوص نثر صادق هدایت می‌تـوان گفت نثر او از چنان روانی و شـیوایی و عمومیتی برخوردار اسـت که خیلی از داستان‌نویسان پس از خودش توانسـتند [از او] بیشـتر متأثر شوند. شـاید بتوان گفت چون نثر

هدایت رنگ و طعم و بوی چشمگیری نداشت، پیروانش به مراتب از ابراهیم گلستان بیشتر بوده‌اند. گلستان و آل احمد به‌واقع یک راه مشخص تقریباً بی‌پیرو را پیموده‌اند، اما بی‌شک آثارشان به گسترش و بالابردن ظرفیت‌های نهفتهٔ زبان در داستان‌نویسی فارسی مددرسان بوده‌اند.

در خصوص داستان «مد و مه» باید بگویم، گلستان در این داستان علاوه بر دغدغهٔ نثر، دغدغهٔ مسائل اجتماعی هم دارد. می‌دانیم که گلستان هم در جوانی عضو حزب سیاسی توده بوده و بعداً از آن کنار کشید و مثل آل احمد راه دیگری را پیمود. در مجموعهٔ «مد و مه» او به‌رغم نگاه اجتماعی توانست باز هم داستان‌های موفقی بنویسد که از نظر تکنیکی و زبان به‌کارگرفته‌شده در آن جزو آثار خوب او شمرده شود.

ابراهیم گلستان بیست و دوم مهرماه ۱۳۰۱ در شیراز متولد شد. در دانشکدهٔ ادبیات دانشگاه تهران تحصیل کرد و هم‌زمان با محمود اعتمادزاده (به‌آذین)، جلال آل احمد و صادق چوبک به داستان‌نویسی رو آورد. برای او نقطهٔ اساسی یک داستان ساختمان نثر آن است. به‌همین جهت طبق نظر برخی منتقدان، تعدادی از خوش‌ساخت‌ترین داستان‌های ایرانی را پدید آورده است. همچنین یکی از نخستین مستندسازان سینمای ایران است که فروغ فرخزاد سازندهٔ فیلم مستند «خانه سیاه است» در مؤسسهٔ سینمایی او پرورش یافت. گلستان شش فیلم مستند ساخت که معروف‌ترین آن‌ها «موج و مرجان و خارا» نام دارد.

* * * * *

آقای ابراهیم گلستان در فعالیت‌هایی که تحت نام کانون نویسندگان انجام می‌شد، مشارکت می‌کردند؟

تا جایی که می‌دانم هیچ‌گاه عضو نبوده، اما هرگز هم با آن مخالفتی

نداشته. در مجموع می‌توان حدس زد در سال ۱۳۴۷ او به‌دلیل مراوده با فریدون و عباس هویدا، نخست‌وزیر، همچنین منش و روش خاص خود در زندگی، نمی‌توانسته یا نمی‌خواسته حوالی مباحث ضدسانسور کانون نویسندگان بچرخد. نه اینکه موافق سانسور باشد. به‌باور من او یک روشنفکر بود و نه یک روشنگر.

تفاوت بین روشنفکر و روشنگر چیست؟

گفتنی است که به‌باور من روشنفکر کسی است که در اندیشیدن و داوری و سنجش امور بر تعقل تکیه می‌کند، نه بر باورهای جمعی یا عواطف شخصی؛ او آگاهی می‌رساند و می‌رود کنار. حال آنکه روشنگر کسی است که اندیشه‌ها را توضیح می‌دهد و رفع ابهام می‌کند؛ می‌آید وسط میدان مبارزه. بعضی از روشنفکرها، روشنگر هم هستند و بعضی روشنگرها، روشنفکر، که به آن‌ها روشنفکرها و روشنگرهای متعهد می‌گویند.

تولیدگر ادبی و هنری می‌تواند روشنفکر و روشنگر متعهد باشد یا نباشد. در کشورهای جهان سوم یا پیرامونی یا در حال توسعه، این تعاریف گاه مخلوط و گاه خلاصه می‌شود در واژهٔ روشنفکر و بر همین اساس دربارهٔ عملکرد روشنفکر و روشنگر و تولیدگر ادبی قضاوت‌های سردستی صورت می‌گیرد.

برای روشن‌شدن موضوع نگاه کنید به رفتار و کردار ابراهیم گلستان و جلال آل احمد. هر دو در جوانی از حزب توده و فعالیت سیاسی در چهارچوب یک حزب کنار کشیدند. اما بعد اولی صرفاً به کارهای ادبی-هنری پرداخت و به آگاهی‌رسانی اکتفا کرد و سرانجام در انگلستان ساکن شد و دیگری در ایران ماند و علنی با سانسور کتاب و مطبوعات مبارزه کرد و علاوه بر آگاهی‌رسانی از نخستین بانیان کانون نویسندگان ایران شد؛ نهادی دموکراتیک که هنوز هم نام و آوازه‌اش هست. گلستان

هم سال‌هاست به ادبیات شفاهی علاقه‌مند شده و طی ده‌ها مصاحبه بارها دربارهٔ دیگر نویسندگان و هنرمندان صحبت کرده است.

به‌نظر شما ابراهیم گلستان یک داستان‌نویسِ فیلمساز بوده یا یک فیلمسازِ داستان‌نویس؟ به یاد دارم چند سال پیش در کارگاه داستان‌نویسی ونکوور وقتی داستان کوتاه «ماهی و جفتش» از مجموعهٔ «هشتاد سال داستان کوتاه ایرانی» خوانده شد، شما از قول منتقدان دربارهٔ ساخت سینمایی آن صحبت کردید. همچنین از نثر گلستان که سعدی‌وار است و... می‌شود برای مکتوب‌کردن آن اینجا اشاره‌ای به آن داشته باشیم؟

اکثر آثار ابراهیم گلستان وامدار سینماست، همچنین وامدار موسیقی درونی کلمات. از دیگر دغدغه‌های او پرداختن به انسان‌هایی است که در یقین پیشین خود شک می‌کنند و به جست‌وجوی راهی تازه می‌گردند. اما در خصوص داستان کوتاهِ کوتاه «ماهی و جفتش» می‌توان گفت کودک و مردی به آکواریوم نگاه می‌کنند، اما با دو دیدگاه متفاوت. تصویر ماهی در آکواریوم مرد را به توهم می‌اندازد؛ اینکه دارد دو ماهی احیاناً نر و ماده را می‌بیند و حیرت می‌کند که چقدر حرکات آن‌ها متناسب است. در آن همدلی‌ها و همراهی‌ها، زن‌ها و مردها را نیز در حرکت موزون و یکنواخت می‌بیند و از سر حسرت به این همدلی می‌اندیشد. اما کودک که به‌مقتضای سن و نداشتن تجربه‌های گوناگون واقع‌بین‌تر است، در آکواریوم یک ماهی بیشتر نمی‌بیند. کودک چشم مرد را باز می‌کند که تنها یک ماهی بی‌هیچ مونس و همدمی جلو آینهٔ آکواریوم حرکت می‌کند. در این داستان، نویسنده با انتخاب زاویهٔ دید مناسب سینمایی، گویی با دوربین نخست از دور توصیفی کلی از ماهی و حوضچه به دست می‌دهد، آنگاه به آکواریوم نزدیک می‌شود و به ذکر جزئیات می‌پردازد و سپس نویسنده، مثل کارگردان یا فیلمبردار با تلفیق دو نمای یک صحنه و جزئی‌نگری، مفهوم دقیق اندیشه‌های مرد را برملا می‌کند.

هر چند تکراری است، اما بد نیست حالا کمی دربارهٔ ابراهیم گلستان و فروغ فرخزاد بگویید؟

همه می‌دانند ابراهیم گلستان با نام اصلی سیدابراهیم تقوی شیرازی، به‌رغم داشتن همسر، فخری گلستان، و فرزندان، لیلی و کاوه، ارادت خاصی، شاید بتوان گفت عشقی افلاطونی به فروغ فرخزاد داشت. او را در نهان بزرگ می‌شمرد و من شک ندارم در اندیشه‌های مترقی فروغ تأثیرگذار بوده است. شاید همین‌جا قابل‌ذکر باشد که محمد حقوقی «منِ» فروغ در دور اول شاعری‌اش (۱۳۳۵ - ۱۳۳۱) را مشخص و ایرانی می‌داند، اما دورهٔ دوم شاعری (۱۳۴۲ - ۱۳۳۶) «منِ» او را اجتماعی و جهانی می‌پندارد و این هیچ بعید نیست تحت تأثیر آشنایی او با ابراهیم گلستان، دل‌مشغولی با فیلم و فیلمسازی و سفرهای خارج از کشور باشد، که همه بازمی‌گردد به ابراهیم گلستان.

۵

جلال آل احمد

اکثر آثار جلال آل احمد:

«نفریـن زمین»، «سـنگی بر گـوری»، «نون والقلم»، «مدیر مدرسـه»، «سرگذشـت کندوهـا»، «زن زیـادی»، «سـه‌تار»، «از رنجـی کـه می‌بریـم»، «دیـد و بازدیـد»، «خسـی در میقات»، «سـفر بـه ولایت عزرائیـل»، «اورازان»، «تات‌نشـین‌های بلـوک زهـرا»، «جزیـرهٔ خـارگ: دُرّ یتیـم خلیـج فـارس»، «غرب‌زدگـی»، «در خدمـت و خیانـت روشـنفکران»، «هفـت مقالـه»، «کارنامـهٔ سه‌سـاله»، «ارزیابـی شـتاب‌زده» و...

پرسه در اطراف «جاپا»ی جلال آل احمد (۱۳۴۸ - ۱۳۰۲)[۱]

جلال آل احمد، از زمره انسان‌های باچهره بود که زندگی شخصی و اجتماعی‌اش نشانگر بخشی از ویژگی‌های روشنفکر ایرانی است. او گرچه در سال‌های جوانی با نوعی از تلقی کمونیست‌ها و سوسیالیست‌های ضدسلطنت دمخور شده بود، اما در مجموع اصلاح‌طلبی مشروطه‌خواه با گرایش‌های ویژه بود که در جریان فرازوفرودهای سال‌های ۱۳۳۲ و ۱۳۴۲ شرکت فعال داشت و از آن نکته‌ها آموخت. چون از حیث نظام فلسفی دچار چندگانگی بود، هرگز نتوانست صاحب هویت معلوم و مشخصی باشد تا اهدافش به‌گونه‌ای هماهنگ با یکدیگر عمل کنند. با این وجود بعد از تجربهٔ انشعاب خلیل ملکی از حزب تودهٔ ایران (۱۳۲۶)، او نیز دیگر به هیچ حزب و تشکیلات سیاسی‌ای روی خوش نشان نداد. نگرش و بینش او هرچه بود به‌طور غیرمستقیم در برخی از آثارش منعکس است.

شاید مسیر زندگی او - که به باوری، تجانس و شباهت‌های بسیاری با زندگی بعضی از شخصیت‌های بارز ادبی-سیاسی جهان داشته است،

۱- چاپ اول، مجلهٔ نقش قلم، ویژهٔ فرهنگ و هنر و ادبیات، ضمیمهٔ نشریهٔ هفتگی مرکز استان گیلان، ۱۳۶۶

چنان‌که باید دیدگاه مشترکی با قهرمانان ساخته‌وپرداختهٔ دست خود، در رمان‌ها یا داستان‌های کوتاهش ندارد، اما در سینه‌اش قلبی می‌تپید که ضربانش با آن‌ها هماهنگی داشت. آل احمد اما بیشتر در مقاله‌هایش بود که گویی اغلب خودش حضور دارد.

جولانگاه او نثرش بود. اما آن را به‌عنوان ساحتی محدود به خود که قوانینی عجیب و ویژه دارد، نمی‌شناخت. همچنین محدودهٔ بغرنجی از مناسبات برج عاج‌نشینی به حساب نمی‌آورد. می‌کوشید نثرش را در قالبی عرضه کند که ساختمان واحدی با جریان اندیشه‌ای که مبتنی بر دانش مردم‌شناسی‌اش بود، بسازد. این خلاقیت او با عصارهٔ ادراک حساسش در هم می‌آمیخت. تصور نمی‌رود کسی، حتی آن‌ها که نسبت به کلیهٔ افکار او نظر خوشی ندارند، وجود ادراک و زنده‌بودن را، در نثرش ندیده بگیرند. با این وجود، او نثر را به‌عنوان راهی برای بیان عواطف عصیانی و فریادهای اعتراض‌آمیز کافی نمی‌دانست، بلکه تا حد امکان و تا جایی‌که تن یاری می‌رساند، خود برای توجیه و تفسیر نوشته‌هایش به مجامع گوناگون ادبی-هنری سرک می‌کشید و از جدال‌های لفظی ابایی نداشت.

وقتی قصه‌های سمبولیک او را مثل «سرگذشت کندوها» و «خونابهٔ انار» یا داستان غم‌انگیز «خواهرم و عنکبوت» را می‌خوانیم، با داستان‌نویسی روبه‌روییم که عنصر تخیل و دیگر عناصر ساخت قصه و داستان را با مهارت به‌کار گرفته است، اما از نظر فلسفی چنین نمی‌اندیشد که جهانی با شادمانی بیشتر پیش رویش باشد. او به‌هیچ‌وجه آن‌قدر ایده‌آلیست نبود که فکر کند می‌توان تضادهای عالم پیرامونش را با نوشتن یکی چند قصه و داستان و سفرنامه، یا رساله‌هایی در مورد روشنفکران به‌نفع بشریت حل کند. او احساس می‌کرد جامعهٔ هنرمندان، مجموعهٔ گوناگونی از قطعات کارآمدی است که باید با اجزائی که جهان حقیقی را می‌سازند، هماهنگ

عمل کند. در واقع مجموعه‌قطعات یک وسیلهٔ موسیقی را در نظر داشت که اگر اجزای مختلفش هرچه ساده‌تر، روشن‌تر و دارای هماهنگی بیشتری با یکدیگر باشند، نوای کامل‌تر و گوش‌نوازتری با آن نواخته می‌شود.

اندیشه‌های انسانی او که به‌سادگی تحت‌تأثیر هیجانات زندگی خود و حوادث روزگارش قرار می‌گرفت، امر بررسی زندگی او را که در کوران حوادث، ظاهری بسیار توفان‌زده یا به‌تعبیری بحران‌زده داشت، مشکل می‌سازد. مردی بود که با همهٔ خشونت ظاهری گاه در عمق وجود شاعری رمانتیک، نرم‌خو و شکستنی می‌نمود، و اما یک گریز...

در دهه‌های ۱۳۳۰ و ۱۳۴۰ شمسی به یک معنا مطبوعات هنوز آقابالاسرهای متعدد نداشت. غیر از کتاب و فصلنامه و مجله‌های هفتگی و ماهانه، چندین روزنامه نیز منتشر می‌شد که اغلب مولود و به‌جامانده از حوادث بعد از شهریور ۱۳۲۰ و خروج رضاشاه از کشور بودند. در واقع بعد از کودتای ۱۳۳۲ بود که تعدادی از ادیبان حکومتی دور هم جمع شدند و ادارهٔ جدیدی به‌نام «نگارش» پدید آوردند و روشنفکرانِ «نظم موجود» یا خدایان دولتی هنر خوانده شدند. حکایت این دهه که در واقع یکی از پرماجراترین مراحل تاریخ مطبوعات ایران است، ابعاد گسترده و ضدونقیضی دارد. همچنین داستان «جاپا» (مجموعهٔ «زن زیادی»، ۱۳۳۱) که با توجه به میزان کارآمدی نویسنده‌اش حتی از بُعد شرایط اجتماعی و سانسور، می‌شود طرحش را به‌حساب دوراندیشی نویسنده گذاشت. البته نه در جزئیات، بلکه چه‌بسا به‌طور مبهم و کلی او روزها و سال‌های بعد از کودتای ۱۳۳۲ را می‌دیده است. سانسور عصر رضاشاهی را دیده بود و حدود سانسوری را هم که در حال شکل گرفتن بود، می‌شناخت. رویدادها برایش غیرمترقبه نبود و انگشت‌به‌دهانش نمی‌کرد.

آل احمد در اغلب مباحث ادبی سه‌دههٔ پیش از انقلاب، جای پا و

حضـوری ملموس دارد. با ادراک ادب گذشـته، بر شیوایی نثـر ادبیات معاصر افـزود و بـر پیشـانی نثـر خـود مُهـر آل احمـد را زد. هویـت ملی زبـان و روح پرخـروش خـود را از محـدوده‌ای چندقـواره دورتر از شـاهراه هوار کشـید. اما وقتـی خواسـت جهانی بیندیشـد، در دریایی متلاطم از افـکار ناهمگون غوطه خورد و به‌رغم آشـنایی با مکتب ماتریالیسـم دیالکتیک برای گذاشـتن جاپایی و آفریـدن فرزنـدی کـه سـنگی بر گـورش نهد، یا به‌تعبیر دیگری سـنگی شـود بـر گـورش، بـرای دریافت طلسـم تا دخمـۀ دانیال نبی در شـوش پیـش رفت. به‌قول همسـرش (سیمین دانشـور)، جلال همواره میان سیاست، ادب، ایمان، کفـر، اعتقـاد و بی‌اعتقـادی بـه آخـرت در جدال بود. امـا هـم او در جهانی پر از تناقض توانسـت نیش‌هایـی آزاردهنده بر پیکر سانسـور همه‌جانبۀ حکومت محمدرضاشـاهی بزنـد. بـرای آنکه جسـت‌وجوگرانه یـا کنجکاوانه سـرکی به ماجـرا بکشـیم، بهتر اسـت در حال‌وهوای داسـتان «جاپا» قـرار بگیریم.

شـروع داسـتان در حالی اسـت که بـرف می‌بارد و معلـم از کلاس درس بیـرون آمـده و از آرامش باسـمه‌ای چهره‌اش می‌توان حـدس زد که چیزی در درونش می‌جوشـد. سـیگار اشنو گوشـۀ لب دارد و به‌قول شـاملو «قناعت‌وار تکیده و باریک و بلند» اسـت. گرچه پیراهنی و کتی زیر پالتو پوشـیده اسـت اما هنوز از سـرما می‌لرزد.

او که به‌رغم اشـتهار نسـبی، اینجا و آنجا نوشته‌اند که، اغلب کتاب‌هایش را بـا سـرمایۀ شـخصی‌اش بـه چـاپ رسـانده اسـت، اکنـون ویـر نوشـتن آسـوده‌اش نمی‌گـذارد. دفترچه یادداشـتی دارد و قلم نوک تیـزی و... با دیدن بـرف و جاپایـی که رهگـذران از خود به‌جا می‌گذارند، طرح داسـتانی تازه در مخیلـۀ پرمخاطره‌اش شـکل می‌گیـرد. مثل عکاس یا وقایع‌نـگار روزنامه‌ها و مجله‌هـا، هـر تصویری که کمی غیرعادی باشـد برایش جالـب اسـت و بعد، چه‌بسـا اندیشـیدن و کاویدن تا رسـیدن بـه عمق برایش پیـش می‌آید.

برای بررسی این داستان یا طرح یا هر نام دیگری، به‌رغم اینکه همه آقامعلم را می‌شناسند، شرح مختصری از او الزامی است. البته نه به آن مفهوم ذکر تاریخ تولد و میزان تحصیلات و... فقط اینکه او در خانواده‌ای مذهبی پرورش یافته و از جوانی با همان سن‌وسال (حوالی بیست و چند سالگی) کم‌وبیش به چشم مسئولان رده‌بالای حزب توده آمده است و حالا با برخی بزرگان ادب و سیاست دم‌خور شده و تا قبل از نگارش داستان «جاپا» سه مجموعه‌داستان از خود و چندین مقاله و داستان از نویسندگان نامدار جهان ترجمه و منتشر کرده است. هم‌زمان شاید در مرز سی سالگی است که با دیدن برف و جاپای مردم به شوقِ نوشته‌ای کوتاه و سردستی که ممکن است بعدها به دردش بخورد دست به قلم برده است: «هوا سرد بود و من در انتظار اتوبوس، روی برف‌های خیابان قدم می‌زدم و زیر پالتوم می‌لرزیدم. دو روز بود برف می‌بارید و چشم من هرگز این‌قدر از روشنی برف...»

که منظورش از دو روز نشان‌دادن سنگینی برف است. او می‌توانست این داستان را طور دیگری هم شروع کند. اما گویی الزامی دارد که سمت و سوی محتوای داستانش را به خواننده گوشزد کند و قرارش را با او بگذارد، بگوید در چه فصل و دوره و زمانهٔ سرمازده‌ای زندگی می‌کند و... اما ترجیح می‌دهد در همین گفتن از سرمای زمستان، گرما را نیز به یاد مردم کوچه و بازار (خوانندگان واقعی خود را در بین آن‌ها جست‌وجو می‌کند) یادآوری کند... سرما و روشنی برف...

این داستان نمونهٔ خوبی برای نوع ادبیات نمادگرای اصطلاحاً مقابل سانسور رفته است (سرما مساوی است با اوضاع بد اجتماعی و سیاسی) که بعدها به‌صورت الگو درآمد. اما آیا آقامعلم نمی‌دانست هرگاه در هر اثر هنری دو دوتا شد چهارتا، از مقولهٔ هنر خلاقانه خارج شده است؟ همچنین او نمی‌دانست همهٔ زندگی سیاست نیست و ادبیات هم بخشی

از آن است؟ آیا به‌رغم جو مسلط سیاسی حاکم همهٔ نوشته‌ها باید بوی سیاست بدهد؟ گرچه هیچ اثر هنری‌ای نیست که خالی از یک محتوای سیاسی باشد؟ اما با نگاهی همه‌جانبه به آثار آل احمد روشن می‌شود که او هم این را می‌دانست و هم نمی‌دانست. در واقع می‌دانست اما جرئت کافی برای ابرازش را نداشت. می‌ترسید که مبادا خوانندگانش بگویند او ترسیده است. از همان دوستان خودی که خود رهبری‌شان را بعدها به عهده گرفت هم کم واهمه نداشت و برای همین هم است که به داستان «جاپا» چند بُعد داده است. بعدها که جرئت بیشتری پیدا کرد، کتاب «سنگی بر گوری» را نوشت. در واقع «جاپا» به‌علت شکل‌های استعاری‌ای که از خود ارائه می‌دهد محتوا را وادار به فراتررفتن از خود می‌کند، چون با ساخت ذهنی بخشی از نوع بشر و روان‌شناسی جمعی انسان سروکار دارد، الزاماً وادار به فرارَوی از چهارچوب سادهٔ خود شده است. «جاپا» دارای ابعاد گوناگونی است، ازجمله محلی برای طرح مسائل شخصی نویسندهٔ اثر، که توجیه‌کننده است و بعید نیست خوانندگانش را نیز قانع کند.

برای بررسی داستان «جاپا» باید به نکته‌ای در کتاب «سنگی بر گوری» توجه کرد که مسئلهٔ قابل‌تعمقی است. نکته‌ای که پیچیده در زندگی و تنیده در وجود خیلی از ما انسان‌هاست. اینکه در طول تاریخ داشته‌ایم بزرگانی در عرصهٔ ادب، سیاست و علم که همواره دلشان از هراس بی‌تخم‌وترکه‌بودن لرزیده است. و داستان «جاپا» با توجه به تاریخ نگارش آن (۱۳۳۱) این پرسش را پیش می‌آورد که آیا معلم در مورد خود پیش‌بینیِ مثلاً پیامبرگونه کرده است؟ آیا از پیش می‌دانسته که تا پایان عمر (شهریور ۱۳۴۸) بی‌فرزند خواهد ماند؟ یا چون حرفی زده که در مورد دیگران نیز صدق می‌کرده، خود را جای دیگری و دیگران گذاشته است؟

همهٔ ما گاهی با رخدادهایی مواجه شده‌ایم که منطق ظاهری‌شان

به‌سختی در باور می‌گنجد. چرا از بین نویسندگانی که در شرایط کم‌وزیاد زیستی آن مقاطع زمانی معلم بوده‌اند، فقط او (حداقل در این حوزه) به چنین مضمونی می‌پردازد؟ و اتفاقاً هم خود دچارش می‌شود؟ معلم در سال ۱۳۳۰ یا ۱۳۳۱ به‌نظر نمی‌رسد با یک و نیم سال زندگی زناشویی با سیمین دانشور با قطعیت به مسئلهٔ «بی‌تخم‌وترکه‌بودن» خود پی‌برده باشد. زیرا سال‌ها بعد است که بارها به امید فرج بعد از مدتی سراغ آزمایشگاه و دوادرمان‌های جورواجور روی می‌آورد. پس انگیزهٔ اصلی نوشتن «جاپا» چیست؟

معلم از کلاس بیرون آمده و سیگاری پشت سیگار آتش زده است. در انتظار اتوبوس، کنار خیابان گام برمی‌دارد. دانه‌های برف ریز و سنگین می‌بارد. دو اتوبوس از پی هم می‌آیند و می‌گذرند. معلم در زیر نور مات چراغ، چشمش روی برف تازه‌نشستهٔ خیابان، به جاپایی می‌افتد «... جاپایی بود بزرگ و پهن که تازه گذاشته شده بود و هنوز دانه‌های برف درست رویش را نپوشانده بود. بی‌اختیار به فکر افتادم: یعنی می‌شه؟ یعنی می‌شه این جاپای من باشه؟ کاش جاپای من بود...! و یک‌مرتبه دیدم که چقدر دلم می‌خواهد جای پای من باشد...»

این «جاپایی» که معلم از آن سخن می‌گوید، چه‌بسا به‌رغم گمانش از پیزوری‌بودن تاریخ و ندیدن او، جاپایی باشد که هر هنرمندی میل دارد از خود به‌جای گذارد. میلی درونی برای ثبت‌شدن و به فرهنگ جاری جامعه پیوندخوردن. نامی از خود باقی‌گذاشتن و... به‌نظر می‌رسد انگیزهٔ اصلی معلم هم‌چون مشغلهٔ توجیه‌پذیر هر هنرمندی همین خواسته یا وهم جاودانگی بوده و است. تنها زیرکی معلم این است که در نوشته‌ای نزدیک به هزار و پانصد کلمه که جزو کوتاه‌ترین داستان‌های او شمرده می‌شود، چندین‌بار از زوایای مختلف به قضیهٔ جاپا و ماندگاری آن نگاه می‌کند و

هربار با کمی تغییر نسبت به شکل قبلی خـود ایـن امـکان را فراهم می‌آورد کـه هرکـس از ظـن خـود موافـق یا مخالف آن بشـود.

این داستان اگر در سال ۱۳۴۷ یا اوایل ۱۳۴۸ نوشـته می‌شـد، اسـتنباط غالب این بود که چون معلم از داشـتن فرزند ناامید شـده، داسـتان دربرگیرندهٔ خواسته‌ای خصوصـی یـا به‌احتمال گلایـه‌ای پرمـلال از نقطه‌ضعـف او و بخت ناسازگارش بوده است. از طرفی اگر در ابتدای نویسندگی‌اش، سـال ۱۳۲۲، نوشته می‌شـد، ایـن اسـتنباط پیش می‌آمد کـه معلم قبل از اینکه به مرتبه‌ای چشـمگیر و جدی در عرصهٔ ادبیات داسـتانی برسـد، به ثبت‌شدن در فرهنگ رایج جامعه و جاودانگی می‌اندیشیده است.

به‌نظر می‌رسد هیچ‌یک از ایـن دو نیسـت. او داسـتان «جاپـا» را در مرحلهٔ خـاص سـنی خـود و در واکنـش به اوضـاع سیاسـی کشـورش نوشـته و از این‌روست کـه اثـرش رنگ و شـکل نمادین بـه خود گرفته اسـت. معلم تحولات جامعه را بـا ذهنیت تازه‌ای کـه حاصل انشـعاب از حـزب توده و همراهی در تأسـیس نیـروی سـوم خلیـل ملکـی اسـت، بازتـاب می‌دهد. سال‌های ۱۳۲۶ تا ۱۳۳۲ از سرنوشت‌سازترین مقاطع تاریخ کشور ماست. مـردم و محمـد مصـدق، نخسـت‌وزیر ملی‌گـرا، در صحنه‌هـای سیاسـی حضـور دارنـد، پـس، اسـتنباط سیاسـی از کل اثر اجتناب‌ناپذیر اسـت. از آن گذشته زندگی معلم با خـط تاریخ نیم‌قرن گذشته نـه موازی بلکـه مماس بـر هـم اسـت. بـا ترقی‌خواهـی و سوسیالیست‌مآبـی وارد میدان شـده و بعد چیزی نمی‌پایـد که از خـود تمایلات تازه‌ای در کردار و پنـدار بروز می‌دهد. تمناهایی کـه بایـد ریشـه‌هایش را در طـرز تلقی جامعه از مسـائل سیاسـی و اجتماعـی جسـت‌وجو کرد. جامعـه‌ای بسـته و درعین‌حـال گسـیخته‌ای کـه اختلافـات فرهنگـی طبقـات آن چشـمگیرتر از اختلافـات اجتماعـی و اقتصـادی اسـت. اجتماعـی کـه در آن عقب‌مانده‌ترین روابط اجتماعی هنوز

سکهٔ رایج است و از دیگرسو او شاهد به‌غارت‌رفتن نفت و ذخایر حیاتی کشور بود و از سوی دیگر نظاره‌گر تلاش‌های گروهی جان‌برکفِ سیاسی که به‌علت جوانی و بی‌تجربگی هنوز در تشخیص راه‌وچاه مردد بودند.

باری، در بالا به دو استنباط از «جاپا» و نقش مردم اشاره شد، اکنون توجه کنید، معلم در حال قدم‌زدن با خود می‌گوید «... یک بار که عقب‌گرد کردم و راهی که آمده بودم از سر گرفتم، باز نگاه چشمم به جاپاها دوخته شد. جاپاهایی که رو به من می‌آمد و دانه‌های گرد و سنگین برف هنوز رویشان را نپوشانده بود. باز دلم گرم شد. نمی‌دانم باز هم می‌لرزیدم یا نه. ولی دلم گرم شده بود...»

ذهن، نخست مشوش و سپس متمرکز می‌شود. حال به داستان «جاپا» از زاویه‌ای دیگر نگاه کنید. آیا تصور نمی‌رود، این جاپایی که رو به معلم پیش آمده است جاپای یک نفر نیست، بلکه در واقع رد میراث فرهنگی چندهزارسالهٔ ماست که معلم چندان با آن غریبه نبوده است؟ یا که نه، رد پای انبوه مردم نیست که به‌طور مثال تصور می‌رفته است بعد از انشعاب از حزب توده به‌سویش بیایند و در کنار خلیل ملکی نقش دکتر فاطمی را مثلاً کنار مصدق به او بدهند؟ به‌هر رو، از این دیدگاه است که معلم و جاپایش را باید در یک دایره و محیط زیستی معین بررسی کرد. کسی که با توجه به نبض در حال تنش خود وادار به بیان افکار متنافر و متناقص خود می‌شود.

او در این داستان، روشن‌ترین «جاپا» را برمی‌گزیند و با احتیاط جلو می‌رود «... جای پای راست بود. پای راستم را برداشتم و کنار آن گذاشتم و وقتی حس کردم که برفِ تازه‌نشسته زیر تخت کفشم کوبیده شد، پایم را برداشتم... چه خوب! یعنی می‌شه؟ یعنی ممکنه! اما چه خوب... » اینجاست که شادی زودگذری سراغش می‌آید. آرزو می‌کند با مردم یا در حوزهٔ ادبیات مردمی باقی بماند یا به همان مسئلهٔ کاملاً شخصی‌ای

برسد که اشاره شد. بعید هم نیست که این یک پیش‌بینی باشد. اما چه اتفاقی می‌افتد؟ او هنوز احساس سرما می‌کند. شانه‌هایش زیر پالتو باز هم می‌لرزد. سرانجام اتوبوس از راه می‌رسد. چرخ‌هایش درست از روی جاپاها و دیگر خطوط می‌گذرد. درنتیجه جاپای او را محو می‌کند. چقدر همه چیز سرد و بی‌روح و اتفاقی است. تولد اتفاقی، مرگ اتفاقی...

داخل اتوبوس سرد است. نگاه معلم به پشت شیشهٔ برف‌گرفتهٔ ماشین که می‌رسد، یخ می‌کند و به شیشه می‌چسبد. مردم از پشت این پردهٔ بخارگرفته پیدا نیستند. عقایدشان را در اعماق سکوت پنهان کرده‌اند. در جهانِ واقع هم چه کسی مطمئن است کاری که می‌کند ماندگار است و آیندگان درباره‌اش چه می‌اندیشند؟

معلم، سرِ چهارراهِ بعد، پیاده می‌شود. می‌داند که برف پیاده‌رو یخ زده است و فقط جاپای آن‌هایی که از جاهای گرم بیرون آمده‌اند، روی برف می‌ماند («... من به این یکی کاری نداشتم. به جاپای خودم می‌اندیشیدم و به خودم که زیر لباس‌هایم می‌لرزیدم و از سرما می‌گریختم و به خودم سرکوفت می‌زدم که: می‌بینی؟ می‌بینی احمق؟ همه‌شون خوش و گرمن. از دهن همه‌شون، مثل اسب بخار بیرون می‌زنه، می‌بینی؟ می‌بینی، پاهاشونو چه محکم ورمی‌دارن؟ آره؟ تو چی می‌گی، تو که داری از سرما زر می‌زنی، تو که داری جون می‌کنی و جاپاتم رو هیچ چی نمی‌مونه، رو هیچ چی؛ نه رو برف، نه رو زمین؛ آره جاپات رو برفم نمی‌مونه. می‌فهمی حتی رو برف...»)

معلم ضمن بیان همهٔ این حرف‌ها، با پیش‌کشیدن آن عده از مردم که به نظر می‌رسد خوشحال و گرم‌اند و نمادگرایانه از دهان همه‌شان، گرمای سینه‌شان بیرون می‌زند، به اختلاف طبقاتی، از دیدگاهی جامعه‌گرایانه، اشاره می‌کند.

«جاپا» جولانگاه درگیری‌های بی‌وقفهٔ ذهن معلم است. بلاتکلیفی... یأس... و این فکر بیشتر از همه هم آزارش می‌دهد: نوشتن برای چه کسی؟ ماندن یا نماندن آن هم برای چه کسی؟ از طرف دیگر معلم می‌داند، هر اثر هنری به‌مثابهٔ یک فرزند، یک پارهٔ جان است که هر چند جان ندارد اما جان می‌بخشد. پس چرا ننوشتن؟ حتی برای آن‌هایی که نمی‌شناسند و بجا نمی‌آورندش؟

معلم این نکته‌ها را خوانده و حتی درس داده است؛ می‌داند که هنرمند و مردم به‌نوعی معامله‌گرند. مثل دو دوست یا دو رقیب، نه هنرمند زاییدهٔ زمانهٔ خویش است و نه زمانه زاییدهٔ هنرمند. اما سرانجام این زمانه است که به‌مثابهٔ میانجی، نقش‌آفرین اصلی ماجراست.

معلم در مسیر خانه پیش می‌رود. اما او نمی‌خواهد به‌سرعت به مقصد برسد. هر چند حالا شب شده، اما هنوز تمایل دارد ببیند و غور کند. به‌عنوان عضوی از جامعه باید نوع رابطه‌اش را با مردم روشن سازد... از جام شیشهٔ مغازهٔ سر چهارراه شیارهای روشنی در زمینهٔ مات آن نور کدری بیرون می‌تابد. در روشنایی آن، جاده‌ای که میان برف پیاده‌رو پیش می‌رود پیداست؛ راهی که روی برف بازشده و جاپاها در میان آن روی هم نشسته و یکدیگر را زیر گرفته‌اند. و معلم یک‌باره به فکر تازه‌ای می‌افتد «... می‌بینی چطور شده؟ جاپای هیشکی سالم نمونده، جاپای کی سالم مونده که مال تو بمونه...»

معلم به فردای خود که اکنونِ ما باشد می‌اندیشد. البته خود شادمان است که آخرین سنگ مزار گذشتگان خویش است و نقطهٔ پایان سنت. او دلایلی دارد که یکی از آشکارترین‌هایش زیرِسؤال‌رفتن تعابیرش نسبت به رفتار و کردار نسل پایه‌گذار تجددخواهی است، دیگری سرخوردگی از واقعیت‌های اجتماعی و عکس‌العمل منفی مردم در بزنگاه‌های تاریخی.

معلم در طول مسیرش مدام با خود کلنجار می‌رود. این‌بار فکر دیگری در مخیله‌اش می‌جوشد «... جاپای مردم که لازم نیست باقی بمونه. جاپای مردم بایس راه رو واز کنه. مهم اینه که راه باز بشه، که برف‌ها رو جاده کوبیده بشه. جاده که واز شد، دیگه جاپا به چه درد می‌خوره؟ مال تو هم همین‌طور، گیرم که جاپات گم بشه، عوضش توی جاده‌ای هستی که به‌راحتی روی برف‌ها جلو می‌ری، تو جاده‌ای که مردم ازش میان و می‌رن...»

نویسنده، ایده‌ای کلیشه‌شده را مطرح می‌کند، اما گاهی کلیشه‌ها به درد می‌خورند. همان افکاری که بیشتر هنرمندان زمانهٔ معلم با آن دست‌به‌گریبان بودند. چگونه می‌توان شهروندان یک جامعه را فعال کرد. چگونه پای مردم را به میان بکشند بی‌آنکه قبلاً گفته باشند چه آگاهی‌هایی لازم دارند و به‌طور مشخص چه کارهایی باید بکنند؟ اینجای داستان ساخت منطقی و قابل‌تأملی ندارد. عناصر آن در سیستمی هماهنگ به ساخت محکمی منجر نمی‌شود که مضمون و محتوای واحدی را بازتاب دهد.

معلم نه با این اثر، بلکه با چند خشت دیگر که طی سال‌های بعد در بنای ادبیات این ملک به‌کار می‌گیرد، جزو نویسندگانی محسوب می‌شود که سعی کرده از حس تحقیر نسبت به نظم تبعیض‌آمیزی که بر کشورش حکم‌فرما بوده است دور بماند. گرچه به‌طور کامل موفق نیست اما کهنه‌کارتر از آن است که به‌قولی مستقیم بزند به هدف و داستان را شعاری و دم‌دستی کند. او در داستان «جاپا» با خبر داستانش بازی می‌کند. پرواضح است که روی «جاپا» به‌رغم کوتاهی خیلی فکر کرده است «... هه؟ اما عوضش جاده واز شده. جاپای تو گم بشه؟ آها؟ جاده اون‌هم واسه آدم‌هایی که همه‌شون انگار از تو حموم دراومدن و نفسشون مثل اسب بخار می‌کنه. واسه اینا؟ اصلاً چرا واز بشه؟...»

معلم به این افکار می‌خندد. خنده‌ای تلخ و چندش‌آور. او درحالی‌که

هنوز زیر پالتو می‌لرزد می‌پیچد توی کوچه. پای تیر چراغ برق، لاشهٔ یخ‌زدهٔ گربه‌ای سیاه را می‌بینند. آشفته می‌شود که نکند گربهٔ خودشان باشد. همان گربهٔ سیاه و تنبل و نمک‌نشناس که فقط بلد بود در تاریکیِ راهرو زیر پای آدم بدود و از لای در اتاق‌ها دزدکی سرک بکشد «... همان گربهٔ حریص و کنجکاوی که در آغاز کار خیلی سعی کرده بودم رفیقش بشوم و آخر هم موفق نشده بودم...»

معلم اینجا به‌کمک استعاره‌ای دیگر، نوع تأثیر کار خود بر این جادهٔ خراب را بیان می‌کند. عدم التفات و توجه به جامعه‌ای را که خود جزئی از آن است، بیان می‌کند. مردن گربه در پایان، یک پاساژ یا مضمون فرعی است که با تغییر زاویهٔ دید همراه است؛ روشن‌کردن نورافکن‌ها بر خویش. گربه‌ای حریص و کنجکاو و ضدنظم و بالطبع مغضوب که از دست‌آموزشدن سر باز می‌زند، و حالا در تاریکی خفهٔ پیاده‌رو افتاده است. این گربه که حسابگری نمی‌دانسته و برای خوشایند دیگران یا به‌دست‌آوردن لقمه‌ای نان و تکه‌ای گوشت میومیوهای سازشکارانه نکرده است، کیست؟ هرکه است به‌اقتضای طبیعت، گل و خار را در کنار هم دارد. مثل بسیارانی در نوسان میان امیدی مبهم و نومیدی تلخ زندگی می‌کرده است. و چه می‌دانم... اما یک گریز؛ آدمی با مشخصات معلم مشروط به شرایط اجتماعی و تاریخی خاص بوده است که حاصل آن از نظر فرهنگی و ادبی جز نوشتن جاپا نیست.

* * * * *

شنیده‌ام زنده‌یاد جلال آل احمد از بنیان‌گذاران کانون نویسندگان ایران بود و آیا شایعاتی که دربارهٔ مرگ ایشان سر زبان‌ها افتاد، صحت دارد؟

خب ایشان از اولین پایه‌گذاران کانون نویسندگان ایران در سال ۱۳۴۷ بود. شخصیتی ادبی با چهره‌ای پرنفوذ و تأثیرگذار بود که نتوانست نسبت

بـه سانسـور کتـاب و مطبوعـات بی‌تفـاوت بمانـد. تـا جایی پیـش رفت که در صـف اول مبـارزه قـرار گرفـت. اینکـه می‌پرسـید آیـا دربارهٔ مـرگ جلال شـایعاتی سـر زبان‌هـا بـود، باید بگوییـم هم بله، هـم خیر. جلال در اسـتان گیـلان و در شـهر اسـالم و در تنهایـی خود خاموش شـد. جلال بـه احزاب سیاسـی مختلـف پیوسـت امـا چـون هیچ‌یـک از آن‌هـا را مطلـوب حـال خـود نیافـت، آخـرکار منادی بازگشـت به بنیادهای سـنتی و دینی شـد. دبیر آموزش‌وپـرورش بـود و اولین داسـتانش به‌نام «زیارت» در مجلهٔ سـخن که زیـر نظـر صـادق هدایـت منتشـر می‌شـد، در سـال ۱۳۲۴ به چاپ رسـید. سـبک نثرنویسـی آل احمد و از طرفی شـهامت و جسـارتش برای مشارکت در امور اجتماعی، او را به‌عنوان یکی از سـخنگویان و روشـنفکران معترض آن دهـه در ذهـن تاریـخ ما ثبت کرده اسـت.

تـا جایی کـه خوانده و شـنیده‌ام آل احمـد نویسـنده‌ای مردم‌گریز نبوده اسـت. پـس در شـهر اسـالم گیـلان و در تنهایـی چه می‌کـرده، آیا می‌شـود گفـت کـه اواخر عمر دچـار نوعی افسـردگی بوده اسـت؟

گویا سـال‌ها پیش یکی از دوسـتان سـرمایه‌دارش، قطعه‌زمینی در اسـالم بـه او هدیـه می‌دهد به‌شـرطی کـه در آن خانـه بسـازد. او هم از اواسـط دههٔ ۱۳۴۰ همـراه دو تـن از آشـناهای محلـی آرام‌آرام مشـغول سـاختن خانـه‌ای می‌شـود. وقتی آخرین‌بار در شهریور ۱۳۴۸ می‌رود اسالم متأسفانه همان‌جا فوت می‌کند. مرگ ناگهانی او باعث رواج شـایعاتی می‌شـود. اما همسـرش، سـیمین دانشـور در کتـاب «غـروب جـلال» به‌صراحـت عنـوان می‌کنـد که شـوهرش بر اثر افراط در خوردن نوشـابه‌های الکلی از نوع قزونیکا و کشیدن سـیگار فراوان اشـنو ویژه فوت شده اسـت و... اما از طرف دیگر برادر جلال، شـمس، به‌صراحـت عنـوان کرده بود که سـاواک او را به قتل رسـانده و شـرح مفصلـی در این‌بـاره در کتاب «از چشـم برادر» می‌نویسـد و...

اگر از شایعه‌ها بگذریم، آنچه دربارهٔ جلال به چشم می‌آید این واقعیت است که جامعه، عمل فرهنگی یکی از افراد تأثیرگذارش را از دست داد و البته کارها و آثار ادبی‌اش برای همیشه برای من و ما و آیندگان به‌جا ماند. اگر دقیق‌تر نگاه کنیم، نثر او در داستان‌ها و مقاله‌ها چشمگیر است و به‌باور منتقدان، تلگرافی، شلاقی عصبی، پرخاشگر، حساس، دقیق، تیزبین، صمیمی، منزه‌طلب، حادثه‌آفرین، کوتاه و بریده و درعین‌حال بلیغ است و گاه روزنامه‌نگارانه و برون‌گراست و این‌ها همه یادگاری‌ست که از او به‌جا مانده. نثری که همیشه مرا دچار مکث و تأمل کرده است. نثرش بر خلاف نثر صادق هدایت و بهرام صادقی و... درون‌گرا نیست. در خدمت تحلیل ذهن و باطن شخصیت‌ها قرار نمی‌گیرد.

او با استفاده از دو عامل نثر کهن فارسی و نثر برخی نویسندگان فرانسوی به نثر خاص خود دست یافته بود. تا آنجا که امکان داشته، افعال، حروف اضافه، مضاف‌الیه‌ها را حذف کرده بود.

نکتهٔ دیگر سبک و زبان وی به‌خصوص در آثار متأخرتر، یعنی از مدیر مدرسه، چاپ ۱۳۳۷، که ستایش‌شده‌ترین کار اوست به‌بعد - از سلامت و ایجازی درخور بهره‌مند است. نکتهٔ دیگری که نمی‌توان به‌سادگی از کنار آثار آل احمد گذشت، این است که در اغلب آثارش گرایش شدید مردسالارانه دیده می‌شود تا آنجا که تقریباً هیچ زن فهیم و متشخصی به درون داستان‌هایش راه پیدا نمی‌کند. ناگفته نماند که تمام شهرت ادبی آل احمد محدود به داستان‌نویسی او نمی‌شود. فهرست آثارش گویای این مدعاست. نگاه کنید به سفرنامه‌های داخلی و خارجی او. جلال آل احمد طی ۴۶ سال زندگی و ۲۵ سال نویسندگی بیش از ده سفرنامه نوشت. نگاه کنید به سفرنامه‌های داخلی: یک، «اورازان» در سفر به روستای آباواجدادی در طالقان، دو، «تات‌نشین‌های بلوک زهرا» سفر به روستای

ابراهیم‌آباد قزوین، سه، «جزیرهٔ خارگ: دُرّ یتیم خلیج فارس»، چهار، «سفر به شهر بادگیرها» یعنی همان یزد، و پنج، «گذری به حاشیهٔ کویر»، که هر پنج سفرنامه در مطبوعات به چاپ رسیده است.

جلال پنج سفر خارجی هم داشت به اروپا، آمریکا، روسیه، عربستان سعودی و اسرائیل و اکثر سفرنامه‌هایش پس از انقلاب ۱۳۵۷ به چاپ رسید. در یکی از سفرهای اروپایی، احتمالاً سوئیس، با خانمی - به‌قول خودش در کتاب «سنگی بر گوری» - ازدواج موقت می‌کند تا بفهمد «مقصر» بچه‌دارنشدنشان خودش بوده یا سیمین دانشور.

آل احمد کعبهٔ آمال جهان را چهار تا می‌دید. اول، اروپا و آمریکا. دوم، مکه در عربستان سعودی. سوم، بیت‌المقدس در اسرائیل، چهارم، روسیهٔ شوروی. این میان سفرنامهٔ «خسی در میقات»، سفر به مکه، بابت نثر بسیار زیبایش و «سفر به ولایت عزرائیل»، سفر به اسرائیل، به‌دلیل مسائل پیرامونی و حاشیه‌های فراوان بابت نگاه مثبت به آن کعبهٔ آمال، بسیار مشهورند.

آیا ایشان را از نزدیک دیده بودید؟ برخوردی با ایشان داشتید؟

آل احمد در سال ۱۳۴۸ فوت کرد و آن زمان من حوالی گرفتن دیپلم پرسه می‌زدم. بارها که راهم را به دوروبر کافه نادری کج می‌کردم او را دیده بودم، اما جلو نرفتم. او از نظر ظاهری همان بود که احمد شاملو توصیفش کرده بود: قناعت‌وار/ تکیده بود/ باریک و بلند/ چون پیامی در لغتی/ با چشمانی از سؤال و عسل/ و رخساری برتافته از حقیقت و باد/ مردی با گردش آب/ مردی مختصر/ که خلاصهٔ خود بود/ و... البته زنده‌یاد شاملو بعدها گفت که این شعر را برای آل احمد نگفته و... گاهی از این اتفاقات می‌افتد. خود آل احمد هم بارها از حرف‌هایی که زده بود پشیمان شد. نگاه کنید به مثال‌هایی که ذکر کردم. ضمناً شاملو گفته بود که من این

شعر را سر قبر آل احمد خواندم، نه برای او یا تقدیم به او.

اظهار پشیمانی ایشان قطع نظر از درست یا غلط‌بودنش در واقع درس بزرگی است برای همه و چنین کنند بزرگان... اما یک پرسش و آن اینکه آیا می‌توان سفرهای داخلی و خارجی آل احمد را سفرهای بیرونی، اما نگارش کتاب «سنگی بر گوری» را سفری درونی محسوب کرد؟

پرسش خوبی است. آل احمد در داستان «سنگی بر گوری» مسئلهٔ فردی خویش را اساس قصه‌ای اتوبیوگرافی‌مانند، اما جذاب و قابل‌تعمق به‌سبک خودزندگی‌نامه نوشت؛ همان قصهٔ بی‌تخم‌وترکه‌بودنش را. قصه‌ای که بعد از خواندنش می‌شود فهمید روزگاری چقدر برای نویسنده‌اش مهم بوده و چه مشغله‌ها و ماجراها که برایش نیافریده است. گفتم مسئلهٔ فردی، ولی این قصه، تنهادردِ جلال نیست یا درد تنها جلال و بحث دربارهٔ آن نیز نیست. مسئله داشتن درد، دردداشتن و دردِ واقعیات داشتن، و به آن نرسیدن است. دردی که کمیت آدم‌ها را هرچند سخت‌کوش و پرتوان لنگ می‌کند. دردی که آدمی را وا می‌دارد به خویشتن خویش رجوع کند. اما دربارهٔ واکنش سیمین دانشور نسبت به ازدواج پنهانی جلال آل احمد در اروپا باید بگویم گویا خیلی عصبانی می‌شود و بحث طلاق را پیش می‌کشد. نامهٔ مفصلی به آل احمد می‌نویسد. همهٔ شعارهایش را در طول زندگی به‌عنوان یک روشنفکر متعهد زیر سؤال می‌برد. اما سرانجام مصلحت می‌بینند او را طلاق ندهد. می‌توان حدس زد جلال از چشمش می‌افتد و اگر حرفی نمی‌زند و جنجالی به‌پا نمی‌کند، چه‌بسا حفظ ظاهر می‌کرده است.

۶

پرویز شاپور

اکثر آثار پرویز شاپور:

کاریکلماتورها: «با گردباد می‌رقصم»، «به نگاهم خوش آمدی»، «پایین‌آمدن درخت از گربه»، «موش و گربهٔ عبید زاکانی با طرح‌های پرویز شاپور»، «فانتزی سنجاق‌قفلی»، «تفریح‌نامه»، «قلبم را با قلبت میزان می‌کنم» و...

به‌مناسبت بیستمین سال خاموشی پرویز شاپور

آن‌که خود کاریکلماتوری ناب بود (۱۳۷۸ - ۱۳۰۲)[۱]

پرویز شاپور را از دیرباز تاریخ می‌شناختم، دقیق‌تر بگویم از دوران دبیرستان بامداد و مروی (از دهۀ ۱۳۴۰) او را می‌شناختم. احمد شاملو آثارش را در مجلۀ «خوشه» چاپ می‌کرد. ویترینی پرزرق‌وبرق برایش درست کرد و نشاندش آن بالا، سر خشت و گفت «بنویس» و او نوشت. به‌عبارت‌دیگر، آن کاشف فروتن نام‌ها، از میان نوشته‌های ذوقی و دلی و جمله‌قصارهای پرویز شاپور عتیقه‌ای بیرون کشید، گردوخاکش را گرفت و هر هفته چندتایی که حرف و سخنی در خور داشت، چاپ کرد و اسمش را گذاشت کاریکلماتور. الحق بعضی کاریکلماتورها خوب و عالی بود و فضایی باز کرد در محافل روشنفکری آن دهه ازجمله کافه نادری، ریویرا، قهوه‌خانۀ گل‌محمد، بار هتل مرمر و...

حتی کسانی به‌مصداق «نگاه به دست خاله کن مثل خاله غربیله کن»، پشت سرش راه افتادند و هر روز و هر هفته در روزنامه‌ها و مجله‌ها ستونی پر می‌شد از ذوق‌آزمایی کسانی که به آن راه می‌رفتند و حتی شهرتی

۱- چاپ اول، مجلۀ فرهنگ امروز، شمارۀ بیست و سوم، مرداد ۱۳۹۷

کم و بیش روزنامه‌ای و مجله‌ای یافتند؛ حتی دیده شد برخی از آن‌ها در برخی محافل مبدع و گسترش‌دهنده را فراموش می‌کردند و اگر تو ذوقشان نمی‌زدی خود را نه در ادامهٔ راه شاپور، بلکه قافله‌سالار این نحلهٔ ادبیات مینیمالیستی می‌دانستند. جمله‌هایی کوتاه‌کوتاه و اغلب حامل پیامی فلسفی و گاه ظریف همراه انتقال دیدی شاعرانه و موشکافانه مثل «به نگاهم خوش آمدی» و به «عقیدهٔ گیوتین سر آدم زیادی است» و...

به‌هر رو، آنچه از آن دوران به یادم مانده در حالا و اکنون زمانه (آستانهٔ بیستمین سال خاموشی او) قصه‌ای است عبرت‌آموز که مرا یاد گنج می‌اندازد... در دوران کودکی (حوالی ۱۰ سالگی) همراه پدرم و دوست گنج‌یابش به یکی از قصبه‌های اطراف دلیجان و خورهه شهرستان محلات رفتیم. آقامهدی با خود یک گنج‌یاب آورده بود و فکر می‌کرد اولین نفری است که با دستگاه فلزیاب به آن حدود آمده. او حوالی قبرهای مخروبه و پای ستون قلعهٔ قدیمی دولادولا راه می‌رفت و آن دستگاه درازش را که شکل جارو یا خاک‌اندازی دسته‌بلند بود، به حرکت در می‌آورد. من همپای او می‌رفتم و گوش‌به‌زنگ، چهارچشمی نگاه می‌کردم. پدرم لبخندی بر لب داشت (طبق پیش‌بینی دوستش قرار بود پدرم گول بخورد و یکی از آن دستگاه‌ها را بخرد). ناگهان با حفره‌ای عمیق روبه‌رو شدیم، انگار که گاوچاهی دهان باز کرده باشد، اما گاوچاه نبود، چیزی شبیه دهانهٔ سردابه‌های قدیمی بود، شاید هم سیاه‌چالی یا مظهر قناتی مخروبه! به‌هر رو، آن دوست پدر افسوس خورد، پدر کماکان لبخند زد و من اما در پی صندوقچهٔ یک پری دریایی بودم که قصه‌اش را صبح جمعه آقای صبحی از رادیو گفته بود. پس، در کوچه‌پس‌کوچه‌های روستا که معروف بود به «سرپولک»، دنبال سکه‌ها و مرواریدهای غلتانی می‌گشتم که چه‌بسا از سرریز آن صندوقچه افتاده باشد. سکه و جواهری نیافتم، اما اینجا و آنجا در گوشه کنار تکه‌هایی از کاسه و قدح، چمچه و بشقاب و کماجدان

پیدا کردم؛ خطوطی ساده و اغلب آبی و زرد، شکسته‌بسته‌هایی از طرح‌های اسلیمی و... که من هنگام ناهار و شام بعضی از آن کوچک کوچک‌ها را کنار هم می‌چیدم و به شکل‌های جدید در می‌آوردم، گاهی هم البته در عالم بچگی دچار مالیخولیا می‌شدم، گاهی هم اوهام و رؤیایی می‌آمد سراغم (قلعهٔ سنگ‌باران و مادر دیو فولادزره و...) این تصاویر در ذهن منِ خاطره‌جو بود و بود تا آنکه روزگار چنان چرخید و چرخید که من، پدر و آن دوست گنج‌یابش را از دست دادم و با شاملو و شاپور از نزدیک آشنا شدم. نتیجه گرفتم آن دو به صندوقچهٔ طلا و جواهر رسیده‌اند و برخی هم به کاسه‌ای شکسته و کوزه‌ای لب‌پریده دست یافته و به همان دلخوش مانده‌اند.

عمران صلاحی گفته «پرویز شاپور اهل پیله بود.» درست گفته که او اهل پیله بود، اما در پیلهٔ خود نمی‌ماند و می‌تنید و در طراحی سیاه‌قلم یک‌باره شکل ماهی می‌شد و ماهی می‌کشید. ماه دیگر سر از پیلهٔ سنجاق در می‌آورد و سنجاق قفلی می‌کشید، روز دیگر موش و گربه. من ندیدم در پیلهٔ پول فرو برود و سکه و اسکناس بکشد. می‌توان حدس زد در جدال پرکشمکش معیشت (کارمندی در وزارت دارایی) هرگز پول قلمبه‌ای ندیده تا در ذهن و دلش بماند. هرچند اقتصاد خوانده بود اما نه گنجی دیده و نه حتی کوزهٔ شکسته و بشقابی لب‌پریده زیرخاکی جابه‌جا کرده بود تا حداقل حسرت تصاحبش را بکشد یا بخورد. اگر از حوالی خیابان منوچهری می‌گذشت، بی‌نگاه به آن سمساری‌ها و عتیقه‌فروشی‌های شاد یا پرملال به‌سرعت خود را می‌رساند به بار (شاه‌غلام) هتل مرمر در شمال میدان فردوسی. شاید هم مسیر کج می‌کرد طرف قهوه‌خانهٔ «گل‌محمد» روبه‌روی کافه نادری که پاتوق نویسندگان و شاعران کم‌درآمد و منزوی‌تر بود. شاید کم‌درآمدی واژهٔ درست و زیبنده‌ای نباشد، بهتر است بگوییم شاعران و نویسندگانی که هیچ اقتدار و ابتکاری برای کسب درآمد بیشتر

نداشتند و تنها چشم دوخته بودند به چندرغاز حقوق سر برج کارمندی، یا درآمدهای هرازگاهی و اتفاقی روزنامه‌نگاری یا شرکت‌های خصوصی و کارهای موقت سرپایی.

وضعیت معیشت اهالی ادبیات، در این گوشهٔ جغرافیایی گربه‌سان از دیرباز تاریخ شش یا دو هزار و پانصد سالهٔ مدعی فرهنگ‌مداری و مهرورزی چنان خراب بوده و است که دیگر کسی از کسی یا مسئولی از کارمند هنرمند زیر دستش نمی‌پرسد تو چگونه گذران عمر می‌کنی که همیشه یک‌جور لباس می‌پوشی؟ چرا روی گنج خوابیده‌ای و هیچ حاصلی نداری جز رنج شادی‌آفرین عرق‌ریزان روح؟

روزگار غریبی بود و است و احتمالاً خواهد بود. البته زیاد هم غریب نیست؛ یکی ذوق و استعدادش جایی متمرکزشده که با فروختن یکی چند تابلو نقاشی تزئینی و نه حتی مفهومی، قادر است آپارتمانی بخرد؛ دیگری با بازی در یکی چند فیلم اشک‌انگیز یا شورانگیز صاحب ویلایی در بهترین نقطهٔ کشور گل و بلبل می‌شود، یکی هم مثل پرویز شاپور موش و گربه‌های فکور می‌کشد و به آن‌ها سنجاق قفلی می‌افزاید و همراه جمله‌هایی سفتهٔ طنزآمیز، طعمی شیرین سرازیر می‌کند در حلق خوانندگانی که مفت و مجانی نیش خود را تا بناگوش باز می‌کنند و بعد یادشان می‌رود آن شادی‌آفرین اغلب عبوس از کجای ذهن و دل خود مایه گذاشته تا آنان شاد شوند و در صورت تمایل غور کنند که چرا پرویز شاپور به حرکت پاندول ساعت بیشتر علاقه‌مند است تا مجسمهٔ آزادی.

تاکنون هیچ از خود پرسیده‌ایم، آیا هنر پرویز شاپور نازل‌تر از هنر منبت‌کاران و مقرنس‌سازان است؟ آیا پرویز شاپور قلم به تخم چشمش نمی‌زد و دود چراغ نمی‌خورد تا هریک از آن جملات قصار (کاریکلماتورها) چکش‌خورده، آبدیده و ناب شوند و دهان‌به‌دهان بچرخند؟ بیدارخوابی‌ها،

کابوس‌های شبانهٔ جنگ و جدال‌های نمادین گربه‌ها و موش‌ها و سنجاق قفلی‌ها و ماهی‌ها عذابش نمی‌داد، مخصوصاً پس از طلاق‌دادن آن صندوق بی‌بدیلِ جواهر پرفروغ که مادر فرزندش کامیار بود؟

خاطره‌ای بگویم و بگذرم. روزی که همراه تنی چند از دوستان ازجمله عمران صلاحی، کاظم سادات اشکوری، اصغر واقدی و... به دیدنش رفتیم، در لحظه‌ای استثنایی و در اوج خنده و شادی مرا کنار کشید و گفت «تو که عهد و عیال داری و سر جای خودت نشسته‌ای، شب‌ها خواب پریشانی شخصیت‌های داستانی‌ات را می‌بینی، صبح چه جوابی به زن و بچه‌ات می‌دهی؟» قرمزی کاسهٔ چشم و ورم زیر پلکم را نشانش دادم و گفتم ما محکومیم به دیدن زجر آدم‌های سنجاق‌قفلی‌شده به ماهی‌ها و گربه‌های گرسنه... و او پیشانی‌ام را بوسید. آنگاه عکس گرفتیم که در آن همه می‌خندیدیم. به کی و به چی؟ یادم نیست. حالا که یادم نیست حدس می‌زنم به خودمان می‌خندیدیم.

آری و باری و به‌هر رو، وقتی آن تاجر نه‌چندان معتبر همسایه‌اش (خیابان آشیخ هادی) سرش را گذاشت زمین و تمام اهل بیت و نوادگانش صاحب درآمد مکفی و تمکن مالی شدند، آیا او در کابوس‌ها پسر خود (کامیار) را نمی‌دید که این روزها دنبال بهانه‌ای می‌گردد برای گذران عمر؟ آیا پرویز شاپور هم می‌باید یا می‌توانست هنر خود را کالایی یا عتیقه‌ای ببیند و هنر فروشندگی می‌آموخت و با توجه به ظرفیت بازار، خودنویسش را نه از آفتاب بلکه از جوهر پر می‌کرد.

* * * * *

«قرمزی کاسه چشم و ورم زیر پلکم را نشانش دادم و گفتم ما محکومیم به دیدن زجر آدم‌های سنجاق‌قفلی‌شده به ماهی‌ها و گربه‌های گرسنه...»

این جملهٔ شما را خیلی دوست دارم. ایشان پیشانی شما را بوسید اجازه بدهید من به‌احترام این جملهٔ شما و همهٔ تلاش‌ها و زجرهای شما در مسیر نوشتن و نوشتن و نوشتن سر پا بایستم و ادای احترام کنم.

آیا شما زنده‌یاد پرویز شاپور را هم مثل سهراب سپهری شاعر و بهرام صادقی داستان‌نویس طی سال‌های ۱۳۵۸ تا ۱۳۵۹ در کانون نویسندگان دیدید؟

ندیدم و البته نشنیدم مخالف آن باشد.

از دلایل جدایی فروغ از او با خبر هستید؟ آیا پس از جدایی، پرویز شاپور پدر خوبی برای کامیار بود؟

نخست عرض کنم همین که به‌هر دلیلی زود طلاقش داد تا فروغ با فراغ بال به راه خودش برود، قابل‌احترام است. بعد هم اینجا و آنجا نوشته‌اند گویا بیشتر اختلاف‌های خانوادگی روی جدایی آن دو مؤثر بوده است. و اینکه آیا پدر خوبی بود برای کامیار پسرش بوده یا نه، باید عرض کنم، کامیار از پدر و مادرش بد نمی‌گفت. اما گاهی از من و ما می‌پرسید چرا من را به دنیا آورده‌اند؟ روز خاموشی پدرش، ۱۵ مرداد ۱۳۷۸، من و عمران صلاحی جلو بیمارستانی بودیم که شاپور در آن خاموش شده بود. کامیار هم مثل من و ما بیرون بیمارستان بود. ریش بلندی مثل پدرش گذاشته بود و با عصا مثل پیرمرد خنزرپنزری بوف کور هدایت خمیده‌خمیده راه می‌رفت. از پایین به بالا نگاه می‌کرد. سرگردانی در چشم‌هایش موج می‌زد. بین موسیقی و نقاشی و شعر پرسه می‌زد. به نوعی از دنیابریدگی و پوچ‌انگاری رسیده بود. یاد او هم گرامی. این اواخر شنیدم برای گذران زندگی در خیابان‌ها و پارک‌های تهران برای رهگذران گیتار می‌نواخت. حالا یاد حسین منصوری، پسرخواندهٔ فروغ، افتادم که ساکن آلمان است و تاکنون شش هفت عنوان کتاب از آلمانی به فارسی ترجمه کرده و گویا

فیلمی هم دربارهٔ فروغ ساخته و سر جای خودش نشسته. حکایت پر آب چشمی است سرنوشت جابه‌جاشدهٔ حسین منصوری و کامیار شاپور.

آیا کاریکاتورها و کاریکلماتورهای زنده‌یاد شاپور چیزی به ادبیات ما اضافه کرد؟

فرمی از گفتار را به نمایش گذاشت که بی‌سابقه بود. او اندازهٔ نور چراغ‌قوه‌اش از سیاهی شب کاست. فاصلهٔ بین گریستن و خندیدن را با دماغش پر کرد. به یاد ندارد که نابینایی به او تنه زده باشد. پرندهٔ محبوس سعی می‌کرد طوری بایستد که لااقل سایه‌اش بیرون قفس بیفتد. پدر کامیار بود و پدرِ بزرگ کاریکلماتور فارسی. متفکر کم‌حرف و گزیده‌گویی که مرگ را از یک‌قدمی نتوانست با دوربین ببیند. در مرگ او قطره‌چکان‌ها گریستند. در قفسی محدود او را سروته محبوسش کردیم. تصویرسازی‌هایش برای موش و گربه‌های منظومهٔ مشهور عبید زاکانی عالی است. برخی کاریکلماتورهایش به داستانک شبیه است.

۷

احمد شاملو

اکثر آثار احمد شاملو:

مجموعه‌اشـعار: « هـوای تـازه»، «بـاغ آینه»، «آیـدا در آینـه»، «آیدا: درخـت و خنجر و خاطره»، «ققنوس در باران»، «مرثیه‌های خاک»، «شـکفتن در مه»، «ابراهیم در آتش»، «دشـنه در دیس»، «ترانه‌های کوچـک غربـت»، «مدایـح بی‌صلـه»، «در آسـتانه»، «حدیـث بی‌قـراری ماهـان»، «یازده جلـد کتاب کوچـه» و...

ترجمه‌هـا: «غزل غزل‌های سـلیمان»، «همچون کوچـه‌ای بی‌انتها»، «ترانه‌های میهن تلخ»، «ترانهٔ شـرقی و اشعار دیگر»، «سکوت سرشار از ناگفته‌هاسـت»، «چیـدن سـپیده‌دم»، «پابرهنه‌هـا»، «قصه‌هـای بابـام»، «بـرزخ»، «دماغ»، «مرگ کسـب‌وکار من اسـت»، «شـازده کوچولو»، «عروسـی خون» و...

شاملویی که من می‌شناختم (۱۳۷۹ - ۱۳۰۴)[1]

شب که جوی نقرهٔ مهتاب/ بی‌کران دشت را دریاچه می‌سازد/ من شراع زورق اندیشه‌ام را می‌گشایم در مسیر باد/ شب که آوائی نمی‌آید/ از درون خامش نیزارهای آبگیر ژرف/ من امید روشنم را همچو تیغ آفتابی می‌سرایم شاد/ شب که می‌خواند کسی نومید/ من ز راه دور دارم چشم/ با لب سوزان خورشیدی که بام خانهٔ همسایه‌ام را گرم می‌بوسد/ شب که می‌ماسد غمی در باغ/ من ز راه گوش می‌پایم سرفه‌های مرگ را در نالهٔ زنجیر دستانم که می‌پوسد

(هوای تازه/ احمد شاملو)

کسی نبود که حالا مثلاً با یادداشتی یا حتی نقدی بر شعرهایش و با ذکر خاطراتی از او، شیرازه‌اش را ببندیم و گفته باشیم ادای دین کرده‌ایم. چنان درخشنده بر قلهٔ رفیع شعر معاصر این مرز و بوم ایستاد که بسیارانی نتوانستند طی نیم‌قرن، جامه‌ای نه به اندازه‌های قد و قوارهٔ هفتاد و چند سالگی‌اش، بل نه حتی تا میانهٔ راهی که او طی کرده بود، بدوزند.

پس من اگر سعی کنم نکته‌ای پیرامون او بگویم، آن هم نه به‌قصد ادای

۱- شاملویی که من می‌شناختم، مقدمهٔ کتابی به‌همین نام، محمد محمدعلی، انتشارات کتاب‌سرای تندیس، ۱۳۹۲

دیـن، چـرا کـه وام‌داران و اهـل ذمهٔ او بـزرگان دیگری‌انـد از نامـداران ادب و هنـر که قطعاً خـوب می‌دانند چگونه وام خود را مسـترد دارند، بل من یادمان شـرف حضورش را در کانون نویسـندگان ایران و بعد چهار پنج ماهی را ارج می‌نهـم که هفته‌ای چند سـاعت در کاری مشـترک از مصاحبتش لذت بردم، کـه او نیـز گویی و انـگار، همرزم و حریـف و هماوردی تازه‌نفـس را پیش رو دیـده بود، آنچه می‌دانسـت، در گردونه ریخت و حکایتی شـد لبریز از شـور و شـعف در آن ماه‌های میانی سـال ۱۳۶۵، در خانهٔ سـلطنت‌آبادش.

زنگـی بـه صـدا در آمده بـود و هر دو در گـود بودیم. آنچـه آموختنی بود، ایـن نبود کـه مثلاً با وجود این‌همـه کتاب مرجع و ترجمه در زمینهٔ نقد شـعر و داسـتان، حـالا چگونه بنویسـیم یا چگونه بسـراییم، بـل درس زندگی بود و یکـی از آن میـان، همیـن التـزام عملی متعهدانه به قلمی اسـت که در دسـت داریـم و بعد دریادلی و سـعهٔ صـدر در زندگی عـادی و هنرمندانه. چیزی که هـر چـه تو بخواهی و سـراغ کنی در انسـانی، نـزد او و در انبان ذهـن و دل او جـا خوش کرده بود و چنان دسـت‌ودل‌باز و بی‌ریا می‌بخشـیدش که حکایت از بی‌نیـازی مطلـق می‌کـرد. مثـل زروان یـا خدایانی که تجربه‌های گذشـت زمـان را بارهـا و بارهـا زیسـته‌اند و حـالا رسـیده‌اند بـه مرتبه‌ای کـه آگاه‌اند، هـر انسـانی خدا اسـت در روی زمین و آن‌که خداتر اسـت، بهتـر می‌داند که شایسـته‌ترین موجود روی زمین همان انسـان اندیشـمند وارسـته است.

قصد مقایسـه در میان نیسـت. چرا که هرکس به‌جای خود می‌نشیند و آینده و تاریخ گواه هوشـیاری انسـانی اسـت که فراتر از عرف زمانه، پاس می‌داشت، قدرشـناس بود بدون اینکه وارد بده‌بسـتان‌های مسـخره و دلال‌مآبانه بشـود. او به‌احتـرام شـرف حضور انسـانی، حالا جـوان یا پیـر را مقابل خود می‌نشـاند. بیشـتر از آنچه شـعر و نثر می‌آموخت، سـرفرازی و عزت نفـس آموزش می‌داد و مـن می‌دیدم شـاعران و نویسـندگان جـوان و پیر و دیگر مشـتاقانی که گرد او

جمـع می‌آمدنـد مثلاً بـرای دست‌بوس، او چنان بی‌مـزد و منت، دست‌ها و شانه‌هایشـان را می‌فشرد کـه فرامـوش کنند بـار اولشـان اسـت او را می‌بینند. چقـدر بیـزار بـود از ایـن تعارف‌هـای کهنـه و لـوس و بی‌مـزه، کـه جمعی از همنسلانش ادای بیزاری‌اش را درمی‌آورند، اما در درون طالـب آن بودند.

مشتاقان مستعد را می‌نشاند کنار خود تا آرام‌آرام رنگ به چهره بگیرند. لطیفه‌ای می‌گفت تـا به خـود بیاینـد و بـه چشمانش نـگاه کنند. خودشـان بشـوند. بذله‌گو یا ترش‌رو یا خجالتـی، یا هرچه... و تا خودشـان نمی‌شـدند، آن خودِ خودشـان را کـه جوهرهٔ وجـود می‌نامیم، بیـرون نمی‌ریختنـد و این بسیار مهـم بود بـرای آن پیکره‌تراش روح. بعد دست‌به‌کار ساختن یا ترمیم می‌شـد و هرکس را بـا توجـه به آنچـه بـود، نـه آنچـه کـه خـود می‌خواسـت و الگـو داشت، به جای می‌آورد. به‌جاآوردن آدم‌ها، در همان جایی که خود ساخته و پرداختـه بودنـد، چیـزی نبود جـز درس اول؛ بازیابـی خصلت‌های غیرمتعارف انسانی بـود که لازمـهٔ کار خلاقه و مخیل اسـت. هرکس هرچه بـود، پسندیده بود، فقـط می‌بایسـت در نوع خـود تکمیل می‌شـد. قریحه چیزی بـود که از ناکجایـی دیگر می‌آمد و معلوم نبـود در چه قالب تن و روح رسـوخ می‌کـرد. هرگز نشـنیدم بگوید این مـن بهترین یا اولین اسـت. یا ولی فقیـه شـعر اسـت. از بس‌کـه سـال‌ها در آن حـد و حدودهـا پرواز کـرده بود، همه‌چیز برای شخص او عـادی و معمولی بود.

در سـال ۱۳۶۰، پـس از یورش‌هـای بی‌امـان بـه کانون نویسـندگان سـه سـالی ندیدمـش. تجدیـد دیدار در دفتـر نشـر ابتـکار و در حضور زنده‌یاد ابراهیـم زال‌زاده، ناشـر و روزنامه‌نـگار، و م.آزادِ شـاعر میسـر شـد. اعدام دو بـرادرم در سـال ۱۳۶۲ سـخت بی‌پشت‌وپناهـم کـرده بود. از طرفی در سـال ۱۳۵۹ در نخسـتین شـمارهٔ فصلنامـهٔ «بـرج» مطلبـی از فریدون جنیدی، پژوهشـگر شـاهنامه، علیـه او چـاپ کرده بـودم و او همـان زمـان، در ایامی

که من علاوه بر مسئولیت امور مالی کانون، منشی جلسات هیئت دبیران هم بودم و از نگاهش می‌گریختم، دست روی شانه‌ام گذاشت و تکانی سخت داد. گفت: «کجایی مرد؟» گفتم: «همین جاها... » در تلاش بودم از دستش بگریزم. چه، در جایگاه سردبیر اجازه داده بودم مطلب جنجال‌برانگیزی علیه عقاید او دربارهٔ شاهنامهٔ فردوسی چاپ شود. و حالا شاملو می‌دانست چرا رو برمی‌گردانم در سکوت. در عوض از اوضاع مالی کانون پرسید. گفتم: «خراب خراب.» گفت: «می‌گویم زال‌زاده صد تا کاست صدا هدیه کند.» اما من انگار هنوز از دستش می‌گریختم. می‌دانستم چه تاوانی می‌دهد تا من با غرور به چشمانش نگاه کنم.

حالا سال ۱۳۶۳ می‌رفتم دفتر ابراهیم زال‌زاده تا باز هم ازش بگریزم؟ پس آن شعر یا مقاله‌ای که می‌خواستم زینت‌بخش شمارهٔ اول فصلنامهٔ «مس» کنم، چه؟ بنا به همین ملاحظات، شاید هم غرور بیجا و تلقی نادرست از خودم و او، راه‌به‌راه نرفتم پیش شاملو. تو اتاق زال‌زاده نشستم به گپ و گفت با م.آزادِ شاعر که می‌دانستم چقدر دوستش دارد. مطمئن بودم این او نیست که باید به دیدن من بیاید... ولی او آمد، با لبخندی بر لب، و دست‌هایی مشتاق و گشوده که شاید ای‌هان! دیگر دلواپس چه هستی، ای‌هان! اعدام عزیزانت جای خود، سرت را بگیر بالا که تو نویسنده‌ای، ای‌هان! عقایدت را چنین آسان به دست نیاورده‌ای که آسان جلو من بگذاری‌اش زمین، ای‌هان! خودت باش! ضربتی زدی، ضربتی نوش کردی از محبت، ای‌هان! می‌دانم ضربه‌ام سخت کاری بوده، و از قضا درست به هدف زده‌ام ولی خُب دیگر در دعوا که حلوا خیر نمی‌کنند، هرکس با سلاح خود می‌رود به جنگ حریف و سلاح من محبت مضاعف بود به تو که سردبیری جوان بودی و مخالف نظر من در خصوص شاهنامه... تعارف کرد بروم اتاقش و تا ناهار بیاورند، از محفل‌های ادبی پرسید. از جلساتی که در

غیبت کانون نویسندگان، کمیته‌های شعر و داستان اعضا را حفظ می‌کرد. مختصری گفتم از جلسات شعر و داستانی که می‌رفتم. ازجمله جلسهٔ داستان‌نویسان «پنجشنبه» که عمدتاً به‌همت هوشنگ گلشیری و من و ناصر زراعتی و چند عضو جوان‌تر کانون نویسندگان سامان یافته بود. برخی اسامی را می‌شناخت. بعد مجموعهٔ هشت داستان را گذاشتم جلوش. متحیر و مبهوت از آن مقدمهٔ سردستی گلشیری و سر آخر اینکه «گردآورندهٔ محترم هنوز هم بد می‌نویسد؟» (عین جمله‌اش) این‌بار من حیران و مبهوت، و بعد خندید و معلوم شد که سالیانی است در نهان و در پیدا اعلان جنگی شده از طرف گلشیری که من حوصلهٔ پیگیری نداشتم.

زال‌زاده فرستاد ناهار آوردند. باقالی‌پلو با گوشت و چه مأکول! و شاملو چه پراشتها، که این نیز جزو عجایب بود برای شاعری در حد و حدود او؛ در همهٔ شئون اول باشی حتی در غذاخوردن؟ دیس بزرگ را درو می‌کرد و می‌رفت جلو. زال‌زاده گفت: «روزی شانزده ساعت کار می‌کند.» عصر به اتفاق رفتیم خانه‌اش، حوالی بی‌سیم و میانهٔ کوچه‌ای تنگ. آیدا در را باز کرد. آیدا مرا نمی‌دید، آیدا فقط او را می‌دید که لب‌هایش بوییدنی بود. آیدا می‌بویید به‌هوای بوسیدن و شاعر جلو من خجالت می‌کشید که آیدا ببویدش یا حتی ببوسدش. شاعر گفت: «خیالت راحت، آیدا! با این جوانمرد (شاید مرد جوان) بودم.» یعنی جایی نبودم که سفره و بساطی پهن باشد و حالا نیاز به کنجکاوی.»

همین که «قصهٔ ملک جمشید و کره‌اسب بادی» را گرفتم برای جنگ مس، قراری گذاشتیم برای گفت‌وگویی مفصل که یک سال و نیم به وقفه افتاد. گرفتار بودیم. هر دو سخت مشغول، تا رسیدیم به سال ۱۳۶۵ و آپارتمان سلطنت‌آبادش و آن سه چهار ماه بی‌نظیر. شرایط طوری بود که خیلی از اهالی قلم از هم خبر نداشتند. برخی نمی‌دانستند شاملو دقیقاً

مشغول چه کاری است پس از تعطیلی هفته‌نامهٔ «کتاب جمعه» در خرداد ۱۳۵۹ و متعاقب آن سه سال سکوت و آن‌همه شایعه، گفت‌وگو را هرچه بیشتر الزامی کرد. البته الزام دیگری هم بود.

در فرازی از گفت‌وگوی سال ۱۳۶۵ گفتم زمان آن رسیده که دریابیم قوت‌هایمان کجاست و ضعف‌هایمان کجا. گاهی بر خود ببالیم و ضعف‌هایمان را نیز دریابیم. برای دست‌یابی به این مهم باید بیشتر بدانیم، از گذشته بیاموزیم و پاسخ‌ها را بجوییم. نگاهی نه از سر تفنن، بلکه جدی‌تر از پیش ما را بر ناتوانی‌ها و محدودیت‌هایمان آگاه‌تر کند. پس هدف رفع ناتوانی‌ها و پاسخ به نیازهای احتمالی ما در عرصهٔ ادبیات خودمان است و... که پذیرفت مسیرمان چنین است و چنین باشد. چرا که آنچه در آن پرسش‌ها برای من مطرح بود، نه تحلیل و شناخت کار او به‌عنوان شاعری بهنگام و دانستن نظرش دربارهٔ شیوه‌های شعرگویی که به آن گرایش دارد، بلکه هدف رسیدن به آخرین اندیشه و برداشت حسی او بود از جایگاهی که بر بلندترین نقطهٔ آن ایستاده است...

باز هم پذیرفت که چنین است و چنین باشد. پس از آن بارها و بارها سؤال طرح کردم و او بارها و بارها پاسخ گفت. تابستان بود، با شلوارکی سفید می‌نشست پشت ماشین تحریر و می‌نوشت و با چه شعف و سرعتی! انگار بار اول است که کسی آمده برای گفت‌وگو. (به‌قول خودش بار اول بود که با داستان‌نویسی به گفت‌وگو می‌نشست)... لای در باز بود. آیدا مراقب. همین که می‌دید طی گفت‌وگو با من، او نوشته و سندی می‌خواهد، کتاب و مقاله‌ای نیاز دارد، دم دست شاعر قرار می‌داد. همان زمان پیش خود گفتم و بعدها نوشتم... تغافل خواهد بود که از آیدا نگوییم. این یار دیرین و مددرسان شاملو که سخت نکته‌سنج است. هم او بود که در فراهم‌آوردن کامل‌ترین کتاب‌شناسی شاملو تا سال ۱۳۶۵ یاری‌ام رساند.

این میان حوادث دیگری هم بود که مسرورمان می‌کرد. جدا از آمادگی ذهنی که نیرو می‌بخشید، یکی چند تن از دوستان من نیز که می‌دانستند با غول زیبا به گفت‌وگو نشسته‌ام، شوق دیداری، هرچند کوتاه را پنهان نمی‌کردند. روزی با منصور کوشان رفتم برای گرفتن عکس؛ حاصل کار ده پانزده عکس، که چهارتای آن در مطبوعات چاپ شد. یک بار هم قاضی ربیحاویِ داستان‌نویس جوان آن روزگار آمد. پشت در ماند تا اذن دخول بگیرم. تا رسیدیم مشغول کار شدیم و تا به صرافت بیفتم قاضی ربیحاوی چشم‌انتظار است، لحظاتی طول کشید اما همین که گفتم قاضی از من خواهش کرده بیاید به دیدار، سراسیمه پا شد تا در ساختمان را باز کند. شتابش تعجب‌انگیز بود. گفتم محمد قاضی نه، قاضی ربیحاوی، داستان‌نویس جوان جنوبی، نمی‌شناخت، اما با همان شوق که می‌توانست محمد قاضی مترجم معروف را (گو که از دو نحلهٔ فکری و در دو سوی طیف سیاسی بودند) به جا بیاورد، قاضی ربیحاوی جوان را هم به جا آورد. گویی برای او هیچ تفاوتی نمی‌کرد بابت [استقبال از] چه کسی مرا خوشحال می‌کند.

اوج کار روزی بود که از او پرسیدم: «تو که شاعری شصت و دو ساله‌ای، چند سال از عمرت را در خارج از کشور به سر برده‌ای؟ و در چند سال اخیر که جمعی از شاعران و نویسندگان ما به خارج کشور کوچیده‌اند، تو چه احساسی داشته‌ای که وطن را ترک نکرده‌ای و... »

پاسخ داد: «در مجموع شاید سه سالی که تا اواسط اسفند ۱۳۵۷ به درازا کشید. من اما آن سال‌ها را جزو عمرم به حساب نمی‌آورم. می‌دانید؟ راستش بار غربت سنگین‌تر از توان و تحمل من است. همهٔ ریشه‌های من در این باغچه است، و این ریشه‌ها آن‌قدر عمیق در خاک فرو رفته که جز به‌ضرب تبر نمی‌توانم از آن جدا بشوم، و خود نگفته پیداست که پس از

قطع ریشه چه امیدی به بار و بر باقی خواهد ماند. شکفتن در این باغچه میسر است و ققنوس تنها در این اجاق جوجه می‌آورد. وطن من اینجاست. به جهان نگاه می‌کنم، اما فقط از روی این تخته پوست. دیگران خود بهتر می‌دانند که چرا جلای وطن کرده‌اند. من اینجایی هستم، چراغم در این خانه می‌سوزد، آبم در این کوزه ایاز می‌خورد و نانم در این سفره است. اینجا به من با زبان خودم سلام می‌کنند و... »

از ترکیب جملات و آمدن تعابیر وطن‌دوستانه بسیار مسرور بود. من هم شادتر از او که انگار حرف دل خیلی‌ها را می‌زد به‌بهترین شکل ممکن در عالم روزنامه‌نگاری. سرانجام گفت‌وگویی که می‌توانست در زمان خود موجی بیافریند (۱۳۶۵)، همراه دو گفت‌وگوی دیگر قریب به هفت سال در وزارت ارشاد متوقف ماند. نه شاملو حاضر بود جمله یا حتی کلمه‌ای بردارد، نه من. وزارت ارشاد هم با شمشیر دودم مقابل اسمش ایستاده بود و شد آنچه نباید می‌شد... یک سال گفتند ضدجنگ است، سال دیگر گفتند به شاعران مکتبی توهین روا داشته است و...

در این فاصله او به فردیس کرج کوچید و من بارها با دوستان گاه مشترک ازجمله ابراهیم زال‌زاده و بابک بیاتِ آهنگ‌ساز و ابوالقاسمِ محمدطاهر دوبلور و... به «دهکده» رفتم یا او به جلسات مشورتی کانون نویسندگان آمد. همه‌چیز با توقف‌های طولانی همراه بود. قصهٔ بازنویسی‌شدهٔ ملک جمشید و کره‌اسب بادی که زینت‌بخش جنگ «مس» بود و قرار بود در سال ۱۳۶۳ منتشر شود، همراه مجموعه‌داستان بازنشستگی در سال ۱۳۶۶ منتشر شد. بقیهٔ امور هم به‌همین ترتیب، سرانجام گفت‌وگو پس از عوض‌کردن دو ناشر در سال ۱۳۷۲ از سوی نشر قطره در تیراژ ۵۵۰۰ نسخه به چاپ رسید.

در این فاصله او حتی یک بار نگفت بفرستیم خارج منتشر شود یا چرا

بخشی از آن را به مجلهٔ آدینه داده‌ای. تنها نکتهٔ مورد نظرش همان بود که به‌هیچ عنوان چیزی از متن کم و کسر نشود، که نشد و من هم مصرتر از او ایستادم تا آخرش که درس بزرگی بود برای خیلی‌ها. حالا در این میان چه دردسرهایی به ناشران تحمیل شد، بماند.

حالا اگر آنچه را گفته‌ام، خلاصه کنم، شاید چیزی بشود در این حدود: شاملویی که من می‌شناختم، با یک «نه» تک‌هجایی به انبوه واژگانی رسید که آن «آری» بزرگ مردمی شادباش‌گویان از دل آن بر آمد. تلخ‌ترین شعرهایش، از دل ترس‌ها و وحشت‌ها بیرون آمدند و به تحسین زندگی و ستایش هستی ایستادند. به خوانندگانش تسکینی نداد چرا که در پی به‌هم‌ریختن و آشفتن و بیدارکردنشان بود. شعر برای او ماجراجویی جذابی بود در اقلیم‌های جدید. برخورد شجاعانه‌اش با زبان او را به اعماق می‌برد. با ادبیات قرن بیستم زندگی می‌کرد و هرگز به تکرار خود نیندیشید. برای نیما احترام قائل بود، ولی هرگز راه و روش او را در شعر الگوی خود قرار نداد چه، اشعاری که خوب سروده شده‌اند، دیگر نیازی به تکرارشان نیست. او به خیلی‌ها آموخت که ادبیات ماندگار وجهی انتقادی و پرخاشگر دارد.

پی‌نوشت:

۱- پس از تخلیهٔ کانون در مرداد ۱۳۶۰، اعضا به گروه‌های هفت هشت نفری تقسیم شدند و پس از مدتی برخی از گروه‌های ادبی ازجمله «پنجشنبه» داستان‌نویسان و «سه‌شنبه» شاعران از دل آن بیرون آمد.

۲- شاملو، سال‌ها با انتشارات ابتکار (زال‌زاده) در تولید نوار و کتاب خاص کودکان و نوجوانان همکاری می‌کرد.

۳- فصلنامهٔ ادبی هنری «برج» زیر نظر راقم سطور از آذرماه ۱۳۵۹ تا فروردین ۱۳۶۱، پنج شماره منتشر شد تا به محاق گرفتار آمد.

۴- منشـی اصلی جلسـات هیئت دبیران کانون، اصغر واقدیِ شـاعر بود و ماه‌هـای پایانـی ۱۳۵۹ به‌علـت مهاجـرت وظیفـه‌اش بـه عهـدهٔ من گذاشـته شد.

۵- یادم نیست شاملو کدام‌یک از نوارهایش را هدیه داد. هرچه بود اشعاری بـود بـا صدای خـودش که طنیـن آن چنگ مـی‌زد به عمق دلواپسـی‌هایی که همهٔ ما داشـتیم در آن سـال‌های پرتلاطم قبل از ۱۳۶۰.

۶- قـرار بـود جُنـگ «مـس»، ویـژهٔ هنـر و ادبیـات، ماهنامـه یـا فصلنامه باشـد. ولی یک شـماره بیشـتر دوام نیاورد. سـرانجام ایـن مجموعه پس از تعویـض ناشـر و بی‌اطلاعِ من تـن داد به اصلاحاتی از سـوی وزارت ارشـاد و از سـوی انتشـارات نگاه در سـال ۱۳۶۶ منتشـر شد.

۷- مجموعـهٔ «هشـت داسـتان» با مقدمـهٔ زنده‌یاد هوشـنگ گلشـیری در سـال ۱۳۶۳، از سـوی انتشارات اسـفار منتشر شـد. با آثاری از یارعلی پورمقدم، قاضی ربیحاوی، ناصر زراعتی، اکبر سـردوزامی، محمدرضا صفـدری، صمـد طاهری، اصغـر عبداللهـی، و محمـد محمدعلی که هوشـنگ گلشـیری بی‌اطلاعِ برخی از نویسـندگان ازجمله راقم سـطور بـر آن مجموعه مقدمه نوشـت و باعث کدورت شـد.

* * * * *

آقـای محمدعلـی، گفت‌وگـوی به‌یادماندنی شـما بـا زنده‌یاد احمد شـاملو همـراه با دو گفت‌وگوی دیگر با زنده‌یـادان اخوان ثالث و محمود دولت‌آبادی دریـک کتـاب چاپ شـده اسـت. اینجـا و آنجـا به سـختی‌های کار اشـاره کرده‌اید. حالا بد نیسـت کمی از حاشـیه‌های ساخته‌شـده پیرامونش بگویید.

اجـازه بدهیـد بـرای اولیـن بـار اعتـراف کنـم کـه مـن همـواره در کنـار نویسـندگی بـه روزنامه‌نگاری هـم علاقه نشـان داده‌ام. به‌باور برخی دوسـتان

این گرایش به‌خاطر کسب درآمد بوده که خالی از صحت نیست. برخی نیز گفته‌اند در پاسخ به برخی ضرورت‌های زمانه بوده که آن هم خالی از حقیقت و واقعیت نیست. آنچه خود می‌توانم بگویم، همان گفتهٔ تردیدآمیز شاملوست... خود نه از امید رستم نی ز غم وین میان خوش دست‌وپایی می‌زنم. کتاب «سه گفت‌وگو» پس از هفت سال توقف در وزارت ارشاد و عوض‌کردن سه ناشر سرانجام در نشر قطره و در ۲۸۲ صفحه سال ۱۳۷۲ به چاپ رسید و با اقبال خوانندگان روبه‌رو شد و نظر منتقدان را جلب کرد و حاشیه‌هایی را هم ساخت. یکی از آن حاشیه‌ها اینکه من در آن گفت‌وگوی سال ۱۳۶۵ برای اولین‌بار احمد شاملو را شاعر ملی خطاب کردم. دوستان دیگری در سال ۱۳۷۰ وقتی او از سفر اروپا برگشت شاملو را شاعر ملی خطاب کردند و به خود می‌بالیدند که شاملو را شاعر ملی لقب داده‌اند. انگار که اعطای این لقب افتخاری است نه برای شاملو که برای آن‌ها تا مثلاً شاملو را وام‌دار خود کنند. غافل از اینکه همهٔ این لقب‌ها برمی‌گردد به عموم مردم که آیا آن را بپذیرند یا نپذیرند. ببینید من همیشه از حاشیه‌های منتج به ادبیات شفاهی لذت برده‌ام، اما هرگز از نزدیک با آن روبه‌رو و دمخور نشده‌ام. حتی دربارهٔ آثار خودم به نقدهای مثلاً منفی که گاه حق داشته‌اند و گاهی همراه کج‌فهمی واضح و آشکار منتقدان روزنامه‌ای بوده، پاسخ نداده‌ام، چه برسد به اینکه پافشاری کنم که مثلاً من برای اولین‌بار این لقب را به شاملو داده‌ام یا نه. خب من بی‌هیچ هیاهو و بزرگ‌نمایی‌ای در صفحهٔ ۴۰ آن سه گفت‌وگو در پاسخ یکی از سخنان شاملو گفتم: «... چرا باید نویسندگان، شاعران و ناشران غربی خواب‌نما شده باشند. این یک شکسته‌نفسی شرقی است که ما دچارش هستیم. آن‌ها باید جلوتر از این‌ها از شعر شاعر ملی ما باخبر می‌شدند...» به‌عبارت‌دیگر شاعرِ ملی‌بودن شاملو محل تردید من نبود که بخواهم روی آن تأکید کنم.

حالا متوجه شدم جنجال بر سر چه بوده است. شما لقب شاعر ملی را بزرگ نکرده‌اید و خوانندگان، حتی روزنامه‌نویسان حرفه‌ای هم آن را ندیده‌اند تا ببرند در صدر اخبار و توی چشم بیاورند. در همین خصوص کم نیستند کسانی که ایشان را با عنوان «شاعر بزرگ آزادی» مورد خطاب قرار داده و می‌دهند. در مورد بزرگان فرهنگ و ادب، بی‌آنکه بخواهم در مورد نظر شما یا نظر دیگران، چون و چرا کنم، به‌باور من مردم‌اند که این صلاحیت را به کمال دارند تا یکی را جهان‌پهلوان، دیگری را شاعر ملی و یکی را هم رهبر ملی بنامند و از این‌رو، ماندگاری‌شان را تضمین می‌کنند. آیا شما با من موافقید؟

کاملاً درست است، انگار که آن روزگار من هم آن را پذیرفته بودم و شاملو هم پیشاپیش چنین انتظاری داشته یا نداشته و مثلاً همان‌جا با من تعارف تکه‌پاره نکرده و من هم آن لقب را بدون تشریفات پس برو پیش بیا، در طبق زرین یا سیمین قرار نداده‌ام. به‌هر حال بگذارید دوباره به خود او پناه ببریم که در آن مصاحبه با من گفت: «...من اینجایی هستم! چراغم در این خانه می‌سوزد/ آبم در این کوزه ایاز می‌خورد/ و نانم در این سفره است/ و اینجا به من با زبان خودم سلام می‌کنند/...»

گویا دربارهٔ این متن ازدل‌برخاسته در مطبوعات داخل و خارج از کشور خیلی صحبت شد.

آقای مسعود خیام، در کتاب کاره سرباز در مونپارناس، انتشارات ابتکار نو ۱۳۸۲، [نقل به مفهوم] گفت ملت لقب شاعر ملی را در خصوص احمد شاملو پذیرفت، چرا که ایران عصر حاضر نیاز به یک شاعر ملی داشت و این بود راز و رمز همه‌گیرشدن لقب شاعر ملی. مصاحبهٔ محمد محمدعلیِ داستان‌نویس با احمد شاملوی شاعر در تاریخ ۱۳۶۵ انجام شده است. این همان مصاحبهٔ معروف چراغم در این خانه می‌سوزد است

که شاملوی روزمره را برای همیشه اسیر احمد شاملوی وطن‌پرست کرد. شاید شما ندانید که تاریخ ادبیات معاصر ما بابت این مصاحبه چگونه و چه میزان مدیون محمد محمدعلی است.

امروز که به گذشته نگاه می‌کنم، آیا این حس در من وجود ندارد که با طرح آن پرسش و دریافت آن پاسخ از سوی احمد شاملو، او را وادار ساخته‌ام در ایران بماند.

۸

سهراب سپهری

اکثر آثار سهراب سپهری:

هشت کتاب: «مرگ رنگ»، «زندگی خواب‌ها»، «آوار آفتاب»، «شرق اندوه»، «صدای پای آب»، «مسافر»، «حجم سبز»، «ما هیچ ما نگاه»

نگاهی گذرا به پذیرش سهراب سپهری (۱۳۵۹ - ۱۳۰۷)[۱]

۱

خانم‌ها و آقایان! خیلی خوشحالم در مجلسی حضور دارم که جمعی از نویسندگان و شعرا و هنرمندان و ادب‌دوستان، اقدام به برگزاری پاسداشت شاعری می‌کنند که شعرش، سال‌ها، نه از طرف جوانان بلکه از طرف اکثریت روشنفکران دینی و غیردینیِ چپ و راست با بی‌مهری روبه‌رو شد و حالا یکی از مطرح‌ترین شعرای معاصر است.[۲]

۲

سال ۱۳۴۷، هنگامی‌که محصل دبیرستان مروی بودم و دست کوچکی در مطبوعات داشتم، نام کانون نویسندگان ایران را طی مصاحبه‌ای از زبان نادر نادرپور، شاعر پرآوازهٔ آن روزگار، شنیدم. بلافاصله پرسیدم سهراب سپهریِ شاعر هم عضو کانون است؟ نادرپور گفت این دوست شاعر و نقاش من

۱- متن سخنرانی در تالار اینلت تیاتر ونکوور

۲- چاپ اول، مجلهٔ شهروند بی‌سی، به‌مناسبت تولد سهراب سپهری، ۴ نوامبر ۲۰۱۱، ۱۳ آبان ۱۳۹۰

دوروبر فعالیت‌های اجتماعی و مبارزه با سانسور نمی‌چرخد اما از آن طرف بام هم نیفتاده... بعد پرسید چرا یک‌باره یاد سهراب سپهری افتادی، جوان؟ جوان را طوری گفت که گویی می‌بایست می‌ترسیدم یا خجالت می‌کشیدم. گفتم همین دیروز یکی از اشعارش را از زبان شاگرد آهنگری همسن خودم شنیدم. باز هم تعجب کرد. البته تعجب هم داشت که جوان آهنگر بچه‌محل ما تمام شعر «صدای پای آب» را از بر می‌خواند: اهل کاشانم/ روزگارم بد نیست/ تکه نانی دارم/ خرده‌هوشی و سر سوزن ذوقی...

۳

سال‌ها بعد، حوالی ۱۳۶۵ - ۱۳۶۶، روی ترش احمد شاملو را هم نسبت به سهراب دیدم. در کلام خیلی‌های دیگر ازجمله منتقد معروف دکتر رضا براهنی هم دیدم. گویی هیچ‌کدام نمی‌خواستند پیام جهانی و صلح‌جویانهٔ نهفته در شعر سهراب سپهری را جدی بگیرند و به‌عنوان ایده‌ای فراجناحی بپذیرند. حتی روشنفکران و تولیدگران ادبی ایرانی تا جایی شعر و حتی حضور سهراب سپهری را در نقاشی نمی‌دیدند که وارد مسائل شخصی شده و او را بچه‌پول‌داری بی‌درد می‌نامیدند. البته او نیز با سکوت‌های طولانی و نقاشی‌های ایده‌آلیستی و اشعار عارفانهٔ چشمگیرش به این شائبه‌ها دامن می‌زد. او که گفت... شراب را بدهید/ شتاب باید کرد/ من از سیاحت در یک حماسه می‌آیم/ و مثل آب/ تمام قصهٔ سهراب و نوشدارو را روانم... تصورش را بکنید! چه کسی می‌تواند از فرط اندوه دنبال نوشیدنی سُکرآوری باشد برای فراموش‌کردن مرگ دلخراش جوانی به‌نام سهراب در شاهنامه.

۴

سرنوشت صادق هدایت (نویسندهٔ بوف کور) و سهراب سپهری (شاعر هشت

کتاب) به‌گونه‌ای شبیه هم است. عمق اندیشه و نوآوری‌های هر دو در زمان حیات کوتاهشان (هدایت ۴۸ سال و سپهری ۵۲ سال) از سوی اکثریت روشنفکران هم‌عصر خود درک نشد و لاجرم به مجامع دانشگاهی راه نیافت. آثار صادق هدایت به‌دلیل عدم آشنایی دانشگاهیان با جریان سیال ذهن و مبحث سوررئالیسم و تکنیک‌های جدید موزائیکی داستان‌نویسی، مورد توجه قرار نگرفت و آثار سهراب سپهری هم به‌دلیل احاطهٔ نگاه جزمی و سیاست‌های حزبی‌گرایانهٔ اغلب روشنفکران عصر خود مورد بی‌مهری واقع شد. حتی روشنفکران دینی دههٔ ۱۳۳۰ تا ۱۳۵۰، واژگانِ محراب، نیایش، تقرب، ایثار، معراج، سجاده و قبله و ده‌ها واژه و عبارت دیگر از جنس دین و مذهب و عرفان شرقی را در آثار او ندیدند یا به‌عمد ندیده گرفتند.

از سوی دیگر، روشنفکران غیردینی هم که از یک‌سو دل‌مشغول مبارزه با امپریالیسم آمریکا و از سوی دیگر جدال با استبداد محمدرضاشاهی بودند، ندیدند قالب خاموش اشعار او صدایی گویاست. ندیدند او می‌گوید... جغدها بر کنگره‌ها می‌خواندند/ و لاشخورها/ سنگین/ از هوا، فرود می‌آیند... یا نیست رنگی که بگوید با من/ اندکی صبر، سحر نزدیک است... یا... خانه را نقش فساد است به سقف/ سرنگون خواهد شد بر سر ما...

غیر از فروغ فرخزاد، آن یگانه شجاع، اندک بودند کسانی که ده‌ها واژه و عبارت از جنس اعتراض بر زمانه و روزگار خویش را در اشعار او ببینند. تا جایی که به صدا درآمد و گفت... یک نفر باید از این حضور شکیبا/ با سفره‌های تدریجی باغ چیزی بگوید/ یک نفر باید این حجم کم را بفهمد/ دست او را برای تپش‌های اطراف معنی کند/ و روی این صورت بی‌مخاطب بپاشد/ یک نفر باید این نقطهٔ محض را در مدار شعور بگرداند...

۵

حوالـی ۱۳۵۵ خـود شـاهد مصاحبهٔ هوشـمندانهٔ سـپهری با نـادر نادرپور در تلویزیـون ملـی ایران بـودم. البته نه به‌عنوان شـاعرِ هشـت کتاب، بلکه به‌عنـوان نقـاش و هنـوز نقاش! با وقـوع انقـلاب ۱۳۵۷ و جابه‌جایی خیلی از معیارها، این‌بار سـهرابِ زخم‌خورده رفت کاشـان و آماده شـد تا داوری دیگـری را بپذیـرد. نادرپـور هم رفـت پاریس و منتظر شـد ببینـد انقلابیون دربـارهٔ نـوع ریاسـتش در کمیتـهٔ شـعر و ادب رادیـو و تلویزیـون ملـی چه قضاوتـی می‌کنند.

سـهراب در سـال ۱۳۵۸ یـک بار آمـد کانون نویسـندگان، گوشـه‌ای تنها ایسـتاد بـه شـنیدن سـخنرانی اعضـا. همه بودنـد جز نـادر نادرپور کـه اولین سـخنگوی کانون نویسـندگان بود. سهراب پس از شـنیدن خاطرات من از آن جـوان آهنگر صد تومان حـق عضویت سـالانه را داد و همان‌طور که بی‌صدا آمـده بـود، بی‌صـدا از در رفـت بیـرون. گویـی رفـت تـا در شـبی ارتحالی، دسـتمالش از خوشـهٔ خام تدبیر پر شود و پشـت دیوار یک خواب سنگین، آن پرنـده که از انس ظلمت می‌آمد، دسـتمالش را پر کنـد و خونش میزبان رقیق فضا شـود و نبضـش در میان عناصر شـناور گردد.

۶

او که در سـال ۱۳۵۹ خاموش شد، تازه جمعی از روشنفکران دینی و عرفانی، و آقایـان وابسـتهٔ ارشـادی واژگان مأنـوس و مطلـوب خـود را در اشـعارش دیدند. پس از سبک‌وسـنگین‌کردن‌های سیاسـتمدارانهٔ بازاری‌مسـلک، اجازه دادنـد مـردم با نگاهی تـازه اشـعارش را بخوانند. اما هنوزاهنوز، روشـنفکران غیردینـی پیام‌هـای تنش‌زدایـی و رد یک‌سـونگری را در اشـعار او نمی‌دیدند.

۷

اکنون پس از ۴۳ سال مبارزهٔ کانون نویسندگان ایران در راه به‌ثمررساندن جنبش روشنفکری ایران و مبارزه با سانسور و دریافت این مفهوم که بازخوانی فرهنگ یکی از ضرورت‌های دوران ماست، این جلسه به‌همت انجمن هنر و ادبیات ونکوور برگزار می‌شود. به‌قول زنده‌نام محمد مختاری، بازخوانی فرهنگ همان تمرین انتقاد و مدارا با دیگری است که چه‌بسا صدایی باشد بین صداهای دیگر. بازخوانی دوبارهٔ سهراب سپهری به ما می‌آموزد همهٔ پندارها و گفتارها و روابط و شکل‌های نهادینه‌شده، اگر از دل این زندگی، جامعه و تاریخ و به‌طور کلی فرهنگ جهانی بیرون نیاید، نمی‌توان از بنیادهای خشک و عارضه‌های بازدارنده از استبداد شرقی فاصله گرفت.

* * * * *

در متن سخنرانی شما مشخص شد که سهراب سپهری یک بار به جلسهٔ عمومی کانون نویسندگان آمدند و حق عضویت سالانه هم پرداخت کردند... با توجه به اینکه ایشان عضو کانون نویسندگان نبودند، چه توجیهی می‌توان برای کار ایشان داشت؟ گو اینکه پرداخت عضویت سالانه از جانب زنده‌یاد سهراب سپهری یک نوع قدرشناسی بوده، این‌طور فکر نمی‌کنید؟

شاید خواسته عضو شود. شاید هم در حال‌وهوای دیگری بوده، هرچه بود هوشیارتر از آن بود که مثلاً مقابلش بایستی یا بپرسی چرا عضو کانون نمی‌شوی؟ آرام و آهسته و عمیق حرف می‌زد. همان‌گونه که در متن سخنرانی بالا به یکی چند نگاه اجتماعی و سیاسی‌اش اشاره کردم. نگاه اجتماعی‌اش را عارفانه بیان می‌کرد. شاید هم با شناخت دور و نزدیکی که

از او داریـم، دور از ذهـن نیسـت کـه مثـلاً خواسـته با این کارش یک خسـته نباشـید به دوسـتان کانونی‌اش گفته باشـد. به‌هر حال، او در نوع خود خاص و یگانـه بود. یـاد عزیزش مانا.

شـنیده‌ام خانم پری‌دخت سـپهری، خواهر ایشـان، دو سه کتاب دربارهٔ بـرادر نامـدارش نوشـته و تدویـن کرده‌انـد، شـما از ایـن موضـوع اطـلاع داریـد؟ آیـا آن کتاب‌هـا را دیده‌اید؟

بلـه، یکـی دو تا را دیـده‌ام. مرحـوم پری‌دخت سـپهری تا جایـی که یادم می‌آیـد کتـاب «سـهراب مـرغ مهاجـر»، «هرکجـا هسـتم باشـم»، و «جای پـای دوسـت» را دربارهٔ سـهراب نوشـت یا تدوین کرد و در شـناخت بیشـتر خوانندگان شـعر او بسـیار مؤثر بود. در کتاب «هنوز در سـفرم» مجموعه‌ای از نامه‌هـا و اشـعار منتشرنشـدهٔ سـهراب آمـده. ایـن کتـاب در سـال ۱۳۸۰ منتشـر شـد. خواندن متن نامه‌های سـهراب در درک نوع نگاه شـاعر به جهان پیرامونش مؤثر اسـت؛ آن روح پـاک و آن لطافت طبع حتی در میان جملات نثـر او نیـز بـه چشـم می‌آیند. نـگاه کنید بـه بخشـی از آن کتاب: «دنیـا پر از بدی اسـت و من شـقایق تماشـا می‌کنم. روی زمین میلیون‌ها گرسـنه است. کاش نبـود، ولـی وجود گرسـنگی شـقایق را شـدیدتر می‌کند و تماشـای من ابعـاد تـازه‌ای بـه خـود می‌گیـرد. پـدرم مـرد، نوشـتم: پاسـبان‌ها همه شـاعر بودنـد. حضـور فاجعـهٔ آنـی دنیـا را تلطیف کرده بـود. فاجعه آن طرف سـکه بـود وگرنه من می‌دانسـتم و می‌دانم که پاسـبان‌ها شـاعر نیسـتند. در تاریکی آن‌قـدر مانـده‌ام که از روشـنی حرف می‌زنم. من هزارها گرسـنه در خاک هند دیـده‌ام و هیچ‌وقـت از گرسـنگی حـرف نـزده‌ام. نـه هیچ‌وقت. ولـی هروقت رفته‌ام از گلی حرف بزنم دهانم گس شـده اسـت... گرسـنگی هندی سـبک دهانـم را عـوض کرده اسـت و من دیـن خـودم را ادا کرده‌ام.»

او در بخـش دیگـری از همیـن کتـاب می‌گویـد: «نمی‌دانـم تابسـتان چه

سالی به روستای ما (در کاشان) ملخ هجوم آورد. زیان‌ها رساند. من مأمور مبارزه با ملخ در یکی از آبادی‌ها شدم. راستش را بخواهید حتی برای کشتن یک ملخ هم نقشه نکشیدم. وقتی میان مزارع راه می‌رفتم سعی می‌کردم پا روی ملخ‌ها نگذارم. اگر محصول را می‌خوردند، پیدا بود گرسنه‌اند. منطق من ساده و هموار بود.» خوب که نگاه کنیم، این متن نمایشگر افکار سطحی نیست و این نثر همان پیام جهانی صلح‌طلبانهٔ سپهری است. واقعاً مگر من و ما آرزوی چه جهانی را داریم؟ اگر پس پشت این‌همه جنگ و جدال چشم‌انداز صلح نباشد، این جهان به یک ارزن نمی‌ارزد.

۹

احمد محمود

اکثر آثار احمد محمود:

«مـول»، «دریـا هنوز آرام اسـت»، «بیهودگی»، «زائـری زیر باران»، «غریبه‌هـا و پسـرک بومی »، «دیدار»، «قصهٔ آشـنا»، «همسـایه‌ها»، «داسـتان یـک شـهر»، «زمین سـوخته»، «مـدار صفردرجـه»، «آدم زنـده»، «درخت انجیـر معابد»، و...

به‌مناسبت یازدهمین سال خاموشی احمد محمود (۱۳۸۱ - ۱۳۱۰)[۱]

- **علاقهٔ احمد محمود به ثبت تاریخ شفاهی مردم کوچه و بازار جنوب ایران انکارناپذیر است.**
- **یکی از دلایل درخشندگی داستان‌های احمد محمود، تعدد و تنوع لحن و هماهنگی آن با شخصیت‌های داستانی است.**

اگر بخواهیم در یک جملهٔ فشرده دربارهٔ احمد اعطا یا احمد محمود بگوییم، این است که او واقع‌گرانویسی صادق بود، با عناصری از نبوغ. گاه گزارش‌گونه می‌نوشت و گاه به ادبیت ادبیات نزدیک می‌شد. صاحب نوعی از احساس قصه‌گویی بود که بسیاری از نویسندگان امروز ایران یا فاقد آن‌اند یا آن را نمی‌پسندند. نوعی احساس خالص‌بودگی که هر نویسندهٔ تثبیت‌شده‌ای به‌طور حسی یا غریزی آن را می‌شناسد و گاه با به‌کارگیری آن مشکل دارد.

۱- چاپ اول، مجلهٔ شهروند بی‌سی، شمارهٔ ۱۲۶۰، ۱۱ اکتبر ۲۰۱۳، ۱۹ مهر ۱۳۹۲

احمد محمود جزو نویسندگان شاخص ایرانی است که در آثارش به احساسات و عواطف اساسی بشری اهمیت می‌دهد. گاه سؤال‌برانگیز بوده است که چرا احساسات او فرم ادبی امروزی‌تر و به‌طور طبیعی پیچیده‌تری نیافته است. این پرسشی اساسی است که به‌کرّات از سوی برخی منتقدان مطرح شده است. احمد محمود گاهی ادراکات خود را با انبوهی از لغات منتقل می‌کند اما در این حجم‌گرایی دچار لغزش نمی‌شود، چراکه عمدتاً در جهت بازگویی حقیقتی انجام شده است. درنتیجه خوانندگانش بی‌واسطه تحت تأثیر لحن طبیعی شخصیت‌های داستانی‌اش قرار می‌گیرند و از آن لذت می‌برند.

احمد محمود بدون ریزه‌کاری‌ها و ریزبینی‌های بسیار عمیق و با بهره‌بری از تکنیک‌های شناخته‌شده، احساساتی را منتقل می‌کند که بسیاری از خوانندگان امروزی آن‌ها را با نویسندگان مرتبط قرن گذشته تجربه کرده‌اند. اما چیزی که احمد محمود را متمایز می‌کند و برمی‌کشد، همان احساس‌های بی‌واسطه‌ای است که در رمان‌هایش به‌وفور و به‌وضوح به چشم می‌خورد. او این روش را استادانه به کار می‌بست بدون اینکه در پی تسلط بیشتر به تکنیک‌های روایی جدید در هنر خویش باشد. احمد محمود در زندگی واقعی نیز هرگز ژست‌های روشنفکرانه به خود نگرفت. از مدهای هنری و حتی مجلات روشنفکری و شبه‌روشنفکری پیروی نکرد. در واقع هنرمندی خاکی و بسیار فروتن بود. من برای سادگی هنر او احترام فراوانی قائلم و معتقدم که ارزش آن بیشتر از آن چیزهایی است که گاه به‌عنوان «هنر متعالی» در رمان‌های مثلاً مدرن ایرانی مورد تحسین منتقدان قرار گرفته یا می‌گیرد.

احمد محمود، مورخ تاریخ آدمی

شاعران و نویسندگان و هنرمندان به‌نوعی مورخ زمانهٔ خودند. بسته به علاقه

و ذوق خود، طرف اسطوره‌ها و افسانه‌ها و جامعه‌شناسی و روان‌شناسی و... می‌روند و هر یک دریافت‌های خود را از احساس‌های صیقل‌خوردهٔ بشری در زمانهٔ خود بازگو می‌کنند. احمد محمود داستان‌نویسی است که به تاریخ و حوادث اجتماعی اقلیم خود اهمیت خاصی می‌دهد. گرچه او رمان تاریخی با شخصیت‌های برجستهٔ تاریخی ننوشت، اما به‌گواهی آثارش، او مورخ تاریخ شفاهی (غیررسمی) نیم‌قرن اخیر (خاصه در جنوب) ایران است. او، هم روی اوضاع و احوال محیطی و فرهنگی و اجتماعی کارگران صنعت نفت جنوب تمرکز داشت و هم به مسائل اجتماعی فرودستان با دیدی انتقادی می‌پرداخت و همواره به کشمکش‌های درونی و بیرونی افکار نیروهای ظالم و مظلوم در جامعه توجه نشان می‌داد. نگاهی اجمالی به مضمون و محتوای داستان‌های احمد محمود بیانگر علاقهٔ او به ثبت تاریخ شفاهی و سرگذشت مردمان کوچه و بازار سرزمین آبا و اجدادی‌اش در خطهٔ جنوب ایران کاملاً مشهود است. نگاه کنید به:

- مجموعه‌داستان مول (۱۳۳۸)، هرچند موفقیتی را نصیب او نکرد، اما سمت و سوی پسند او نسبت به زندگی محرومان و مطرودان جنوب کشور را نشان می‌دهد.
- دو مجموعه‌داستان دریا هنوز آرام است (۱۳۳۹) و بیهودگی (۱۳۴۱)، هرچند آمیخته به نگاه صادق هدایت و صادق چوبک و بدبینی رایج در دورهٔ پس از کودتای ۲۸ مرداد ۱۳۳۲ نوشته شده، اما کماکان حاوی نگاه خاص روایتگری او به حوادث و مردم جنوب کشور است.
- مجموعه‌داستان زائری زیر باران (۱۳۴۷)، از منظری تازه به توصیف فضای طبیعی و اجتماعی جنوب ایران و عمق رنج مردم آن منطقه می‌پردازد.
- مجموعه‌داستان غریبه و پسرک بومی (۱۳۵۰)، با استفاده از امکان ادبی نهفته در نحوهٔ روایت کودکانه، احمد محمود را قادر می‌سازد کشف نفت و

ورود خارجی‌ها و گسترش مونتاژ در صنعت کشور را به‌خوبی نشان دهد.

- رمان همسایه‌ها (۱۳۵۳)، مراحل رشد و آگاهی جسمی و روحی نوجوانی به‌نام خالد را طی سال‌های ملی‌شدن صنعت نفت ایران (۲۹ - ۱۳۲۸) و دیگر فعالیت‌های حزبی در آن دهه را بازآفرینی می‌کند. در این رمان شخصیت‌پردازی استادانه، دقت در ریزه‌کاری‌های داستان، مطابقت گفتارها با هویت گویندگان، احتراز از درازگویی و سرانجام دل‌مشغولی دائمی با سیاست و زندان و شکنجه و مسائل پیرامون ساواک و ساواکی‌ها با توصیفی دقیق و مبتنی بر تجربهٔ شخصی نویسنده صورت می‌گیرد.

- رمان داستان یک شهر (۱۳۶۰)، قادر می‌شود حوادث و پیامدهای کودتای سال ۱۳۳۲ را در شهرهای تهران و بندر لنگه به تصویر بکشد و بیانگر شکست سیاسی و روحی-روانی یک نسل بشود. این رمان را می‌توان در ادامهٔ رمان خوب همسایه‌ها به شمار آورد.

- رمان زمین سوخته (۱۳۶۱)، از نخستین داستان‌ها دربارهٔ جنگ ایران و عراق تلقی می‌شود و خود از جهت توصیف فضای دو سال نخست جنگ بیشتر ارزش تاریخی دارد تا ادبی.

- مجموعه‌داستان دیدار (۱۳۶۸)، در مجموع پیرامون تحول شخصیت‌هایی است که واخوردگی و رخوت را از وجود خود دور می‌کنند و طی تلاشی رنج‌بار به آگاهی تازه‌ای می‌رسند. داستان «دیدار» این مجموعه از اندوه پیرزنی سخن می‌گوید که در برهوت پس از جنگ هیچ دوست و آشنا و خویشاوندی نمی‌یابد تا با او هم‌صحبت شود.

- مجموعهٔ قصهٔ آشنا (۱۳۷۰)، جنوبِ آسیب‌دیده بر اثر جنگ را به‌خوبی توصیف می‌کند و به کشمکش‌های درونی انسان‌های سرگشته‌ای می‌پردازد که می‌کوشند با حفظ غرور هرچند زخم‌خورده، خود اسیر مقتضیات زمانهٔ خود نشوند. محور داستان‌های این مجموعه نیز اغلب حول ویرانی

و مرگ می‌گردد و نگاهی جست‌وجوگرانه دارد به وضع آوارگانی که پس از پایان جنگ به موطن خود (جنوب کشور) بازمی‌گردند.

- رمان مدار صفر درجه (۱۳۷۲)، چگونگی درگیرشدن اعضای یک خانواده در ماجراهای سیاسی و رخدادهای سال‌های منتهی به ۱۳۵۷ را نشان می‌دهد.

- رمان آدم زنده (۱۳۷۶)، داستانی است دربارهٔ وضعیت مردم عراق در دوران جنگ با ایران که به‌صورت ترجمه از عربی ارائه شده است که بعدها کاشف به عمل آمد که نویسندهٔ آن احمد محمود است.

- رمان درخت انجیر معابد (۱۳۷۹)، با تمثیلی‌کردن ماجرایی واقعی به توصیف سرگشتگی جامعه‌ای می‌پردازد که با وجود کسب جلوه‌های نوگرایی در اصل و بنیاد متحول نشده است. درخت انجیر معابد شاید از نظر احمد محمود پاسخی باشد به آن دسته از خوانندگان نوگرا و مدرن که در آثار او دنبال شگردهای فرمی و طرح مسائل درونی آدم‌ها می‌گشتند و دنبال ادبیت ادبیات بودند.

با نگاهی اجمالی به مضامینی که احمد محمود طی چهل و سه سال نویسندگی به آن پرداخته است، این حقیقت آشکار می‌شود که عمده دغدغهٔ او طرح مسائل معیشتی، اجتماعی و سیاسی و بیان فقر فرهنگی و اقتصادی منطقهٔ جنوب کشور است و به طرح دیگر مضامین مطرح در جهان ادبیات داستانی علاقهٔ وافر نشان نداده است.

احمد محمود، صاحب لحنی تکنیکی

بخشی از شخصیت هر گوینده‌ای از خلال گفتارش آشکار می‌شود. شیوهٔ صحبت‌کردن هر فرد از تفکر، پیشینهٔ خانوادگی و تربیتی و قرارگرفتن در موقعیت‌های گوناگون و بسیاری موارد دیگر تأثیر می‌پذیرد. نویسنده با آگاهی

به این عوامل تأثیرگذار می‌تواند گفت‌وگوهایی متناسب ارائه دهد که بخشی از آن مربوط می‌شود به لحنی که برای شخصیت‌هایش انتخاب می‌کند.

لحن، شیوهٔ پرداخت نویسنده نسبت به اثر است، طوری‌که خواننده آن را حدس بزند و با پسند خود هماهنگ کند. لحن در شرایط عادی با شخصیت داستان ارتباط مستقیم دارد و به آن گره می‌خورد. لحن، فردیت داستان را می‌آفریند. مصداق بارز و دمِ‌دستی این امر را در به‌کارگیری سه واژهٔ مشهور بفرما، بنشین و بتمرگ از زبان شخصیت‌ها می‌توان به‌وضوح دید. هریک از این واژه‌ها بسته به شخصیت داستان در جای خود به کار می‌روند و خصوصیات درونی و حتی بیرونی شخصیت را در ذهن خواننده تصویر می‌کنند. اگر لحن داستان تحقیرآمیز یا طنزآمیز باشد، خواننده حتماً شخصیت را قابل‌تحقیر یا خنده‌دار یا احساساتی خواهد دید.

لحن به طرز برخورد نویسنده با خواننده و نیز شخصیت‌ها تسری می‌یابد که می‌تواند رسمی، صمیمی، خودپسندانه و... باشد. به‌عنوان مثال، در بخشی از داستان «پسرک بومی» لحنی که احمد محمود به‌کار برده، لحنی صمیمی است و خواننده را نیز به دنیای کودکانهٔ «سوری» و «شهرو» و «بنی» نزدیک می‌کند.

شهرو: «اصلاً دلم قرار نمی‌گیره.»

سوری: «چرا؟»

شهرو: «برا بنی»

سوری: «می‌دونم خیلی دوستش داری، اما چه فایده شهرو... اون که نمیاد زن تو بشه.»

شهرو: «زنم بشه؟»

سوری: «آره دیگه.»

شهرو: «خنگ خدا مگه تو نمی‌فهمی؟»

سوری: «چی رو نمی‌فهمم؟»

شهرو: «من فقط دوستش دارم. می‌خوام باهاش حرف بزنم. دلم می‌خواد نگاهش کنم، برام بخنده، دستش رو تکون بده... نمی‌خوام که زنم بشه.»

سوری: «آخه اینا که فایده نداره، آدم اگه کسی رو دوست داشته باشه، باید بغلش کنه، ببوسدش و بعد هم آره دیگه... »

گفت‌وگوی کودکانه ادامه می‌یابد و دو پسربچه در حال پیاده‌روی به میدان شهر می‌رسند و شاهد یک سخنرانی در اعتصاب یا تجمع کارگران معترض صنعت نفت می‌شوند. در اینجا لحن نویسنده لحنی رسمی و تا حدی خشن می‌شود.

«و صدای آرزو بود که سنگین و پرهیبت از بلندگو بیرون می‌زد: «دوستان!» و غریو و هلهله بود و کف‌زدن بود: «دوستان، اهمیت ما و پیروزی ما در همبستگی خلل‌ناپذیر ماست. قشرهای فشردهٔ ما به‌مثابهٔ تضمین بلاتردید موفقیت ما در پیشبرد هدف‌های اجتماعی و سیاسی است... » حالا آسمان پاک بود و درخشندگی داشت و مه صبحگاهی پس رانده شده بود و خورشید می‌تاخت و جابه‌جا رنگ نارنجی شعلهٔ دهانهٔ بی‌لرها با آبی آسمان درهم بود.»

احمد محمود چون به لحن شخصیت‌ها اهمیت می‌داد، متن داستان‌هایش با گفت‌وگوها هماهنگ بود. در داستان «وقتی تنها هستم» می‌خوانیم «... وقتی که بیچاره شده بودم و قراضه‌ام راه نیفتاده بود، فکر کرده بودم که هرطور هست خودم را به شهر برسانم. این بود که به قهوه‌چی گفته بودم می‌دونی برادر، من سر در نمیارم، این ابوطیاره وقتی که زوارش در رفت، دیگه رفته... من می‌رم شهر میکانیکی کسی می‌فرستم تا راش بندازه.»

در آثار احمد محمود، هیچ‌یک از شخصیت‌ها در کاربرد لغات و اصطلاحات، لحن ادای کلمات، تکیه‌کلام‌ها و به‌طور کلی روش‌های

گفتـار، یکسـان عمل نمی‌کنند. هر فردی در صحبت‌کردن شـیوهٔ خاص خود را دارد. همین دقت نظر و شـناخت اسـت که او را از دیگران متمایز می‌سازد. گروه‌هـا و طبقـات مختلف اجتماع هرکدام شـیوهٔ بیان و لحـن خاص خود را دارنـد. خواننـده از یک دانشـمند انتظار نـدارد که از تکیه‌کلام‌هـای لوطی‌ها اسـتفاده کند یـا اینکه فردی بی‌سـواد نظریه‌های فیلسـوفان را با کلامی جدی مـورد نقـد و بررسـی قـرار دهـد. هماهنگی لحـن و شـخصیت و تیپ باعث می‌شـود که شـخصیت‌های داسـتان احمـد محمـود در نظر خواننـده واقعی و ملمـوس جلـوه کنند، امـا گاهی نویسـنده برای ایجـاد طنز در داسـتان این هماهنگـی را رعایـت نمی‌کنـد و مثـلاً برای یک کـودک لحنی دانشـمندانه و زبانی مغلـق و فیلسـوفانه را برمی‌گزیند.

یکی از نکات قابل‌توجه در گفتار، اسـتفاده از تکیه‌کلام اسـت که چندان بی‌ارتبـاط بـا لحن نیسـت. در زندگـی واقعی نیز بـه افـرادی برمی‌خوریم که یـک کلمـه یا عبـارت کوتـاه را بارها در گفتارشـان تکـرار می‌کننـد. در رمان «مـدار صفر درجـه» تکیه‌کلام بلقیس عبارت «وی بسـم‌الله» اسـت.

بلقیس: «ئی چیه؟»

نوذر: «استشهاد - شکایت»

بلقیس زد به‌گونه‌اش: «وی بسم‌الله»

نوذر: «برزو که گرمک با کله‌پاچه نمی‌خوره. همبرگر، ساندیس... »

بلقیس: «وی بسم‌الله»

قطعـاً تکیه‌کلام‌هـای مورداسـتفادهٔ اشـخاص یکسـان نیسـتند. به‌عنـوان مثـال، در یـک طبقـهٔ خـاص اجتماعـی، تکیه‌کلام‌هایـیماننـد «اوا، خـاک عالـم»، «خـدا مرگم بده» و... اغلـب خاص زنان و عباراتـی نظیر «چاکرتیم بـه مـولا»، «خیلی مخلصیم»، «دسـت حق نگهدارت» و... اغلب از سـوی مـردان اسـتفاده می‌شـود. گـو که ایـن اواخـر به‌خصـوص بین خانم‌هـا (چه

به‌طنز و چه به‌جد) با استفاده از برخی گفتارهای مردانه (زبان مخفی کوچه و بازار) مرز میان گفتار زنان و مردان تا حدودی مخدوش و چه‌بسا به هم نزدیک شده است.

یکی از دلایل درخشندگی داستان‌های احمد محمود، تعدد و تنوع لحن‌ها و هماهنگی آن‌ها با شخصیت‌های داستان است. نگاه کنید به بخشی از رمان «همسایه‌ها» و گفت‌وگوی بین خالد و ابراهیم نوجوان دربارهٔ اصطلاح «استعمارگر خونخوار». لحن و واژگان به‌کارگرفته‌شده، کاملاً با شخصیت‌های داستان هماهنگ انتخاب شده‌اند.

ابراهیم: «مثلاً من نمی‌دانم این استعمارگر خونخوار، چه‌جور جانوری است که فقط خون می‌خورد و اشتهاش هم سیری‌ناپذیر است. لابد بی‌جهت [نام] استعمارگر خونخوار روش نگذاشته‌اند. باید دلیلی داشته باشد.»

خالد: «تا نباشد چیزکی مردم نگویند چیزها. از این جانور بفهمی نفهمی چیزکی دستگیرم می‌شود؛ مثلاً فهمیده‌ام که گاهی به‌جای خون، نفت هم می‌خورد و برای همین است که بعضی جاها تو کاغذها، به‌جای خونخوار، نفت‌خوار هم نوشته‌اند.»

ابراهیم: «نفت بخوره که بهتره تا خون بخوره.»

که البته با بلوغ فکری و جسمی خالد، لحن او نیز تکامل می‌یابد و سیر طبیعی خود را دنبال می‌کند و این از دقت و تیزبینی و ذوق احمد محمود ناشی می‌شود. هرچند این ویژگی صرفاً از آنِ احمد محمود نیست، اما خیلی از نویسندگان هم‌دورهٔ او فاقد چنین ذوق و دقتی‌اند و حتی می‌توان گفت اغلب آنانی که از فضاهای روشنفکری نوشته‌اند، به لحن شخصیت‌های خود بی‌توجه بوده‌اند و رمان‌ها و داستان‌های کوتاه چندشخصیتی اما تک‌صدایی نوشته‌اند. چه‌بسا بتوان گفت احمد محمود یکی از رمان‌نویسان چندصدایی بوده است گو که رمان چندصدایی فقط

در لحاظ‌کردن لحن در متن گفت‌وگوها مصداق نمی‌یابد.

در پایان گفتنی است احمد محمود نویسنده‌ای با گرایش به واقع‌گرایی یا رئالیسم اجتماعی است که صمیمانه از امور جاری مردم می‌نوشت و خوانندگان از همهٔ قشرها آثار او را همواره می‌خواندند و محافل هنری نیز قدرش را می‌دانستند.

* * * * *

من هم بر این باورم که زنده‌یاد احمد محمود جزو نویسندگان بزرگ ایرانی است و همان‌طور که گفتید آثار او در واقع به‌گونه‌ای بخشی از تاریخ شفاهی ما نیز است. آیا ایشان هم در زمان حیاتشان جزو مغضوبین بودند، یا به‌گونه‌ای با او کج‌دار و مریز رفتار می‌شد؟

احمد محمود به‌دلیل فعال‌نبودن در مسائل اجتماعی ازجمله عدم حضور در جلسات مشورتی کانون نویسندگان وضعیت خاصی داشت، اما به‌هر رو در سال ۱۳۷۲ برندهٔ نخست «قلم زرین» جایزهٔ ادبی مجلهٔ گردون شد. در سال ۱۳۷۷ جزو تقدیرشدگان جایزهٔ بیست سال داستان‌نویسی ایران بود که متأسفانه گویا با مخالفت آیت‌الله خامنه‌ای روبه‌رو شد. در سال ۱۳۷۹ به‌خاطر رمان «درخت انجیر معابد» برندهٔ جایزهٔ ادبی بنیاد گلشیری و در سال ۱۳۸۰ برندهٔ جایزهٔ مهرگان ادب شد. تاکنون رمان همسایه‌های او به دو زبان روسی و آلمانی ترجمه شده است گرچه در ایرانِ کنونی اجازهٔ انتشار ندارد.

اصولاً آیا شما جزو منتقدان سبک و سیاق داستان‌نویسی ایشانید یا که هم‌رأی و هم‌نظر او؟

من بارها دربارهٔ احمد محمود نوشته‌ام و در کارگاه داستان‌نویسی ونکوور دو سه داستان کوتاهش را خوانده و به بحث نشسته‌ایم. در کتابی

که اسمش حالا یادم نیست و حبیب باوی ساجد، فیلمساز جنوبی، تهیه و تدوینش کرده بود، من هم یادداشتی نوشتم. در فیلمی هم که کارگردانی کرده بود، به‌صورت شفاهی دربارهٔ احمد محمود صحبت کردم. یادم است آنجا گفتم که: «در سال ۱۳۴۷ با آثار احمد محمود آشنا شدم. «زائری زیر باران» که برای منِ دبیرستانی شوق‌برانگیز بود. رفتم تا بقیهٔ آثار و مصاحبه‌هایش را در مطبوعات پیدا کنم. دست خالی برگشتم. چند ماه گذشت تا اینکه با نادر نادرپورِ شاعر آشنا شدم و از او خواستم که کمکم کند احمد محمود را ببینم. گفت که محمود آدم گوشه‌گیری است و مشغول به کار خودش. خودش را مثال زد و گفت محمود مثل من جلو دست نیست. تا اینکه در سال ۱۳۵۴ که رمان «همسایه‌ها» را خواندم. همسایه‌ها برای من شگفت‌آور بود. آن موقع تازه کتاب خودم «درهٔ هندآباد گرگ داره» منتشر شده بود. در قضاوتی بی‌طرفانه وقتی نخستین آثار محمود را با کار خودم مقایسه کردم، اندکی بیش از اندکی کم آوردم. در همان زمان با یکی از ویراستاران انتشارات امیرکبیر آشنا شدم که دربارهٔ کتابم در روزنامهٔ اطلاعات نقدی نوشته بود. گفت «همسایه‌ها» از سوی چند ویراستار خوب ویرایش شده. آن موقع نویسندگان ایرانی با حرفه و شغل ویراستاری میانهٔ خوشی نداشتند. حتی برخی‌شان ویراستاری را قبیح می‌دانستند و اکثراً آثارشان را به دیگران نشان نمی‌دادند. آن زمان نتیجه گرفتم، نویسنده‌ای مثل محمود چه سعهٔ صدر بالایی داشته که اجازه داده کارش را ویرایش کنند. البته مؤسسهٔ امیرکبیر از معتبرترین مؤسسات انتشاراتی ایرانی بود و محمود این را پذیرفته بود. از نظر من ویراستاری شغل خوبی است که هنوز در ایران جا نیفتاده و شاید محمود جزو اولین نویسندگانی بود که اثرش را به‌دست ویراستار داد. می‌دانستم که همسایه‌ها اثری برجسته است و از نظر زبان هماهنگ است با آنچه که اثر هنری

نامیده می‌شود. سال‌ها این مسئله را تعقیب کردم و هیچ‌کس را نشناختم مثل محمود در این خصوص مدرن فکر کند. شاید برخی حرف مرا نوعی نقد منفی برای احمد محمود تلقی کنند، درحالی‌که این‌طور نیست؛ من از شغلی تعریف‌شده نزد ناشران حرفه‌ای جهانی حرف می‌زنم. برای من صحبت‌کردن پیرامون آثار محمود در شاید ۳۰ سال پیش و کشف این رمز و راز جذاب بود، هرچند ممکن است به‌باور برخی حتی شایعه باشد.

سال ۱۳۵۷ با چاپ کتاب دومم «از ما بهتران» عضو کانون نویسندگان شدم و محمود را در کانون دیدم. شخصی گزیده‌گو که فقط به داستان فکر می‌کرد. کم داریم نویسندگانی که در زندگی خصوصی و عمومی خودشان از هرطرف می‌چرخند، در احاطهٔ داستان خودشان باشند. محمود غرق در داستان بود و فقط از آن طریق از مردم پشتیبانی می‌کرد. دوستان مشترک فراوانی داشتیم اما طوری نبود که مثل برخی دوستان هر هفته یا هر ماه بیاید کانون و همدیگر را ببینیم. او سال‌ها افسر ارتش بود و پس از بارها به‌زندان‌افتادن، سال ۱۳۵۷ خود را بازخرید کرد. بعد از آن هم زندگی‌اش را تنها از راه فروش کتاب‌هایش سپری کرد. او برای خود جهان مستقلی ساخت که شایستهٔ زندگی هنرمندی خودساخته بود.»

اگر در پاسخ پرسش شما برگردم به بحث مورخ‌بودن داستان‌نویسان، می‌توان گفت داستان‌نویسان مورخانی‌اند که به سه دسته تقسیم می‌شوند. دستهٔ اول مورخانی که از گذشته می‌نویسند مثل تولستوی در جنگ و صلح که از بحث ما خارج‌اند. دستهٔ دوم نویسندگانی که تاریخ آینده را می‌نویسند مانند «ژول ورن» و «آرتور کسلر» و سوم داستان‌نویسانی که از حال می‌نویسند، مثل احمد محمود و اکثر نویسندگان جهان که هریک بنا به سلیقهٔ خود بخشی از تاریخ احساسی یا اجتماعی و مناسبات گوناگون مردم را می‌نویسند.

احمد محمود تاریخ ناگفتهٔ جنوب کشور را ساخت. وقایعی که او در آثارش آورده چه اتفاق افتاده یا نیفتاده باشد، ما باور کردیم که در خوزستان این وقایع محتمل‌اند و مردم به او اعتماد دارند و قولش را می‌پذیرند. به‌قول گونتر گراس، نویسندهٔ نوبلیست آلمانی، «... یکی از کارکردهای ادبیات بزرگ، گزارش هنرمندانه و ثبت تاریخ آدمی است.» این را هم بگوییم که او با وسایل ارتباط جمعی، ازجمله روزنامه‌ها و مجله‌ها مصاحبه نمی‌کرد. شنیدم حتی وقتی در ارتش بود و در حزب توده فعالیت می‌کرد و حتی در زندان هم گوشه‌گیر بود و خود را به نوشتن مشغول می‌کرد. من شخصیت مستقل او را خیلی دوست داشتم. او تنها نویسنده‌ای بود که من به‌بهانهٔ سال‌مرگش در یک انجمن ادبی سخنرانی کردم و بخشی از حرف‌هایی که اینجا با شما در میان گذاشتم، آنجا هم گفتم. رضا جولاییِ داستان‌نویس هم در آن مراسم حضور داشت و او نیز دربارهٔ آثار احمد محمود صحبت کرد. یادش گرامی. و نکتهٔ آخر اینکه سیگار هرگز از دستش نمی‌افتاد. طوری که دوستان مشترک می‌گفتند حتی پیش از خاموشی یعنی ۱۲ مهر ۱۳۸۱، دور از چشم پرستارها سیگار می‌کشید.

۱۰

فروغ فرخزاد

اکثر آثار فروغ فرخزاد:

مجموعه‌اشعار: «اسیر»، «دیوار»، «عصیان»، «تولدی دیگر»، «ایمان بیاوریم به آغاز فصل سرد»

فروغ کیست و فروغ چیست؟ (۱۳۴۵ - ۱۳۱۳)[۱]

فـروغ جهانـی اسـت بـا پنج قـارهٔ درونـی و بیرونـی و آن پنـج قاره عبارت‌انـد از:[۲]

قـارهٔ تاریـخ، قـارهٔ نوعیـت، قـارهٔ روح و روان، قـارهٔ اسـطوره و قارهٔ قومیـت و ملیت

قارهٔ تاریخ:

حامـل پرسـش‌های ویـژهٔ دوره‌هـای تاریخـی اسـت که انسـان در آن بـه دنیا می‌آیـد، عشـق می‌ورزد و می‌بالد و سـرانجام، نه به‌معنای ازپیش‌تعیین‌شـده، می‌میـرد. ایـن قـاره در تاریخـی معین ناظـر به زمـان وقوع یک حادثه اسـت نسـبت بـه خاسـتگاه معیـن برحسـب روز و مـاه و سـال، شـامل مشـاهدهٔ جدال‌های طبقاتی، تشـکیل نهادهای سیاسـی حاکم و محکوم، وضع قوانین خـوب و بـد موفقیت‌ها و شکسـت‌ها و...

۱- چاپ اول، مجلهٔ شهروند بی‌سی، ۶ دسامبر ۲۰۱۳، ۱۵ آذر ۱۳۹۲

۲- سخنرانی به‌مناسبت بزرگداشت فروغ فرخزاد، سالن اینلت تیاتر، پورت مودی (ونکوور بزرگ)

قارۀ نوعیت:

حامل پرسش‌های جاری در روان تاریخ، در ارتباط با صفات جهان‌شمول انسان است و تعبیرهایی از نوع زندگی و مرگ، چگونه زیستن در جهان زنان و مردان و تفکیک جنسیت‌های یکسان انسان‌ها ازجمله نوع‌پرستی و صفات نوع‌پروری یا بروز صفات ضدبشری و...

قارۀ روح و روان:

حامل پرسش‌هایی دربارۀ قوای ذهنی معطوف به هوش، حافظه و عاطفه و استعداد و کیفیت رفتار هر شخص و رویارویی با آن خود پنهان در خود با نخستین دیگری، چون پدر و مادر و جهان ناخودآگاه، تابوها، غریزه‌ها، سانسورهای آشکار و پنهان دلبخواه و به‌اجبار که اغلب کم و بیش دچارش هستیم...

قارۀ اسطوره:

حامل پرسش‌هایی از مبدأ و مقصد انسان، باورداشت قصه‌ها و افسانه‌ها و روایاتی از دوران باستان، و وقایع قدسی، همچنین آرزوهای شخصی و قومی و ترس‌ها، انسان‌های نوعی و نمادین، تصاویر بهشتی و دوزخی و چگونه‌دیدن نحوۀ عمل خدایان و...

قارۀ قومیت و ملیت:

حامل بیان اشتراکات گروهی از مردم در تاریخ یک حوزۀ جغرافیایی، زبان و آداب و رسومی که مایۀ پیوندها و اتحادهای مردم می‌شود و میراث‌های فرهنگی‌ای که انسان در خودآگاه و ناخودآگاه خویش به‌دلیل تولد و رشد در سرزمینی معین و شهری مشخص، با خود حمل می‌کند و...

فروغ در قارهٔ تاریخ یک جفادیدهٔ جفاپیشه است

فروغ در این قاره (متولد ۱۳۱۳)، در اوج گفتمان «مدرن» و آمرانهٔ رضاشاهی و یک سال پیش از کشف حجاب ۱۳۱۴ رضاشاهی به دنیا می‌آید. هنگام تبعید رضاشاه از کشور (۱۳۲۰) به دبستان می‌رود. پس از آن در دبیرستان دربارهٔ گفتمان عصر روشنگری، همچنین جنبش مشروطه‌خواهی مطالبی می‌خواند و می‌شنود. در دورهٔ کشمکش‌های محمدرضاشاه و دکتر محمد مصدق، نخست‌وزیر، و دیگر نقش‌آفرینان عرصهٔ سیاست از دور شاهد جدال‌های سیاسی حزب توده و جبههٔ ملی و دیگر احزاب چپ و راست می‌شود. به‌گفتهٔ خود او... پدرش، سرهنگ فرخزاد، مردی مستبد است که به شعر و موسیقی بی‌علاقه نیست، و این تضاد در ذهن او نطفهٔ یک پرسش اساسی را به جا می‌گذارد. اما هنوز پاسخی برای آن نمی‌یابد. فروغ حوالی ملی‌شدن صنعت نفت (۱۳۲۹) در ۱۶ سالگی با پرویز شاپور، نویسنده و طنزپرداز، ازدواج می‌کند. پس از سه چهار سال زندگی مشترک پاسخ خود را می‌یابد و بعد به‌بهانهٔ سرودن اصطلاحاً اشعار بی‌پروای عاشقانه در مجموعه‌های «اسیر» و «دیوار» و زندگی شاعرانهٔ پرمشغله طلاق داده می‌شود و طبق قوانین از نگهداری تنها فرزندش (کامیار) محروم می‌شود. او در سال ۱۳۳۶ پس از انتشار مجموعه‌شعر «عصیان» در ۲۳ سالگی بر سر زبان‌ها می‌افتد، اما این شهرت همراه محبوبیت نیست. در پی آشنایی با ابراهیم گلستان (۱۳۳۷)، داستان‌نویس و فیلمساز مشهور، به سینما علاقه‌مند می‌شود و پس از سفر به انگلستان (۱۳۳۸) در فیلم مستند «خواستگاری» به تهیه‌کنندگی مؤسسهٔ فیلم کانادا، بازی می‌کند. از دیگر فعالیت‌های سینمایی فروغ در تاریخ‌های معین می‌گذرم و در یک کلام می‌گویم او در قارهٔ تاریخ به‌رغم رضامندی از همدلی و همکاری با ابراهیم گلستان و با وجود تمام موفقیت‌ها یک سرخورده از مناسبات

پوسیدهٔ عصر خویش است. در آن روزگار با تکیه بر شهرت نسبی، به هر کجا میلش می‌کشد، می‌رود. جمعی از وابستگان فکری به سنت و تحجر او را به چشم یک هرزه‌نویس و حتی هرزه‌گرد نگاه می‌کنند. پس از وقایع ۱۵ خرداد ۱۳۴۲ مدتی به سفر خارج می‌رود و پس از دیدار از چند کشور اروپایی با نگاهی روشن‌تر از پیش به ایران بازمی‌گردد.

فروغ در قارهٔ نوعیت یک ستارهٔ درخشان است

در یکی از اشعارش می‌گوید... شانه‌های تو/ قبله‌گاه دیدگان پُرنیاز من/ شانه‌های تو/ مهر سنگی نماز من... فروغ پیش از آنکه زنی باشد جانب‌دار حقوق زنان، انسان‌دوستی است با آرزوی آزادی زنان و تساوی حقوق آنان با مردان. در مصاحبه‌ای می‌گوید: «... من به رنج‌هایی که خواهرانم در این مملکت در اثر بی‌عدالتی مردان می‌برند، کاملاً واقفم و نیمی از هنرم را برای تجسم دردها و آلام آنان به کار می‌برم. آرزوی من ایجاد محیطی مساعد برای فعالیت‌های علمی و هنری و اجتماعی زنان است...»

در قارهٔ نوعیت، انسان‌دوستی و نوع‌پرستی او تا جایی است که در سال ۱۳۴۱ به آسایشگاه جذامیان باباباغی تبریز می‌رود و فیلمی مستند از زندگی فلاکت‌بار آنان می‌سازد و پسری (حسین منصوری) را به فرزندخواندگی می‌پذیرد و تا زنده است او را تحت حمایت مادی و معنوی خود می‌گیرد. در قارهٔ نوعیت، فروغ در پی فردیتی است که قادرش می‌سازد از خرد خویش به‌عنوان یک زن روایت تازه‌ای بدهد. فروغ زنی شهرنشین است و به دنیای نو و عصر تجدد تعلق دارد. بی‌آنکه ادعا کند یک مبارز سیاسی و آزادی‌خواه و برابری‌طلب از نوع فمینیستی است، بی‌هیچ شعاری و فقط با اشعارش چنان خشم هم‌نوعان مردسالار و زنان وابسته به سنت مردسالاری عصر خویش را برمی‌انگیزد که هنوزاهنوز نوع تفکر ساختارشکنانه و حاکمیت بر

جسم خویش در فرهنگ ایرانی یک تابوست. ستاره‌ای درخشان و بی‌بدیل است در طرح توازن بالاتنه و پایین‌تنهٔ انسانی. فروغ این بار سنگین را در شناخت تن و در شعر عاشقانهٔ ایران بر دوش می‌کشد. شعر او شعر دفاع از جسم و جان است. احترام به جسم و ستایش تن را او آبرو می‌بخشد. حرکت فروغ در این زمینه، خلاف ذهن بیمار جامعه و اخلاق حاکم حتی در عصر محمدرضاشاهِ متجددمآب بسیار نو و از گونه‌ای دیگر است. از نظر او بیان ادیبانهٔ فعل جنسی، نه هرزه‌گویی و هرزه‌نویسی بلکه جزئی جدایی‌ناپذیر از زندگی واقعی است. او به‌عنوان یک زن نه‌تنها از جسم خود بیزار نیست بلکه به آن می‌بالد، آن را هرچه شکوفاتر می‌خواهد و دیگران را به اندیشه دربارهٔ آن فرا می‌خواند. فروغ به کشف تن برمی‌خیزد تا جایی که صاحب مطلق جسم خود می‌شود و اجازه نمی‌دهد هیچ‌کس بی‌اجازه و رضایت او درباره‌اش تصمیمی بگیرد یا از آن بهره‌مند شود.

فروغ در این نوع اشعار، چالشی بزرگ علیه مناسبات آشکار و پنهان جامعه و اجتماعات زن و مرد ایجاد می‌کند. جهان شعر فروغ در قارهٔ نوعیت گرفتار روزمرگی و کلیشه‌های ادبیات کهن نیست. در کانون اشعار او مسائل فردی و هستی‌شناختی و روزمره به هم گره خورده است تا او به‌عنوان هنرمندی مردمی بتواند برای هستی زنانه و پررنج خود معنایی تازه ارائه کند.

فروغ در قارهٔ روح و روان مبارزی زخم‌خورده، اما سرپاست
فروغ بی‌اغراق یکی از باهوش‌ترین، مقاوم‌ترین و جسورترین زنان مبارز تاریخ معاصر ایران است. استعداد فکری و احاطهٔ او در شعر و فهم تصویر و سینما و کیفیت رفتاری او با اطرافیانش تا جایی است که خیلی‌ها بر این باورند... نگاه او بر پایهٔ رئالیسمی اجتماعی و برابری جنسیتی استوار است که در جهان امروز ما این دستاورد کمی نیست برای زنی شرقی.

او در رویارویـی بـا آن خـود پنهـان در خـود، بسـیار بی‌پـروا و درعین‌حـال صـادق و راسـتگو اسـت کـه به‌بـاور برخـی منتقـدان... چنـان روح و روان او زلال و بی‌شائبه است کـه تـو گویـی قـادری قلـب تپنـدۀ او را پیـش چشـم ببینی و آنچـه را در مغـزش می‌گـذرد، بشـنوی. او در نامـه‌ای از پـدر نظامی و مستبد خـود به‌وضـوح انتقـاد می‌کنـد کـه چـرا جـزو کودتاگران علیـه دکتر مصدق بوده است؟ و در مقابل، نگاه خطاپوش مادر مهربان و یاری‌رسان و گشاده‌رویش را می‌ستاید. شـاید بـرای روشن‌ترشـدن ایـن بحـث می‌بایسـت مقایسـه‌ای صـورت گیـرد بـا زندگـی و اشـعار پرویـن اعتصامـی شـاعر پرآوازه کـه می‌تـوان حـدس زد اغلـب اوقـات، زن‌بـودن خـود را در حجـاب اجبـاری زمانه نادیـده گرفتـه و اشـعارش را نیـز بـا نگاهـی مردانه می‌سـروده اسـت. می‌دانیم کـه در ادبیـات از زن گفتـن و بـا نـگاه زنانـه دیـدن و سـرودن دوتاسـت. فروغ از نظـر روحی-روانـی چنـان شـجاع اسـت کـه به‌صراحـت می‌گویـد... من تسلیم سانسورهـای پیـدا و پنهـان کـه در آثار دیگـر شـاعران به یـک رویۀ معلول طبیعـی بـدل گشـته نمی‌شـوم... زندگی آزاد در روح و روان او نهادینـه شـده اسـت. هرچنـد روح و روانـش از دسـت اطرافیـان زخـم خـورده اسـت، هرگـز خـود را «جنـس دوم» و از هیـچ مردی کمتـر نمی‌دانـد.

فروغ در قارۀ اسطوره خود یک اسطوره است

نـگاه فـروغ بـه زن بـا آنچـه در اسـطوره‌های ایرانـی - سـامی آمـده همخوانـی و سـازگاری نـدارد. او مجادلۀ ابدی ازلی سیاه و سـفید، نـور و ظلمـت را به‌صورت مطلـق قبـول نداشـت. او بـرای اولیـن بـار به‌عنـوان یـک شـخصیت زنانـه، یـک زن واقعـی، خـود را در میانـۀ دو طیـف نـور و ظلمـت، سـیاه و سـفید قـرار داد و در شـعر طیفـی خاکسـتری را به‌وجـود آورد کـه او را پیشگام ایـن نـوع نـگاه مدرن و واقع‌گرایانه در جامعۀ ایران و خاورمیانه ازجمله انگشت‌شـمار در آسیا می‌سازد.

او از زن شرقی، تصویری متفاوت با گذشته (جامعهٔ مردسالارِ زن‌تحقیرکن) ارائه می‌دهد و از این رهگذر هواداران فراوانی طی پنجاه سال گذشته یافته است. فروغ از افسانه‌ها و اسطوره‌ها آن چیزی را می‌دید که شاعران مرد و زن با نگاه مردانه نمی‌دیدند. جهان فروغ برخلاف شاعران پیش از او، شفاف و دور از رمز و رازهای آسمانی و ماوراء طبیعی است. از این رو برخی از منتقدان شعر او را مدرن، اما کفرآمیز می‌دانند. فروغ هرگز در هاله‌های تقدس به سر نمی‌برد. هیچ قداست الهی‌ای برای کسی قائل نبود. ظل‌الله و خدایگان برای او معنی نداشت. شعر او در آسمان‌ها، دنبال لحظات رمانتیک‌گونه و در طلسم سنت‌ها گرفتار نبود.

در قارهٔ اسطوره، فروغ برخلاف شاعرانی چون، نیما، شاملو، کسرایی، اخوان ثالث که گاه ملهم از اسطوره‌ها و افسانه‌های ایرانی و قصه‌ها و داستان‌های شاهنامهٔ فردوسی ذوق‌آزمایی می‌کردند و به‌نوعی در تأیید آن سخن گفته‌اند، فروغ اسطوره‌های سامی یا افسانه‌های توراتی و انجیلی را با دیدی انتقادی می‌نگریست.

برخلاف برخی نویسندگان، هنرمندان و روشنفکران ایرانی که خود را گاه نجات‌دهنده و پیامبر و گاه رهبر سیاسی و اجتماعی می‌پنداشتند، یا در دام چنین توهمی می‌افتادند، او متوهم نبود. بلکه آگاهانه در نقش یک زن به‌عنوان عضوی از جامعهٔ بشری با حقوق و جایگاهی برابر با دیگران، در برابر تبعیض و نابرابری ایستاد. او از شعرش برای نشان‌دادن واقعیت‌های جسم و روح خودش، به‌عنوان یک زن واقعی امروزی، استفاده‌ای مؤثر و سنت‌شکنانه کرد.

صادق هدایتِ داستان‌نویس و فروغ فرخزادِ شاعر جزو پیشگامان عرصهٔ روشنفکری و روشنگری ایران‌اند که در شیوهٔ زندگی فردی و اجتماعی خویش، نقش پیامبر و راهبر را پس زدند و از قضا بیشترین

تغییـرات و تحـولات فکـری را هـم در جامعـه بـه‌وجـود آوردند. فـروغ در انکار تمام کلان‌روایت‌هـا بسـی پافشـاری کـرد. در شـعرِ «به علی گفت مادرش روزی» مشـخصاً به پری‌ای اشـاره می‌کند که زمینـه‌ای فولکلوریک دارد. اما شـاهکار فـروغ و هدایـت در هنـر خویـش شـجاعت در انتخـاب زاویـهٔ دید اول‌شخص است. آن‌ها بی‌پروا و بی‌مهابا درون و برون خود راوی-نویسنده را بـه چالـش کشـیدند و گاه حتـی خـود را ملامـت کردنـد.

فروغ در قارهٔ قومیت و ملیت گویی شاعری جهان‌وطن است
فـروغ طبق شناسـنامه، زن ایرانی فارسی‌زبانی اسـت که در تهران متولد شـده. هرچند در محله‌هـای قدیمی این شـهر پـرورش یافته و میدان محمدیهٔ تهران را به‌عنـوان محـل اعدام همشـهری‌هایش معرفی می‌کند، اما او شـیفتهٔ فرهنگ مـدرن غربی اسـت کـه گاه به‌طـور ناخودآگاه در اشـعارش نمـود می‌یابد. او منتقـد بـزرگ ضایعـات قومیت و ملیت خود اسـت. در اشـعارش زنـگ پایان انـواع قصه‌هـای لیلـی و مجنونـی را اعلام می‌کند. او مریم باکـره را قبول ندارد. او بـر زاهـدان ریاکار می‌تـازد. گاه طرف اسطوره‌های ایرانی رفته، امـا نه برای اثبات هویـت و ملیت ایرانی خود، بلکه به‌صراحت بـرای غنای شـعر خود از آن بهـره می‌گیـرد و ضمـن بازآفرینی‌ها و نوآوری‌ها، آشنازدایی می‌کند. او سـعی دارد شـاعری با تفکر جهانی باشد تا شاعری وطن‌دوست و قوم‌پرست.

فـروغ از فرهنگ کهن ایرانی فقط از آناهیتا، ایزدبانوی آب‌ها و سرچشمه‌ها و اقیانوس‌هـای کیهانی نـام می‌برد. البته به سـتارهٔ زهره عشـق می‌ورزد. چون گفته‌انـد، زهره خدای عشـق اسـت. نتیجـه آنکه، فـروغ در پنج قارهٔ جسـم و جـان و پیرامـون خـود، بی‌آنکه بخواهـد خود را شـاعری ایرانی بنمایاند، در قـوارهٔ یـک هنرمنـد ترقی‌خـواه ایرانی جـای می‌گیرد. او عصارهٔ سـال‌ها مبارزهٔ تجددخواهانـهٔ زن و مـردِ مـرز و بوم ایران اسـت. بی‌آنکه بخواهد اسطوره‌ای

را بـزرگ یـا کوچـک کند، خود اسـطوره‌ای شـد کـه توانسـت از روح و روان مبارزه‌جو یانـه‌اش اسـطوره‌ای تـازه خلـق کنـد. او صاحب چنـان روح بلند و مبـارزی بـود که نسـل‌های بعد از او هرگـز درس‌هایش را فرامـوش نمی‌کنند. بی‌آنکـه بخواهـد، خود تاریخ‌سـاز شـد. او در ۸ دی ماه ۱۳۱۳ بـه دنیا آمد و در ۲۴ بهمـن ۱۳۴۵ از دنیـا رفت. یادش گرامی و همیشـه سـبز.

*****

آقای محمدعلی، شـما در متن سـخنرانی‌تان شاهکار هدایت و فروغ را در شـجاعت آن‌هـا در انتخاب زاویهٔ دید اول‌شـخص در خلق اثر هنری‌شـان دانسـتید. امـا مـن فکـر می‌کنـم انتخـاب ایـن زاویهٔ دیـد از جانـب فروغ به‌عنوان یک زن، چیزی بیشـتر از شـجاعت نام دارد که هنوزاهنوز کمتر زن هنرمنـدی صادقانـه به این انتخاب دسـت می‌زند. به‌باور مـن او در واقع با ایـن انتخاب به اسـتقبال نوعی خودکشـی رفته بوده اسـت. آیـا من در این باره دچار اغراق شـده‌ام؟

به‌بـاور مـن فـروغ با این انتخـاب به یک اغـراق هنرمندانه دسـت زد و در پـی آن خـود را به جاودانگـی در ادبیات رسـاند. به‌نظر من خیلی مهم اسـت که یک شـاعر همان‌گونه که شـعر می‌گویـد زندگی کند. ایـن نوعی فداکاری اسـت بـرای نسـل‌های بعد. من بـا توجه به تاریـخ و فرهنگ سـنتی و مذهبی در ایران، نویسـندگان و شـاعرانی که آثار ساختارشـکنانهٔ خود را با زاویهٔ دید اول‌شـخص - مـنِ راوی یـا قهرمـان و به‌صـورت حدیـث نفس می‌نویسـند، مـنِ شـجاع و اصطلاحاً ملامتـی می‌دانم. آن‌ها خطری را بـه جان می‌خرند و چه‌بسـا در مظان اتهام قرار بگیرند. مخصوصاً اگر این هنرمندان زن باشـند و از عشـق پنهان و آشـکار خود سـخن بگویند و مثلاً نزدیک شـوند به ملامسه و احیانـاً تصویـر لحظات اروتیک، بعید نیسـت برخی خوانـندگان آن راوی و

نویسنده را یکی بدانند و او را ملامت کنند. یا خود به‌قول معروف به سیم آخر زده به ملامت خویش برخیزند.

اول‌شخصِ ملامتی درست مقابل اول‌شخصِ قهرمان یا اول شخصِ بی‌طرف یا ناظر معمولی قرار می‌گیرد، اول‌شخص یا راوی قهرمانِ ملامتی به‌نوعی اول‌شخصِ قهرمان یا ضدقهرمان است. این راوی ضدقهرمان پیچیده‌تر از راوی قهرمان است. می‌داند که آن راوی قهرمان که کارهای قهرمانیِ اصطلاحاً مثبت می‌کند و همه‌جا خوبِ خوب است، واقعی نیست. نه در دورهٔ معاصر بلکه در هیچ دوره‌ای انسان‌ها چنان یک‌سویه و خطی‌اندیش و بدون بُعد و پرسپکتیو نبوده‌اند. هیچ‌کس خوبِ خوب یا بدِ بد نیست، کماآنکه به‌واقع هریک از ما صاحب زندگی درونی و زندگی بیرونی هستیم و بعید نیست زندگی درونی و بیرونی ما در تمام عمر همخوانی نداشته باشد.

در پاسخ به پرسش شما عرض می‌کنم در تصوف فرقه‌ای هست که پیروانش ملامتیه خوانده می‌شوند. به‌باور پیروان این فرقه برای تقرب بیشتر به حق، می‌باید طاعات و عبادات خود را از دیگران پنهان کرد و اعمالی انجام داد که خلق آن‌ها را سرزنش کنند. بیش از نیم‌قرن است گروهی از مردم ایران تمام حالات و معانی منشعب از ملامت را دربارهٔ فروغ فرخزاد روا داشته‌اند. او را ملامت می‌کنند بابت نوع زندگی خصوصی ازجمله نحوهٔ شوهرداری و بچه‌داری و... عیب‌ها و نقص‌ها و کوتاهی‌ها و بلندی‌ها و ناموزونی‌های او را برای دیگران برمی‌شمارند. سرزنش و نکوهشش می‌کنند. او را مستوجب ملامت می‌دانند بابت نوع زندگی و شعرهایی که سروده اما او به‌قول سعدی که گفت «مرا که با توام از هر که هست باکی نیست/ حریف خاص نیندیشد از ملامت عام»

باید از خود بپرسیم آیا فروغ دروغ‌گوست و سزایش ملامت است؟

یا چنان راست گفته که مستوجب ملامت است؟ آیا او را کودکی فرض کرده‌ایم که املاء و انشایش را غلط نوشته و ما که مثلاً معلمان جامعه‌ایم به خود اجازه می‌دهیم او را زیر ذره‌بین قرار دهیم؟ یادمان می‌رود سعدی علیه‌الرحمه فرمود دوستان عیب مگیرید و ملامت نکنید/ کاین حدیثی‌ست که از وی نتوان باز آمد... به‌واقع غیر از یک آدم یک‌سونگرِ خودبزرگ‌بینِ متحجر چه کسی قادر است به اعمال و رفتار خود بنگرد و دیگران را موعظه کند تا شکل او شوند و مطابق ایدئولوژی خودش عمل کنند؟

به‌نظر شما آیا فروغ ملامت‌کشی بود که تحمل این سرزنش‌ها را داشت؟

گاهی اینجا و آنجا دلگیری خود را نشان داد. بعید هم نیست در دل خود کسی را سرزنش کرده باشد، اما هرگز از جادهٔ احترام خارج نشد. یا مشروحهٔ ملالت‌آمیزی در پاسخ سخنان تلخ منتقدان ننوشت. چه‌بسا دلخوش بود که حافظ گفته وفا کنیم و ملامت کشیم و خوش باشیم/ که در طریقت ما کافری‌ست رنجیدن... او در روزگار پدران من و ما آسیب‌ها و رنج‌های فراوان دید و ملامت را به جان خرید تا نگفته‌هایی را بگوید و پیش از هر چیز گوشه‌ای از احساس‌های تازهٔ بشری را به هم‌عصران خود نشان دهد. کیست که بگوید در زندگی درونی خود به گناهان خودکرده نیندیشیده است؟ شک ندارم که آن فروغ شاعر بارها با خود زمزمه کرده بود این بیت حافظ را که گفت هر سرِ موی مرا با تو هزاران کار است/ ما کجاییم و ملامتگر بی‌کار کجاست... همچنین این بیت سعدی را که گفت ملامت‌گوی، عاشق را چه گوید مردم دانا/ که حال غرقه در دریا نداند خفته بر ساحل.

از نظر من فروغ در عرصهٔ سینمای زنان نیز جلودار بود. قبلاً گفتم که در سال ۱۳۴۱ فیلم «خانه سیاه است» را از آسایشگاه جذامیان باباباغیِ تبریز ساخت و در زمستان ۱۳۴۲ این فیلم برندهٔ نخست جشنوارهٔ «اوبرهاوزن» شد و سال بعد مجموعه‌شعر «تولدی دیگر» را منتشر کرد و همان سال

بـه آلمان و ایتالیا و فرانسـه سـفر کرد و سـال بعد شـاهکارش، مهمان دومین جشـنوارهٔ سـینمای مؤلف در «پزارو» بود، و گویا در آن جشنواره تهیه‌کنندگان سـوئدی ساختن چند فیلم را به او پیشـنهاد می‌دهند؛ این افتخار کمی نیست در آن سـال‌ها برای زن ایرانی.

گویا شـما متن سـخنرانی‌تان را به زنده‌یاد علی‌اکبر اکبـری تقدیم کردید و مثلاً نه به سـیمین بهبهانی. آیا ممکن اسـت کمـی در این‌باره توضیح دهید؟

پس لازم اسـت در این خصوص توضیح بدهم. سال تحصیلی ۴۶ - ۱۳۴۵ در دبیرسـتان مـروی چند دبیر فهیم و صمیمی داشـتیم که سرآمدشـان علی‌اکبر اکبـری بود. او نویسـنده‌ای کم‌کار، اما مبارزی پرتلاش بود؛ اولین کسـی بود کـه مقالـه‌ای اساسـی در رد نوشـته‌های دکتر علی شـریعتی نوشـت. به نوعی تبعیـد تـن داد، از مشـهد به تهران آمد و دبیر ادبیات و فلسـفهٔ کلاس ما شـد. او تنها کسـی بـود که اجازه مـی‌داد به‌قول خودش «بچه‌هنری‌ها» سـر کلاس شـعر و داسـتان بخواننـد و ذوق‌آزمایـی کنند. شـعر آرش کمانگیر، سـیاوش کسـرایی و شـعر پریایِ احمد شـاملو را قبلاً همراه موزیک سر کلاس خوانده و ضبـط کرده بودیـم. در ادامهٔ این ذوق‌آزمایی‌ها، او بـه من و یکی چند تن از هم‌کلاسـی‌ها پیشـنهاد کرد شـعری از فروغ فرخزاد را دکلمه کنیم. من هم از مجموعـهٔ «تولـدی دیگر» شـعر «به علـی گفت مادرش روزی» که هم شـعر بـود و هـم نوعی قصه انتخـاب کردم. اسـتاد اکبری پذیرفـت و گفت... یکی از مهم‌تریـن اشـعار فروغ کـه زمینهٔ فولکلوریک دارد، همین شـعر اسـت که در آن بـه دختـر شـاه پریان به‌عنـوان عنصـری فولکلوریک اشـاره می‌کند و نه یـک بحـث اعتقادی به جن و پری و... برای آن روز یعنی ۲۴ بهمن موسـیقی ملایمـی هـم انتخاب کردیم و من هماهنگ با آن شـروع کردم بـه خواندن...

... انـگار تـو آب، گوهـر شـب‌چراغ می‌رفـت/ انـگار که دختـر کوچیکهٔ شـاپریون تو یه کجاوهٔ بلور/ به سـیر باغ و راغ می‌رفت/ دور و ورش گل‌ریزون/

بـالا سـرش نوربارون/ شـاید کـه از طایفهٔ جن و پـری بود ماهیه/ شـاید که از اون ماهیـای ددری بـود ماهیه/ شـاید که یه خیال تند سرسـری بـود ماهیه...

اسـتاد اکبـری از هماهنگـی لحـن شـعرخوانی و موزیـک خوشـش آمـد و چـون زنـگ آخـر کلاس بـود، بـرای شـنیدن الباقی نقـد و تفسـیرش، با او از دبیرسـتان بیـرون آمدیـم. از خیابـان ناصرخسـرو حوالـی قصـر دربسـتهٔ شـمس‌العماره رفتیـم طـرف گلوبنـدک و دهنـهٔ بـازار تـا او سـوار اتوبوس یا کرایه‌هـای شـخصی شـود. جلو دکـهٔ روزنامه‌فروشـی ایسـتاد و ناگهـان مثل برق‌گرفته‌هـا به خود لرزید. زبانش نمی‌چرخیـد حرفی بزند. وقتی پرس‌وجو کردیـم چرا رنگش پریده؟ فقط اشـاره کرد به یکی از تیترهـای روزنامهٔ کیهان یـا اطلاعات... فـروغ فرخزاد، شـاعر در تصادف اتومبیل کشـته شـد... و ما یک‌بـاره برگشـتیم طرف اسـتاد. می‌دانسـتیم او فروغ را از نزدیک می‌شـناخته و بـا او هم‌صحبـت بـوده و... خـوب به یـاد دارم که گفت «اخـلاق لمپنی ما مـردم ایـن زن شـجاع مدرن را کشـت. مـا فروغ را کشـتیم. طفلـک اعصاب نداشـت از دسـت لمپن‌های باسواد و بی‌سـوادی که گاه جلو رویش پرده‌دری می‌کردنـد. می‌گویند در جلسـه‌ای رسـمی مترجمـی چنان با غمـزه نگاهش می‌کـرده کـه فروغ ناچار به واکنش سـخت شـده. فروغ اینجایـی و این‌زمانی نبـود. کاش پنجـاه سـال بعد به دنیـا می‌آمد.»

علی‌اکبـر اکبـری در سـال ۱۳۵۲ کتـاب «لمپنیسـم» را نوشـت و در آن بـه مسـائل اجتماعـی ایران اشـاره کرد. ایـن کتاب همـراه با تصویـر در ۱۸۴ صفحـه، در انتشـاراتی سـپهر بـه چـاپ رسـید. او در ایـن کتـاب، لمپن‌ها را افـرادی از جامعـه می‌دانسـت که منشـأ اجتماعی مشـخص و شـغل ثابت و منبـع درآمـد معین ندارنـد و از طفیلی‌گری و مشـاغل کاذب ارتزاق می‌کنند. آن معلـم بی‌نظیـر در سـال ۱۳۵۷ عضـو کانون نویسـندگان شـد. چون زمان شـاه زندان رفته بود، با بسـیاری از نویسـندگان و شـاعران صاحب‌نام آشنایی

نزدیک داشت. افتخار من بود که با او زیر سقف کانون ایستاده بودم. با دیدن یکدیگر دقایقی یاد دبیرستان مروی افتادیم. او سپس سراغ کتاب «از ما بهتران» مرا گرفت. من هم سه‌شنبهٔ هفتهٔ بعد تقدیمش کردم. هرگز فراموشش نمی‌کنم؛ او بود که مرا از اهمیت خوانش اگزیستانسیالیستیِ اشعار فروغ در ادبیات معاصر آگاه کرد.

۱۱

رضا براهنی

اکثر آثار رضا براهنی:

«آواز کشتگان»، «رازهای سرزمین من»، «آزاده‌خانم و نویسنده‌اش»، «برخورد نزدیک در نیویورک»، «روزگار دوزخی آقای ایاز»، «چاه به چاه»، «بعد از عروسی چه گذشت»، «طلا در مس»، «قصه‌نویسی»، «کیمیا و خاک»، «تاریخ مذکر»، «آهوان باغ»، «غم‌های بزرگ ما» و...

یادداشتی پیرامون رمان آواز کشتگان اثر رضا براهنی (۱۴۰۱ - ۱۳۱۴)[1]

۱

آواز کشتگان[2] رمانی است ۴۹۵ صفحه‌ای از ادبیات زندان و جامعهٔ شهری و یکی از معدود پیشکسوتان این گونهٔ ادبی در ایران معاصر، بزرگ علوی (داستان‌نویس نسل اول) است که با نوشتن کتاب «ورق‌پاره‌های زندان» و «پنجاه و سه نفر» و تشریح اوضاع و نحوهٔ ارتباط‌های پیچیدهٔ درون زندانِ دورهٔ رضاشاه پهلوی، ساحتی با محتوای ادبیات زندان (پیش‌تر با نام حَبسیه یا زندان‌نامه شناخته می‌شد) را به ادبیات داستانی ما افزود. ادبیاتی که جدا از زندگی و ادبیات قشر روشنفکر نبوده و نیست. این را تاریخ زندان‌های کشور ثابت کرده است، که اکثریت قریب‌به‌اتفاق زندانی‌های سیاسی ما - که کم هم نبوده‌اند - در طول قرن‌ها، از قشر شاعر و نویسنده - (مسعود سعد سلمان و خاقانی و...) و این اواخر به‌خصوص از دانشگاهیان بوده است. پس وقتی از

۱- چاپ اول، جُنگ «مس» مجموعه‌مقالات در ادبیات و هنر، محمد محمدعلی، انتشارات نگاه، ۱۳۶۶، چاپ دوم، مجلهٔ آشتی ونکوور، شمارهٔ بیستم، مهٔ ۲۰۱۳، اردیبهشت ۱۳۹۲

۲- آواز کشتگان، رضا براهنی، نشر البرز، ۱۳۶۲

مقوله‌ای با عنوان ادبیات زندان صحبت می‌شود، لاجرم پای قشر روشنفکر هم به میان می‌آید. و در این رهگذر جمعی از نویسندگان ما دربارهٔ قشر روشنفکرِ زندان‌رفته و زندان‌نرفته نوشته‌اند (این تقسیم‌بندی را از آن جهت مهم تلقی می‌کنم که در طول قرن‌ها، ساختار روابط اجتماعی سیاسی کشور ما طوری بوده است که اغلب کسانی که منورالفکر می‌شدند، در اوایل فعالیت، خود را در تقابل با حاکمیت مستبد و سلطه‌جو می‌دیدند، که یا در این تقابل باقی می‌ماندند و سرنوشت محتوم خود را که همان زندان و شکنجه و تبعید بود، پیدا می‌کردند یا نه، به‌اختیار لب فرو می‌بستند و چه‌بسا اواخر عمر جزو دیوانی‌های دربار درمی‌آمدند) که دیده‌ایم و خوانده‌ایم، و ضمناً می‌دانیم که کمتر کسی بوده که در داوری از یک سوی پشت بام نیفتاده باشد. گذشته از خود بزرگ علوی که اثرش عمدتاً سندی تاریخی است و سمت‌وسویی معین دارد، غالباً یا با توصیه‌هایی که برای پیوستن به یکی از گرایش‌های چپ و راست کرده‌اند، چماق تکفیر را داده‌اند دست عده‌ای کم‌سوادِ یک‌سونگر، یا مثل عزیزان دیگر از فرط خودمحوری و جداافتادگی از نه‌تنها سلیقهٔ اکثر مردم، بلکه حتی قشر دانشجو و کارمند، آثاری با تیراژی اندک از خود به‌جا گذاشته‌اند. (که صدالبته نه آن اولی چراغی روشن کرده و نه این دومی راه به جایی برده است.) روشنفکر کسی است که هرگاه از حقیقتی ناب لبریز شد، بی‌هیچ مضایقه و ملاحظه از مکتب‌های سیاسی اجتماعی و... حرفش را با سند برائت حقیقت‌گویی بزند، بی‌آنکه قیدوبند تازه‌ای را در روابط اجتماعی ایجاد کند. بگذریم که قصد، نوشتن یادداشتی است بر رمان آواز کشتگان رضا براهنی، که خود گاه جزو دستهٔ اول و گاه جزو دستهٔ دوم از روشنفکران بوده است.

۲

یادم نیست کدام نویسنده گفته است: «هیچ رمانی نیست که بخشی از

زندگـی خـود نویسـنده در آن مسـتتر نباشـد.» این به یک معنا درسـت اسـت. چـون اساسـاً زیادنوشـتن و حرفِ‌تـازه‌زدن، مسـتلزم زیـاد زندگی‌کردن اسـت و لاجـرم زیادخطرکـردن و دسـت‌یافتن بـه تجربه‌هـای تازه و کشـف افق‌های بکر در پهنهٔ هسـتی اسـت. اگـر زندگـی را مجموعـهٔ کامیابی‌ها و ناکامی‌هـا ببینیم، مفاهیـم گذشـتن از فرازهاوفرودهـا بـه‌صـورت عـام و پشت‌سرگذاشـتن زندان، آزادی، عشـق، نفرت، آسـایش، مخمصـهٔ خوش‌نامی و بدنامـی و... به‌صورت اخـص، خـود در بطـن و متـن زندگـی قـرار می‌گیـرد، و لاجـرم سرریزشـدن تجربیـات در مکتوبات.

۳

آثـار رضـا براهنـی را در زمینـهٔ شـعر، داسـتان، رمـان، نقـد ادبـی و ترجمـه خوانده‌ایـم، و می‌دانیـم کـه به‌رغـم حـرف و سـخن‌هایی که اینجـا و آنجا در طـول سـال‌ها قلم‌زنـی پیرامـون خـود ایجاد کرده اسـت، نویسـنده‌ای اسـت دردکشـیده و پـرکار کـه بیشـتر از بهـاران عمـرش زندگی کرده اسـت. زندگی پرتلاطمی که حالا مدعی‌اش سـاخته که صدای «آواز کشـتگان» دههٔ ۱۳۴۰ شمسـی را به گوش خوانندگان دههٔ ۱۳۶۰ می‌رسـاند. اثری که جا دارد بیشتر از رمان «چاه به چاه» (که مسـئلهٔ شـهادت را مطرح می‌کند) و بیشتر از رمان «بعد از عروسـی چه گذشت» (که مسـئلهٔ تقابل بین لمپن حاکم و روشنفکر محکـوم را عیان می‌سـازد و هر دو دارای شـخصیت‌های مفعول ذهنی‌اند) به آن پرداخت چرا که پیوندی آشـکار و پنهان دارد با دو رمان ذکرشـده که اخیراً از این نویسـنده و از سـوی انتشارات نشـر نو چاپ شده است، به‌عبارت‌دیگر بایـد «آواز کشـتگان» را بـا پنج حدیث «چـاه به چاه»، «بعد از عروسـی چه گذشـت»، «قهرمان زشـت»، «پری‌داران»، و «آینه‌چشمان» معرفی کرد. چرا کـه ایـن سـه رمان بـا پنج حدیثش سـیری تکاملـی از وحدت تم و سـاختار

و تکنیـک را پیمـوده تا رسـیده اسـت به صفحـات پایانی «آواز کشـتگان»، و هـر سـه رمان مربوط اسـت بـه دوران اصطلاحاً ستم‌شـاهی! و ایـن در حالی اسـت کـه با توجه به سـیر حوادث دو سـه سـال اخیـر (۱۳۶۰ تـا ۱۳۶۳) در جامعهٔ ما، اکثریت نویسـندگان و هنرمندان، در حال تصحیح خوشـبینی‌های بی‌مهابـای خود در سـال‌های ۱۳۵۷ تـا ۱۳۵۹ بودند.

۴

بعـد از بـزرگ علـوی و چنـد نویسـندهٔ دیگـر ازجملـه احمد محمود، نسـیم خاکسـار، محسـن حسـام، علی‌اشـرف درویشـیان، و غلامحسـین بقیعی[۱] و دیگـران کـه نسـبتاً جدی‌تـر در زمینهٔ ادبیـاتِ زنـدان و تبعید طی دو سـه دههٔ اخیـر کار کرده‌انـد، و جمـع قابل‌توجهی کـه در طول سی‌چهل‌سـالهٔ اخیر از زندگی شـهری سـخن گفته‌اند، ما حالا بـا رمان «آواز کشـتگان» روبه‌روییم کـه هـر دو جنبـهٔ ادبیـات زنـدان و ادبیـات مـردم شهرنشـین را در بـر دارد، قشـر یـا طبقـه‌ای که حدود دویسـت سـال اسـت در غـرب و حدود شـصت هفتاد سـال اسـت در ایـران به‌وجـود آمده و حـالا داسـتان‌هایی پرتحرک‌تر و متنوع‌تر از قصه‌های عصر فئودالیسـم برای جوامع بشـری پدید آورده اسـت. داسـتان‌هایی از آمـوزگاران، سـردفتران، بسـازبفروش‌ها، گداهـا، جاشـوها، دلال‌ها، ارتشـی‌ها، اشـراف‌زاده‌ها، دزدهـا، لمپن‌ها، کودکان پرورشـگاهی، کارگـران و پیشـه‌وران انقلابیِ کمونیسـت و بازاری‌های ملی‌گرا و... که شـاید خیلـی از شـخصیت‌ها و مضامیـن پیرامونی آن‌ها مورد اسـتفادهٔ نویسـندگان ایرانی هم قرار گرفته باشـد، که همه را می‌شـود فهرسـت کرد و گفت که مثلاً کدام نویسـنده در چه زمانی کدام شـخصیت یا مضمون تـازه را در ادبیات ما وارد کرده و تجسـم بخشـیده است.

۱- انگیزه، غلامحسین بقیعی، چاپخانهٔ مصطفوی شیراز، مرکز پخش: انتشارات رواق، ۱۳۶۲

۵

و اما داستان... محمود پسر مشهدی‌قربان (پادوی یکی از تجارت‌خانه‌های بازار تبریز) که بعد از سال‌ها تحمل سختی و محرومیت توانسته به استادی دانشگاه برسد، از بیداد رژیم پهلوی به ستوه می‌آید. می‌رود طرف نوعی مبارزهٔ روشنفکرانه در محیط دانشگاه. در همین گیرودار دست به اقداماتی افشاگرانه علیه نظام شاهنشاهی می‌زند، که خُب، عاقبتش هم معلوم است، چندبار زندان‌رفتن و مزهٔ کابل و شوک برقی و شکنجه‌های جوراجور را چشیدن و دست آخر شاید مرگ هم در انتظارش باشد و... فاجعه اینجاست که اگر سرانجامِ مبارزه اعدام و مرگ نباشد، سوءتفاهم بخشی از مردم بیرون، در مقابل آزادی او خود نوعی مرگ تدریجی است (که البته این فراز به‌رغم تلاش براهنی برای عمومی جلوه‌دادنش، عمومی نیست. شاید یک بدبیاری است که بعضی‌ها دچارش می‌شوند.) در فصل اول کتاب، محمود با عنوان قهرمان زشت، یا ضدقهرمان حدیث نفس می‌کند و پاسخ بیشتر پرسش‌های درست و نادرست مردم و دوستانش را که انتظار خلاص‌شدن او را از دست دژخیمان ندارند، می‌دهد. او ابتدا دربارهٔ ترس می‌گوید «ترس وجود دارد. هیچ‌کس بهتر از خود زندانی معنی ترس یک زندانی را نمی‌داند. یک زندانی ترس را بهتر از شما مردم زندان‌نرفته می‌فهمد، چون تجربه‌اش کرده است. ولی معلوم نیست که شما چرا از زندانی آزادشده وحشت دارید. البته قبول نمی‌کنید که از او وحشت دارید، بلکه می‌گویید که یک نفر نباید به زندان برود و وقتی که رفت، دیگر نباید بیرون بیاید. و وقتی بیرون آمد، باید به‌طور منطقی نتیجه گرفت که اصلاً شجاع نبوده... » و در جای دیگر می‌گوید «و شما که جرئت مبارزه ندارید، این‌طور وانمود می‌کنید که کسی که جرئت مبارزه دارد، باید مرده‌اش از زندان بیرون برود.»

این بخش در واقع همان پاسخ دردآلودی است که محمود به معترضان خود می‌دهد «شما عاشق مرگ هستید. منتها نه مرگ خودتان... بلکه مرگ یک آدم دیگر به دست یک آدم دیگر... آقا با توام، تو چرا از مرگ من لذت می‌بری؟ من چه هیزم تری به تو فروخته‌ام...» در پایان این فصل که بیشتر بافت خطابه‌ای - مقاله‌ای دارد، محمود، چهرهٔ زشت آدم‌هایی را که پشت سرش چشمک می‌زنند و می‌نمایانند که حتماً کاسه‌ای زیر نیم‌کاسه‌اش هست که اول دستگیرش کرده‌اند و مدتی نگهش داشته‌اند و بعد آزادش کرده‌اند، به‌وضوح نشان می‌دهد و خیلی جدی یقه‌شان را می‌گیرد. و ما در این مسیر آدم‌هایی می‌بینیم که بی‌آنکه حتی قدمی علیه اختناق نظام برداشته باشند، در مجالس خصوصی پز یک «قهرمان زیبا» را می‌گیرند و به‌واسطهٔ تحصیلات عالی یا به‌دلیل نام و آوازه‌ای که دارند، لابد چند شنونده هم دارند.

۶

رمان حاوی دو داستان مجزا از هم است که سلسله‌حوادث فرعی را هم در پی دارد. بخش نخست این داستان به شهروندی دانشگاهی (محمود شریفی) اختصاص دارد که به مسائل دموکراتیک و روشنفکرانه سخت پایبند است. و بخش دیگر، خاطراتی خواب‌گونه و جسته‌وگریخته است، از زمان کودکی و نوجوانی خود محمود و پدر و برادرش که با تصویرهایی کم‌رنگ از دخترعمویی زیبا به‌نام ماهنی در هم می‌آمیزد. پاساژهای گاه طرح‌گونهٔ سراسر رمان با دو محور داستانی که گفتیم هرکدام با تکنیک‌های نه‌چندان قوی اما صادقانه و عینی در طول ۴۲ صفحه از رمان، چهره‌ها و ماجراهایی باورکردنی و لمس‌شدنی از چند شخصیت را نشان می‌دهد. در زندگی گذشتهٔ محمود ما چهرهٔ مصمم و پرتوش‌وتوان پدر محمود را که گاه در حد یک قدیس انقلابی ظاهر می‌شود و چهرهٔ سلیمان برادر محمود

بـا آن چشـمان عسـلی و گاه فیلی‌رنـگ و لطافت روح و عمـق دلباختگی‌اش بـه کبوتـر را داریـم که بـرای محمـود در لحظات دشـوار زنـدان به‌عنوان یک پشـت‌وپناه و محـرم راز و تقویت‌کننـدهٔ روح عمل می‌کنـد. همچنین چهره و رفتار سـلیمان که چون پرنده‌های سـبک‌بال یک‌باره دچار ضـرب منقار قرقی شـده اسـت، در رمان ظاهـر و ناپیدا می‌شـود. همچنین ماهنـی دخترعموی محمـود را می‌بینیم با چشـمانی به‌رنگ آسـمان و مشـکلاتش در ابراز عشـق بـه سـلیمان. از صحنـهٔ تجـاوز کربلایی‌فیـروزِ جن‌گیـر بـه ماهنـی از پشـت شیشـهٔ اتاق احسـاس انزجـار و ترس می‌کنیم. «هیکل فقط از پشـت شیشـهٔ مهتـاب‌زده ظاهـر شـد. لخـت بـود. پاهـای کج‌ومعـوج داشـت. دندان‌های کجـش از داخـل یک دهانِ محاصره‌شـده بـا موهای کثیف، مثـل دندان‌های درشـت یـک حیـوان بـود...» و بعد سـقوط ماهنی اسـت از بالای بـرج ارگ تبریز کـه ما را متأثـر می‌کند.

صحنـهٔ فروختـن اسـب گاری پـدر محمـود، زیـر هندوانه‌هـا قایم‌شـدن محمود و سـلیمان، رقص «سـالدات»های روسـی با پدرشـان، پاسـاژ کوتاه مرگ حاجی‌بلشـویک، کبوترهای رهاشـدهٔ سـلیمان در پهنهٔ آسمان و بالاخره پـرواز قرقی‌هـای بی‌رحـم و شکارشـدن کبوترهای آینه‌چشـمِ معصوم توسـط قرقی‌هـا، از صحنه‌هـای مشـغول‌کننده‌اند. «اگر در زمسـتان پرنده‌های همان سـال را پرواز بدهی، پرنده‌ها آینه‌چشـم می‌شـوند و دیگـر نمی‌بینند. آن‌وقت قرقی‌ها به سـراغ آینه‌چشـم‌ها می‌روند.» که امان از این آینه‌چشـمی، که امان از ایـن جوان‌مرگـی! کـه امـان از حـرص و طمع قرقی‌هـای پیر و ایـن یکی از تأکیدهایـی اسـت کـه براهنـی در رمان کـرده اسـت؛ جوان‌مرگـی در جامعهٔ مـا، جوان‌مرگـی در تاریخ مـا. در این رمـان ماهنی، سـلیمان، اکبر صداقت، ایشـیق، جمـال و کمـال رهنما که همـه جوان‌انـد، می‌میرنـد. جوان‌هایی که قابلیت بالیدن و بزرگ‌شـدن و تبدیل‌شـدن دارند. ماهنی اگر رشـد می‌یافت،

سهیلا زن محمود می‌شد. سلیمان اگر رشد می‌کرد، دکتر خرسندی یا اکبر صداقت قطعاً ایشیق می‌شد. و اکبر صداقت و ایشیق...

۷

در زمینهٔ مسائل خانوادگی، زندگی محمود بسیار معمولی و ساده است. استاد دانشگاه است که با زن نسبتاً زیبا و دختر چهارده‌ساله‌اش (گلناز) در محیطی گرم و عادی گذران عمر می‌کنند. عشق‌بازی‌های رایج بین زن و شوهر و گاه شیرین‌زبانی‌های دختری تازه‌رس نمک زندگی است. البته لطف و تازگی کار در این است که سهیلا زن محمود با تمام صداقت، همراه و هم‌رای محمود است و گاه برای کسب خبر و به‌دست‌آوردن اطلاعات دربارهٔ تعداد زندانیان سیاسی وارد کشمکش‌هایی می‌شود. شخصیت متین و استواری که او در رمان کسب می‌کند، به‌عنوان زنی شهری، تازه است و ما با نگاهی به پیرامون خود درمی‌یابیم زنانی امثال سهیلا که از قالب سنتی درآمده‌اند، در جامعهٔ ما کم نیستند. این نمونه‌ای از زن شهری است که با شوهری دانشگاهی وارد داستان شده است.

۸

براهنی به‌عنوان راوی-نویسنده، روشنفکرهای عمدتاً دانشگاهی را به دو دستهٔ موجه و غیرموجه تقسیم می‌کند. دستهٔ نخست شخصیت‌هایی مثل دکتر قاصد، دکتر معلم، دکتر عرب، و رئیس دانشگاه که در عین پفیوزی برای جامهٔ‌عمل‌پوشاندن افکارشان عوامل اجرایی مثل غضنفرها و پرنیان‌ها را در اختیار می‌گیرند. دستهٔ دیگر کسانی‌اند که مستقل فکر می‌کنند و خود وارد عمل می‌شوند. مثل دکتر محمود شریفی، دکتر خرسندی، جمال و کمال رهنمایی، اکبر صداقت و ایشیق و... که هر دو در تقابل تاریخی

نقش‌های خود را ایفا می‌کنند و سنتزی به‌نام آواز کشتگان پدید می‌آورند. در این فصل بین محمود شریفی و دانشجوها چندان ارتباطی نمی‌بینیم. فقط مقداری حرف و سخن است که به‌صورت روایت از خود نویسنده- راوی می‌خوانیم. و چون تصویر روشنی نداریم، از خود می‌پرسیم که دکتر محمود شریفی چگونه محبوب قلوب و بت دانشجوها بوده است.

براهنی در وصف اوضاع دانشگاه و روان‌شناسی جمعی حاکم بر آن و روکردن چهرهٔ چاپلوسانِ فطری نظیر استاد ادبیات فارسی که مدتی متولی انجمن صائب بود، علت حضور مستمر شخصیت زن‌باره‌ای مثل دکتر عرب در دانشگاه و جنجالی که وی در مخزن کتابخانه با دختری دانشجو آفرید و نشان‌دادن حمایت‌ها و پشتیبانی‌های علنی و غیرعلنی‌ای که از «بالا» از او شد، نسبتاً موفق عمل کرده است. البته با این تأکید که ما همواره داریم رمانی را تعقیب می‌کنیم، و نه رساله‌ای مستدل و علمی از جامعهٔ دانشگاهی.

باری، بلوای راه‌رفتن طالبی، دانشجوی دیوانه با دوازده آفتابهٔ مسی در راهروهای دانشکده، سخنرانی علی‌اکبرخان هوشمند با آن فوت‌فوت و پف‌پف کردن‌ها که می‌خواست انقلاب را تلفظ کند، سخنرانی دکتر فیلسوف با حی‌گر حی‌گر گفتنش (حی‌گر منظور هایدگر فیلسوف آلمانی) و جملهٔ استفهامی «مگر شما هستید؟» که به دکتر معلم گفت، گفت‌وگوی تلفنی دکتر شریفی با دکتر فیلسوف و اشغال کنگره‌ای که قرار بود شهبانو فرح افتتاح کند توسط دانشجوها، از ماجراهای خواندنی رمان است، که با کمی اغراق هنرمندانه و سوءظن‌های مُخل همراه است. نگاهی که همراه پروازهای خیال، از جمعی صرفاً دانشگاهی، محفلی فراماسونری ساخته و دستاویز خوبی است برای افراد نادانی که انقلاب فرهنگی را با بستن دانشگاه اشتباه گرفته بودند.

در فصل دوم (حدیث پری‌داران)، براهنی اجمالاً گره‌های فصل اول را می‌گشاید (که ای کاش پاسخ‌های لازم را در همان فصل می‌داد). محمود شریفی که تا قبل از زندان بار اول، استاد ادبیات تطبیقی است، به استادی پیش‌بینی تنزل مقام می‌یابد. در مخزن کتابخانهٔ دانشگاه پشت میزی زهواردررفته می‌نشیند. او روزها مشغول نوشتن قصهٔ حملهٔ گرگ‌ها به تبریز است. قصه‌ای که بعدها خواننده درمی‌یابد زندگی نویسنده و قصه‌ای که در دست نوشتن دارد، با هم پیش می‌رود. و مشکل قصه مشکل خود محمود شریفی هم است. او یکی از گرگ‌ها را نزدیک خود حس می‌کند، اما هنوز نتوانسته پوزه‌اش را از نزدیک لمس کند. تا اینکه عکس شاه و شهبانو از روی دیوار مخزن کتابخانه مفقود می‌شود و این مقارن «تشریف‌فرمایی» شهبانو فرح به تالار فردوسی دانشگاه، و مقارن ساعاتی است که محمود گرگ را نزدیک‌تر به خود می‌بیند. اما چیزی عجیب در داخل قفسه‌های مخزن وجود دارد که مخل آسایش اوست. چیزی شبیه به ساعتی بزرگ که با هزاران پیچ و مهرهٔ کج‌ومعوج و پیچیده و مرموز با هزاران عقربک پیدا و ناپیدا در میان قفسه‌ها پنهان شده است، که ناگهان ترس و وحشت سراپای محمود شریفی را فرا می‌گیرد و از مخزن فرار می‌کند، و در واقع از مقابل پیشامدهای احتمالی آینده که احیاناً می‌شد جلویش را گرفت، جا خالی می‌دهد. (دقیقاً عملی منفعلانه و چه‌بسا روشنفکرانه می‌کند و نه حرکتی انقلابی) و این شروع فاجعه و گرفتاری مجدد اوست.

شهبانو فرح در روز معین به تالار نمی‌آید و محمود شریفی ضمن سخنرانی استاد علی‌اکبرخان هوشمند زیر صندلی‌های تالار استفراغ می‌کند. ساواکی‌ها به‌علتی نامعلوم، شاید هم وجود شایعهٔ بمب‌گذاری در مخزن کتابخانه به کوی دانشگاه شبیخون می‌زنند. اکبر صداقت، یکی از رهبران دانشجوها، به خانهٔ محمود شریفی پناهنده می‌شود. روز پایان

کنگره، دانشجوها تالار فردوسی را اشغال انقلابی می‌کنند و هم‌زمان اکبر صداقت برای مستشرقین سخنرانی می‌کند. (در طول رمان ما نمی‌فهمیم این مبارزان، صرف‌نظر از ضدیت با دیکتاتوری و خفقان، حرف و سخن و پیام واقعی‌شان چیست؟ که البته می‌توان حدس زد، نویسنده این آدم‌ها را اگر با افکار و اهداف اصلی‌شان نشان می‌داد، انتشار رمانش را زیر سؤال می‌برد.) دانشگاه شلوغ می‌شود و اکبر صداقت به‌قصد فرار در ماشین محمود شریفی پنهان می‌شود. سپس نویسنده صحنهٔ مرگ اکبر صداقت دانشجو را در مناسب‌ترین جای ممکن، در بالای میله‌ها و حفاظ دانشگاه توصیف می‌کند. بالاخره زمانی می‌رسد که اشباح درون و بیرون زمان و مکان دست‌به‌دست هم می‌دهند و معمای حضور محمود شریفی را در دانشگاه زیر سؤال می‌برند. ساواکی‌ها با ترفندی ماهرانه، او را می‌دزدند و چشم‌بسته دور چند خیابان می‌گردانند و در بازگشت، در خود مخزن کتابخانه، یکی از ساواکی‌ها توی دهان محمود شریفی ادرار می‌کند «دهنت را باز کن، باز هم نگهش دار.» دهان محمود شریفی بی‌اختیار باز می‌ماند و سیل گرم شاشِ فاعل که روی بلندی ایستاده است در دهان مفعول سرازیر می‌شود. و سه روز بعد (رمان در دوازده روز اتفاق می‌افتد)، وقتی کنگره تمام می‌شود، محمود شریفی پشت همان میز و هم‌زمان با پایان‌گرفتن قصه که حالا گرگ‌ها فرصت کافی دارند تا به قهرمان داستان نزدیک شوند، توسط گروهی ساواکی که قبلاً هم او را بازداشت کرده بودند، رسماً دستگیر می‌شود.

فصل دوم با جمله‌ای که دکتر فیلسوف خطاب به دکتر معلم در کنگره و موقع سخنرانی گفته بود، پایان می‌پذیرد. و محمود شریفی را که دچار سرگردانی و بی‌هویتی شده است، نجات می‌دهد «مگر شما هستید؟» انگار جمله خطاب به او گفته شده بود «آقا مگر شما هستید؟» و ناگهان

محمـود شـریفی فکـر می‌کنـد کـه بایـد باشـد «فکـر می‌کنـم، پـس هسـتم. تـو دهنم شاشیده‌اند، پس هستم...»

۹

فصـل سـوم (حدیـث آینه‌چشـمان) بـا تلفنـی کـه دکتـر خرسـندی (کـه در اصـل اعلام به جریان‌افتادن پروژۀ افشـای جنایت سـاواک و شاه در خارج از کشـور اسـت) از اسـتانبول بـه تهـران می‌زنـد، شـروع می‌شـود و بـا خاطـرۀ نویسـنده-راوی از بیـروت و خیابـان الحمـراء ادامـه می‌یابـد. شـهری کـه «طبیعتـی چندگانـه دارد و ترکیـب فصولـش اعجاب‌انگیـز اسـت.» محمـود شـریفی در کافـه‌ای نشسـته و شـاهد پخـش سـه نـوع موسـیقی متضـاد اسـت کـه در واقـع نشـانۀ سـه نحـوۀ زندگـی متفـاوت شـهروندان اسـت. موسـیقی اول، موسـیقی آدم‌هـای پرتحـرک اسـت کـه جهـان را می‌شـوید و غبـار از روی شـهرها می‌گیـرد و قلـب مشـتاقانش را شـاد می‌کنـد و سـمبلش پیرمـرد گل‌فروشـی اسـت کـه روبه‌روی کافـه مغازه‌ای دارد. موسـیقی دوم، موسـیقی‌ای اسـت کـه در اعمـاق جهـان فضلـه می‌انـدازد و بچه‌هایـش را می‌پرورانـد. موسـیقی‌ای کـه بـا وزن و آهنـگ خـاص خـود، نعمت‌هـای زمیـن را متعفـن می‌کنـد و بیمـاری و مـرض می‌آورد و مثـل روح خبیـث شـیطان، تحجـر و عقب‌ماندگـی همـراه دارد و قصیـدۀ بلنـد نشـاط را بـه مبـارزه می‌طلبـد (کـه سـمبلش موشـی اسـت در دسـت رفتگـر پیـری کـه قصـد آزادکردنـش را دارد) و موسـیقی سـومی هـم هسـت کـه در لحظـۀ سـکوت ایـن دو موسـیقی، صـدای تپانچـه‌اش بلنـد می‌شـود و موسـیقی دوم را خامـوش می‌کنـد. و سـمبلش جوانـی بیست‌سـاله اسـت بـا صورتـی لاغـر و کشـیده و چشـم‌های ملتهب و...

داسـتان بـا تصویـری از یـک بازجویـی عجیـب در خانۀ فقیرانـۀ بازجو و در حضـور مـادر پیـر بازجـو ادامـه می‌یابـد. مـادری کـه بـه بازجوبودن پسـرش

اعتراض دارد. مادری که می‌داند پسرش آدمی بی‌سروپاست. مادری که می‌داند پسرش از راه شرافتمندانه امرار معاش نمی‌کند. مادری که هنوز پسرش را با لگد می‌زند و عاقش کرده است. داستان با در جریان قرارگرفتن اقدامات تحقیقی آقای اسماعیلی از رفت‌وآمد درون و بیرون زندان قزل‌قلعه و کشف نحوهٔ کشته‌شدن انقلابیون تحت عنوان قاچاقچی اوجی تازه می‌گیرد، تا می‌رسد به زمان حال رمان آواز کشتگان که رئیس زندان محمود شریفی را از بند آورده به دفتر زیر «هشت» و مقابل شخصی خارجی (احیاناً آمریکایی)، که متخصص خط است می‌نشاند و با تست‌های متفاوت می‌خواهد از محمود شریفی اعتراف بگیرد که نوشته‌های افشاگرانه‌ای که در خارج از کشور چاپ شده و می‌شود، به خط و امضای اوست. بعد که او اعتراف نمی‌کند و به‌قولی قلیچ می‌زند، بازجویی‌های طاقت‌فرسا سنگین‌تر از قبل شروع می‌شود. محمود را به سردخانهٔ بیمارستانی می‌برند و اجساد کشته‌شدگان روز حادثهٔ دانشگاه را نشانش می‌دهند. محمود طی رودررویی عجیب در حضور بازجوها یکی از برادران رهنما را که او نیز قابلیت انقلابی‌شدن دارد (حتی از نظر چهره هم دقیقاً شبیه برادر دیگر اوست)، از مرگ حتمی نجات می‌دهد! و خود زیر شکنجه برای ازدست‌ندادن قوهٔ تفکر و تجدید روحیه، گذشته‌ها را با «فلاش‌بک»هایی که عمدتاً تجسم روحیهٔ مبارزه‌جویانهٔ پدر خود اوست، مرور می‌کند. زیباترین خاطرات را بین خواب و بیداری و بیهوشی به یاد می‌آورد. به پرواز و چرخش کبوترها چشم می‌دوزد و نتیجه می‌گیرد اگر پرنده‌ها هرچند تازه‌سال و آینه‌چشم، همگی با هم و پشت‌وپناه هم باشند، قرقی‌ها نمی‌توانند شکارشان کنند. یعنی، به چیزی مهم‌تر از خود شکنجه فکرکردن و نهایت آسان‌نمودن عمل شکنجه برای شخص زندانی.

رمان تا بخش ماقبل پایان که نسبتاً دقیق و درست و حساب‌شده

پیش رفته است، ناگهان با یک بازنگری سرسری به واقعهٔ ۳۰ تیر ۱۳۳۱ و کودتای ۲۸ مرداد ۱۳۳۲ و ۱۵ خرداد ۱۳۴۲ که از زبان محمود و پدرش بیان می‌شود و حاوی هیچ نکتهٔ تازه و تصویری عینی و ملموس نیست، سرهم‌بندی می‌شود. اگر از کاستی‌های ساختاری این قسمت بگذریم، رمان برخلاف برخی رمان‌های پرحادثه پایانی ضعیف ندارد. محمود شریفی روی آجرهای کف حمامی افتاده و از وحشت گلوله‌هایی که در تاریکی به پیرامونش شلیک می‌شود، در حالت نسیان می‌بیند «... انگار همراه عده‌ای در زیرزمین شهری هستند، با پل‌ها، خیابان‌ها، میدان‌ها، خانه‌ها، و اداره‌ها، و مردم هلهله‌کنان می‌آمدند، آواز می‌خواندند و سرهایشان می‌خورد به سقف زیرزمین. ناگهان میلیون‌ها منقار کوچک به جدار داخلی خورد. پوست زمین کاهیده بود، و تنگ بود. جدار زمین ترک برداشت و همهٔ آن‌هایی که آن زیر مانده بودند، بیرون پریدند. صدای پدرش در تلفن می‌گفت... قیامت است! قیامت است!... و قیامت شروع شد و قرقی‌ها روی پشت بام‌های شهر سقوط می‌کردند. و پشت بام‌های شهر پوشیده از نعش قرقی بود. و بعد محمود شریفی دید که سهیلا و گلنار نمی‌توانند معاصر ماهنی و سلیمان نباشند. نمی‌توانند معاصر ایشیق و صداقت و آن جوان خونین‌چشم سردخانهٔ بیمارستان نباشند. و بعد صدای پدرش را به روشنی شنید... پاهای هزاران جوان بر کف آجرفرش این حمام خواهد افتاد. ولی زمین به آن‌ها وعده داده شده. زمین از آنِ آن‌هاست و... محمود شریفی صورتش را بر زمین چسباند. گفت... خـاک» پیام اصلی رمان همین چند سطر بالاست. اصولاً در هیاهوی تبلیغ متافیزیک زمان حدوث چاپ رمان (۱۳۶۲) از فیزیک سخن‌گفتن و به زمین فکرکردن و به خاک وطن اندیشیدن و تاریخ را فراتر از خود دیدن و هم‌عصرکردن شخصیت‌های رمان با بزرگان تاریخ، بزرگ‌ترین پیام این رمان است.

۱۰

در مجموع رمان «آواز کشتگان»، به‌عنوان اثری که ادبیات زندان و زندگی روشنفکر جامعهٔ شهری را مورد بحث قرار می‌دهد، قابل‌تأمل است. خواننده با تیپ روبه‌رو نیست. آدم‌های جدیدی را در آن می‌بیند. آدم‌هایی که همواره با خصلت‌های خوب و بد بورژوازی و خرده‌بورژوازی‌شان حضوری ملموس در شادی و اندوه مردم داشته و در پیوندی تنگاتنگ و مکانیکی با هم عمل می‌کنند. شخصیت‌هایی نظیر دکتر معلم، دکتر قاصد، پرنیان، دکتر عرب، و... از یک‌سو و نگهبانان، بازجوها، و مسئولان زندان از سوی دیگر. دکتر فیلسوف، دکتر هوشمند، و... از یک‌سو، دکتر خرسندی، دکتر شریفی، اسماعیلی، اکبر صداقت، ایشیق، سهیلا، سلیمان و پدر محمود از جانب دیگر. که همه در تقابلی خستگی‌ناپذیر قرار دارند و این خود طرح تازه‌ای است در افزودن فضا و مکان جدید در رمان‌نویسی معاصر ایران.

۱۱

براهنی در «آواز کشتگان» تیزهوش است. در چهارچوبی که اختیارکرده خوب می‌بیند. به آدم‌های خوب و بد به یک اندازه اهمیت می‌دهد، و حسن آن این است که خودِ راوی‌اش (دکتر محمود شریفی) قدرت این را ندارد که در رمان شخصیتی خوبِ خوب یا بدِ بد باشد. البته، آواز کشتگان نقایص آشکاری هم دارد. نقایصی که اگر خود براهنی در کار دیگران می‌دید، صرف‌نظر نمی‌کرد. به‌خصوص از نظر نثر که باید گفت از فرط بی‌پیرایگی، بی‌سبک است. گاه روزنامه‌نگارانه و گاه کاملاً ادبی رمانتیک و تعدادی غلط دستوری که ناشی از سرعت در نگارش اوست.

* * * * *

از زنده‌یاد رضا براهنی بگویید. ایشان عضو کانون نویسندگان ایران بودند. آیا ایشان نقد شما را بر «آواز کشتگان» خوانده بودند؟

یادش گرامی! بله از اعضای مؤسس کانون نویسندگان در سال ۱۳۴۷ بودند. پس از انقلاب نیز همواره کنار هیئت دبیران منشأ کمک‌های مؤثر بودند. اینکه می‌پرسی برخوردشان با نقد رمان «آواز کشتگان» چطور بود، باید بگویم همین که دید در چهارچوب ذهنی خودش به نکات ریزی چون آینه‌چشمی جوان‌ها، بحث فیزیک در اوج متافیزیک، مفعولیت یک قوم و ملت و ده‌ها نکتهٔ دیگر توجه کرده‌ام، خوشحال شد. این مقاله در سال ۱۳۶۳ نوشته شد و همراه دیگر مقاله‌ها در جُنگ «مس» به چاپ رسید، اما پس از سه سال توقیف یا توقف در وزارت ارشاد سرانجام از سوی انتشارات نگاه منتشر شد.

آیا نقد شما باعث نزدیکی بیشتر بین شما و ایشان شد؟

من و براهنی در سال ۱۳۵۷ تا ۱۳۶۱ هر هفته همدیگر را در کانون نویسندگان و بعدها طی سال‌ها در این مجلس و آن محفل ادبی می‌دیدیم. تا پیش از انتشار این نقد، او مرا صرفاً داستان‌نویس می‌دانست. البته حق داشت، چون این دومین نقدی بود که من بر آثار نویسندگان نسل قبل از خودم می‌نوشتم.

دکتر براهنی بعد از مهاجرت به کانادا چه فعالیت‌هایی داشتند؟

دکتر براهنی پس از مهاجرت در سال ۱۳۷۵، دو سال رئیس انجمن قلم کانادا بود. در دانشگاه‌های تورنتو تدریس می‌کرد. برخی آثارش به زبان‌های انگلیسی، سوئدی و فرانسوی ترجمه شد. او در سال ۱۳۵۶ جایزهٔ بهترین روزنامه‌نگار حقوق انسانی در آمریکا را گرفت. در ایران هم در سال ۱۳۸۴ برندهٔ «جایزهٔ ادبی یلدا» شد، بابت یک عمر فعالیت فرهنگی در زمینهٔ نقد ادبی. در سال ۱۳۹۵ هم تندیس چهره‌های شاخص

شعر آوانگارد ایران به او اهدا شد، ولی متأسفانه آن اتفاقی که باید می‌افتاد، نیفتاد. می‌خواهم بگویم او آن جایگاه واقعی‌اش را نه در جهان و نه حتی در وطنش ایران پیدا نکرد.

آیا نقد یا نظری دربارهٔ دیگر آثار دکتر رضا براهنی نوشته‌اید؟

یادم است در شمارهٔ ۸ و ۹ مجلهٔ گردون که در اسفند ماه ۱۳۶۹ چاپ شد، طی مصاحبه‌ای با زنده‌یاد منصور کوشان گفتم رمان قطور هزار و سیصد صفحه‌ای «رازهای سرزمین من»[۱] ساخت «سنگ صبور» صادق چوبک را دارد. گفتم تک‌تک شخصیت‌ها به‌صورت تک‌گویی درونی و بیرونی کنار هم قرار گرفته و داستان زندگی بخشی از مردم ایران را در چند دهه تا مرز انقلاب ۱۳۵۷ به تصویر می‌کشد.

هر گفتار، زندگی خود و دیگری را بر ملا می‌کند و داستان این‌گونه پیش می‌رود. خواننده در رمان «رازهای سرزمین من» با موقعیت داستانی خیلی از افراد روبه‌روست. حوادثی زشت و زیبا که مسلسل‌وار پیش می‌رود؛ گاه تکراری واقعی یا واقعی‌نما و اغلب زشت از تاریخ ربع قرن اخیر، با شخصیت‌های نه‌چندان تازه و اما نه بی‌هویت و لمس‌نشدنی که به‌رغم حجم نسبتاً زیاد کتاب، خوانندهٔ شهرنشین این دهه احساس می‌کند هیچ‌یک از شخصیت‌های موردعلاقهٔ گذشته و حال پیرامونش را نشناخته و از تمام آن‌ها رودست خورده است.

نثر سهل و ممتنع و گاه روزنامه‌نگارانهٔ رمان به خواننده امکان می‌دهد بی‌بازگشت به صفحات قبل به‌سرعت حوادث را دنبال کند. خوانندهٔ جوان اگر چهرهٔ خود را منعکس در دیوارهای خیس و چسبناک و عفونت‌زدهٔ خیابان‌های شهر نبیند و در ایستگاه ظلمت توقف نکرده باشد، هر چه مربوط به گذشته است، به حساب شناخت خود از مردم نیم‌قرن گذشته

۱- رازهای سرزمین من، رضا براهنی، انتشارات بزرگمهر، ۱۳۶۹

و خـود زمانـه می‌گـذارد. خواننـده در گذشـته فقط سـایه‌ای از سـرهنگ‌ها و اسـرار پشـت پـردهٔ سـفارتخانه‌ها، زنان وابسـته بـه دربـار، مأمـوران اف.بی. آی در حافظـه دارد و جسـته‌وگریخته چیزهایـی شـنیده اسـت یـا دسـت بالا جزوه‌هایـی خوانـده اسـت و حالا بـرای اولین‌بـار در یـک رمان نسـبتاً قطور فارسـی همـه را یک‌جـا می‌بیند. حوزه و قلمـروی که تنیـده در پیچیدگی‌های جامعهٔ شـهری است.

سراسـر رمانِ «رازهای سـرزمین من» از نظر گشـودن فضا و مکانی جدید تجربه و تلاشـی تازه اسـت. این رمـان نیز مانند «کلیدر» محمـود دولت‌آبادی در ابتدا مورد توجه بخش وسـیعی از روشـنفکران و خوانندگان حرفه‌ای و اهل ادب قـرار نگرفـت، امـا بـه رواج نـگارش رمان‌هـای قطـور جلـد گالینگور در ایـران کمک کـرد. نگاه کنید به رمان «سـال‌های ابری» علی‌اشـرف درویشـان و «درخت انجیر معابد» احمد محمود که پس از این دو رمان منتشـر شـدند.

زنده‌یـاد براهنـی اغلـب آثـارش را از نگاه اول‌شـخص می‌نویسـد، مثل رمان‌هـای «رازهـای سـرزمین مـن» و «آواز کشـتگان». آیـا ایـن زاویهٔ دید گنجایـش کافـی برای بسـط و گسـترش روایت‌هایـش را دارد؟

به‌بـاور مـن رضا براهنی شـاعر، نویسـنده و منتقـد سیاسـی‌نگری بود که بیشـتر از هرچیز عاشق افشـاکردن درون و بیرون آدم‌ها بود. در سال ۱۳۵۰ با نگارش رمان «روزگار دوزخی آقای ایاز» به داستان‌نویسـی رو آورد، اما با در بستهٔ سانسـور روبه‌رو شـد. گویا انتشـارات امیرکبیر آن رمان را چاپ کرد اما ناچـار به جمع‌آوری‌اش شـد. براهنی طی سـال‌های پس از انقلاب توانسـت رمان‌هـای «بعد از عروسـی چه گذشـت؟» سـال ۱۳۶۱، «آواز کشـتگان» و «چاه به چاه» سـال ۱۳۶۲ و «رازهای سـرزمین من» را در سـال ۱۳۶۹ چاپ کنـد و طـی آن به روان‌شناسـی زندانیان سیاسـی و فسـاد چیره بـر دربار رژیم پهلـوی بپردازد. آخرین رمان او «آزاده خانم و نویسـنده‌اش» در سـال ۱۳۷۶

حکایت از تلاش او برای به‌کارگیری جدیدترین شیوه‌های رمان‌نویسی دارد و به‌گواهی خیلی‌ها اولین رمان پست‌مدرن ایران به شمار می‌آید.

ورود به ساختار و تکنیک و اندیشه‌های رضا براهنی کار منتقدان حرفه‌ای است. اما آنچه من می‌توانم بگویم این است که براهنی در سه حوزهٔ اساسی ادب معاصر فعالیت کرد. شعر و داستان و نقد ادبی و پس و پشت این سه حوزهٔ ادبی یک نوجویی متمایل به انقلاب و دگرگونی مداوم دیده می‌شود و البته برخی از نظریات او جنجال‌آفرین هم بوده است. ازجمله همان رمان «روزگار دوزخی آقای ایاز» که تاکنون به چند زبان ترجمه شده ولی در فارسی مجال انتشار نیافت. یا کتاب «من شاعر نیمایی نیستم» در زمینهٔ نقد، اثر ارزشمندی است. نگاه کنید به کتاب‌های «تاریخ مذکر» چاپ ۱۳۵۱ که رساله‌ای است پیرامون تشتت فرهنگ در ایران، کتاب «کیمیا و خاک» چاپ ۱۳۶۴ که مؤخره‌ای است بر فلسفهٔ ادبیات و کتاب «بحران رهبری نقد و انتقاد ادبی» چاپ ۱۳۵۷ و چند اثر دیگر که همه حاکی از ذهن فعال و بی‌قرار او بوده است.

با اشعار ایشان چگونه ارتباط برقرار کرده‌اید؟ آیا توانسته به‌اندازهٔ رمان‌هایش نظرتان را جلب کند؟

اجازه بدهید فقط بگویم من مجموعه‌شعر «خطاب به پروانه‌ها» و شعری دربارهٔ محمد مختاری و شعر دف را خیلی دوست دارم. به‌باور منتقدان، درون‌مایهٔ اصلی اغلب شعرهایش مضامینی سیاسی است. در شعرهایش نوآوری‌هایی از نظر فرم و وزن به چشم می‌خورد. او برای نخستین‌بار مضامین کاملاً اجتماعی و حتی سیاسی را با زبان محاوره و اصطلاحاتی که خاص این مضامین است، وارد شعر نو کرد. در داستان نیز ارائهٔ توصیف دقیق از زندانی سیاسی و شکنجه‌های ساواک، موقعیت در ایجاد حس تعلیق، بهره‌برداری فراوان از روابط جنسی و به‌خصوص همجنس‌گرایی – در رمان

روزگار دوزخی آقای ایاز - برای ایجاد تنفر و انزجار از برخی شخصیت‌ها، اشاره و توجه خاص به ملیت شخصیت‌های داستان، شخصیت‌پردازی نسبتاً خوب و الگوبرداری از اشخاص واقعی برای خلق شخصیت از ویژگی‌های بارز آثار داستانی اوست. یادش گرامی است. در سال ۱۳۸۴ هنگامی که از طرف مجلهٔ شهروند تورنتو - در واقع آقای حسن زرهی - برای سخنرانی به کانادا دعوت شدم، چند روزی را مهمان او بودم.

*****

به‌مناسبت حضور دکتر رضا براهنی در ونکوور[۱]

در ایران، دکتر رضا براهنی را به‌عنوان شاعر و داستان‌نویس، همچنین پایه‌گذار و گسترش‌دهندهٔ تئوری‌های روز نقد ادبی می‌شناسند. نگاه کنید به «طلا در مس» و «کیمیا و خاک» و... همچنین نویسندهٔ رمان‌های «آواز کشتگان» و «رازهای سرزمین من» و «آزاده خانم» و همچنین شاعر مجموعه‌شعر «خطاب به پروانه‌ها» و «اسماعیل» و چند اثر دیگر. این مهم به‌آسانی به دست نیامده است. حاصل بیش از چهل سال کار مداوم و مستمر اوست در زمینهٔ بومی‌کردن یا ایرانیزه‌کردن مباحث جدی نقد ادبی برخاسته از غرب. اما براهنی در خارج از کشور چه در آمریکا و اروپا و حالا در کانادا عمدتاً به‌عنوان چهره‌ای رمان‌نویس شناخته شده است. رمان‌نویسی شرقی که برخی آثارش در مجموعه‌های معتبر کنار نوشته‌های گابریل گارسیا مارکز و... می‌نشیند. یا تمامی داستان تاریخی-تخیلی «روزگار دوزخی ایاز» با تیراژ نسبتاً قابل‌توجه به فرانسه ترجمه و تجدید چاپ شده است. یا رمان آزاده خانم به انگلیسی و فرانسه ترجمه و منتشر شده است. او دو سال (۲۰۰۳ - ۲۰۰۱) رئیس انجمن قلم کانادا بوده است. قطعاً

۱- متن سخنرانی در داگلاس کالج کوکئیتلام، چاپ اول، مجلهٔ شهروند ونکوور بی‌سی، ۳ دسامبر ۲۰۱۰، ۱۲ آذر ۱۳۸۹

شـهرتش در آمریـکا و اروپـا گسـترش یافته و امیـد که به چهـره‌ای بین‌المللی و نماینـده‌ای شایسـته از داستان‌نویسـان ایـران در خارج از کشـور بدل شـود. لازمـهٔ جهانی‌شـدن ادبیـات ایران، ابتدا جهانی‌اندیشـیدنِ نویسـندگان اسـت و لازمـهٔ جهانی‌اندیشـیدن، داشـتن تفکـری قابل‌عرضـه و احاطـهٔ کامـل و نه دست‌وپاشکسـته بـه زبـان و فرهنگ و فلسـفه‌های زنـدهٔ جهان.

ضمن خوشـامدگویی به دکتر رضا براهنی بـه ونکوور، ضرورتی نمی‌بینم بگویـم او در کجـا به‌دنیـا آمده و چند اثر منتشـر کرده و چه حوادثی را پشـت سـر گذاشـته اسـت تـا مجبـور شـده وطـن آباواجـدادی خـود را تـرک کنـد. مورخـان و تذکره‌نویسـان خواهنـد گفـت و البتـه بارهـا گفته‌انـد. مـن اما در ایـن مجـال اندک مقدمـه‌ای خواهم گفت از سـاخت فکری او در سـاختن و پرداختـن آثـاری که او طی سـال‌ها آفریده و از خود به یادگار گذشـته اسـت. در چگونگی سـاخت فکری او نخسـت به بسـتر زمانی و مکانی او می‌رسیم. براهنـی در بسـتر زبـان آذری یـا آذربایجانـی به دنیـا آمده. زبانی کـه به‌دلایل گوناگـون ازجملـه سیاسـت‌های جداسـازی اقـوام گوناگـون از سـوی دولت مرکـزی از گسـترش آن ممانعـت به عمـل آورده‌اند. دولت مرکـزی که اغلب سـردمدارانش در طول سلطنت صفویان و قاجاریان و سپس رژیم رضاشاهی و محمدرضاشـاهی و تاکنـون اغلب از خـود آذربایجانی‌هـا بوده‌اند.

نیـازی بـه گفتن نیسـت که زبـان نوشـتاری او اغلب فارسـی اسـت و اکثر آثـارش بـه این زبان نوشـته شـده و عمدتـاً در مقاله‌ها گاه جزو فارسی‌نویسـان خوب معاصر قرارش داده‌اند. زبان سـوم او انگلیسـی اسـت که با خواندن آثار ویلیام فاکنر، نویسـندهٔ آمریکایی، شـروع می‌شـود و به گرفتن دکترا در ادبیات انگلیسـی از دانشـگاه اسـتانبول می‌انجامـد. او همـواره طی سـالیان، بسـته به مجـال و مـکان، هم به‌انگلیسـی نوشـته و تدریس کرده اسـت، هم به‌فارسـی.

دکتـر براهنـی همـواره بـرای سـرزمینی کـه در آن بـه دنیـا آمـده اهمیت

فوق‌العـاده‌ای قائـل بوده اسـت. او گوش می‌کند ببیند این سـرزمین در جهان واقعـی و امـروزی از او چـه می‌خواهـد تا در حد توان پاسـخ مناسـب بدهد. سـرزمین او آغشته و سرشـار از متون مذهبی است. قصه‌های تورات و انجیل و قرآن و اوسـتا به‌وفور در آن گفته و خوانده می‌شـود. کسـانی در کابوس‌های اقلیمـی از قعـر اسـطوره‌ها و افسـانه‌ها و تاریـخ بیـرون آمـده، او را مقابـل بغرنج‌تریـن حـوادث قـرن بیسـت و یکم قـرار می‌دهنـد. براهنی همهٔ این‌ها را می‌بینـد و می‌شـنود و پـس از بهـره‌وری بـه راه روشـن خود ادامـه می‌دهد.

براهنـی به‌رغـم اقامت‌هـای متعـدد در اروپـا و آمریـکا و کانـادا به‌نوعـی همچنان نویسـنده و روشـنفکر بومی ایران اسـت. نگاه کنید به آثار داسـتانی او مثـل رمان «رازهای سـرزمین من»، «آواز کشـتگان»، «چاه بـه چاه»، «روزگار دوزخـی آقـای ایـاز» و... کـه جغرافیای خـاص ذهنـی او را می‌سـازد و اغلب حـول و محـور بیـان درد و آلام مردمـان فقیـر و تضـاد آنـان با سیاسـتمداران و سـرمایه‌داران بـی‌درد می‌گردد. اختـلاف طبقاتی را نه با خوانـدن آثار مارکس و لنین و تروتسـکی بلکه زیسـتن بر سر سـفرهٔ فقرا و دردمندان شهری و روستایی آموختـه اسـت. او می‌دانـد چگونه جانب مظلومان را بگیرد تـا در ورطهٔ بعضی شـعارهای دم‌دسـتی عامه‌پسـند احزاب و گروه‌های سیاسـی نیفتد.

او طی سـالیان متمادی صریح‌ترین و چالش‌برانگیزترین نقدهای ادبی را نوشـته اسـت. چرا که در خانـواده‌ای به دنیا آمده با وجدانـی آگاه و جامعه‌ای سرشـار از اصطلاحـات زبانـی توراتـی، انجیلـی و قرآنـی، بی‌آنکـه خـود به‌عنـوان یک نویسـندهٔ متعهد از این واژگان اسـتفادهٔ ابـزاری کند، همان‌گونه که داستایوفسـکی توانسـت از پس چنین امتحان مهمی سـربلند بیرون بیاید.

مجموعـهٔ حـوادث طـول تاریـخ پرفرازونشـیب اقلیـم او در قلـب پرتپـش کشـوری چـون ایـران، آگاهـی جمعـی او را افزود تـا از تک‌تـک خوانندگانش بپرسـد این سـرزمین از من و ما چه می‌خواهد جز نوشتن دربارهٔ نقطه‌ضعف‌ها

و قوت‌های آن، جز انتقال تجربهٔ گذشته به امروز، جز فرار از رشد مرکب ناموزون، جز برقراری تعادل بین گذشته و حال و درآمدن از گیجی و سردرگمی و یافتن هویتی روشن و کارآمد که به درد این روزگار بخورد؟

وجدان آگاه دکتر براهنی در جریان تحکیم دورهٔ دوم و برپایی دورهٔ سوم کانون نویسندگان ایران و سپس مشارکت در نگارش متن ما نویسنده‌ایم که به ۱۳۴ نویسنده شهرت یافت و تأکید او بر احقاق حقوق قوم‌ها و خلق‌ها در آزادی بیان و اندیشه بی‌هیچ حصر و استثناء و حق همگان در نقد و نظر، مثال‌زدنی است. همچنین کوشش‌های او در رساندن صدای اعضای کانون نویسندگان ایران به سایر نویسندگان و شاعران کشورهای اروپایی و آمریکایی چیزی نیست که به‌راحتی فراموش شود. من بار دیگر مقدم او را به ونکوور گرامی می‌دارم و امیدوارم شنوندگان از حضور او بهره ببرند.

دکتر رضا براهنی به‌دعوت آقای هادی ابراهیمی، سردبیر مجلهٔ شهروند ونکوور، و به‌بهانهٔ بزرگداشت محمد مختاری، شاعر مبارز و پژوهشگر ادبی، مهمان ما هستند و پیرامون ادبیات کلاسیک و مدرن ایرانی صحبت می‌کنند. صدای گرم و وزن‌دارش در خوانش شعرهای محمد مختاری بسیار تأثیرگذار است. امید که بخواند.

* * * * *

استقبال از ایشان در ونکوور چگونه بود؟ از ترکیب شرکت‌کنندگان در جلسه بگویید. آیا ترکیبی متعادل از همهٔ اقوام و اقشار ساکن ونکوور را در بر می‌گرفت یا به‌دلیل آذری‌زبان بودن ایشان، آذری‌زبان‌ها دست بالا را داشتند؟

اتفاقاً آن‌چنان نبود که انتظار می‌رفت. گویا علت آن هم قهرکردن آذری‌زبان‌های ساکن ونکوور بود. شایع شد که براهنی در یک سخنرانی

در تورنتـو پادشاهی کوروش یا داریوش هخامنشی را ستوده و... همین امر همشـهریانش را دلخـور کـرده بود و... براهنی در دوستی ثابت‌قدم بود و در ابراز عقیده تنوع‌طلب و البته نه فرصت‌طلب و من دوستش داشتم. او خیلی خودش بـود. پای لطمات بعدی این خودبودن‌ها و حفـظ ویژگی‌های فردی خـود می‌ایستاد. هیـچ دردی بدتـر از آن نیست کـه سـطح آگاهی‌ات چنان باشد کـه سـال‌ها هم‌صحبتی پیدا نکنی. این اواخر شـنیدم از بـس در تورنتو بی‌هم‌زبان و تنها مانده بـود دیگر کسی را نمی‌شناخت. یا از چیزهایی حرف می‌زد کـه اطرافیانش متعجب می‌شـدند و سـر آخر هـم پنجم فروردین ۱۴۰۱ خامـوش شـد. او یکی از آخرین بازماندگان نسـل دوران‌سـاز ادبیات معاصر ایـران بـود کـه در دهـهٔ چهل خورشیدی بالیدنـد و آثار گران‌قدری از خود بـه یـادگار گذاشتند. جـا دارد بار دیگـر بگوییم کـه او آغازگر شـیوهٔ نویـن نقدنویسی در ادبیات ایران بود. نقدهای او به‌رغم زخم زبان‌ها دربارهٔ اشـعار مطرح‌ترین شـاعران نسـل بعد از نیما تأثیری انکارناپذیر در بالندگی شـعر نو فارسی داشـت. ده‌ها اثر ارزشمند او در حوزهٔ شـعر، نقد ادبی، رمان و آموزش قصه‌نویسی هم‌اکنون بخشی مهم از گنجینهٔ ادبیات فارسی است.

رضا براهنی نویسنده‌ای مستقل و آزادی‌خواه بود کـه انتشار آثارش در هر دو رژیـم گذشته و اکنون با مانع دستگاه سانسور روبه‌رو شـد و خود نیز از زندان و شـکنجه و اخراج از دانشگاه و تبعید بی‌نصیب نماند. همان‌طور که گفتم، او در تأسـیس کانون نویسندگان ایران در سال ۱۳۴۷ حضوری فعال داشـت. در شـروع دوبـارهٔ فعالیت کانون پس از سـرکوب‌های دهـهٔ ۱۳۶۰ نیز در تدویـن منشور و اساسنامهٔ کانون و در تنظیـم متن ۱۳۴ نویسنده و جمع‌آوری امضـا و انتشار آن در سـطح بین‌المللی نقشـی تعیین‌کننده ایفا کرد و سـرانجام در پی فشـارهای نیروهای امنیتی که جان شـماری از اعضای سرشـناس کانون را تهدید می‌کـرد ناچار در سال ۱۳۷۵ ترک وطن کرد و

در غربت جان سپرد. حالا چه‌بسا با درگذشت او نوعی آغاز شناخت او در ادبیات معاصر ایران پدید آید. براهنی شاعری سودایی، نویسنده‌ای سرکش و تئوریسینی خلاق بود. هریک از این سویه‌های شخصیت ادبی و اجتماعی او قابل‌مطالعه و بررسی است. نویسندگان و هنرمندانی که در چند وجه فعالیت می‌کنند، معمولاً در زمان حیاتشان حاشیه‌های بسیاری دارند که مانع از شناخت آنان می‌شود. براهنی به یک معنی خودش سر راه شناخت آثارش قرار گرفت.

یادم است شما بین روشنفکر و روشنگر تفکیک قائل شدید. ممکن است در این تفکیک و جداسازی دربارهٔ دکتر براهنی هم صحبت کنید؟

همان‌طور که گفتم، از نظر من روشنفکر کسی است که در درون خود متعهد است به پندار نیک، رفتار نیک و کردار نیک و اگر نویسنده و شاعر باشد، نگارش آثاری آگاهی‌دهنده با سمت و سوی اجتماعی هم جزو وظایف و تعهدات بیرونی و درونی او قرار می‌گیرد. از آن‌سو روشنگر هم کسی است که علاوه بر داشتن خصیصه‌های ذکرشده خود نیز آستین بالا می‌زند و می‌آید وسط کارزار و گاه در صف اول مبارزان راه آزادی اندیشه و بیان قرار می‌گیرد. از نظر من رضا براهنی هم روشنفکر بود هم روشنگری جان‌به‌سرشده با روح و جانی شیدا، آینه‌ای از شصت سال آگاهی و ناآگاهی پیش روی و پس روی روشنفکران و روشنگران ایرانی، و یکی از بهترین خصیصه‌هایش بیگانه‌گردانی در حوزهٔ اندیشه و عمل و عدول از هر نوع قاعده‌ای که بوی کهنگی می‌داد.

یادش گرامی و جاودان. آیا از احوالات شخصی و بازماندگانش خبر دارید؟

تا جایی که می‌دانم و در شبکه‌های اجتماعی آمده از همسر اولش که یونانی بود یک دختر دارد به‌نام الکا و از همسر دومش، ساناز صحتی

(مترجم) سه پسر دارد به‌نام‌های اوکتای، ارسلان و اسفندیار. اوکتای در ایران زندگی می‌کند و ارسلان در تورنتو و هر دو به فیلمسازی مشغول‌اند. آثار ارسلان براهنی در شبکه‌های فارسی‌زبان ازجمله بی‌بی‌سی بارها به نمایش درآمده. من در جلسهٔ «کارگاه داستان‌نویسی هزار اوسان» که مقارن خاموشی او بود، بخش زیادی از وقت جلسه را اختصاص دادم به بررسی آراء و افکار او.

۱۲

غلامحسین ساعدی

اکثر آثار غلامحسین ساعدی:

«توپ»، «تاتار خندان»، «غریبه در شهر»، «شب‌نشینی باشکوه»، «عزاداران بَیَل»، «دندیل»، «گور و گهواره»، «واهمه‌های بی‌نام‌ونشان»، «ترس و لرز»، «آشفته‌حالان بیداربخت» و...

نمایشنامه‌ها: «کاربافک‌ها در سنگر»، «کلاته گُل»، «لال‌بازی‌ها»، «چوب‌به‌دست‌های ورزیل»، «بهترین بابای دنیا»، «پنج نمایشنامه از انقلاب مشروطیت»، «آی بی‌کلاه، آی باکلاه»، «خانه‌روشنی»، «دیکته و زاویه»، «پرواربندان»، «وای بر مغلوب»، «ما نمی‌شنویم»، «جانشین»، «چشم در برابر چشم»، «مار در معبد»، «قوردلار»، «عاقبت قلم‌فرسایی»، «هنگامه‌آرایان و باران»، «ضحاک»، «ماه عسل» و...

قطرهٔ باران ما گوهر یک‌دانه شد[۱]

چند خاطره با غلامحسین ساعدی (۱۳۶۴ - ۱۳۱۴)[۲]

۱

سال‌ها پیش جلال آل احمد گفت: «گوهر مراد - که روزگاری آرزویی بود دور از دسترس و بعد نام کتابی شد از لاهیجی - شاگرد ملاصدرا - حالا بدل شده است به نویسنده‌ای سرتق و کنجکاو - مدام در جست‌وجو - که آرام و طبیبانه و گاهی هم شاعرانه می‌نویسد... اگر خرقه‌بخشیدن در عالم قلم رسم بود و اگر لیاقت و حق چنین بخششی را می‌داشتم، خرقه‌ام را به دوش دکتر غلامحسین ساعدی می‌افکندم...»[۳]

ممکن است خیلی‌ها با عقاید جلال آل احمد در عرصه‌های گوناگون مخالف یا موافق باشند، ولی ما در این مورد به‌خصوص و به‌استناد همین گفته از نویسنده‌ای پیش‌کسوت مخالف سانسور یادی کردیم. همچنین از غلامحسین ساعدی که دوستش داشتیم و داریم و او هم خود به آل احمد

۱- گریهٔ شام و سحر شکر که ضایع نگشت / قطرهٔ باران ما گوهر یک‌دانه شد (حافظ)

۲- چاپ اول، شمارهٔ ۱۳ مجلهٔ تکاپو، تهران، ۱۳۷۳، چاپ دوم، شمارهٔ ۱۶، مجلهٔ آشتی، ونکوور کانادا، ۱۳۹۱

۳- فرهنگ جلال آل احمد، کتاب دوم، ادب و هنر، تألیف مصطفی زمانی‌نیا، انتشارات معاصر، ۱۳۶۲

ارادت می‌ورزید، و این خرقه برایش بسیار مهم بود. به‌خصوص پس از مرگ جلال در سال ۱۳۴۸ او خود را بسیار بی‌پشت‌وپناه می‌دید. گو که به‌باور و یقین من ساعدی به‌اعتبار آثارش بی‌نیاز از این خرقه‌بخشیدن‌ها بود. اما کسی چه می‌داند در درون این نویسندهٔ روان‌پزشک چه می‌گذشت که خود را تا پایان عمر وامدار آل احمد می‌دانست.

ساعدی هنوز زنده است. چراکه هنوزاهنوز پس از سال‌ها خاموشی، یاد و خاطره‌اش از ذهن من و ما نرفته است. نمی‌خواهم بگویم من نیز وامدار او هستم اما یاد و خاطره‌اش را نمی‌توانم فراموش کنم. یاد و خاطرهٔ کسی که رفیق و همراه و هم‌دل اکثر جوان‌ها از هر گروه و صنف و طبقه‌ای بود. او برای خیلی‌ها ازجمله راقم سطور، هم خودش زنده است و هم داستان‌ها و نمایشنامه‌هایش. کتاب‌هایی که هم‌اکنون نیز تعدادی از عناوینش در واهمه از دستگاه سانسور دولتی به‌ناچار در پیاده‌روهای جلو دانشگاه تهران یا پسله و پستوهای کتاب‌فروشی‌های بی‌نام‌ونشان به فروش می‌رسد.

گاهی بد نیست هرکسی خودش را از خاطره‌های شخصی‌ای که چه‌بسا در گذر زمان دیگر شخصی نیستند، خالی کند. در بازنگری مجدد ببیند چقدر ارزش امروزی‌شدن دارند تا دستی به سر و گوششان بکشد و بعد ببیند تا چه حد کاربرد آموزشی می‌یابند برای جوان‌های مشتاقی که به‌دلایل گوناگون ازجمله جبر زمانه، حتی فرصت نیافتند این نویسندهٔ مردمی کشور خودشان را بشناسند، یا حتی یادشان بیاید در چه سالی یکی از درخشان‌ترین چهره‌های ادب معاصر از میان ما رفته است. نویسنده‌ای که دنیایی از شور و نوآوری بود. وطن‌دوست و وطن‌خواهی واقعی که داستان‌ها و نمایشنامه‌هایش سرشار از عاطفه و فرهنگ بومی و ملی بود. سرشار از کابوس‌های اقلیمی که نسل من و ما نکته‌های فراوانی از نوشته‌ها و رفتارها و کردارهایش آموخته‌ایم.

وقتی خبر خاموشی‌اش از فرانسه به ایران رسید (۱۳۶۴/۹/۲) تا یکی دو روز آفرینش‌گران ادبی تهران، ازجمله اعضای کانون نویسندگان ایران مردد بودند. آیا آنان که بی‌هیچ پشتوانهٔ ادبی-هنری خود را متولیان امور فرهنگی کشور می‌دانند، اجازه می‌دهند مجلس ترحیمی برپا شود؟ چرا که غلامحسین ساعدی پس از خروج اضطراری‌اش در سال ۱۳۶۲ از ایران و اقامت ناخواسته‌اش در پاریس، به‌عنوان شخصیتی فرهنگی-ادبی خیلی از ناگفته‌های اصطلاحاً ضدانقلابی‌اش را در محافل و مجامع گوناگون خارج کشور گفته بود و به‌عنوان روشنفکری متعهد، انتقادهای فراوانی را از امور فرهنگی و سیاسی کشور بیان داشته بود و می‌دانستیم خشم خیلی از آقایان ارشادی را برانگیخته است.

چند تن از اعضای قدیمی در پی راه چاره به این نتیجه رسیدند چنانچه یکی از اقوام نزدیک ساعدی پیش‌قدم شود، صورت مسئله چه‌بسا فرق کند و آقایان متولی مانع برگزاری مراسمی ازجمله ترحیم نشوند. این در شرایطی بود که کانون نویسندگان از سال ۱۳۶۰ تا ۱۳۶۴ اجازه نیافته بود هیچ گردهمایی‌ای را برگزار کند یا حتی جلسهٔ عمومی داخلی برپا دارد... به‌رغم شرایط دشوار آن روزگار خیلی از اعضا وظیفهٔ خود می‌دانستند به‌مناسبت خاموشی نابهنگام یکی از اعضای مؤثر کانون، ارزش‌های وجودی امثال او را به جامعه یادآور شوند بلکه سد سکندر سکوت مطلق را بشکنند.

چند تن از دوستان هم‌نسل او مثل دکتر رضا براهنی و سیروس طاهباز و... پس از مشورت با سیمین دانشور (اولین زن رمان‌نویس و اولین رئیس کانون نویسندگان ایران و همسر جلال آل احمد) پیش برادر ساعدی (دکتر اکبر ساعدی) رفتند برای عرض تسلیت و نظرخواهی، و سرانجام قرار شد متنی برای آگهی تسلیت تهیه شود و... دکتر اکبر ساعدی که نخست بسیار ناامید بود، سرانجام موافقت کرد پیش‌قدم شود. پس تصمیم گرفتند

عـده‌ای بروند بـرای جمع‌آوری امضا و پایـهٔ یک گردهمایی را گذاشـتند، اما هنـوز ایـن هول و ولا بـود که آیا اجـازه می‌دهند یا به بهانه‌ای مانع می‌شـوند. متن را من نوشـتم و دکتر براهنی هم شـعری از حافظ گذاشـت بالاسـرش.

همین‌کـه شـروع کردیـم بـه جمـع‌آوری امضـا، براهنـی و طاهبـاز رفتند پیـش متولی مسـجد میـدان پالیـزی (احتمالاً حجـت ابن الحسـن، معروف بـه مسـجد اپوزیسـیون). به‌توصیهٔ دکتر براهنـی، زنده‌یاد سـیروس طاهباز که اغلـب ریـش بلندی داشـت، خـود را به‌عنوان پـدر متوفی (سـاعدی) معرفی کـرد و سـرانجام مجـوز برگزاری مراسـم را گرفت. امضاها به چهـل پنجاه که رسـید، اعلامیـه را بـردم روزنامـهٔ اطلاعـات. هنـوز هم ایـن تردیدهـا بود که نکنـد آگهی مـا را چـاپ نکنند و...

خلاصـه، شـد آنچـه می‌باید می‌شـد. البته نگوییم شایسـتهٔ چنین انسـان شـریفی ولـی به‌هرحـال... چاپ آگهی ترحیـم در روزنامـهٔ اطلاعات و یکی چنـد مجله که همان روزها منتشـر می‌شـد، جمـع زیادی از هـواداران کانون و خواننـدگان آثـار سـاعدی را خبـر کـرد و اولیـن گردهمایـی نسـبتاً وسـیع نویسـندگان و شـاعران و هنرمندان پس از چهار سـال فترت سـیاه (از خرداد ۱۳۶۰) بـا یـاد آن عزیز نامدار برپا شـد.

اسـتقبال مـردم به‌قـدری بـود کـه عـلاوه بـر پرشـدن صحـن و شبسـتان مسـجد، جمعیـت زیـادی هـم در خیابان‌هـای اطـراف ایسـتادند و مجلـس ترحیـم عمـلاً تبدیل شـد به نوعـی تظاهرات مسـالمت‌آمیز فرهنگـی. یادش به‌خیـر و خوشـی. گویـی می‌دیدیم که سـاعدی سـرزنده و شـاداب بین عدهٔ کثیـر دوسـتان و هوادارانش می‌گشـت و می‌گفت «فیل، مـرده و زنده‌اش صد تومنـه! آخـرش هم مـن باعث شـدم دور هـم جمع شـین و ترسـتون بریزه.»

روز عجیبـی بـود. یادم نیسـت قـاری و واعظ چه می‌گفتنـد و چرا حضار صلـوات نمی‌فرسـتادند و فاتحـه نمی‌خواندند، اما یادم اسـت اواخر مجلس

نیروهای ویژهٔ لباس‌شخصی آمدند و جو پلیسی شد و ناچار مردم را متفرق کردند. بعدها شنیدیم آقایان متولیِ امنیت، متولی مسجد را مؤاخذه کرده بودند چرا اجازه داده‌ای؟ و او گفته بود: «پدر پیرش آمده بود و من نمی‌دانستم پسرش نویسندهٔ کمونیسته...» که به‌نظرم کمی اغراق بود چون آگهی در روزنامه‌ای رسمی و چند مجلهٔ مستقل چاپ شده بود. شاید سرجمع، آقایان به‌حرمت نام آل احمد و سیمین دانشور و مبارزات ساعدی در زمان شاه چنین مجوزی صادر کردند. شایع بود که سیداحمد خمینی که پیش از انقلاب به مطب او می‌رفته، پادرمیانی کرده و... به‌هرحال آقایان تصور چنین استقبالی از سوی مردم را نداشتند. من اما این میان خاطرات خود را مرور می‌کردم.

۲

انتشار نمایشنامهٔ «عاقبت قلم‌فرسایی» ساعدی در سال ۱۳۵۴ مصادف شد با انتشار اولین مجموعه‌داستانم «درهٔ هندآباد» و من آن را به فال نیک گرفتم. با نیروی مضاعف شروع کردم به نوشتن مجموعه‌داستان بعدی‌ام «از ما بهتران» که اوایل ۱۳۵۶ به ادارهٔ بررسی کتاب آن زمان رفت و متوقف شد. ساعدی نویسندهٔ مشهوری بود و من نمایشنامه‌هایش را می‌دیدم و داستان‌هایش را با اشتیاق می‌خواندم و دورادور او را ستایش می‌کردم، آن قلم بُرّا و گیرای وهم‌آلود را که هم جنبه‌های روانی و اجتماعی‌اش بسیار چشمگیر بود، هم استفادهٔ بجایش از فولکلورها و خرافات محلی که من هم عاشقش بودم.

در برگزاری «ده شب شاعران و نویسندگان ایران - مهر ۱۳۵۶» یادم نیست شب چندم بود که من و او اندکی دورتر از جمع، زیر سرپوش نزدیک رستوران انجمن ایران و آلمان (انستیتو گوته) ایستاده بودیم و او

از گردانندهٔ برنامهٔ آن شب عصبانی بود.[۱] برای پوشاندن خشم خود با آن ته‌لهجهٔ شیرین ترکی فارسی بی‌وقفه حرف می‌زد. جان کلامش این بود (نقل به مفهوم) «...ما با برپایی این ده شب، علیه نظامی برخاسته‌ایم که می‌خواهد ما را در تجمل‌گرایی و بولهوسی‌های احمقانهٔ خود حل کند... کانون نویسندگان رودرروی شرایطی ایستاده تا جوان‌هایی مثل تو که در حال «شدن» هستند زودتر آنچه می‌خواهند بشوند... ممکن است سرمان را بکنند زیر آب، یا باز هم زیر چشم من و ما بادمجان بکارند، عیبی ندارد. ما باید کاری کنیم تودهٔ مردم صاحب ارادهٔ جمعی شوند. برای تحمیل خودشان به دستگاه حاکم سلطنتی نیازی اخلاقی برای خودشان دست‌وپا کنند...» می‌خواستم دربارهٔ نیازهای اخلاقی بپرسم که سخنرانی و شعرخوانی تمام شد و عده‌ای آمدند دور ما. اغلب جوان‌هایی بودند از طبقهٔ متوسط و پایین‌تر از متوسط و گویا وابسته به گروه‌های تئاتری کانون پرورش فکری کودکان و نوجوانان جنوب شهر. علاقه‌مند به تئاتر بودند که آن‌همه شور و شوق نشان می‌دادند، اما یکی‌شان که کراوات زده بود و قدی بلند و سبیل باریک و کم‌پشتی هم داشت، مقابل ساعدی ایستاد.

جوان: «آقای ساعدی، این‌همه از مردم حرف می‌زنی، چرا یکی از تئاترهایت را نمی‌آوری تو کوچه و بازار اجرا کنی؟»

ساعدی: «چرا کوچه و بازار؟»

جوان: «ما جنوب‌شهری‌ها پول نداریم به تئاتر مجلل بیست و پنج شهریور برویم.»

۱- ماجرا از این قرار بود که هیئت دبیران موقت کانون نویسندگان تصمیم گرفته بود در آن ده شب، کمی دست‌به‌عصا باشد و نیروی انتظامی رژیم سلطنتی را عصبانی نکند تا بلکه بتواند باز هم جلسات شعر و داستان و سخنرانی با آن وسعت برپا کند، اما برخی از شاعران و نویسندگان برخلاف توصیه‌های مکرر هیئت دبیران، و ندیده‌گرفتن مسئولیت جمعی، زیاده‌روی کردند و این باعث شده بود غلامحسین ساعدی که مردی منضبط بود خود را مغبون بپندارد که چرا نتوانسته بی‌پرده‌تر و بی‌پرواتر از متن سخنرانی‌اش حرف بزند (ر.ک. کتاب ده شب، ناصر مؤذن، انتشارات امیرکبیر، چاپ اول ۱۳۵۷)

ساعدی: «منظورت از جنوب شهر کجاست؟»

جوان: «مولوی، خانی‌آباد، سیروس.»

ساعدی: «فکر کردم منظورت میدان شوش و جادهٔ آرامگاه و بهشت زهراست، ولی مشکلی نیست. برو قهوه‌خانهٔ محله‌تان را آماده کن تا من با یک گروه نمایشی بیاییم آنجا. اصلاً برو چادر بزن تو بیابان. تو هرکجا بگویی و شرایطش را آماده کنی، من با اجازهٔ کانون نویسندگان می‌آیم همان‌جا و سخنرانی هم می‌کنم.»

جوان بلندقد هیچ نگفت. همین‌که کمی خود را عقب کشید، دیگر جوان‌ها جلو آمدند. هر کدام که پرسش روشنی را مطرح می‌کردند، پاسخی درست می‌شنیدند... تا عده‌ای بروند و جمع دیگری بیایند، با اشاره به چند تئاتر خیابانی در جشن هنر شیراز از او پرسیدم: «آیا امکان دارد تئاتر خیابانی در تهران و دیگر شهرهای ایران پا بگیرد؟»

پاسخ داد: «اگر کانون نویسندگان همین‌طوری پیش برود و رژیم سلطنتی همین‌طوری عقب‌نشینی کند، امکانش هست، ولی خب سخت است که مثل تعزیه‌گردان‌ها در امان بود.»

گفتم: «اگر آن جوان بلندقد فردا آمد و گفت که جایی را آماده کرده، چه‌کار می‌کنی، استاد؟»

گفت: «من اخلاق بچه‌ساواکی‌ها و مقدس‌مآب‌ها را خوب می‌شناسم. دیدی که دو سه تا جمله از بر کرده بود و تا جوابش را دادم، دمش را گذاشت رو کولش و ساکت شد. لیاقت این حرف‌ها را نداشت. برای همین توپ آمدم جلوش. دیلاق به تئاتر سنگلج [۲۵ شهریور] می‌گفت مجلل تا من بگویم مجلل نیست و بحث را بکشاند به جایی که دلش می‌خواست، یعنی دولتی‌بودن تئاتر سنگلج، و اینکه چرا من با اجرای نمایشنامه‌هایم در این سالن آن را مثلاً تطهیر کرده‌ام.»

۳

آن سال، چه پیش از برگزاری ده شب و چه پس از آن، در پی انتشار نامهٔ سرگشادهٔ کانون به نخست‌وزیر (۱۳۵۶/۳/۲۳) تا پایان سال، هیئت دبیران قبلی کانون نویسندگان بارها تصمیم گرفت مجمع عمومی تشکیل بدهد و هربار با واکنش مخالفت‌آمیز ساواک روبه‌رو شد. از طرفی آقای هویدا، نخست‌وزیر، در باشگاه رادیو تلویزیون ملی موضع مترقیانه گرفت: «... همهٔ ما می‌خواهیم در مملکتی زندگی کنیم که در آن آزادی قلم وجود داشته باشد. هر کس آزاد باشد اندیشه‌اش را که مغایر با حیات ملت ایران نباشد، بیان کند... دولت هیچ وظیفه‌ای ندارد که قلم‌ها را به یک‌سو هدایت کند. یک مقام اداری یا چند نفر حق ندارند به نویسندگان بگویند چه بنویسند؟ یا جلو خلاقیت هنری آن‌ها را بگیرند؟... این گروه تخصصی ندارند که اندیشهٔ یک نفر را درست و نادرست بخوانند؟... این منطق و قضاوت مردم است که باید تمیز دهد چه درست است و چه نادرست...»

هویدا این سخنان معقولانه را می‌گفت اما در عمل باز هم کار تشکیل مجمع عمومی کانون نویسندگان پیش نمی‌رفت. ساواک به‌هر شکل ممکن مصمم بود جلو جمع‌شدن نویسندگان و شاعران عضو کانون را بگیرد. اعضای قدیمی کانون بارها توسط پلیس‌های لباس شخصی و مسلح به چوب و چماق و پنجه‌بوکس مورد حمله قرار گرفتند و زخمی شدند. زندان موقت چندروزه هم فراوان بود. شرح کارشکنی‌ها و انواع تهدیدها در زمان صدارت امیرعباس هویدا را موکول می‌کنیم به بعد و فقط به یک خاطرهٔ کوتاه اشاره می‌کنم که خود شاهدش بودم.

۴

کانون نویسندگان پس از برگزاری آن ده شب معروف، طی چند جلسهٔ

مشورتی در دفتر مهندس مقدم مراغه‌ای در خیابان سنایی خیز برداشت برای برپایی مجمع عمومی. جهت اطلاع‌رسانی تقسیم کار به‌عمل آمد و چند جوان حائز شرایط عضویت ازجمله من افتادیم در گروه غلامحسین ساعدی. یکی از سه‌شنبه‌ها، دکتر ساعدی زنگ زد خانه و گفت: «هیئت دبیران تصویب کرده، جمعه ۱۳۵۶/۱۰/۲۳ ساعت یک ربع به دو بعد از ظهر همهٔ اعضا جمع شوند تو دفتر کار مهندس مقدم مراغه‌ای برای انتخاب هیئت دبیران جدید.»

گفتم: «قطعیِ قطعی است؟»

گفت: «تغییری پیش آمد، خبرت می‌کنم. با شمس آل احمد بیا.»

شمس آل احمد عضو قدیمی کانون بود و ناشر مجموعه‌داستان «از ما بهتران»، ولی من نمی‌خواستم همراه او وارد کانون شوم. صبح جمعه سفری کوتاه به کرج داشتم. دو بعدازظهر، خودم را رساندم حوالی دفتر مهندس مراغه‌ای. حالا نگو در این فاصله، ساواک چندتن از اعضای هیئت دبیران کانون را خواسته و به‌صراحت گفته از تشکیل مجمع عمومی کانون خودداری کنند... حتی روز پنجشنبه، مأموران شهربانی محل کار مهندس مقدم مراغه‌ای را بازرسی کرده بودند و...

من هم از همه‌جا بی‌خبر از خیابان سنایی رفتم طرف کوچه‌ای که دفتر وکالت مقدم مراغه‌ای در آن بود. قبلاً معمولاً لای در باز بود و برخی اعضا همان حوالی می‌ایستادند به گپ و گفت. اندکی مشکوک شدم، کمی جلو رفتم و بعد برگشتم سر کوچه. هیچ چهرهٔ آشنایی ندیدم. به‌هوای تلفن‌زدن به ساعدی رفتم تو بقالی سر کوچه و سفارش پپسی‌کولا دادم. ناگهان چشمم افتاد به پشت جعبه‌های شیر و نوشابه که تا سقف بالا رفته بود. دو پاسبان قدبلند با اسلحهٔ کمری پشت جعبه‌ها ایستاده و مشغول خوردن حلواشکری بودند، نوشابه را خورده‌نخورده بیرون آمدم. مانده بودم معطل، که چرا این

دو پاسـبان درشـت‌اندام پشـت جعبه‌های نوشـابه مخفی شـده‌اند. مردد بودم، بار دیگر از جلو سـاختمان دفتر رد شـوم یا مسـتقیم بروم در بزنم بلکه در را باز کننـد. خیلی دلم می‌خواسـت در آن جمع باشـم و من هـم رأی و نظری بدهم.

سیگاری روشن کردم. لحظه‌ای بعد نگاهم افتاد به یکی از ساختمان‌های روبـه‌روی دفتـر. از پنجـرهٔ طبقهٔ دوم لولهٔ سـیاه یک اسـلحه بیـرون آمده بود. دیگـر تردیـد نداشـتم که بـرای دکتر سـاعدی دردسـری پیش آمـده... تلفن عمومـی در آن حوالـی نبـود. داشـتم وسوسـه می‌شـدم بـروم تـو بقالـی و از همان‌جـا تلفـن بزنـم ... که دیدم سـه شـاعر؛ عظیـم خلیلی، بتـول عزیزپور، شـمس لنگرودی، و بهرام دبیریِ نقاش و امیرحسـن چهلتنِ داسـتان‌نویس از شـمال خیابان سـنایی می‌آیند طرف مـن. از تنهایی و احسـاس ترس و تردید درآمـدم. رفتـم جلـو، گفتم چه دیده‌ام... آن‌ها هم مردد بین شـنیده و نشـنیده نگاهشـان افتـاد بـه پنجره‌ای که گفته بودم از آن لولهٔ اسـلحه بیـرون آمده بود.

بتـول عزیزپـور به‌بهانهٔ خریـد آدامس یا سـیگار رفت تو بقالـی و با دیدن پاسـبان‌های پشـت جعبه‌هـای نوشـابه به‌سـرعت بیـرون آمـد. اغلـب فکـر می‌کردیـم همـه قبـل از مـا آمده‌انـد و حـالا در محاصـرهٔ پلیس‌انـد و اگر ما در بینشـان نباشـیم، نسـبت بـه آرمان‌هـای کانون بی‌تفـاوت بوده‌ایم. حسـی آزاردهنـده داشـتیم کـه چـرا در کنـار دیگر دوسـتان خـود نیسـتیم... تصمیم گرفتیـم تک‌تـک برویـم جلـو در و زنـگ بزنیـم و اگر پاسـخی نشـنیدیم، در همـان امتـداد پیـاده‌رو از محل دور شـویم.

داشـتیم نزدیک می‌شـدیم کـه ناگهان یک جیپ ارتشـی از خیابان سـنایی پیچید توی خیابان فرعی و جناب سـروانی کلاه‌خودبه‌سـر یک‌باره پرید پایین، اسلحه‌به‌دسـت دوید طرف ما... و ما سـعی کردیم در کمال آرامش به راه خود ادامـه بدهیـم، کـه جناب سـروان باز هم دنبـال ما آمـد و تهدیدکنـان وادارمان کرد به دویدن. مسـافتی دویدیم و بعد ایسـتادیم به این امید که دیگر تعقیبمان

نخواهد کرد. اما او سوار جیپ شد و پشت سر ما می‌آمد. این‌بار با سرعت بیشتر دویدیم. قضیه داشت شوخی‌شوخی جدی می‌شد که دو سه خیابان فرعی دیگر را هم پشت سر گذاشتیم تا گمش کردیم یا او ما را گم کرد.

در اوج خنده‌های عصبی رسیدیم به میدان فردوسی. من تلفن زدم منزل ساعدی. خودش گوشی را برداشت. از حال و روزش پرسیدم و گفتم چه دیده‌ام و چه تعقیب و گریز مسخره‌ای را پشت سر گذاشته‌ایم و حالا همراه دوستان کجاییم و... سرانجام با لحنی معترض گلایه کردم که چرا گروه را خبر نکردید و... او پوزش خواست. طوری حرف زد که انگار برای خودش هیچ اتفاقی نیفتاده... این بیشتر عصبی‌ام کرد. وقتی حس کرد قصد دارم بیشتر پرس‌وجو کنم... گفت: «حالا اصلاً وقت شوخی ندارم. من تلفن کردم خانه‌ات کسی گوشی را برنداشت. به خانهٔ مادرت زنگ زدم، گفت رفتی شهرستان. حالا که چیزی نشده اما بد نبود تو هم سه چهار تا مشت و لگد و چهار پنج تا پنجه‌بوکس از ساواکی‌ها نوش جان می‌کردی و بعد به من زنگ می‌زدی.» با سکوت من ادامه داد: «نکند خوردی و من خبر ندارم!» که خندید و خندیدیم و همه‌چیز به‌خوبی و خوشی گذشت. روز بعد شمس آل احمد گفت که ساعدی را تلفنی تهدید کرده بودند که به هیچ‌وجه به کسی تلفن نزند و از خانه بیرون نیاید و...[1]

۵

مدتی بود نسخهٔ زیراکسی دومین کتابم «از ما بهتران» را داده بودم به

۱- ساواک، جسارت به حریم نویسندگان و شاعران را تا به آنجا رساند که چند تن از اعضای فعال کانون را پس از ضرب‌وشتم، سوار کامیونی خالی کرد و به کلانتری برد. بعد افسر نگهبان، مزورانه، آنان را به یک راننده‌تاکسی سپرد تا به خانه‌هایشان برساند، اما راننده‌تاکسی مزدور ساواک آن نویسنده‌ها را در انتهای خیابان دریان نو، در محوطه‌ای خاکی و خلوت پیاده کرد و گریخت. در همین لحظه اتومبیلی پر از چماق‌دار سر می‌رسد و بار دیگر آنان را تا حد مرگ کتک می‌زنند (ر.ک. از هر دری، جلد دو، م.ا. به‌آذین، چاپ اول، انتشارات جامی، ۱۳۷۲)

ساعدی و هربار که هم را می‌دیدیم، می‌پرسید «چی شد؟ چاپ شد؟» و من می‌گفتم هنوز در ادارهٔ بررسی کتاب خاک می‌خورد و او فحشی نثار ادارهٔ سانسور می‌کرد. بعد می‌پرداختیم به مباحث ادبی و غیرادبی. جزئیات به خاطرم نمانده. اما یادم است او آنچه را که به‌عنوان نویسنده‌ای پیش‌کسوت می‌بایست می‌گفت، دریغ نمی‌کرد. گاه از مشکلات کتاب‌های در دست انتشارش مثل «ما نمی‌شنویم» و «ماه عسل» و... می‌گفت و من غم خودم را فراموش می‌کردم.

از اوایل سال ۱۳۵۷ که کانون نویسندگان تشکیل شد و انتخاباتی صورت گرفت، تقریباً هرهفته سه‌شنبه‌ها او را در جلسات می‌دیدیم. بیرون از جلسات هم گاهی سر راهِ هم قرار می‌گرفتیم. شهریور ۱۳۵۷ سرانجام مجموعه‌داستان «از ما بهتران» در انتشارات رواق، منتشر شد و نسخه‌ای تقدیمش کردم. او هم نمایشنامهٔ «جانشین» یا ...؟ را به من داد.

در همان ایام دعوت شد به انجمن قلم آمریکا. آنجا هر چه دلش خواست علیه سانسور حرف زد و در مطبوعات فارسی و غیرفارسی به چاپ رساند. از آن‌هایی نبود که دلت برایش تنگ نشود. حوالی دی - بهمن ماه مقابل دانشگاه تهران دیدمش با چند جوان فدایی و مجاهد و... می‌گفت و می‌خندید. از دور دست تکان دادم. دلم پرپر می‌زد برای مصاحبتش. نزدیکم که رسید، لبخند زد. نیمی از موهایش چین خورده بود روی پیشانی‌اش. انگار تازه سبیل جوگندمی‌اش را کوتاه کرده بود. وقتی لبش به خنده باز می‌شد، انگار زخمی بدجوش‌خورده پشت لب بالایی‌اش پدیدار می‌شد. شاید هم زمانی لب‌شکری بوده و ما نمی‌دانستیم. پس از خداحافظی با همراهانش به‌اتفاق رفتیم طرف در شرقی دانشگاه که خلوت‌تر از جاهای دیگر دانشگاه بود ایستادم به گپ‌وگفت. آن روزها مردم شور و حال عجیبی داشتند. خیلی‌ها فکر می‌کردند با سرنگونی رژیم سلطنتی،

حالا چه گلستانی می‌شود ایران. او تندتند، انگار که بخواهد برای خودش درس‌های پیشین را دوره کند گفت: «... این روزها ما باید طوری بنویسیم که مردم با اندکی سواد مفهوم دقیق تک‌تک جمله‌های ما را بفهمند تا بتوانند موضع بگیرند. عادت کنند که بی‌تفاوت نباشند. نویسنده‌ای که قادر نیست مقصودش را به‌وضوح بیان کند، حتماً سهل‌انگاری کرده یا تعمداً مضمون و محتوای اثرش را پیچانده تا بی‌تدبیری و بی‌سوادی خودش را بپوشاند و روزی حتماً می‌افتد در دام فرمالیسم بی‌معنی یا الکی می‌افتد به پرگویی و مردم نتیجه می‌گیرند که نویسنده قبلاً به سروته نوشته‌اش فکر نکرده. قلم را گذاشته روی کاغذ و سرقلم رفته و با پرت‌وپلاگویی فضای خالی نوشته‌اش را پر کرده...»

او بعد از این کلی‌گویی‌ها همین که دید زیربار برخی جملاتش نمی‌روم، دستم را گرفت و محکم تکان داد. گفت: «از جن و پری و باورهای مردم حرف‌زدن یعنی تغذیه از آداب فرهنگ و خرافات مردم و این خوب است، چه بهتر که ما راه و رسم بهترزندگی‌کردن را هم به مردم یاد بدهیم.»

گفتم: «در مجموعهٔ «از ما بهتران» غیرمستقیم این کار را نکردم؟»

گفت: «اگر نکرده بودی، من اینجا چه می‌کردم؟ تو بی‌طرف و بی‌رنگ نیستی فقط باید کمی روشن‌تر و قاطع‌تر حرف بزنی تا پررنگ شوی.»

وقتی نگاهش می‌کردم، آموزگاری بی‌مزدومنت می‌دیدم. وقتی لبخند می‌زد، و کنارم می‌ایستاد و می‌دید از موضوعی عصبانی‌ام یا دچار سوءتفاهمم، انگار که بخواهد عکس یادگاری بگیرد، با دستانی پراشتیاق شانه‌هایم را به‌طرف خودش می‌کشید. بعد باز هم نگاهم می‌کرد... و بعد این من بودم که دیگر عصبانی نبودم و به‌طرفش متمایل می‌شدم تا به لحظه‌ای جان ببخشم که در آرزوی تصاحبش بودم و دلم می‌خواست در لوح وجودم ثبتش کنم. بعد باز هم این من بودم که دست‌هایم را برای

به‌آغوش‌کشیدن برادر بزرگ‌تر و نامدارم می‌گشودم و دلم می‌خواست همیشه کنارش باشم. بگویم و بخندم و حرف‌های جدی بزنم و ببینم چگونه این غش‌گیر بزرگ، غش افراطی‌ها را می‌گیرد و صافشان می‌کند. و چگونه غش محافظه‌کارها و ترسوهای افراطی را می‌گیرد و جرئتشان می‌بخشد.

ساعدی در هر جمعی که بود انرژی زیادی صرف می‌کرد تا به درون آدم‌ها نفوذ کند. دوست نداشت کسی شکل او بشود بلکه شکل تکامل‌یافتهٔ خودش بشود، خودش را بازیابی کند و سر پای خودش بایستد، بی‌اندیشهٔ بنیادی غش نکند طرف چپ یا راست و یک‌باره بیفتد به آن‌طرف بام. در نوشته‌های خودش هم سعی نمی‌کرد تخیل و وهم و پنهان‌سازی متن را به جایی برساند که دور از دسترس باشد. همواره به استناد آموخته‌های خود از فرهنگ ملی و وطن خود ایران حرف می‌زد. مقابل روزمرّگی می‌ایستاد، می‌کوشید با طرح مسائل پیش روی جامعه معنای مبارزهٔ نوع روشنفکری را دقیقاً روشن کند. می‌گفت: «روشنفکر ازپیله‌درآمده همواره به وضع موجود اعتراض می‌کند. زخم‌ها و دردها را به مردم نشان می‌دهد و در پی درمان آن است. یکی از آن زخم‌ها و دردها معناباختگی در هنر و ناامیدی و تسلیم به مشکلات زندگی است.»

* * * * *

از گفته‌ها و نوشته‌ها این‌طور پیداست که رابطهٔ خوبی با دکتر ساعدی داشتید. آیا این ارتباط بعد از مهاجرت اجباری ایشان به خارج حفظ شد؟ آیا اخبار فعالیت‌های ایشان را در خارج از کشور دنبال می‌کردید؟

او از سال ۱۳۶۲ به‌بعد جزو بنیان‌گذاران کانون نویسندگان در تبعید بود. روح حساسی داشت و همیشه معترض. زندگی در فرانسه را نمی‌پسندید. خیلی از دوستان نزدیکش در پاریس با توجه به زیاده‌روی‌اش

در مصرف مشروبات الکلی مرگ او را نوعی خودکشی تلقی کردند. اما آنچه اهمیت دارد نگاه و نظر نویسنده به آثار خود و نظر دیگران دربارهٔ آثار ادبی جامانده از اوست.

زنده‌یاد احمد شاملو و یکی چند منتقد ادبی بعضی از نوشته‌های ساعدی را جزو ادبیات جادو دانسته‌اند. آیا شما با این نظر موافقید؟

من با این استنباط موافق نیستم. تخصص ساعدی به‌عنوان روان‌پزشک آثارش را به‌شکل مجموعه‌ای متنوع از دردشناسی شخصیت‌های آشفته‌فکر درآورده است. او به دنیای فقر، خرافات، جنون برخی دهقانان و ولگردان حاشیهٔ شهرها و روشنفکران سرخورده رسوخ کرد. تازگی آثار ساعدی، چیزی که من خیلی دوست دارم، فضاسازی و آفرینش فضای بکر است و همین امتیاز بسیار کارسازی است برای داستان‌هایش. بیشتر آثارش در فضاهای رئالیستی جنبه‌های تمثیلی می‌یابد نه جادو. او در ترسیم عمیق و مؤثر واقعیت فقر و ادبار طبقات مختلف مردم خصوصاً روستاییان بسیار موفق بود. به‌همین دلیل برخی منتقدان او را پیشرو ادبیات روستایی نامیده‌اند. بیشتر داستان‌های ساعدی مایهٔ اقلیمی دارند. مجموعهٔ «عزاداران بیل» ازجملهٔ این کتاب‌هاست. در هشت داستان این مجموعه به مسائل سادهٔ زندگی روستا ازجمله دزدی‌های شبانه، قحطی و بیماری، عشق و ناکامی می‌پردازد. بیل، آن‌چنان دقیق و جامع وصف شده است که می‌تواند نماد جامعهٔ عقب‌ماندهٔ عصر نویسنده باشد و منطقه‌ای که یادآور جغرافیایی ماکاندو در «صدسال تنهایی» مارکز است، اما ادبیات جادو نیست. جادوی ساعدی در نگارش دیالوگ‌های بسیار قدرتمند است که همه فکرشده‌اند. تخصص به او کمک کرد تا ژرف‌ترین توصیفات روان‌کاوانه را بنویسد و به شناخت بیشتر جامعهٔ ایران از خودش و دریافت شرایط و موقعیت طبقات موجود یاری رساند.

عشـق گرچه از ازل با انسـان بـوده و در معنای زندگی، بخـش بزرگی را به خود اختصاص داده، اما تظاهر آن و بیرونی‌کردنش در جامعهٔ ما، به‌خصوص پس از تسلط مذهب اسلام، چندان رسـم نبوده و اغلب در داستان‌ها رخنه کرده و در شـعرها می‌زیسته... در این میان بوده‌اند کسانی که عاشق صادق بودنـد و عشـق خود را بی‌پـروا جار می‌زدنـد. از گفتن آن هم باکی نداشتند. نگاه کنید به فروغ، نیما، شـاملو و... یکی هم دکتر غلامحسین سـاعدی که ایـن اواخر شـایعاتی پیرامون نخستین عشـقش سـر زبان‌ها افتاد آیا شـما از عشـق‌های زنده‌یاد غلامحسین سـاعدی اطلاع دارید؟

اگـر منظور از عشـق، عشـق افلاطونی اسـت، خیلی‌ها می‌داننـد که سـاعدی از دورهٔ جوانی تـا هنگام خاموشـی در ۱۳۶۴ بیش از سی‌سـال به اولین عشـقش، خانم طاهره کوزه‌کنانی، وفادار مانـد. سـاعدی با عشـق غریـب و افلاطونی‌اش نشـان داد کـه عاشـقی واقعـی بوده اسـت؛ همچنین طاهره‌خانم. آن‌ها هرگز به هم نرسـیدند، اما سـال‌های سـال با هـم مکاتبه داشتند. گویـا اختـلاف طبقاتـی و فرهنگی باعـث جدایـی آن‌ها شـده بود. خانوادهٔ طاهره‌خانم خان‌زاده و ثروتمند بودنـد و خانوادهٔ سـاعدی کاسـب خرده‌پا و مشروطه‌طلب. طاهره‌خانم در سـال ۱۳۸۳ فوت کردند و دوسـتان مشـترک روی سـنگ قبر او نوشـتند «آرام‌جای کسـی که میان اسـتخوان‌های گوهر مـراد آواز می‌خوانـد.» سـاعدی در تمام عمـر به‌شـدت بی‌قـرار بـود و در حـال تکاپـو و جنب‌وجـوش درحالی‌کـه طاهره زنی به‌شـدت منظم و ثابت‌قـدم. ثابت‌قدم را از این رو آوردم که بگویم سـاعدی سـرانجام در چهل و پنج سـالگی، پنج سال قبل از خاموشـی در اوج پریشـانی در غربت هرچند بـه عشـق اول خـود وفادارمانـد، ولی بـا خانمی به‌نام بدری لنکرانی ازدواج کـرد. از بقیـهٔ امور خبر ندارم. نکتهٔ شـاید عجیب اینکه زنان در آثار سـاعدی در جایگاه واقعی خود نیسـتند. اغلب پیر و شکسـته و فاحشـه و سبُک‌سـر و

به‌بن‌بست‌رسیده جلوه می‌کنند. تا حدودی شبیه برخی آثار صادق هدایت که گویا او هم فقط یک زن را دوست داشته است که آن هم جلوه و نمادی از عشق افلاطونی است. در این عشق که چه‌بسا یک‌طرفه باشد، وصل یا رابطهٔ جنسی مد نظر نیست. اگر دوطرفه باشد، هر دو به حریم هم احترام می‌گذارند. هیچ انتظاری از هم نخواهند داشت. هرچه هست، صداقت و روراستی است. افلاطون در کتاب ضیافت که رساله‌ای است دربارهٔ عشق با حالت روایی و داستانی، سقراط را چهرهٔ اول آن قرار داده و عمدهٔ کتاب به‌صورت گفت‌وگو پیش می‌رود. بعدها مشهور شد به عشق افلاطونی. شاید مقایسهٔ زن در زندگی معمولی و آثار ادبی صادق هدایت، صادق چوبک، جلال آل احمد و غلامحسین ساعدی با نویسندگان دیگری چون سیمین دانشور و ابراهیم گلستان و... بحث خوبی باشد.

۱۳

نادر ابراهیمی

اکثر آثار نادر ابراهیمی:

«خانه‌یی برای شب»، «آرش در قلمرو تردید»، «مصابا و رؤیای گاجرات»، «مکان‌های عمومی»، «افسانهٔ باران»، «در سرزمین کوچک من»، «هزارپای سیاه و قصه‌های صحرا»، «فیلمنامهٔ صدای صحرا»، «رونوشت بدون اصل»، «غزل‌داستان‌های سال بد»، «ابوالمشاغل»، «فردا شکل امروز نیست»، «چهل نامهٔ کوتاه به همسرم»، «حکایت آن اژدها»، «یک عاشقانهٔ آرام»، «بار دیگر شهری که دوست می‌داشتم»، «آتش بدون دود»، «تکثیر تأسف‌انگیز پدربزرگ (رمان علمی-تخیلی)»، «مردی در تبعید ابدی: بر اساس داستان زندگی ملاصدرای شیرازی»، «بر جاده‌های آبی سرخ»، «سه دیدار با مردی که از فراسوی باور ما می‌آید» و...

از نادر ابراهیمی همچنین بیش از پنجاه قصه و داستان برای کودکان و نوجوان به یادگار مانده است.

چند خاطره از نادر ابراهیمی (۱۳۸۷ - ۱۳۱۵)[۱]

۱

تیراژ مجموعه‌داستان‌های کوتاه در ایران چندان با تعداد عناوین کتاب‌های داستان کوتاه هماهنگی ندارد. مقصر این عدم استقبال عمومی محمدعلی جمال‌زاده، صادق هدایت، صادق چوبک، ابراهیم گلستان، جلال آل احمد، بزرگ علوی، سیمین دانشور (نسل اول)، احمد محمود، هوشنگ گلشیری، جمال میرصادقی، نادر ابراهیمی، بهرام صادقی، علی‌اشرف درویشیان (نسل دوم)، غزاله علیزاده، شهرنوش پارسی‌پور، امیرحسن چهلتن، منیرو روانی‌پور، جعفر مدرس صادقی و خودم و چند نویسندهٔ دیگر (نسل سوم) نیستند، چرا که اغلب داستان‌های کوتاه این داستان‌نویسان بارها و بارها چاپ شده و برخی عناوین هر دو سه سال یک بار تجدید چاپ می‌شوند و حتی تعدادی از آن‌ها با شمارگان سه هزار به بازار عرضه شده و می‌شوند، یا حتی برخی کنار خیابان قاچاقی به فروش می‌رسند.

۱- چاپ اول، روزنامهٔ اعتماد، تیر ۱۳۸۷

گزارش سالانهٔ وزارت ارشاد از کتاب‌های منتشرشده و شمارگان عناوین کتاب‌ها گواه این واقعیت است که داستان‌های کوتاه نادر ابراهیمی با توجه به تیراژ قابل‌قبول، همواره پلی بوده است بین خوانندگان اصطلاحاً عامه‌پسند و خاصه‌پسند و این همان چیزی است که از نظر راقم سطور جایگاه حقیقی و منطبق بر واقعیت داستان کوتاه در ایران است. چرا که از پس آن‌همه قصهٔ کوتاه عرفانی، استعاری و مثلاً عشقی از نوع هزار و یک شب یا طوطی‌نامه که اتفاقاً آثار با ارزشی‌اند، باید ما به این جایگاه برسیم. به‌تعبیر دیگر، راقم سطور ایرانی‌ها را بالقوه کوتاه‌نویس می‌داند تا بلندنویس و زنده‌یاد نادر ابراهیمی یکی از کوتاه‌نویسان موفق بود. او همواره بین کلاسیک و نو در نوسان بود و کماکان وفادار به عرضهٔ روایتی جاندار.

۲

زندگی و آثار نادر ابراهیمی چون رنگین‌کمانی است که در برخی روزهای بارانی بر پهنهٔ آسمان دیده می‌شود. این یک ویژگی است که نویسنده‌ای در اکثر عرصه‌های فرهنگی، هنری و ادبی فعالیت کند. او در زندگی پرتلاش سال‌ها پیشِ خود گویی نماینده‌ای بود از آن دسته انسان‌های ملی‌گرا که ترسیم روحیهٔ تنوع‌طلب و رنگین‌کمانی‌اش یادآور هم‌وطنانی است که مسالمت‌جویانه به آب و آتش می‌زنند تا فرهنگ و ادب ایرانی را در حوزهٔ جغرافیایی‌ای به‌وسعت عصر ساسانی یا دست‌کم عصر صفوی اعتلا ببخشند و شرایطی فراهم آورند که خود نیز صاحب زندگی خوب و پربرکت و رفاه شوند. اما او یک سال پس از انقلاب مانده بود در این روزگار غدارِ مردم‌فریب چه راهی در پیش گیرد.

نادر ابراهیمی به‌احتمال قریب‌به‌یقین عاشق ادبیات شفاهی و کتبی بود و خوشبختانه بابت قلمی که می‌زد و بابت سخنی که در حوزه‌های گوناگون

رسمی و غیررسمی می‌گفت، بابت نگارش داستان کوتاه و رمان و فیلمنامه، نگارش تاریخ تحلیلی، مطالعه دربارهٔ زبان و ترجمه و تألیف برای کودکان و نوجوانان، مزد نسبتاً خوبی می‌گرفت. در راه رونق‌بخشی و حاکمیت جریان ادبیات بر جامعه به تجربه‌گرایی خود در انتخاب مضمون و محتوا در ساختمان اثر تأکید می‌ورزید و همواره با افت و خیزهای فکری و ادبی و استعاری روبه‌رو بوده و دوری از سبکی خاص را جزئی از واقعیت‌های بیرونی و درونی خود می‌دانست. او پس از پیروزی انقلاب و تغییر فضای سیاسی و اجتماعی جامعه در هماهنگی با اهداف و سمت و سوی جدید جامعه، در پی اصلاح برخی از داستان‌هایش بر اساس ارزش‌های جدید برآمد.

۳

پس از انتشار اولین جُنگ ادبی-فرهنگی «نامهٔ کانون نویسندگان» که در سال ۱۳۵۸ منتشر شد، دست او را فشردم. در خصوص شعر او که با عنوان «آنچه یاد گرفتم آنچه یاد نگرفتم» که متأثر بود از درون‌مایهٔ داستان «تمهیداتی علیه زور» برتولت برشت، شاعر و نمایشنامه‌نویس برجستهٔ آلمانی، به او آدرس دادم آن گوهر ناب را از کجا آورده که خندید. توجیه کرد که می‌توان از مضامین ادبی ازلی ازجمله: ترس و تمکین و نارضایتی هنگام شنیدن زور و... اجراهای تازه‌ای ارائه داد و اشاره‌ای به مرجع نکرد. از صراحت لهجه و دل گنده‌اش خوشم آمد اما... در شمارهٔ سوم همان جُنگ ادبی-فرهنگی (تابستان ۱۳۵۹) داستانی از او چاپ شد به‌نام «چرک و خون» که ماجرای کشف یک زن و شوهر بود از ساواکی‌شدن دوست مشترکشان که آن نیز اجرای تازه و خوبی بود از مضامین کلیشه‌ای داستان‌های جنگی پس از جنگ دوم جهانی اروپا که پاره‌ای از آن نوع داستان‌ها در مجله‌های ادبی مثل «خوشه» و «کتاب هفته» احمد شاملو

منتشـر شـده بود. اما نادر ابراهیمی با گسـترش سانسـور و اختناق بر این پایه نمانـد کـه با بخـش فرهنگی و انتشـارات کانون نویسـندگان همـکاری کند و دیگـر بـه هیچ‌یک از جلسـات عمومی و خصوصـی کانون نیامـد. چنان دور و دور شـد که او را سـال‌ها ندیدم. شـنیده بودم شـوق آموزش و حق‌التدریس خـوب چنـان شـور و هیجانـی در درونـش برپا کرده اسـت کـه در حوزه‌های علمیـه کارگاه دایـر کرده و مشـغول تعلیـم داستان‌نویسـی و فیلمنامه‌نویسـی اسـت و کمـاکان پرشـور و پـرکار و آن‌قدر پـرکار که فرامـوش کـرده تأثیر آثار بهـرام بیضایی و غلامحسـین سـاعدی بـر تئاتـر و داستان‌نویسـی عمیق‌تر از آن اسـت کـه نقدهـای منفی او بـر آثار آن عزیزان، باعث نشـود مـردم آن‌ها و آثارشـان را فراموش کنند.

۴

یـادش به‌خیـر، روزی که داشـتم می‌رفتم مجلـس ترحیم یا یادبود سـاعدی (آذر مـاه ۱۳۶۴) او مـرا اول خیابان تخت طاووس (اسـتاد مطهری) دید، با اشـتیاق سـوار ماشـین من شـد. فکر کردم چون هم‌مسـیریم مقصدمان هم یکی اسـت. طی صحبت سـاده‌انگارانه فکر می‌کـرد دارد از درون، پایه‌های اعتقـادی مدیران هنری آینده را نوسـازی می‌کند و... اما او با همان سـرعت و اشـتیاق کـه سـوار شـده بود پیش از رسـیدن بـه مسـجد پیـاده شـد و به راه خـود رفـت. مـن امـا او را فرامـوش نکردم. اکبـر رادی، آن رادمـرد بزرگ همـواره از تنهایـی درونـی و مشـغله‌های بیرونی نـادر ابراهیمـی می‌گفت. البته با افسـوس که چرا سـال‌ها او را ندیده اسـت. سـال‌ها بعـد حتی نگران هزینه‌هـای بـالای معالجـهٔ او هنگام شـیمی‌درمانی بود. سـرانجام اینکه در ایامـی کـه قرار بـود همراه اکبر رادی به عیادتش برویم و میسـر نمی‌شـد، از صمیـم دل و جـان گفتـم چنانچه نامه‌ای به وزارت ارشـاد نوشـته شـود من

امضا می‌کنم تا نادر ابراهیمی را در صورت لزوم برای معالجه به خارج از کشور بفرستند و... دیگر یادم نیست اکبر رادی نامه‌ای نوشت و من امضا کردم یا نه. اکنون چنانچه چنین نامه‌ای باشد، من روسفید خواهم شد مقابل یکی از خادمان پرکار این آب و خاک و فرهنگی که همهٔ ما چیزی جز سرافرازی‌اش آرزو نمی‌کنیم.

* * * * *

شنیده‌ام زنده‌یاد نادر ابراهیمی از معدود اعضای بنیان‌گذار کانون بودند که به میل خود از عضویت در کانون نویسندگان انصراف دادند. آیا این کار ایشان با نوشتن نامه‌ای همراه بود... بیشتر کنجکاوم بدانم چه دلیل یا دلایلی بر این کار داشتند؟

او هم مثل یکی چند تن دیگر از اعضای قدیمی، همین که کانون در سال ۱۳۶۰ با موانع گروه فشار لباس‌شخصی‌ها روبه‌رو شد، یک‌باره کنار کشید. یادم نیست کتباً استعفا داده باشد. اما به‌قول معروف، انگارنه‌انگار که نگاری داشته است. به‌هر رو او ضمن نوشتن داستان‌ها و رمان‌های متعدد و آثار آموزشی برای کودکان، برخی از حکایت‌های کهن را نیز برای آنان بازنویسی کرد و در سال ۱۳۶۹ جایزهٔ کانون پرورش فکری کودکان و نوجوانان را برای «درخت قصه، قمری‌های قصه» گرفت. در مجموع می‌توان گفت دل‌مشغولی شدید به ابراز عقایدی جزمی دربارهٔ مسائل اخلاقی و سیاسی، وفور جملات نغز و قصار بر ساختهٔ نویسنده و بحث‌های منطقی دوسویه با نتیجه‌های نه‌چندان روشن، و وسواس در درست‌نویسی و تلاش بی‌وقفه در جمله‌پردازی و یافتن سلسله‌کلماتی آهنگین و موزون، از ویژگی‌های آثار اوست. سریال تلویزیونی «آتش بدون دودِ» او مردم را با فرهنگ مردم ترکمن‌صحرا آشنا کرد. این سریال سال‌های ۱۳۵۴ به نمایش درآمد و رمان آتش بدون دود او طی سال‌های

۱۳۷۱ - ۱۳۵۲[1] منتشـر شـد و همواره این پرسـش را بر جا گذاشـت که چرا بعدهـا رمـان کلیدر یا جای خالی سـلوچِ محمود دولت‌آبـادی تبدیل به فیلم سـینمایی یا سـریال نمی‌شود.

و امـا یـک نکتـه از غافلگیـری حـوادث روزگار، و آن اینکه طـی بیماری طولانـی نـادر ابراهیمی به‌دلیـل تومور مغزی، اکبر رادی، همـواره نگران حال او بود و دل می‌سـوزاند، غافل از اینکه خودش زودتر از او خاموش می‌شـود. یادشـان گرامـی. برخـی شـخصیت‌های فرهنگـی، ادبـی، هنـری هسـتند که به‌دلیل داشـتن ویژگی‌هـای خاص رفتاری و گفتاری و نوشـتاری یکی‌یک‌دانه می‌مانند و به‌تعبیری تکرارشـدنی نیسـتند.

۱- سـه جلد نخسـت را نویسـنده در سـال ۱۳۵۲ نگاشـت. چهار جلد بعدی که جنبه‌ای سیاسـی و تاریخی دارد، در سـال ۱۳۷۱ به چاپ رسـید.

۱۴
بهرام صادقی

اکثر آثار بهرام صادقی:
«سنگر و قمقمه‌های خالی»، «ملکوت»، «وعدهٔ دیدار با جوجوجتسو»
و...

به‌مناسبت دهمین سال خاموشی بهرام صادقی (۱۳۶۳ - ۱۳۱۵)[۱]

بهرام صادقی چهل و هشت سال عمر کرد و زندگیِ نگوییم عجیب، اما غیرمعمولی را پشت سرگذاشت. به‌عبارت‌دیگر چون برای خودش عیار زندگی‌کردن می‌ساخت، عجیب می‌نمود. ماشین‌وار یا روزمره زندگی نمی‌کرد. از راه دور و نزدیک قابل‌کنترل نبود. به هر سازی نمی‌رقصید و همرنگ جماعت نمی‌شد. حالا که نگاه می‌کنم، محکم و استوار، هر آنچه که می‌خواست انجام داد و بعد هم بی‌صدا خاموش شد.

او در دو کتاب «سنگر و قمقمه‌های خالی» و «ملکوت» سعی کرد در حد یک «تابو» و وجدان اجتماعی نباشد، اما بود و شد. حتی خاموشی‌اش را به‌تعبیر هوشنگ گلشیری (در مجلس ختمش) می‌توان باور نداشت و یک شوخی دانست از طرف خودش. چه او خود می‌خواست نویسنده‌ای شوخ و موشکاف و هرازگاهی جلوه کند، و کرد. او موفق بود. عقیده داشت مردم نباید آن انتظاری را که از سایر وسایل تولیدی دارند، از شاعر و نویسنده هم

۱- قطعاً این دست‌نوشته جایی چاپ شده و من سندش را ندارم، ولی مهر و امضای ۱۳۷۳ را دارد که به‌ترتیب تاریخ نگارش اینجا آمده. به‌نظر می‌رسد چه‌بسا برخی جاها گزیده‌ای از حرف‌های خودش باشد در یکی دو مصاحبه‌ای که در طول عمرش کرده بود.

داشـته باشـند و بـرای همیـن هم بـود که به آنچه اعتقاد داشـت دل سـپرد. هر چـه می‌خواسـت چـاپ شـود، در مجله‌هـا چـاپ کرد و بقیـه را هم احتمالاً در کیفی گذارده و با خود برد تا به دسـت فراموشـی بسـپرد. سـال‌ها کسـی خبر نداشـت مجموعـۀ هفت قصـۀ او با عنـوان «وعدۀ دیدار با جوجو جتسـو» که چهارتای آن به‌هم‌پیوسته است و سـه تای دیگر مستقل، کجاست.

بـاری، او به‌درسـتی معتقـد بـود که... در زندگی هر انسـانی، چه هنرمند و چـه غیرهنرمنـد، دوره‌هـای خاموشـی و تفکـر و حتی بیـزاری از همه‌چیز وجود دارد که با عرضه‌نشـدن کاری از طرف نویسـنده نوعی رکود می‌نماید. امـا یـک چیز دیگر هم هسـت که انسـان را به رکود اجباری می‌کشـاند و آن وقتـی اسـت کـه نویسـنده یـا شـاعر مطمئن اسـت کـه دیگر نیسـت و بعد از مـرگ حتـی خبـر فوتـش چاپ نمی‌شـود... این پیش‌بینی او درسـت از آب درآمـد. او در تهـران، پایتخـت ایـران و بیخ گـوش پرتیراژتریـن روزنامه‌هـا و عصرنامه‌هـا خامـوش شـد و دریـغ از دو سـطر خبـر در سـتون حوادث همان روز. بعـدِ بیسـت یا سـی سـال معتقـد باشـی نویسـنده بایـد بیدار باشـد، هم بـه رودخانـه نـگاه کنـد هم بـه جریان آب، هـم به پشـت سـر و هـم به جلو و هـم بـه آن‌هایـی که همـواره نشسـته‌اند کنار گـود و می‌خورنـد و می‌رقصند و می‌خوابنـد و بدمسـتی می‌کننـد و احیانـاً بچـه پـس می‌اندازنـد و... ایـن حساسـیت را در نوشـته‌هایت هم نشـان داده باشـی و از خیلی‌ها بیشـتر هم نشـان داده باشـی و آن‌وقـت این‌گونـه بـه یک‌بـاره خامـوش شـوی و به‌قـول خودت بروی روی لادسـت فراموشـی.

بـاور می‌کنـم کـه آزاردهنـده اسـت. حـق داری از خود بپرسـی که چی؟! بعـد بـا خـودت بگویـی که هرچـه نوشـته‌ام بس اسـت. اگر قرار اسـت سـبک و سـیاق تـازه‌ای در بیـان داسـتان کوتـاه ارائـه بدهـم و احیانـاً الگـو واقع شـوم که خُـب ایـن کار را کرده‌ام. اگر قرار اسـت دردهای اجتماعی و خفقان سیاسـی

را در قالب نگاهی نو در ظرف داستان بریزم و به مردم رسالت اجتماعی هنر را نشان بدهم که خُب تا حد امکان این کار را کرده‌ام و...

بهرام صادقی هیچ بدهکار مردم نبود. آنچه شرط بلاغ بود، با مردم گفته بود. مردم اگر دوباره رجوع کنند به همان دو سه کتاب، خواهند دید که در حد امکان گفته است. او به ارزش‌های نو در داستان‌نویسی سخت معتقد بود. اعتقاد داشت در هر دوره‌ای از زندگی شاید ارزش‌های خاصی به‌وجود می‌آید که در دوره‌های دیگر عوض می‌شوند و ارزش‌های دیگر، خوب یا بد پیدا می‌شوند برای جایگزینی. اما به‌قول ویلیام فاکنر، نویسندهٔ آمریکایی، تعدادی از ارزش‌های بشری انسانی که داستان‌نویسان از آن‌ها مایه می‌گیرند، جاودانی است و هرگز عوض نمی‌شود. اگر بخواهیم ارزش‌های کاذبی به‌وجود بیاوریم، بعید نیست همراه ابتذال، حتی مرگ داستان‌نویس را روحی و جسمی جلو بیندازیم. مسائل انسانی مثل فقر، گرسنگی، امید، انتقاد از بدی‌ها و زشتی‌ها و... از قدیم بوده و همیشه نیز خواهد بود. مسائلی مثل حسد، اندوه و عشق و... همین‌طور که می‌بینید چند قرن بعد از حافظ و مولانا و شکسپیر و... همان ارزش‌ها بازتولید می‌شوند. این ارزش‌های ثابت انسانی است که روزمره و گذرا نیستند. در داستان‌نویسی، چه از نظر مضمون و محتوا و چه فرم و تکنیک، ارزش‌های جدیدی آمده که قابل ذکر است، اما همراه خود ارزش‌های کاذبی هم آورده که به ذهن خواننده یا نویسندهٔ جوان تحمیل می‌شود و او را از قصه‌گویی و داستان‌سرایی و در مجموع روایت دور می‌کند و زمینه‌ای فراهم می‌شود برای به‌کارگیری تکنیک‌های غیرضروری. بهرام صادقی بر این اعتقاد بود که... هرچند داستان‌نویس بیشتر از هر چیزی با ساختمان و معماری ذهنی خودش سروکار دارد و ضمن گریز از تکرار، خود را ملزم می‌کند که شیوه‌های جدیدی منطبق با احتیاجات و عوامل اجتماعی

جدید پیدا کند، اما نباید اصل روایت منسجم را به فراموشی بسپارد.

بهرام صادقی اعتقاد داشت... انسان امروزی اصولاً همه‌چیزش در حال تغییر است. یعنی آن انسانی که از او در شعر حرف می‌زنیم یا در قصه، یا در فیلم نشانش می‌دهیم، دارای ذهنی پیچیده است، همواره بین ایمان و بی‌ایمانی، تکنولوژی جدید و سنت قدیم دست و پا می‌زند، همین‌طور بین بیم و امید. این‌ها همه در حال نوسان است. این است که دیگر انسان‌های یک‌بُعدی به درد قصه‌نویسان امروز نمی‌خورد. جهان دیگر بین سیاهی مطلق و سفیدی بی‌انتها قابل‌تقسیم نیست. صرفاً اهورا و اهریمن بر آن حکومت نمی‌کنند. دنیای نو سرشار از انسان‌های خاکستری است.

او عمیقاً انسانی معترض بود. اعتراضش برمی‌گشت به درون خودش و ما... چه دردآور است هیچ‌کس مثل ما خودش را این‌طور راحت نمی‌بیند. یادمان رفته در کجا زندگی می‌کنیم و چرا داریم زندگی می‌کنیم و اصولاً لازمهٔ زندگی‌کردن چیست. پیوسته در ذهنمان دنبال دلیل برای تبرئهٔ خودمان از این غفلت‌ها می‌گردیم و می‌گوییم اگر این کار را نمی‌کنیم به‌این دلیل است که... در حالی‌که واقعاً این‌جور نیست. این کار را نمی‌کنیم به‌این دلیل که نمی‌خواهیم بکنیم. دم خروس‌ها پیداست. داریم به طرف انسان‌های ماشینی‌شده و تک‌بعدی می‌رویم. انسان‌های متحدالشکل‌شده، منتها به‌شکل انسان‌هایی که مثلاً در دورهٔ نازی‌ها در آلمان می‌زیستند. به‌هرحال آن‌ها شجاعت‌هایی داشتند و کارهایی کردند. کسانی بودند که توانستند در مدت هفت هشت سال یک کشور ورشکستهٔ جنگ‌زده را به سطحی بالاتر از قبل برسانند، ولی ما متأسفانه در لاابالی‌گری گام برمی‌داریم و مسئولیت‌هایمان را ندیده می‌گیریم و در جهت انحطاط و ابتذال به یکنواختی می‌رسیم.

*****

طبق گفته‌ها و شنیده‌ها زنده‌یاد بهرام صادقی علاوه بر اینکه داستان‌نویس ممتازی بوده، خود نیز انسان جالبی بود. آیا با ایشان آشنایی داشتید؟ یا گونهٔ آشنایی شما تنها به‌واسطهٔ نوشته‌های ایشان بوده؟ و آیا آثاری از ایشان همچنان در انتظار چاپ است یا نه؟

من بیشتر با نویسندگان عضو کانون دمخور بودم. ایشان هم گویی مجال نداشت به این مقوله فکر کند. اولین داستان بلند یا رمانش «ملکوت» در سال ۱۳۴۰ و اولین مجموعه‌داستانش، «سنگر و قمقمه‌های خالی» در سال ۱۳۴۹ منتشر شد. بقیه هرچه بود بسیار پراکنده بود. آثار در انتظار چاپ فکر نمی‌کنم، چون چند داستان پراکندهٔ او در مجلات با عنوان «وعدهٔ دیدار با جوجو جتسو» درست بیست سال پس از خاموشی او در سال ۱۳۸۳ چاپ شد. در مجموع نویسنده‌ای خوش‌فکر و چه‌بسا بداقبال بود. سال ۱۳۵۵ خسرو هریتاش بر اساس رمان «ملکوت» فیلمی ساخت که آن هم متأسفانه به نمایش عمومی درنیامد. شنیدم به‌دلیل نوع نگاه صادقی به مسئلهٔ خیر و شر و القای حلول جن در انسان و ترویج نوعی هیچ‌انگاری و پوچ‌گرایی در زندگی شخصیت‌هایش، جلو نمایش آن را گرفتند، متأسفانه. قطعاً این تأسف حرف دل خیلی از هنردوستان و نویسندگان این مرز و بوم هم است. واقعاً باید متأسف بود که رژیم گذشته و فعلی اجازه ندادند ملکوت به نمایش درآید. «ملکوت» صادقی می‌توانست اولین داستان بلند نمادین و وهمناک نویسندهٔ ایرانی باشد و بیانگر آدم‌های شیطان‌صفتی که خود را منجی یا مجری اوامر بالادستی‌ها می‌دانند، حرص موحشی به کشتن جوانان دارند. همواره باید زندگی خصوصی و هنری نویسنده‌ای چون بهرام صادقی را از هم جدا کرد. او در هنر داستان‌نویسی به وظیفه و تعهداتش عمل کرد. محمدرضا اصلانی، یادداشت‌های پراکنده، اشعار و داستان‌های چاپ‌نشدهٔ صادقی را در مجموعه‌ای به‌نام «بهرام صادقی،

بازمانده‌های غریبی آشنا» در سال ۱۳۸۴ گردآوری کرد و اندکی بیش از اندکی به درون او رفت و از زندگی خصوصی‌اش نوشت. در پاسخ پرسش شما دربارهٔ زندگی خصوصی‌اش، باید عرض کنم همه می‌دانند که پزشک بوده و دورهٔ نظام‌وظیفه‌اش را در سپاه بهداشت طی کرد. سال ۱۳۵۱ موفق شد جایزهٔ فروغ را بگیرد و سال ۱۳۵۵ با ژیلا مرادی ازدواج کرد و حاصل آن ازدواج دو دختر است به‌نام‌های مانلی و نیلوفر صادقی. همچنین در خبرها آمده در سال ۱۳۶۱ و ۱۳۶۲ مجموعاً دو یا سه ماه به‌عنوان پزشک به جبهه رفت و سرانجام گویا سر میز شام بر اثر سکته قلبی فوت کرد.

نقطهٔ مشترکی که در آثار زنده‌یاد بهرام صادقی وجود دارد از نظر شما کدام است؟ به‌قول معروف جان کلام ایشان چیست؟

صادقی دیدی تلخ و طنزآمیز و شناختی دقیق از فرم داستان نو داشت. در هر داستان می‌کوشید شیوهٔ تازه‌ای برای بیان مفاهیم موردنظرش بیابد، از این‌رو خواننده در هر اثرش با تجربهٔ جدیدی روبه‌رو می‌شود. او در اغلب آثارش مسئلهٔ واخوردگی و شکست، فقر و یأس آدم‌های عصر نو را ترسیم می‌کند. طنز صادقی با وجود تلخی و بدبینی، نفی زندگی نیست. او افشاگر تمامی عواملی است که باعث حقارت و خواری انسان می‌شوند. داستان‌های او گاه انسان‌شناسانه و گاه هستی‌شناسانه و فلسفی است. خوشحالم که غیر از آقای محمدرضا اصلانی پژوهندگان دیگری هم دربارهٔ آثار بهرام صادقی کتاب چاپ کرده‌اند. می‌توان از «خون آبی بر زمین نمناک» نوشتهٔ حسن محمودی و «مسافر غریب و جیران» نوشتهٔ روح‌الله مهدی‌پور عمرانی نام برد.

۱۵

اسماعیل خویی

اکثر آثار اسماعیل خویی:

«بـر خنـگ راهوار زمیـن»، «بر بـام گردبـاد»، « زان رهـروان دریا»، «فراتـر از شـب اکنونیـان»، «بـر سـاحل نشسـتن و هسـتن»، «مـا بـودگان»، «غزل‌قصیدهٔ آغوش عشـق و چهرهٔ زیبای مـرگ»، «نهنگ در صحـرا»، «از شـعر گفتـن»، «جدال بـا مدعـی»، «آزادی، حق و عدالـت»، «مجموعه‌رباعیـات به‌زبـان انگلیسـی» و...

اسماعیل خویی، از نسل غولان زیبای قصیده و غزل (۱۴۰۰ - ۱۳۱۷)[۱]

وقتـی قرار اسـت دربارهٔ نامداران نسـل قبل خاطره‌ای بگویـی، ناچاری خودت را کوچـک و کوچک‌تـر کنـی تا برگـردی بـه آن خاطره‌های تلخ و شـیرین که به جانـت نشسـته و از آن زمان تاکنون جزء جدایی‌ناپذیر وجودت شـده اسـت.[۲]

دکتـر اسـماعیل خویـی، همـواره در کانون توجـه خداوندگاران سـخن و سـجایای اخلاقی بوده اسـت. او یکی از معدود شـخصیت‌هایی اسـت که با بیش از یکصد و سـی مدخل در کتاب پنج‌جلدی «تاریخ جنبش روشنفکری ایـران»[۳] می‌درخشـد. من امروز در این مجال انـدک فقط روزنه‌ای باز می‌کنم به سـرفصل اهم خاطرات خودم و فعالیت‌های او در کانون نویسـندگان ایران و کانون نویسـندگان ایران در تبعید.

آسـان نیسـت حق مطلـب را اداکـردن دربارهٔ شـاعر و فیلسـوفی مبـارز که خـود در دههٔ چهل شـاهد ظهور و صعودش بودم در جریان «شـب‌های شـعر

۱- چاپ اول، مجلهٔ شهروند بی‌سی، ۱۷ مهٔ ۲۰۱۳، ۲۷ اردیبهشت ۱۳۹۲

۲- سـخنرانی به‌مناسـبت بزرگداشـت اسـماعیل خویـی، سـالن اینلـت تیاتـر، پـورت مـودی، ونکـوور، مهٔ ۲۰۱۳، اردیبهشـت ۱۳۹۲

۳- بخشی از تاریخ جنبش روشنفکری ایران، مسعود نقره‌کار، دورهٔ پنج‌جلدی، نشر باران، سوئد ۲۰۰۲

گوته» (۱۳۴۷) همراه احمد شاملو و در جریان «ده شب کانون نویسندگان ایران» (۱۳۵۶) در کنار زنده‌نام سعید سلطان‌پور، جوانان فراوانی را به خروش آوردند و خود نیز خوش درخشیدند از آن‌گونه که هنرمندان راستین در اذهان مردم رد و اثر می‌گذارند. چگونه می‌توان از یک شخصیت ادبی برجستهٔ ایرانی تجلیل کرد که هم در ایران جزو ۴۹ نفر پایه‌گذار اولیهٔ کانون نویسندگان ایران (۱۳۴۷) بوده است، و هم در خارج از کشور جزو پایه‌گذاران اصلی کانون نویسندگان [ایران (در تبعید)] (۱۳۶۱) و «انجمن قلم ایران در تبعید» (۱۳۷۳) و در سراسر این دوران پرتلاطم، بیش از چهل کتاب منتشر کرده است و تعدادی از آن‌ها فراتر از مرزهای زبان فارسی به شهرتی درخور رسیده‌اند.

همین‌جا توضیحی بدهم دربارهٔ عنوان مطلب، یعنی «اسماعیل خویی، از نسل غولان زیبای قصیده و غزل» و آن اینکه... حدود سی و پنج سال پیش که من از اعضای جوان کانون نویسندگان محسوب می‌شدم، شخصیت‌هایی مثل احمد شاملو و سیمین دانشور را جزو غولان دوست‌داشتنی نسل قبل از خود می‌دانستم و نام اسماعیل خوییِ شاعر هم با شانزده هفده کتاب بلافاصله پس از آنان می‌آمد و ما جوان‌ترها در غیاب هر یک از آن غولان زیبا و دوست‌داشتنی جملاتی در حد یک کد و نشانه می‌گفتیم. مثلاً تا می‌گفتیم «غول رنج»، به یاد بتهوون می‌افتادیم. تا اسم شاملو پیش کشیده می‌شد، یکی می‌گفت «وارطان سخن نگفت، نازلی همان وارطان بود» یا تا اسم اخوان می‌آمد، می‌گفتند «زمستان است و سرها در گریبان است». دربارهٔ دکتر خویی همیشه جملات توضیحی تشریحی بود و مثلاً به این سیاق «آری و باری، درود بر هم‌ولایتی فردوسی و خداوندگار علائم سجاوندی» و دربارهٔ غلامحسین ساعدی می‌گفتیم خداوندگار «آی باکلاه و آی بی‌کلاه»، همراه «ترس و لرز» که هر دو از آثار ارزشمند ساعدی بودند.

باری، هرگز از خاطرم نرفته که دکتر اسماعیل خویی از همان سال‌های دیر و دور جزو معدود شاعرانی بود که علاوه بر شهرت از محبوبیت هم برخوردار بود. از خاطرم نمی‌رود و نباید هم برود که چگونه بی‌هیچ مزد و منت کنار جوان‌ها می‌نشست و با حوصله و صبری ایوب‌وار و مثال‌زدنی، به اشعار و داستان‌های جوان‌ها گوش می‌داد و راهنمایی‌شان می‌کرد. نمی‌خواهم دکتر خویی را با شاعر نامداری چون اخوان ثالث که همشهری او بود مقایسه بکنم که در همان ایام کمتر مجال و حوصله می‌یافت به جوان‌ها بپردازد و احیاناً میدانی به آن‌ها بدهد.

آری و باری، یادها و بودها فراوان است، اما آنچه در مجلس پاسداشت او گفتنی است اینکه من او را طی سالیان از خداوندگاران زبان فارسی می‌دانستم و نکته اینکه او همواره خود را از مدافعان حقوق خلق‌های ترک و ترکمن و بلوچ و لر و عرب و... می‌دانست و در کانون نویسندگان همواره از زبان و لهجهٔ آنان دفاع می‌کرد. برای این شاعر مردمی همواره «اعتراض» به‌عنوان اصلی‌ترین عنصر محتوایی شعر و یکی از مضامین اساسی در غزل و قصیده مطرح بوده است. او در جایگاه یکی از اعضای برجستهٔ کانون نویسندگان هرگز سکوت را به‌عنوان یکی از شیوه‌های مبارزاتی نپذیرفت و همواره برای تحول گام برداشت. نگاه کنید به پوستری که انجمن هنر و ادبیات ونکوور از او تهیه کرده است. حتی در عاشقانه‌های تمیز هم، او بی‌مضایقه انقلابی بوده و است.

دکتر خویی جزو شاعران و هنرمندانی است که خود شاهد بودم با دو چشم گریان و قلبی شکسته و بغضی درگلومانده از اعدام سعید سلطان‌پور و دیگر مبارزان و سنگ‌اندازی سانسورچیان، ترک وطن کرد. چرا که درها و دریچه‌های ادبیات نو و بالنده را چنان برخی از هم‌نسلانش (با تعلقات خاص سیاسی) بر او بسته بودند که جلای وطن و جان‌به‌دربردن امری عادی

جلوه می‌کرد. دکتر خویی جزو نخستین مهاجران و آخرین مهاجران نبود، اما جزو مهاجران صاحب‌نامی بود که هنوزاهنوز هم آه می‌کشند برای آن وطنِ به‌جان‌آمده از بیداد و شعارهای متحجرانه و جنگ‌طلبانه و ما طی سالیان سال آه می‌کشیدیم از عدم حضورش در کانون نویسندگان ایران که هرازگاه تا دریچه و روزنه‌ای می‌یافت سر برمی‌آورد در مثلاً متن «ما نویسنده‌ایم» یا متن «۱۳۴ نویسنده» سال ۱۳۷۳ یا منشور کانون در سال‌های سیاه ۱۳۷۵ تا ۱۳۷۷ که با ماجرای اتوبوس منحوس شروع شد و با مرگ دو تن از برجستگان کانون، محمد مختاری و محمدجعفر پوینده، وارد دورهٔ جدیدی گشت.

حالا مهم نیست که اسماعیل خویی خود را مبارزی تشکیلاتی بداند یا نداند. او مبارزهٔ خود را کرده و نقش برجستهٔ خود را بر تاریخچهٔ کانون حک کرده است و هنوز هم چون روشنفکری متعهد در راه آگاهی‌بخشی گام برمی‌دارد. آفتاب آمد دلیل آفتاب. او حالا اینجاست و همراه من و شما پوزخند می‌زند به آنانی که برای به خاموشی‌کشاندن شخصیت‌های ادبی و جریان روشنفکری ایران به‌هر وسیله‌ای متوسل می‌شوند.

من به جناب دکتر اسماعیل خویی خوش‌آمد می‌گویم و پاس می‌دارم عرق‌ریزان روح و تلاش‌های بی‌وقفهٔ حداقل نیم‌قرن اخیر او را در عرصهٔ شعر و سخن، و در پاسخ به آنانی که پیش‌ترها استدلال می‌کردند که نویسندگان و شاعران در تبعید از زبان و ریشه‌های خود دور افتاده و دیگر قادر نیستند مثل گذشته اثری درخور تأمل بیافرینند، می‌گویم اینک دکتر اسماعیل خویی با انبوهی کار انجام‌یافته و انبوهی دیگر از آثار دردستِ‌انجامش بسان آفتابی درآمده، بر ما منت گذاشته و بسیار سرافرازمان کرده است.

و اما یکی چند خاطره...

اگر از مجالس شادخواری یا شادنوشی در منزل دوستان مشترک (دکتر

فرامرز سلیمانیِ شاعر و احمد کریمی حکاکِ مترجم و محقق و...) و شکار لحظه‌های ناب در این کافه و آن محفل ادبی بگذریم، فهرست‌وار و به‌اجمال گفتنی است از سال ۱۳۵۷، در جلسات عمومی کانون نویسندگان، عصر هر سه‌شنبه از سخنانش بهره می‌گرفتم. از سال ۱۳۵۸، به‌عنوان حسابدار کانون در اغلب جلسات هیئت دبیران کنارش می‌نشستم و از سال ۱۳۵۹، به‌عنوان سردبیر فصلنامهٔ «برج»[1] اشعار و مقالات موشکافانه‌اش را دربارهٔ «تفاوت شعر و شعار» چاپ می‌کردم و هرجا و هروقت حتی جدا از مسائل کانون به مشکلی برمی‌خوردم، او صبورانه آنچه به‌نفع من و خوانندگانم بود بی‌هیچ پیش‌داوری راهنمایی می‌کرد.

بعد از یورش عوامل فشار و بستن محل کانون در خیابان مشتاق (خرداد ۱۳۶۰) جلسات به خانه‌ها منتقل شد و در آخرین جلسهٔ رسمی کانون، او همراه کلیهٔ اعضای اصلی و علی‌البدل هیئت دبیران و دیگر اعضای مؤثر به خانهٔ من آمدند. فراموشم نمی‌شود چگونه مسائل بیرونی جامعه رخنه کرده بود به درون کانون و دکتر خویی تحت تأثیر هیجان‌های درونی و بیرونی، با دستمال سفید و بزرگش عرق از پیشانی پاک می‌کرد و آه می‌کشید. گویی مثل یک پیشگوی واقعی، می‌دید چه سرنوشتی در انتظار ماست و بیش از همه حرص و جوش آیندهٔ کانون را می‌خورد و بیش از همه عرق بر پیشانی بلندش می‌نشست.

آخرین دیدار من با او در سال ۱۳۶۳ بود. پیغام داده بود متن میزگردی خواندنی با سیمین‌بانوی بهبهانی و م. آزاد (شاعر) و حسن پستا (مترجم) را ویرایش کرده و بد نیست در «جنگ مس»[2] چاپ شود و من در صبحی دلگیر از تابستانی که هر روز فضایش تنگ و تنگ‌تر می‌شد و نفس کشیدن مشکل‌تر، زنگ خانهٔ دکتر کریمی حکاک را زدم (آپارتمانی حوالی دانشگاه

۱- فصلنامهٔ برج، محمد محمدعلی، انتشارات آگاه، شماره‌های ۱، ۳ و ۵، ۱۳۵۹ تا ۱۳۶۱
۲- جُنگ مس، ویژهٔ ادبیات و هنر، محمد محمدعلی، انتشارات نگاه، ۱۳۶۶

تهران). دکتر خویی در را باز کرد و لحظاتی با چشمان ملتهب و نگران از بی‌خوابیِ ممتد نگاهم کرد. هرچند آن غول زیبا و دوست‌داشتنیِ قصیده و غزل به‌شدت نگران بود، اما هنوز هم بود و می‌جنگید. مطلبی ویرایش کرده بود و دلش می‌خواست جای آبرومندی چاپ شود. مثل عقابی بود با بال‌های زخمی بر فراز درختی یا برج و بارویی که هر آن و لحظه بیم آن می‌رفت شکارش کنند. مگر دوست و رفیق و همسنگرش، سعید سلطان‌پور، را به‌همین آسانی شکار نکرده بودند در سال ۱۳۶۰؟

گفت: «بنشین صبحانه بخوریم.»

گفتم: «باید بروم.»

گفت: «کجا با این عجله؟ حتماً اداره.»

آن زمان سازمان بازنشستگی کشوری کار می‌کردم. نگفتم از اداره پنج ماه مرخصی بدون حقوق گرفته‌ام تا از کمند بسیج کارمندی و آن جبهه‌بردن حق علیه باطلشان شانه خالی کنم.

گفت: «امید ما به شما جوان‌هاست که می‌مانید.»

نشستم و به خودم نگاه کردم. دیگر هیچ نشانی از جوانی و شادابی در خودِ سی و پنج شش ساله‌ام نمی‌دیدم با آن داغ دو برادر جوانم در سال ۱۳۶۲. سرانجام اینکه هر دو گریستیم و من با چشمان گریان آمدم بیرون. متنی در دستانم می‌لرزید که مورد تأیید دکتر اسماعیل خویی بود. مثل دیگر متن‌های ویرایش‌شدهٔ او پر بود از دش، گیومه، پرانتز، کروشه و آکولاد و دیگر علائم سجاوندی و فاصله‌هایی که خود دکتر به کار می‌گرفت تا بینندگان احتمالی در همان نگاه اول بتوانند متن را درست و صحیح بخوانند. من آن مطلب را در «جنگ مس» گذاشتم و تا ناشر بفرستد ارشاد و مراحل خفت‌بار سانسور را طی کند، دکتر اسماعیل خویی با همان بال شکسته و بغض نهفته در گلو به پرواز درآمد و بر بام لندن

نشست و آن مجموعه‌مقالهٔ ادبی و فرهنگی در وزارت ارشاد ماند و ماند تا همراه «مجموعه‌داستان بازنشستگی» من در سال ۱۳۶۶ منتشر شد و از هر کدام دو نسخه فرستادم برایش.

فکرش را بکنید! در شرایطی که ممکن است آقایان بیایند سراغت و حادثه دور سرت پرپر می‌زند، وقت بگذاری و سر صبر بنشینی و صحبت‌های دیگران را ویرایش کنی و بعد دنبال امینی بگردی تا بسپاری دستش. غم چاپ‌شدنش را بخوری آن هم بی‌مزد و منت از هر دو سو، کار هر کسی نبود جز اسماعیل خویی و منی که فکر می‌کردم با انتشار حتی یک ویژه‌نامهٔ فرهنگی-هنری می‌ایستم مقابل فرهنگ حاکم که فقط به ادبیاتِ جنگش اهمیت می‌داد.

آری و باری، دکتر اسماعیل خویی علاوه بر کار شعر و شاعری و تدریس در دانشگاه و فعالیت‌های اجتماعی، همواره یک آرزوی انسانی بزرگ هم داشت و قطعاً حالا هم دارد. می‌گفت... همهٔ ما می‌بایست خود را در شرایطی قرار بدهیم که عمیق‌تر بیندیشیم. از قضاوت‌های سطحی و لحظه‌ای پرهیز کنیم، می‌بایست به جایی برسیم که هر نویسنده و شاعری را به‌ازای همهٔ آثارش، همهٔ زندگی‌اش، همهٔ افت‌وخیزها و وضعیت زمان و مکانش که مجموعه‌ای از او را می‌سازد، محک بزنیم. و من و ما نیز می‌آموختیم از او که آموخته بود همواره به‌شیوه‌ای سخن بگوید که خود زندگی‌اش می‌کند. او هرگز واعظ غیرمتعظ نبود. آنچه می‌گفت اولین کس بود برای انجامش.

اسماعیل خویی در کانون نویسندگان ایران

کانون نویسندگان ایران به‌عنوان دمکرات‌ترین نهاد شناخته‌شده در جنبش روشنفکری ایران و به‌تعبیر درست‌تر، اتفاقی نادر، مهم و پرمعنی در زندگی فرهنگی ایران به شمار می‌آید. این تشکّل از روز نخست (۱۳۴۷) با نام

جلال آل احمد و محمود اعتمادزاده (به‌آذین) و رفقای جوان‌تر آنان چون اسماعیل خویی و سیاوش کسرایی و... عجین شده است. متأسفانه کانون نویسندگان ایران ده سال در فترت بود و رژیم شاه تا انقلاب ۱۳۵۷ اجازهٔ فعالیت رسمی به آن نداد. اسماعیل خویی از سال ۱۳۵۸ تا ۱۳۶۰ دو دوره به عضویت هیئت دبیران برگزیده شد. نقش او در ویراستاری مجلهٔ «اندیشهٔ آزاد»، ارگان رسمی کانون نویسندگان، ستودنی است. همچنین نقش او در کنار زنده‌یادان سعید سلطان‌پور و محمد مختاری برای جمع‌آوری امضا و برکناری شاعران و نویسندگان توده‌ای که در سر سودای پیوستن کانون به حکومت را می‌پروراندند، به‌یادماندنی است.

اسماعیل خویی، کانون را دیدارگاه گوناگونی‌ها در گسترهٔ هوش و حس عاطفهٔ مردمان توصیف می‌کند. او کانون نویسندگان را همایش آفرینندگی و هنری ایران با کارکردی روشن و برجسته معرفی و سنگری می‌داند برای پاسداری و پشتیبانی از آزادی بیان و نشر در سراسر ایران. او دربارهٔ قانونی‌بودن و رسمی‌بودن کانون نویسندگان می‌گوید: «... کانون نویسندگان ایران تا بوده، نهادی قانونی بوده است.» به‌عبارت‌دیگر آرزوی اسماعیل خویی بود که کانون نویسندگان قانونی باشد و قانونی‌بودن به‌ویژه یعنی «بودن و کارکردن در چهارچوب قانون اساسی موجود کشور». از دیدگاه خویی... قانونی‌بودن در این معنا، البته تفاوت دارد با رسمی‌بودن. پس کانون تا وقتی بود «قانونی» بود - یعنی که خود را قانونی می‌دانست و حق داشت خود را قانونی بداند. گرچه هیچ‌گاه وزارت کشور، اساسنامه و مرامنامهٔ آن را نپذیرفت تا رسمیت بیابد و به ثبت برسد. البته همین شرایط در زمان شاه هم به کانون اعمال می‌شد و به ساواک نیز امکان و توان یورش‌آوردن و ازکارانداختن کانون را می‌داد.

اسماعیل خویی در مقایسهٔ برخورد دو رژیم با روشنفکران و نویسندگان

ایرانی می‌گوید: «... رژیم شاه با جهان پیشرفتهٔ امروزین رودربایستی‌هایی می‌داشت و در برخورد با حقوق بشر، به‌ویژه ناگزیر بود از گونه‌ای حفظ ظاهر و آبروداری‌کردن و... ، اما رژیم آخوندی، خود را تنها پاسخ‌گوی خدا می‌داند و بس. آن هم در جهان آینده و سپس در رویاروشدن با تهاجم فرهنگی علیه روشنفکران و نویسندگان و شاعران معترض، دستی درازتر دارد...»

اسماعیل خویی و کانون نویسندگان ایران در تبعید

اسماعیل خویی پس از سه سال (۱۳۶۰ تا ۱۳۶۳) زندگی مخفیانه در تهران به‌محض ورود به انگلستان همراه دیگر دوستان نویسنده و شاعر به کانون نویسندگان در تبعید پیوست و نقش مؤثری در گسترش آن داشت. او ذره‌بین‌به‌دست و تیزبین، هرگاه می‌دید مشی و منش دمکراتیک کانون زیر سؤال و ضربه می‌رود، لب به اعتراض می‌گشود. در یکی از جلسات می‌گوید: «... متولی‌گری بدترین معنایش از هنگامی آغاز می‌شود که ما اعضای قدیمی کانون، خود را خودِ کانون بپنداریم و با به‌خودارزانی‌داشتن حقوق ویژه «السابقون السابقون» به دیگر کسانی که می‌توانند در کانون باشند، اما به‌هر دلیلی هنوز در کانون نیستند از بالا و با گونه‌ای احساس برتری بنگریم. کانون یک حزب سیاسی نیست که هرچه اعضای آن هم‌اندیشه‌تر باشند، توان یکپارچهٔ آن در رزمندگی سیاسی بیشتر باشد. کانون یک نهاد دموکراتیک، یعنی فراسیاسی است که هرچه اعضای آن بیشتر باشد، کارایی فرهنگی-آزادی‌خواهانهٔ آن بیشتر خواهد بود...»

در پایان گفتنی است که دکتر اسماعیل خویی یکی از شاعران متعهدی است که در ادوار مختلف، هم به‌عنوان سخنگوی کانون نویسندگان ایران در تبعید، هم به‌عنوان رئیس (پرزیدنت) انجمن قلم ایران در تبعید، بیشترین مصاحبه‌ها را به‌زبان انگلیسی و فارسی دربارهٔ اهداف کانون انجام

داده است و در جاانداختن نگاه دموکراتیک آن نزد دیگر مجامع حقوق بشری و پن جهانی نقش مؤثری داشته است.

* * * * *

متأسفانه دکتر اسماعیل خویی همین چندی پیش (۴ خرداد ۱۴۰۰) به دیار جاودانگی پیوستند. اما تا آن هنگام که با ما بودند، هم شعر گفتند و هم در صف مقدم علیه سانسور و استبداد صدای رسایی داشتند. آیا به‌همین دلیل می‌توان گفت آثار ایشان در زمان حیاتشان برخلاف دوستان نزدیکشان، سعید سلطان‌پور و محمد مختاری، در جهان مورد توجه و نگاه مخاطبان قرار گرفته است؟

یادش گرامی. شعرهایش طی سال‌ها به زبان‌های انگلیسی، روسی، فرانسوی، آلمانی، هندی، اوکراینی و... ترجمه شد. او نخستین شاعر ایرانی بود که در سال ۲۰۱۰ برندهٔ جایزهٔ بنیاد «فریدریش روکرت» شد. همان‌طور که می‌دانید، فریدریش روکرت[۱]، شاعر و مترجم آلمانی از بنیان‌گذاران شرق‌شناسی آلمان است و طی سال‌ها آثاری از زبان فارسی به آلمانی ترجمه کرد. این اواخر خانم سایه اقتصادی‌نیا، پژوهشگر ادبیات فارسی، در یک پست فیس‌بوکی نوشته بودند: «... در شعر مهاجرت پس از انقلاب ۱۳۵۷ سه شاعر نیمایی: سیاوش کسرایی، نادر نادرپور، اسماعیل خویی بر خاک غربت هلاک شدند...» اما به‌باور من ممکن است بر اثر بحران‌های روحی زجر فراوان کشیده باشند، هرچند تبعید و مسائل پیرامونی دوری از وطن و مهاجرت در شعر هر سهٔ این عزیزان باعث دگرگونی در فرم و درون‌مایه و حال شعرشان شد و اشعار خوبی سرودند. انگار که گویی خود را وقفِ وصف غربت کردند. این اشعار از

۱- فریدریش روکرت (به آلمانی: Friedrich Johann Michael Rückert) (زادهٔ ۱۶ مهٔ ۱۷۸۸ در شواینفورت آلمان - درگذشتهٔ ۳۱ ژانویهٔ ۱۸۶۶ در نویزس در نزدیکی کوبورگ آلمان) شاعر و مترجم نامی آلمانی و از بنیان‌گذاران شرق‌شناسی آلمان است.

مهم‌ترین نوشته‌هایی‌اند که باید در پژوهش پیرامون شعر مهاجرت و سیر تطویل آن و تاریخ‌نگاری این گونهٔ ادبی موضوع مطالعه محققان قرار گیرد. بد نیست در تکمیل بخش شفاهی یادآور شوم اسماعیل خویی، مدرک دکترای فلسفه‌اش را از دانشگاه لندن گرفته بود. همسر اولش، فرانکا گالیو، ایتالیایی بود و همسر دومش، رکسانا صبا، ایرانی که از او سه دختر و یک پسر به جا مانده است.

۱۶

اکبر رادی

اکثر آثار اکبر رادی:

«ازدست‌رفته»، «روزنهٔ آبی»، «افول»، «مرگ در پاییز»، «از پشت شیشه‌ها»، «ارثیهٔ ایرانی»، «صیادان»، «لبخند باشکوه آقای گیل»، «در مه بخوان»، «هاملت با سالاد فصل»، «منجی در صبح نمناک»، «پلکان»، «تانگوی تخم‌مرغ داغ»، «آهسته با گل سرخ»، «شب روی سنگ‌فرش خیس»، «آمیزقلمدون»، «باغ شب‌نمای ما»، «ملودی شهر بارانی»، «خانمچه و مهتابی»، «دوتک‌پرده‌ایِ شب‌به‌خیر جناب کنت و کاکتوس»، «روی صحنهٔ آبی»، «پایین گذر سقاخانه»، «آهنگ‌های شکلاتی» و...

سه یادداشت پیرامون اکبر رادی (۱۳۸۶ - ۱۳۱۸)

۱ - مرثیه نیست، واقعیت است[1]

هرچند اکبر رادی در ۵ دی ماه ۱۳۸۶ خاموش شد، اما فکر نمی‌کنم با این‌همه آثار خوب، حداقل در ذهن تمامی کسانی که در طول چهل و اندی سال نمایشنامه‌های او را خوانده یا روی صحنه شاهد اجراهایش بوده‌اند، از یاد برود، که البته کم هم نیستند. رادی در جای دیگر هم از یاد نمی‌رود و آن نزد دوستان نزدیک و شاگردانش در دبیرستان و دانشگاه است. من خود را دوست او می‌دانم. او نیز چون غلامحسین ساعدی استاد زندگی و رفتار و کردار من بود. او البته هرگز با من در خصوص راز و رمز و تکنیک داستان‌نویسی و نمایشنامه‌نویسی هم‌رأی و هم‌عقیده نبود، اما من او را از خیلی‌ها بهتر و برتر می‌دانستم، زیرا دربارهٔ تئوری داستان و نمایش هر دوی ما چشممان نخست به احساس خود و سپس به ترجمه‌های خوب از نقد و منتقدان شناخته‌شدهٔ مهم بود...

۱- چاپ اول، روزنامهٔ اعتماد، شمارهٔ ۱۵۷۶، دی ۱۳۸۶

من او را دوست و استاد اخلاق می‌دانستم، چون دموکرات‌تر از خیلی از هم‌نسلان خود بود، چون چهل سال تدریس به او آموخته بود با جوان‌تر از خود چگونه سخن بگوید تا آن سخن به کنج دل شنونده بنشیند. چگونه سخن بگوید که واعظ مطلق و تک‌صدایی نباشد. دوستی من با او برمی‌گردد به سال ۱۳۵۴ زمانی که من تازه کتاب اولم «درهٔ هند آباد» را منتشر کرده بودم. یکی از شاگردان دورهٔ دبیرستان او هوتن نجاتِ شاعر بود. سابقهٔ دوستی من و هوتن می‌رسید به دورهٔ نظام‌وظیفه (۱۳۴۹). هوتن کتاب مرا به او داده بود و آن رادمرد خواسته بود مرا ببیند. از شور و شعف خود چیزی نمی‌گویم که ثنایی می‌شود بر این مرثیه که دست خودم نیست. مثل این های‌های گریه... دارم می‌نویسم تا راه به راه برود زیر چاپ. آن روز گفتم: «مجموعه‌داستان جاده (چاپ ۱۳۴۷) شما پوشیده در ابر و مهی با ذهنیت خاص است.» منظورم احاطهٔ نوعی ادبیات اقلیمی بود از خطهٔ گیلان. بعد از او پرسیدم: «آیا شما فکر می‌کنید این نوع توصیف‌ها، این نوع رابطه‌ها مدرن هم است؟» گفت: «لابد آن‌قدر نیست که نویسندهٔ جوانی چون شما جلوی من بایستی و درباره‌اش حرف بزنی... » که شرمنده از جملهٔ سرشار از تواضعش ساکت نشستم تا او دربارهٔ مجموعه‌داستان من سخن بگوید. هیچ تعریف و تمجیدی نکرد منتها دموکرات‌منشانه و مؤدب مرا نشاند سر جای خودم؛ جایی که اکثر یک‌کتابی‌ها می‌باید بنشینند تا از جایگاه جدید خود جهان را بنگرند. مرثیه نیست، واقعیت است؛ وقتی که با خضوع و خشوع سر تعظیم فرود می‌آورد مقابل حقیقت درون‌مایهٔ اثرت، تو درس می‌گرفتی. گوش می‌دادی تا به خود ببالی... دوستی میان ما سال‌ها ادامه یافت. یکی دو سال پیش از خاموش‌شدنش به او گفتم: «عزیز، تو تهرانی نیستی، ولی یکی از جاذبه‌های توریستیِ تهرانی. تهرانی‌های اصیل باید بیایند مقابل کلام سلیس و نثر روان تو لُنگ بیندازند و میزان اطلاعاتت را از محله‌های قدیمی تهران مدح گویند.»

خندیـد. گفـت: «می‌دانی این جاذبهٔ توریستی تهران که من باشـم هنوز بهترین جاذبهٔ توریستی تهران را از پس این‌همه سـال ندیده اسـت؟» تعجب کـردم. واقعاً مگر ممکن بود با آن روابط عمومی قوی، او چهره‌ای شـاخص از اهـل ادب و هنـر را در تهران ندیده باشـد. گفتم: «کـی از تـو جذاب‌تـر اسـت؟» ایـن مرثیـه و ثنا نیسـت، ایـن واقعیـت اسـت. گفـت: «سـیمین بهبهانـی» مـن هم مثـل خـود او قاه‌قاه زدم زیر خنـده. هرچند سرمسـت بودیم با آن بسـاط اطعمه و اشـربه روی میز وسـط اتاق. گفتم: «شـرط دارد.» گفت: «هـر شـرطی، قبول.» گفتـم: «میهمانـی اول خانـهٔ مـن» گفـت: «قبول» هفتهٔ بعـد همـه دور هـم بودیـم. حتـی علی بهبهانـی هم بـاورش نمی‌شـد این دو قطـب تواضـع و محبوبیت تاکنون همدیگر را ندیده باشـند. ایـن مرثیه و ثنا نیسـت اگر مقابل کسـانی باشـی که حضورشـان آفتاب را شـرمنده می‌کند. رادی ثناگوی راسـتی و درسـتی و پاک‌دامنی و رفاقت و معرفت بـود. رادی مرثیه‌خـوان هر داسـتان و شـعر خوب و هر نمایشـنامهٔ محکـم و اصولی بود. راسـتش را بخواهیـد مجالی در خود نمی‌بینم بـرای پاک‌نویس مجدد. هرچه بادابـاد. تقدیـم به اکبر رادی. تا بعد.

به‌بهانهٔ سالروز تولد اکبر رادی[1]
۲- آیا من، صداوسیمایی بی‌رحم و بی‌انصافم؟

من به‌عنوان صداوسیمای شاخص ملی دربارهٔ تولد اکبر رادی نمایشنامه‌نویس بـزرگ ایرانـی هیچ حرف و سـخنی نـدارم؟ دربارهٔ مرگش هم حرف و سـخن و خبر چندانی نداشـتم؟ نمی‌دانم تولدش دهم مهرماه ۱۳۱۸ بوده اسـت و خاموشـی‌اش پنـج دی مـاه ۱۳۸۶؟ مـن به‌عنوان یک صداوسـیما از رسـانهٔ صداوسـیما می‌پرسـم آیا من و ما چشـم نبسـتیم به میزان خدمات نویسـنده و

۱- چاپ اول، روزنامهٔ اعتماد، شمارهٔ ۱۷۸۶، ۱۴ مهرماه ۱۳۸۷

هنرمندی که بیش از ۴۰ سال به تئاتر و فرهنگ نمایشی این مرز و بوم خدمت کرد؟ آیا در شبکهٔ اول یک تصویر سه‌ثانیه‌ای از او پخش کردیم؟ در شبکهٔ دو از خود نپرسیدیم آیا در دورهٔ مهرورزی، مهرورزی با خیلی‌خیلی خودی‌ها مجاز بود و با کمترخودی‌ها مکروه و حرام؟ در شبکهٔ سوم اخلاق ورزشی به ما حکم نمی‌کرد با توجه به عرف و شرع خودشان و از همه بالاتر در وجه اخلاق و انسانیت و روحیهٔ ورزشکاری او که روزگاری ورزشکار (وزنه‌بردار سبک‌وزن) هم بوده است، اشاره می‌کردیم؟ در شبکهٔ چهار چه می‌شد اگر این‌همه کاسب‌کارانه حادثهٔ تولد و زندگی و مرگ او را سبک و سنگین نمی‌کردیم؟ آیا این منم که در شبکهٔ پنج تصمیم می‌گیرم کدام شخصیت هنری پس از مرگ به بهشتِ ساخته و پرداختهٔ آقایان برود و کدام به جهنم؟ آیا در شبکهٔ X نباید ببینیم اکثر جوان‌ها و میان‌سالانی که اکنون در گوشه و کنار شبکه‌های سراسری کشور به تئاتر خدمت می‌کنند و از شاگردان رسمی و غیررسمی اکبر رادی‌اند، یادی از او کنند؟ آیا من در شبکهٔ ۷ حتماً حتماً باید و باید اکبر رادی را می‌آوردم در استودیویی و مقابل یکی از شاگردانش می‌نشاندم تا میزان خدماتش در ترازوی سنجش قرار گیرد و پس از تأیید مسئولان کیکی با ۶۹ یا ۷۰ شمع برای او روشن می‌کردم؟ این‌همه حساب و کتاب و من و تویی و تبعیض ما را به کجا می‌کشاند آقای صداوسیما؟ اصلاً آیا آقای صداوسیما به‌عنوان یک صدا و یک سیما اکبر رادی را می‌شناسد؟

گفتی درونی با اکبر رادی در سالروز خاموشی‌اش[1]

۳- آن متشخص مفخم‌نویس

برای حمیده‌بانو عنقا

عزیز ارجمند، دیدی آخرش بیماری (افزایش گلبول سفید در خون) را

۱- چاپ اول، روزنامهٔ فرهنگ آشتی، دی ۱۳۸۷

قال کردی و خانواده و دوستانت را قال گذاشتی! یادم است خودت قال و مقال را دوست نمی‌داشتی، ولی عاشق شنیدن قال و مقال‌های ادبی بودی به‌خصوص وقتی که مطمئن می‌شدی سر زبان این‌کس و آن ناکس هوچی نمی‌افتد و اظهارنظرهای چپ اندر قیچی نمی‌کنند. دیدی جهان پس از تو، بهتر که نشد هیچ، بدتر هم شد؟ یا ندیدی که چگونه اوباما رئیس‌جمهور آمریکا که نویدی از عدالت اجتماعی و رفع تبعیض می‌داد، ناگهان جلو چشم میلیاردها آدمِ یک‌سر و دوگوش روزبه‌روز شعارهای انتخاباتی‌اش را کم‌رنگ‌تر کرد تا رسید به یک هیچ بزرگ!

اگر بودی، باخنده‌ای شیرین می‌گفتی ای بابا! امپریالیست هم امپریالیست‌های قدیم که خودشان را به موش‌مردگی نمی‌زدند و مثل بوشِ پسر لنگه‌کفشِ کهنهٔ خبرنگار عراقی حوالهٔ سرشان نمی‌شد... بعد آرام و ریز باز هم می‌خندیدی و وقتی بهت می‌گفتم عزیز جان، مثل چخوف نویسندهٔ روسی می‌خندی، باز هم ریزریز می‌خندیدی و یک‌باره به قهقهه می‌افتادی در جوار آن شات‌ها و چتول‌ها که دمادم، به‌قول خودت سرازیر می‌شد به خندق بلا.

باری، ما بارها در آن کتابخانه و اتاقِ تک‌افتادهٔ طبقهٔ ششم آپارتمان خیابان فلسطین از قالب‌های هنری کهنه و نو، مضمون‌های عدالت اجتماعی و رفع تبعیض در آثار هنری حرف زده‌ایم و به خود یادآور شده‌ایم که شأن کلام عدالت اجتماعی از دیرباز تاریخ حوالی کهن‌الگوها بوده و بوده، و فقط شکل و بیان تازه‌اش را روشنگران و روشنفکران با تئوری انقلاب اکتبر روسیه در سطح جهان عرضه کرده‌اند...

به‌عبارت‌دیگر، رادی‌جان، تو که همواره در کار هنر از مدافعان آزادی بیان و اندیشه و جانب‌دار ضعفا بودی، دیدی که پس از یک سال غیبت، همواره و هنوز سر خانهٔ اوَلیم و چه‌بسا تا دهه‌های بعد حیات بشری

کماکان با نحوهٔ بیان این‌گونه مضامین روبه‌رو باشیم. قبول کن که چنانچه آقایانِ یک‌سونگر می‌توانستند کمی از چارچوب تنگ‌نظری‌ها بیرون بیایند، بهتر می‌توانستیم این مصیبت‌ها را به نمایش بگذاریم.

رادی‌جان، شاهد بودی در جلسهٔ سال پیش خانهٔ تئاتر در بزرگداشت تو، من در جمع بازیگران و کارگردانان و نمایشنامه‌نویسان و جمع کثیری از دوستان و دوستارانت پیشنهاد کردم از این پس به‌احترام تو، در هر مجلسی که یاد و خاطرهٔ تو به میان می‌آید، حضار به‌جای یک دقیقه سکوت یک دقیقه کف بزنند و شگفتا که همگان دو دقیقه بی‌وقفه کف زدند. آن کف‌زدن‌ها و این یادداشت‌ها به‌پاس حضور پاک و پاکیزه و مفخم و متشخص تو در عرصهٔ تئاتر بوده و است.

رادی جان! مردم دوست دارند در شادی‌هایشان تو را ببینند، چون تو به‌رغم مشکلات گوناگون در طول نیم‌قرنِ تقویمی با تنگ‌نظری‌ها و سهل‌انگاری‌ها مبارزه کردی و باعث بازگشایی و تسطیح راهی شدی که من اسمش را مفخم‌نویسی در تئاتر گذاشته‌ام و همین‌جا به بزرگِ مفخم‌نویس ادبیات نمایشی ایران درود می‌فرستم.

رادی جان، من در جشن ۶۹ سالگی تو از آن سازمان صداوسیمای کوروکرشده گله کردم که چرا هیچ‌یک از شبکه‌هایش حتی برای سه دقیقه یا سی ثانیه عکس تو را نشان ندادند، گو که می‌دانم در آرشیوشان ساعت‌ها فیلم و مصاحبهٔ تو خاک می‌خورد! چه کنم دست خودم نبود که نتوانستم از کنار بی‌اعتنایی‌های ناروا بگذرم. هرچند خودت هم هرگز راضی نشدی سوژهٔ آن بی‌مایگان بی‌فرهنگ شوی.

گو که بارها و بارها پس از گپ‌وگفت‌های عصرانه و شبانه به ریش آن‌هایی که فکر می‌کنند بی‌اعتنایی و تبعیض برای امثال من و تو خداپسندانه است، قاه‌قاه خندیده‌ایم، واقعاً از دیدگاهی، تبعیض پدیدهٔ

خوبی است. برای همین من تو را بیشتر از خیلی‌ها دوست دارم که تبعیض آقایان را به جان می‌خریدی. نه نان به مظلمه فروختی و نه به دام سخافت مضحکه‌نویسی برای جعبهٔ جادوی سیما افتادی.

رادی جان! بی‌تعارف بگویم با حضور تو محیط پیرامون من و ما عاطفی‌تر، منطقی‌تر و رنگین‌تر جلوه می‌کرد. خیلی‌ها به همان سالی یکی دو بار دیدن اکبر رادیِ سلیم‌النفس راضی بودند. همین‌که در این جشن تئاتری یا آن جلسهٔ نمایشنامه‌خوانی تو را می‌دیدند، روحشان تازه و شاد می‌شد، تعادلی می‌یافتند وقتی می‌دیدند به‌پهنای صورت می‌خندی، یا به‌وسعت سینه اندوهگینی، خیلی کسان جلو رو یا پشت سرت می‌گفتند خوشبختانه می‌توان در این حوالی، در این حوزهٔ جغرافیایی، در شهر تهران یا رشت، انسان‌هایی از جنس تشخص و فخامت مشاهده کرد. مثل اکنون که به یاد تو می‌نویسم و در رؤیا می‌بینم بسیاری کسان متشخص دقایقی بی‌وقفه برای تو دست می‌زنند...

* * * * *

نقش و جایگاه زنده‌یاد اکبر رادی در کانون نویسندگان ایران چه بود؟ لطفاً از تمایل ایشان به اجرای نمایش‌نامه‌هایشان روی صحنه بگویید. آیا به‌راحتی مجوز اجرا به گروه‌های تئاتری می‌دادند؟

همیشه عضو بود، هرچند حضور چندان فعالی نداشت، ولی همواره پشتیبان بود و همهٔ اعلامیه‌ها را امضا می‌کرد. او بازنشستهٔ وزارت آموزش و پرورش بود و دارای همسر، حمیده‌بانو عنقا، و دو فرزند پسر.

اما دربارهٔ پرسش شما در خصوص تمایل ایشان به اجرای نمایشنامه‌هایشان روی صحنه، باید بگویم تا جایی که یادم می‌آید اجرای اول را به هادی مرزبان می‌سپرد. او ۱۰ اثر اکبر رادی را روی صحنه برد.

بارها دیدم با هم کلنجار می‌رفتند اما سر آخر کار را پیش می‌بردند. با بهرام بیضایی اوایل دههٔ ۱۳۶۰ در خانهٔ اکبر رادی آشنا شدم و سخت به دلم نشست. تصادف روزگار است اینکه روز خاموشی اکبر رادی مصادف است با روز تولد بهرام بیضایی.

در پاسخ به پرسش اخیر شما عرض می‌کنم او هم مانند بسیارانی از فعالان عرصهٔ هنر و ادب ما مثل احمد شاملو، بهرام بیضایی و ده‌ها نویسنده و شاعر دیگر جزو خودی‌ها محسوب نشد و تا آنجا که من می‌دانم هرگز هیچ یک از آثارش از بلندگوهای دولتی پخش نشد و به نمایش درنیامد. آیا آن‌ها توانستند چهل سال فعالیت جدی او را که منجر به خلق آثار بسیاری شد، از چشم جوانان و علاقه‌مندان هنر و ادب پنهان نگاه دارد؟

یادم است که زنده‌یاد مصطفی عبداللهی، کارگردان و بازیگر تئاتر و سینما، چند اثر ایشان را روی صحنه بردند، که من هم بخت این را داشتم عضو کوچکی از آن باشم. حساسیت مرحوم اکبر رادی در خصوص وفاداری کامل به متن همیشه در خاطرم است. اصرار داشتند تمام جملات ذکرشده در متن بار معنایی خاصی دارند و از این رو هیچ جمله‌ای نباید تغییر کند یا حذف شود. آیا شما با ایشان هم‌عقیده‌اید؟ منظورم این‌گونه برخوردهاست، آیا دست و پای کارگردان را نمی‌بندد؟

بی‌آنکه در جریان این جزئیات باشم، فقط می‌توانم بگویم بستگی دارد. یک وقتی است که کارگردانی چنان عمیق و دقیق است که نکته‌ای بر نمایشنامه یا اجراهای قبلی می‌افزاید و سطح آن را بالا می‌برد، یک وقتی هم هست که تغییرات منوط می‌شود به نوع تماشاچی و محل اجرا و سلیقهٔ کارگردان که چه‌بسا همخوانی نداشته باشد با نویسنده. تصدیق می‌کنم که اکبر رادی روی انتخاب واژه‌هایش تعصب داشت حتی روی نوع حروف تایپی. در نیمهٔ اول دههٔ ۱۳۶۰ که سردبیر فصلنامهٔ «برج» و جُنگ

«مس» بودم، زنده‌یاد اکبر رادی با من همکاری داشت و شاهد وسواس او بودم. در شمارهٔ ۵ فصلنامهٔ «برج» در اسفند ۱۳۶۰، به‌بهانهٔ نقدی بر سوخاوو-کابیلین، نمایشنامه‌نویس روس، با کلمات روشن و علامت‌های سجاوندی دقیق چنان پنبه‌ای از مسئولان تئاتری آن روزگار زد که آن سرش ناپیدا. در جُنگ «مس»، مجموعه‌مقالات در ادبیات و هنر در سال ۱۳۶۳، هم مطلب بسیار دقیقی دربارهٔ میرزا فتحعلی آخوندزاده، نمایشنامه‌نویس ایرانی، نوشت که باز هم در آن مقاله با آن زبان فخیم، پوست آقایان متصدی امور فرهنگی را کند. البته مرا هم مجبور کرد دوباره مقاله‌اش را بازخوانی کنم. او اغلب آثار خود را - و بعضی را بارها - مورد تجدیدنظر قرار می‌داد که احتمالاً نتیجهٔ اجراهای مکرر و محک‌خوردن نمایشنامه‌ها در صحنه است.

سال‌ها پیش در سایت یوتیوب چند فیلم کوتاه تجربی دیدم از شما و زنده‌یاد اکبر رادی و دکتر جواد مجابی. ماجرا چه بود و چگونه شکل گرفت؟ آقای هرندی کیست؟

محسن هرندی نویسندهٔ مجموعه‌داستان «فاصله‌ها» در اردیبهشت ۱۳۸۵ از ونکوور کانادا به ایران آمد تا با چند تن از بزرگان ادب و هنر گفت‌وگو کند. نخست رفتیم خانهٔ اکبر رادی و محسن از گفت‌وگوی من و رادی فیلم گرفت. یک بار هم رفتیم کارگاه داستان‌نویسی مؤسسهٔ کارنامه. آن روز جواد مجابی مهمان ویژهٔ من و ما بود و محسن از مباحث کارگاه هم فیلم‌برداری کرد. اردیبهشت ماه بود و فصل کتاب. یکی دو روز هم رفتیم نمایشگاه کتاب. سر آخر بردمش کافه شوکای زنده‌یاد یارعلی پورمقدم خیابان گاندی که با او دربارهٔ داستان و نمایشنامه‌هایش صحبت کرد. فیلم‌ها هنوز در یوتیوب هست. سر آخر اینکه من اکبر رادی را خیلی دوست داشتم، انگار او به‌دنیا آمده بود چخوف‌وار غصهٔ تک‌تک نویسندگان

را بخورد، بگوید به‌رغم گرفتاری‌ها و پلشتی‌های مسئولان چگونه انسان بمانیم، در عین جدی‌بودن مهربان باشیم. یادش گرامی. مصاحبهٔ من با او پس از یک سال و اندی در ویژه‌نامهٔ روزنامهٔ اعتماد در ۱۸ دی ۱۳۸۶ به چاپ رسید با عنوان «برای سنگ قبرهایمان نمی‌نویسیم»، که به‌پیشنهاد خودم پرسش‌ها را حذف کردیم تا سخنان اکبر رادی به‌شکلی منسجم‌تر ارائه شود. یادش گرامی و خجسته.

۱۷

محمود دولت‌آبادی

اکثر آثار محمود دولت‌آبادی:

«سفر»، «آوسنهٔ باباسبحان»، «لایه‌های بیابانی»، «تنگنا»، «گاوارِبان»، «هجرت سلیمان»، «باشُبیرو»، «عقیل عقیل»، «از خمِ چنبر»، «دیدار بلوچ»، «کلیدر»، «جای خالی سلوچ»، «ققنوس»، «آهوی بخت من گزل»، «کارنامهٔ سپنج»، «ما نیز مردمی هستیم»، «روزگار سپری‌شدهٔ مردم سالخورده»، «اتوبوس»، «آن مادیان سرخ‌یال»، «سلوک»، «روز و شب یوسف»، «طریقِ بِسمِل‌شدن»، «گلدسته و سایه‌ها»، «زوال کلنل»، «نونِ نوشتن»، «میم و آنِ دیگران»، «وزیریِ امیرحسنک»، «تا سر زلف عروسان سخن»، «بنی‌آدم»، «بیرون در»، «این گفت و سخن‌ها»، «اسب‌ها اسب‌ها از کنار یکدیگر» و...

در هر حال بخشی از حرف‌ها ناگفته می‌ماند[1]

پیرامون رمان کلیدر محمود دولت‌آبادی (۱۳۱۹ -)

اگر از محمود دولت‌آبادی بپرسید، آیا همهٔ نقطه‌نظرهایش در زمینهٔ اجزا و عناصر داستان چون درون‌مایه، موضوع، پی‌رنگ، شخصیت‌پردازی، صحنه‌آرایی، فضاسازی، زاویهٔ دید، شیوهٔ نگارش، لحن و... را در رمان «کلیدر» به‌خوبی و بجا اعمال کرده است؟ اگر بلافاصله بگوید «بله» و بعد در خلوت خود بخش‌هایی از این اثر بی‌نظیر در ادبیات فارسی را مرور کند، تصدیق خواهد کرد که پاسخ صادقانه‌ای به پرسش شما نداده است و چه‌بسا حتی، صبح اول وقت روز بعد تماس بگیرد و پاسخ «بلهٔ» خود را اصلاح کند. چنین شجاعتی را در او سراغ داریم و اگر در چنین شرایطی از او بپرسید «آقای دولت‌آبادی، شما که بخش اعظم شهرت و محبوبیت خود را مدیون این رمان ده‌جلدی (۲۸۳۶ صفحه‌ای) هستید، آیا حاضرید بار دیگر رمانی حوالی همین درون‌مایه از روستا و به‌حجم کلیدر بنویسید؟ یا همین کلیدر را با برداشت‌های امروزین خود، با توجه به تحولات جهانی و پیرامونی خود بازنگری کنید؟ آیا بیان توصیفی و ساخت تفصیلی

۱- چاپ اول، مجلهٔ تکاپو، شمارهٔ ۸، فروردین ۱۳۷۳

و جزئی‌نگری بیش از حد آن را که به‌تعبیری یکی از شاخصه‌های آثار نویسندگان دورهٔ رمانتیک اروپاست، زیر سؤال نمی‌برید؟) من پیش‌بینی می‌کنم محمود دولت‌آبادی هرگز وقت و عمرش را دوباره صرف این اثر نخواهد کرد، حتی اگر تکمیل‌کردن قفسهٔ مربوط به ادبیات روستایی کشورش را اکنون نیز جزو اهم وظایف خود بداند (در ایران سه چهار تن روستایی‌نویس خوب داریم که پرکارترینشان محمود دولت‌آبادی است. او بازتاباندن آداب و سنن، اوسنه، گویش روستایی و... خطهٔ بزرگ خراسان را سرلوحهٔ اهداف خود قرار داده است.)

من در گفت‌وگو با مجلهٔ گردون شمارهٔ ۸ و ۹ (اسفند ۱۳۶۹) گفته‌ام که امیدوارم کوشش‌های دولت‌آبادی روزی به نگارش رمان شهری بینجامد (این آرزویی است که فکر می‌کنم و امیدوارم با توجه به روند تنظیم کتاب اولِ رمان «روزگار سپری‌شدهٔ مردمان سالخورده» (اقلیم باد) و... در مجلدات بعدی جامهٔ تحقق به خود بگیرد.) در آن مصاحبه، رمان «کلیدر» موضوع اصلی بحث من نبود. گذرا و شتاب‌زده‌تر از حالا به دو رمان قطور فارسی («کلیدرِ» دولت‌آبادی و «رازهای سرزمین منِ» رضا براهنی) اشاره کردم و از زبان فاخرِ بیهقی‌وارِ کلیدر گفتم و اینکه کلیدر ساخت کلاسیک و جاافتاده‌ای دارد. با همان توالی حوادث و هماهنگی در توازن زمان و مکان. در کلیدر رجعت به گذشته (فلاش‌بک) هست، اما ذهنی‌گرایی جزو ساختش نیست. شکل کلاسیکی که هنوز هم نویسندگان فراوانی در جهان با این شیوه (و نه زبان) می‌نویسند. رمان «ببیت» اثر سینکلر لوئیس، نویسندهٔ آمریکایی، را مثال زدم که مثالی درست اما مناسب نبود. شاید حالا بتوان رمان «اینجه ممد» اثر یاشار کمال ترکیه‌ای را مثال زد که در همین فضای روستایی و به‌زیبایی نوشته شده و گویا به سی زبان نیز ترجمه شده است. دولت‌آبادی در شخصیت‌پردازی چیره‌دست

است. اجزا و عناصر طبیعت را می‌شناسد و... اما یک نکته اینجا هست و آن اینکه من یک سال و نیم به‌عنوان سپاه ترویج و آبادانی در روستاهای کردنشین آذربایجان غربی زندگی کرده‌ام. تا حدودی با مناسبات روستایی آشنایی دارم. حتی در مجموعه‌داستان اولم «درۀ هندآباد» به روستا پرداخته‌ام. به‌واقع، بهتر است بگویم مطمئن نیستم که اغلب حوادث درج‌شده در رمان کلیدر در آن محل اتفاق‌افتادنی باشد. می‌دانیم که کلیدر نام منطقه‌ای است در حاشیۀ کویر خراسان و... که اگر چنین است و نویسنده نشانی حوزۀ جغرافیایی معینی را داده، باورم این است که اتفاقات درون رمان هم می‌بایست واقعی و مستند می‌بودند. یعنی باورکردنی‌تر از اینکه است، باشد. غلو دربارۀ شجاعت روستاییان و دزدانِ گردنه‌گیر و قاچاقچی‌ها و اتصال آن‌ها به اندیشه‌های سیاسی و مبارزاتی، به‌دلیل عدم دسترسی به اخبار روز و درگیری‌های معیشتی روستاییان، اثر را می‌برد طرف ژانر تخیل در حالی‌که با آوردن نام صحیح یک منطقه و چند فرد واقعی و شاخص در متن، خواننده اثر را از وجه تخیلی خارج کرده و در ردیف استناد قرار می‌دهد و لاجرم [تصور می‌کند] اولا ترکۀ حوادث هم واقعی باشند. آیا چنین بوده و چنین است؟ من از منظر نویسنده با نثری که پیش رو دارم، حرف می‌زنم. مقایسه کنید نثر رمان «جای خالی سلوچ» را با «کلیدر»، در جای خالی سلوچ بیشتر عناصر داستانی در نظامی هماهنگ و وحدت ارگانیک متن و موضوع قرار گرفته است و خواننده را به تلقی واحدی می‌رساند. درنتیجه شخصیت‌ها ملموس، دست‌یافتنی و آشنا شده‌اند. درحالی‌که در رمان کلیدر گویی ما با مقولۀ آشنازدایی از مناسبات روستاییان روبه‌روییم. این به‌خودیِ‌خود بد نیست اگر نویسنده چنین قصدی داشته باشد که خُب البته سازوکار دیگری می‌طلبد.

بحث بر سر هماهنگی ساختار مضمون و محتوا و نثر داستان است. بد

نیست نخست به گفت‌وگویی که سال‌های ۶۶ - ۱۳۶۵ با زنده‌یاد اخوان ثالث داشتم و انتشارش توسط وزارت ارشاد هفت سال به تأخیر افتاد[1] اشاره کنم. آن شب که هنوز ضبط‌صوت روشن نبود و در مقدمهٔ کار و کارزار بودیم، نگاهم افتاد به جلدهای متعدد رمان کلیدر که گوشهٔ میز اخوان بود (میزی پشت پنجره و روبه‌حیاط که انبوهی کاغذ و کتاب روی آن بود و معلوم بود مدت‌هاست دست نخورده و گردگیری نشده است). با اشاره به «کلیدر» به اخوان گفتم بعضی‌ها عقیده دارند که رمان از شعر حماسی برخاسته و البته منظورشان این نیست که از یک قالب خاص برخاسته باشد. اشارهٔ آن‌ها به اولین نمونه‌های آشنا و حماسی در غرب است که با الهام از دو شاهکارِ ایلیاد و اودیسهٔ هومر یونانی خلق شده‌اند و سرانجام به حماسه‌های قرون وسطایی رسیده و حالا انگار به‌صورت حرکات نمادین و اغراق‌آمیز شوالیه‌ها درآمده است (این یک طرح نظر بود که باید می‌دیدم آیا واکنش اخوان با کلیدر مورد توجه من، منطبق خواهد شد یا نه)، که زنده‌یاد اخوان چشم از کلیدر برداشت. مردد بود با این نشانهٔ پیدا و ناپیدا بیاید داخل بحث یا نه. سیگار روشن کرد و بینی ظریفش را خاراند. موهایش را از روی گوش‌ها پس زد. نگاهی به من انداخت و نگاهی به جلدهای روی هم چیده‌شده و خاک‌گرفتهٔ کلیدر و بالاخره هم نگفت که آن را خوانده است. گفتم «کلیدر» در پاره‌ای بخش‌ها به واقع شعر است و رنگ حماسه دارد. خواننده گاه احساس می‌کند با اشخاصی فراتر از انسان‌های معمولی یا روستایی صدسال پیش روبه‌روست. رفتاری که با شخصیت‌های رمان شده شکل مبالغه به خود گرفته و خواننده به‌طور منطقی علاقه‌مند است گل‌محمد در کنار «دارتین یان» سه‌تفنگ‌دار الکساندر دوما قرار بگیرد، اما قرار نمی‌گیرد. به‌دلیل اینکه زمینهٔ مساعدی در بستر جغرافیایی و تاریخی

۱- سه گفت‌وگو با شاملو، اخوان ثالث و دولت‌آبادی، محمد محمدعلی، نشر قطره، ۱۳۷۲

رمان وجود ندارد که قرار بگیرد. چه این حماسه تنها با نثر ساخته شده و ساختار حماسه‌ای به آن معنی وجود ندارد. چون شخصیت‌ها در قیاس با حوادثِ اتفاق‌افتادهٔ بیرون از رمان در مرتبهٔ بالاتری قرار نمی‌گیرند. فقط به‌شکل حماسی در نثر توصیف شده و نه ساخته و پرداخته. به صفحات ۲۲۷۲ و ۲۲۷۳ جلد نهم کلیدر نگاه کنید، خواهید دید چه می‌گویم.

«ملک‌منصور نیز کمتر از عباس‌جان مضطرب نبود... لاجرم نمی‌توانست دلهرهٔ خود را از حضور دو مرد، دو سنگ چخماق، سردارجهن و گل‌محمد سردار پنهان و پوشیده بدارد... مردانی سخت‌تر از سنگ که آدمی را به بی‌بهایی بزغاله سر توانند برید، و روح خود را به کلامی ایثار توانند کرد. کینه به‌غایت و مهر به‌حد...»

خُب، این نثر است که از جانب دانای کل اینجا عمل کرده و نه قهرمان‌ها با اعمالشان. توجه کنید به عبارات و واژگانی نظیر سخت‌تر از سنگ، سر بریدن آدم‌ها، ایثار روح به کلامی، کینه به‌غایت و مهر به‌حد و... که بیشتر مشاهده‌ای درونی است اما آیا ما می‌توانیم حوادث چهار پنج دههٔ قبل بخشی از جغرافیای کشورمان را با آدم‌های واقعی مثل ستار پینه‌دوز یا بلقیس و گل‌محمد زیر انوار رنگین نثر به قهرمانی قرون وسطایی بدل کنیم که هیچ کار خلاق و خارق‌العاده‌ای انجام نداده‌اند و مشابه‌شان در شهر قادر به انجامش نبوده‌اند؟ (تصورش را بکنید اگر ما با چنین شیوهٔ نثر و نگاه به شخصیت‌ها مصمم بودیم اعدام افسران توده‌ای را در بازداشتگاه رژیم گذشته بنویسیم، آن‌ها را به کجا می‌کشاندیم و چگونه از اعتباری واقعی ساقط می‌کردیم.)

با وجود این «کلیدر» رمان بزرگ و مهمی است در عرصهٔ ادبیات روستایی ایران که وجوه گوناگونی دارد. ازجمله تأثیرپذیری و ریشه‌داشتن در ادبیات گذشتهٔ این مرز و بوم. گاه آنچه در شعر کهن دیده‌ایم در نثر نیز

مشاهده می‌کنیم و حتی زیباتر. نگاه کنید به مقدمه و بعد ابیاتی از داستان منظوم خسرو و شیرینِ نظامی گنجوی:

«دشمنان خسرو پرویز به‌نام او که هنوز به پادشاهی نرسیده بود، سکه زدند و به شهرها فرستادند و با این عمل عجولانهٔ غیراخلاقی پدرش «هرمز» را به خسرو بی‌مهر و بدبین کردند. هرمز، به فکر افتاد تا فرزند را فرو گیرد و به زندان فرستد. بزرگ‌امید نامی، خسرو را از قصد پدر آگاه کرد و مصلحت چنان دید که چندی از کشور دوری گزیند. خسرو در حال گریز به چشمه یا برکه‌ای رسید و بعد...»

«... قضا را اسبشان در راه شد سُست/ در آن منزل که آن مه موی می‌شست/ ز هر سو کرد بر عادت نگاهی/ نظر ناگه در افتادش به ماهی/ عروسی دید چون ماهی مهیا/ که باشد جای آن مه بر ثریا/ سمن‌بر غافل از نظارهٔ شاه/ که سنبل بسته بد بر نرگسش راه/ ز شرم چشم او در چشمهٔ آب/ همی لرزید چون در چشمه مهتاب...»

حال به بخشی از جلد اول کلیدر نگاه کنید که گل‌محمد با اسبش آمده کنار جویباری یا چشمه‌ای... «مرد (گل‌محمد) چشم‌های خود را فروبست. دیگر توان نگریستن نداشت. رعشه سرتاپایش را گرفته بود و قلبش می‌شورید. پنداری پنجه‌های ملایمی آن را می‌مالاند. زانوهایش سست شده بود و نم دهانش خشکیده بود. تشنه‌لب بر لب آب. لحظه‌هایی طولانی بود که مارال را می‌پایید... خود نمی‌دانست چندگاه است که قامت در پناه پشتهٔ نی قایم کرده و چشمانش، چشمان سیاه و عطشناکش لهیب بر می‌کشیدند... اسب (قره‌آت) شیهه‌ای بریده‌بریده از کام سر داد. مارال پلک از پلک گشود... به رد نگاه (قره‌آت) چشم دواند در شاخه‌های لرزان نی چشمان مرد (گل‌محمد) دو لکهٔ سیاه و گذران گیر کرده بود. موی بر تن مارال سیخ ایستاد...»

کلیـدر جـزو آثـاری اسـت کـه می‌تـوان به‌دلایل مسـتتر در سطرسطرش آن را اثر ایرانی اطلاق کرد و چه‌بسـا اگر کوتاه‌تر بـود، حاوی پیامی برای مردم قرن بیسـتم همچون رمان اینجه ممدِ یاشار کمال به چندین زبان زندۀ دیگـر هـم ترجمه می‌شـد و خواننـدگان بیشـتری پیـدا می‌کـرد. خوانندگانی کـه مایل‌انـد از طریـق ادبیـات بـا آداب و سـنن، مناسـبات اجتماعـی حتـی فولکلور و خرافه و مراسـم آیینی کشـورهای دیگر، ازجمله ایران آشـنا شـوند. خوانندگانی که بی‌توجه به مناسـبات بین دولت‌ها، با اسـتقبال از نویسـندگان آمریکای لاتین و آفریقایی و یکـی چند آسـیایی اشـتیاق خود را برای دانسـتن تازه‌هـای فرهنگ کشـورهای جهان نشـان داده و بر آثـاری که مبتنـی بر ابتکار و تفکـر بومی بوده اسـت، ارج گذاشـته‌اند.

* * * * *

کمی دربارۀ آقـای دولت‌آبـادی بگوییـد. آیـا ایشـان عضـو کانون نویسـندگان‌اند؟ علت تردید من این است که در فعالیت‌های ضدسانسوری کانون که انعکاس بیرونی داشـته، ردپایی از ایشـان دیده نمی‌شـود. در ضمن می‌خواهـم نظـر نهایی شـما را در خصوص «کلیـدر» بدانم. اینکـه کلیدر پاسـخ درخـور بـه یک ضرورت محسـوب می‌شـود یـا خیر؟

محمـود دولت‌آبـادی قبـل از انقلاب عضو کانون نبـود اما از سـال ۱۳۵۷ به‌بعـد عضـو بـود. تا جایی که می‌دانم بخشـی از رمـان کلیدر را طی سـال‌های ۱۳۵۳ تا ۱۳۵۵ در زندان نوشـت و طی سـال‌های ۱۳۵۷ تا ۱۳۶۲ منتشـر کـرد، بنـا به‌قولی مجـال نیافت بـه کانون بیایـد. اما در سـال ۱۳۶۹، همان سـالی که رودبـار زلزلـه آمـد، در کانون فعال بـود. حوالی سـال‌های ۷۳ - ۱۳۷۲ در جلسـات مشـورتی کانون شـرکت می‌کرد.

پس از قتل‌های زنجیره‌ای از سـال ۱۳۷۷ بار دیگر فعال شـد و عضو

هیئت دبیران بود. گویا اکنون بار دیگر کنار کشیده و فعال نیست. اما در خصوص پرسش شما و اظهارنظر زنده‌یاد بزرگ علوی دربارهٔ «کلیدر» که گفته‌اند... این کتاب تاریخ هزارسالهٔ ایران را در خود دارد... همان‌طور که درباره‌اش نوشتم، من از جهاتی برای رمان کلیدر ارزش زیادی قائلم ولی چندان با اظهارنظر زنده‌یاد بزرگ علوی موافق نیستم. اصلاً بعید می‌دانم او و محمدعلی جمال‌زاده در حوالی هشتاد نود سالگی آن را خوانده باشند. حالا این‌ها مهم نیست. مهم رویکرد محمود دولت‌آبادی به داستان‌های شهری است. او طی پانزده سال گذشته چندین عنوان کتاب در زمینهٔ مسائل شهری نوشته که هرچند نقد و نظرهای جدی هم دربارهٔ آن‌ها ندیده‌ام، اما گویا از فروش نسبتاً خوبی برخوردار بوده است.

شخصیت ایشان را چگونه ارزیابی می‌کنید؟

در این حد می‌توان گفت که دولت‌آبادی شخصیت خاصی دارد. در رژیم گذشته گرایش به چپ داشت و به زندان افتاد. گویا به‌دلیل نامه‌ای که به مقامات نوشت، مورد شماتت دوستانش قرار گرفت.

من او را چپ مستقل می‌دانستم. پس از استقرار جمهوری اسلامی در ایران آرام‌آرام به‌قولی اصلاح‌طلب سکولار شد. به‌هر حال او یکی از شاخص‌ترین نویسندگان جامانده از نسل دوم ایرانی عصر ماست. نکتهٔ دیگر اینکه کشور ما شرایط خاصی دارد. هیچ‌وقت مثل اروپا و آمریکا نبوده که نشست و برخاست نویسندگان و هنرمندانش با صاحبان مقامات دولتی امری عادی باشد.

آیا درست است که شما سال‌ها پیش در روزنامهٔ شرق، مرداد ۱۳۹۱ یکی از دستاوردهای آقای دولت‌آبادی در روستایی‌نویسی را «جان‌بخشی به اشیاء» دانسته‌اید؟

دربارهٔ آثار روستایی محمود دولت‌آبادی طی سالیان جمعی از منتقدان

نوشته‌اند. من اما بر این باورم که او فایل و قفسه‌ای بزرگ در داستان‌نویسی روستایی ما باز کرد و سپس خود به تکمیل آن پرداخت و به سرانجامی در حد توان خود رساند. اما متأسفانه مقلدان یا پیروانی نیافت.

در سال ۱۳۵۶ اندکی پس از انتشار داستان بلند «از خم چمبر» در جلسهٔ داستان‌خوانی در خانهٔ فریدون تنکابنی، طنزنویس معاصر، بی‌مقدمه آرزو کردم او با همین قدرت قلم، مثل یاشار کمال همتای ترک و نویسندهٔ «اینجه ممد» به رمان‌های قطور رو بیاورد و سپس از مناسبات پیچیدهٔ شهری هم بنویسد. آن زمان چون نسبت به دیگر حاضران جوان‌تر بودم، فکر کردم حرفم جدی تلقی نشد. اما دوستی ما آغاز شد و سرانجام وقتی در سال ۱۳۵۸ اولین جلد کلیدر منتشر شد، مطمئن شدم او قادر است فایل داستان روستایی ما را تکمیل کند. دوستی ما ادامه یافت. تا در سال ۱۳۶۵ با او گفت‌وگوی مفصلی کردم که همراه گفت‌وگو با اخوان ثالث و احمد شاملو از سوی نشر قطره در سال ۱۳۷۲ منتشر شد و بار دیگر از سر صداقت پیشنهاد خود را طور دیگری با رویکرد او به داستان‌های شهرنشینی مطرح کردم. و بعد کتاب قطور و سه جلدی «روزگار سپری‌شدهٔ مردم سالخورده» منتشر شد که تا حدودی از روستا فاصله گرفته بود، اما همان حوالیِ حاشیهٔ شهر باقی ماند که متوجه شدم خود طبق برنامه‌ای احتمالاً مدون پیش می‌رود و خوشحال شدم تا تجربه‌ای ناب از جامعهٔ شهری را از او ببینم و احیاناً نگاهی تازه به ادبیات روستایی.

چشم‌انتظار بودم تا آنکه رمان «سلوک» در سال ۱۳۸۲ منتشر شد و مرا شگفت‌زده کرد طوری که آن را طلیعه‌ای خوش‌یمن دانستم در ژانر ادبیات روستایی. به‌هرحال دولت‌آبادی این اواخر انگار بازبینی کرده است دربارهٔ نوع نگاهش به هنر و ادبیات. «نون نوشتن»، و «کلنل» گویی برای او زنگ استراحت است برای خستگی‌درکردن و نیروگرفتن و خیزش

به‌سوی آنچه هدف غایی خـود می‌داند و من منتظرشـم. اما دستاورد بزرگ محمود دولت‌آبادی تا این زمان خلاصـه می‌شـود در فصل‌هایی از فایل قطور روستانویسی. او به طبیعت تشـخص و به تعبیر دیگر جان بخشید. باد و توفان شـن را به‌خوبی نشـان داد. از اهمیت آب در زندگی مردم روستایی سـخن گفت و خـاک و آتش و مجموعـه عناصـر اربعه را هـم به‌عنوان عناصر جاندار داستانی جا انداخت که باید مبحث جداگانه‌ای بـه آن اختصاص داد. نگاه کنید به کلیۀ آثار روستایی او از مجموعه‌داستان «لایه‌های بیابانی» تا «جای خالی سلوچ» و «کلیدر» و فصل‌های «روزگار سپری‌شدۀ مردمان سالخورده» فصل‌هـای «اقلیـم بـاد»، «بـرزخ خـس»، و «جغد» کـه تمایل واضح دولت‌آبادی را می‌رساند به جان‌بخشی اشیاء که نگاهی مدرن است در انسان‌انگاری یـا همذات‌پنداری با اشیاء و خواننده را به‌نوعی با استعاره و بیان مجـازی بر پایۀ تشـبیه روبه‌رو می‌کند؛ پیوند انسـان با طبیعت.

آیا آقای دولت‌آبادی پس از نوشتن این‌همه آثار از نظر مادی و معنوی به جایگاه شایستۀ خود رسیده است؟

به‌باور مـن در مقایسه بـا رضا براهنی و هوشـنگ گلشیری و ساعدی و دیگر هم‌نسلان ایرانی‌اش به حـق خـود رسـید. نگاه کنید به فهرسـت جوایـزش، میزان ترجمۀ برخی آثارش به بیـش از ده زبان زنـده و جوایزش ازجملـه: نشـان شـوالیۀ هنـر و ادب فرانسـه، جایزۀ ادبـی یان میخالسـکی، جایزۀ ادبیـات بین‌المللی خانـۀ فرهنگ‌های جهان برلین، لوح زرین بیسـت سـال داستان‌نویسـی ایران، جایزۀ بنیاد یلدا بابت یک عمر فعالیت فرهنگی، جایزۀ یـک عمر فعالیت از طـرف بنیاد گلشـیری... خُب این جوایـز از نظر معنوی دلگرمی می‌دهند به نویسـنده بـرای ادامۀ کار و رسـیدن بـه رفاهی نسـبی. البتـه توجـه داریـد که این مسـئله هیچ بـه این معنی نیسـت کـه مثلاً گلشـیری یـا براهنی جایگاه و اعتبار کمتری دارند، یعنی اصلاً مقایسـه‌ای در

کار نیست و اول و آخری در عرصهٔ ادبیات و هنر وجود ندارد.

آیا سیاست در این دستاورد ایشان دخالتی داشته یا ایشان صرفاً به اتکای آثارش شناخته‌شده‌تر از دیگران است؟

می‌گویند گاه در اهدای جایزهٔ اسکار و نوبل هم چنین دخالت‌هایی صورت می‌گیرد، که خُب خیلی بد است. در خصوص دولت‌آبادی هم واقعاً نمی‌دانم.

۱۸

سعید سلطان‌پور

اکثر آثار سعید سلطان‌پور:
«صدای میرا»، «آوازهای بند»، «از کشتارگاه»، «ایست گاه»، «عباس آقا کارگر ایران ناسیونال»، «نوعی از هنر نوعی از اندیشه»، و ...

مقایسهٔ دو مبارز نستوه[1]

سعید سلطان‌پور ایرانی و آلساندرو پاناگولیس یونانی

سـعید سـلطان‌پور درعین‌حال که شبیه گذشـتهٔ خودش بود، همواره مرا به یاد آلسـاندرو پاناگولیـس یونانی می‌انداخت و می‌انـدازد. مرگ هر دو یک فقدان و یک فاجعهٔ عمومی محسـوب می‌شـود. شـاعر مبارزی که زبان سـرخش و قلـم گرمـش هرگـز از خدمـت محرومان سـرپیچی نکـرد و درسـت به‌همین دلیل در کشـتن او شـتاب کردند. یـاد عزیزش مانا.

سلطان‌پور (۲۵ بهمن ۱۳۱۹ تا ۳۱ خرداد ۱۳۶۰)

پاناگولیس (دوم ژوئیهٔ ۱۹۳۹ تا اول مهٔ ۱۹۷۶)

سلطان‌پور ۴۱ ساله بود و پاناگولیس ۳۷ ساله

۱ - دشواری نوشتن دربارهٔ سعید سلطان‌پور...

دربارهٔ سـلطان‌پور نوشـتن کار ساده‌ای نیست. دشوار اسـت، چون هرگز زنی مثل اوریانا فالاچی در کنار او نبود تا زوایای پنهان روحش را در سـاعت‌های گوناگـون و شـرایط متفـاوت شـاهد باشـد. (اوریـانـا فالاچـی نویسـنده و

۱- ایـن مقاله نخسـت در سـایت گویا نیوز (دوشـنبه ۳۰ بهمن ۱۳۹۱) منتشـر و سـپس در اخبـار روز، عصر نو، سـرخط و... بازنشـر شد.

روزنامه‌نگار معروف ایتالیایی سه سال کنار پاناگولیس زندگی کرد تا توانست کتاب «یک مرد» را بنویسد.) دشوار است از این جهت که شک داری بتوانی با اطلاعاتی مختصر و اغلب بیرونی به درون روح او بروی و حق مطلب را ادا کنی. چرا که هنوز زوایای پنهان دوران کودکی، نوجوانی و جوانی و دانشجویی‌اش کاملاً آشکار نشده، حتی شعرها و نمایشنامه‌ها و مقالاتش در بوتهٔ ارزیابی جدی قرار نگرفته است. هنوز از نگرش و بینش و میزان دانش و تجربه‌های نهفته در درون او دربارهٔ هنر و زندگی به‌حد کافی آگاهی وجود ندارد. از نحوهٔ بازجویی و گذران روزهای او در زندان‌های دورهٔ محمدرضاشاه و جمهوری اسلامی اطلاعات جامعی به بیرون درز نکرده... و خلاصه ابهامات فراوانی دربارهٔ او برای خوانندگان ایرانی وجود دارد. جمع‌آوری اطلاعات در تمام موارد یادشده زمان می‌برد. امید که در آینده محققی قادر شود پس از جمع‌بندی همهٔ دانسته‌ها و بایسته‌ها در اثری جامع، تصویری روشن از او به یادگار بگذارد. قطعاً تصویر روشن به‌معنای تمجید و تکریم یک‌سویه از او نیست بلکه روشنگری ابعاد زندگی کوتاه و پرمخاطرهٔ کسی است که با تمام نقاط ضعف و قوتش، بی‌محابا جانش را فدای اهداف خود و جمع کثیری از مردم ازجمله روشنفکرانی کرد که از انقلاب مشروطه تاکنون حتی در حد اقلیت‌های مذهبی پنج ده هزار نفری، تریبونی عمومی در اختیارشان نبوده و نیست...

گفتنی است:

۱- سلطان‌پور شاعر و نمایشنامه‌نویس بود و پاناگولیس فقط شعر می‌گفت.

۲- سلطان‌پور از طرف سازمان چریک‌های فدایی خلق ایران کاندیدای نمایندگی مجلس شورای اسلامی شد اما مجالی نیافت. پاناگولیس از جانب حزب جوانان یونان به نمایندگی مجلس (پارلمان) رسید.

۳- سلطان‌پور در چند نوبت و در مجموع حدود سه سال و هفت ماه در

زنـدان بـود و پاناگولیس در یک نوبت چهار سـال و نیم حبس کشـید.

۴- سـلطان‌پور مبلّـغ جنـگ مسـلحانه بـود و پاناگولیـس قصـد تـرور رئیس‌جمهـور یونـان (پاپادوپولـوس) را داشـت.

۵- عمـدهٔ شـهرت سـلطان‌پور از راه تبلیـغ جنـگ چریکـی در شـعر و نمایشـنامه و عمدهٔ شـهرت پاناگولیـس از راه دفاع جانانـه‌اش در دادگاه نظامـی یونـان به‌دسـت آمد.

۶- اسـتقبال از مرگ در راه تحقق اهدافی که پیش روی خود داشـتند، میان هر دو مشترک است.

۷- سـلطان‌پور در ۴۱ سـالگی اعـدام، و پاناگولیس در ۳۷ سـالگی بر اثر تصادفی احتمالاً سـاختگی کشـته شد.

۸- شـاید بتـوان گفـت اغلب همفکـران و همرزمـان پاناگولیـس در غرب دربارهٔ او مقالات فراوانی نوشـتند، اما همفکران و همرزمان سـلطان‌پور (حداقـل تـا زمـان نگارش ایـن مقالـه) دربارهٔ او بسیار کم نوشـته‌اند تا جایـی که حق مطلب دربارهٔ او ادا نشـده اسـت.

۲- سلطان‌پور در سایه‌روشن‌ها...

نوشـتن دربـارهٔ سـلطان‌پور بـا همیـن مختصـر دانسـته‌ها، هضـم گونه‌گونـی روحیـه و عملکـردش در زندگی روزانه و همچنین زندگی هنری و سیاسـی‌اش را گاهـی تـا حـد غیرقابل‌درکـی مشـکل می‌سـازد. مثلاً نـگاه کنیـد بـه نـوع غمگینی و اندوه مخاطب فرضی او در شـعر «باران» و شـعر «رود»... مشکل بتـوان تصـور کـرد کـه شـاعر این شـعرها فردی سیاسـی اسـت که سینهٔ خود را حمایـل نعـش پرنده‌ها می‌دانسـته اسـت. سـلطان‌پور در شـعر بـاران چنان غمگیـن می‌شـود کـه قلبش در هالـه‌ای از مه فرو مـی‌رود و هـوای گریه دارد. ذهنـش غرق اشـیای خاموش می‌شـود که مثل خمیـازه‌ای بیهـوده می‌نماید و

در تصنع روزی کثیف قدم می‌زند، خسته می‌شود و دست آخر می‌گوید.../ تمدن سکونی غنی در عاطفه است/ تمدن سفری سریع از عاطفه نیست/ و... اما همین شاعر در شعر «رود» می‌داند که آنچه می‌گوید همیشه آنچه می‌خواهد نیست. فقط می‌داند که چون رودی عظیم که پشت دیوار سدی بالا می‌آید، هر لحظه ممکن است چنان مرتفع شود که گویی هرگز پایین نبوده است. او به انتظار بازشدن دریچه‌های سد به دیوار تناور می‌نگرد و فکر می‌کند... پشت دیوار سد، غریو ابدی نبردی سهمگین برپاست و زمانی که دریچه‌ها مدتی طولانی بسته باشند، آب سرریز می‌شود و او هم با قلبی به‌اندازهٔ همهٔ ماهی‌ها بیرون می‌آید. و...

۳- سلطان‌پور و یک چشم‌انداز موقت...

به‌باور من فعلًا باید در حد شناخت دانسته‌هایمان دربارهٔ سلطان‌پور بنویسیم و دل ببندیم به اینکه روزی مردم، ازجمله همفکران و همرزمانش ضرورت نگارش تراژدی زندگی و مرگ او را از زاویهٔ دیگری بنگرند و درباره‌اش بنویسند. شاید هم از بین همان‌ها کس یا کسانی پیدا شوند و در ادامهٔ راهش به آنچه که او آرزو داشت، دست یابند، یا آن‌کس را که دوست دارند قهرمانشان باشند، پیدا کنند. حالا تا آن روز فقط باید گفت... دریغا آوازخوانی تو/ صدای تو در کوهسار/ بی‌بهره از آسمان و گل‌ها / بی‌بهره از رودخانه و ماه/ بی‌بهره از سلام و بدرود/ بی‌بهره از بهار میهن/ شهید من/ بدرود بهار خونین/ بدرود/ صدای حریق/ صدای طولانی سوت/ صدای گلوله در قلب روز...

۴- سلطان‌پور و بازی سرنوشت...

شاید به‌میان‌کشیدن مقولهٔ تقدیر و سرنوشت ستمگر و گریزناپذیر برای

سلطان‌پور و پاناگولیس چندان مصداق نداشته باشد، چه آن دو در نظر داشتند خود سرنوشت‌ساز خویش باشند. اما بافت سرنوشتشان به‌شکلی است که گویی نمی‌بایست از کنار این مقوله بی‌تفاوت گذشت. گویی سرنوشت تحفه و طعامی تلخ‌مزه بود پیش روی آن دو، که می‌بایست به‌ناچار می‌چشیدند. شاید این بده بستان، معامله‌ای پایاپای بود و هر دو طرف راضی بودند که در یک بازی برد برد یا باخت باخت شرکت کردند. قطعاً این نوع مرگ چه از نظر زمانی و چه مکانی دور از آن دو نبود. جوان‌مرگی‌ای که هردو دچارش شدند، نمونه‌هایی از زیستن و مرگی است که تو گویی سه خط موازی شبیه ریل قطار است که در طول مسیر و در ایستگاه نابهنگام ناچار با هم تلاقی می‌کنند و به نقطه‌ای به‌نام مرگ نابهنگام زودرس و دلخراش ختم می‌شوند. جوان‌مرگی ذهن و جسم مقوله‌ای نیست که ما ایرانی‌ها با آن بیگانه باشیم.

۵- سلطان‌پور و محیط زیست...

سلطان‌پور در خانواده‌ای نسبتاً متوسط‌الحالِ شهری بزرگ شد و از این جهت کودکی و نوجوانی مشابه با پاناگولیس داشت. همان نداری‌ها و همان مشکلات فردی، سلطان‌پور را چون فولادی آبدیده کرد. همان عواملی که سلطان‌پور درباره‌شان گفت... می‌دود در آسمان زهر هزاران حرف/ در محله‌های فقرآلود/ کوله‌بردوشان پی کارند/ بچه‌هاشان - کرم‌های کوچک خاکی/ چشم‌هاشان را به رقص ساکت پول سیاهی در نهضت کوچه می‌دوزند/ در محله‌های دوداندود/ دست‌های لاغری، کاوشگر هیمه/ آخرین توفال‌ها را - کز در کهنه به جا مانده است/ در اجاقی خرد می‌سوزاند/...

۶- سلطان‌پور و هنر نمایش...

عشـق سـلطان‌پور بـه هنر نمایـش، به‌رغـم عمر کوتاهـش اگر نگویـم پربار، ولی اثرگذار بود در دادن آگاهی سیاسـی به بینندههای جوان. نمایشـنامه‌هایی کـه او خـود نوشـت یـا کارگردانـی کـرد هرکـدام تصاویـری شـگفت‌انگیز از محرومیت‌هـا و زجـر مردمـان فرودسـت را در خـود داشـت. او پـس از گذرانـدن دورهٔ هنرکـدهٔ آناهیتـا، در کارگردانـی نمایشـنامهٔ «سـه خواهر» اثر آنتـون چخوف با مهین اسـکویی همـکاری کرد. پس از طی دورهٔ چهارسـالهٔ دانشـکدهٔ هنرهای زیبا، نمایشـنامه‌های «مرگ در برابر» اثر وسـلین هانچف و «ایسـتگاه» را کـه یکـی از نوشـته‌های خـودش بـود، کارگردانی کرد.

او انجمـن تئاتـر ایـران را با همـکاری یکی از دوسـتانش پایه‌گـذاری کرد. موفق شـد نمایشـنامه‌های «دشمن مردم» اثر ایبسـن و «آموزگاران» اثر محسن یلفانی و «چهره‌های سـیمون ماشـار» اثر برتولت برشـت و «خورده‌بورژواها» اثـر ماکسـیم گورکـی را بـه روی صحنـه ببـرد و با نگاه خـاص خـود از کارکرد نمایشـنامه در میـان مـردم، خواسـته یـا ناخواسـته مقابـل جمـع کثیـری از تئاتری‌هـای پیش‌کسـوت قرار گیـرد که با نحوهٔ عمـل او چندان موافـق نبودند.

۷- سلطان‌پور و ساواک...

اغلب نمایشـنامه‌هایی که سـلطان‌پور نوشـت یا کارگردانی کرد، در طول شـب یـا شـب‌های اجـرا با قرق‌کردن و بسـتن سـالن یا با هجـوم سـاواکی‌ها روبه‌رو شـد. سـاواک به‌قدری از شـجاعت آشـکار و پنهان او می‌هراسـید کـه یک بار حتـی بی‌هیچ پرده‌پوشـی و حفظ ظاهـری، هنگام اجرای نمایشـنامهٔ آموزگاران نوشـتهٔ محسـن یلفانی به پشـت صحنهٔ تئاتر یورش برد و سـلطان‌پور را دستبند زد و در حالی‌کـه بـا اعتراض تماشـاگران روبه‌رو شـد، او را به زنـدان انداخت. و بار دیگر یک ماه قبل از اجرای نمایشـنامهٔ «چهره‌های سـیمون ماشـار» او را

به‌جرم انتشــار کتاب «نوعــی از هنر، نوعی از اندیشــه» بازداشــت کرد و چهل روز در کمیتۀ مشــترک و ســلول مقابل اتاق شکنجۀ زندان قزل‌قلعه نگه داشت. شکنجه‌های روحـی و جسـمی فراوانـی بـه او تحمیل کرد اما ســلطان‌پور بـاز هـم از مبـارزه علیـه اسـتبداد غافـل نمانـد. گویـی او کسی نبود کـه از یورش و تهاجم وحشیانه و عملیات ســاواک محمدرضاشاهی بهراسد یا خللی در ایده‌هـا و عقایدش بـه وجود آیـد. چـون به‌محض بیرون‌آمدن از محبس همان نمایشنامه را بـه روی صحنـه بـرد. به‌تنهایی به‌قـدری در اجرا پافشـاری کرد و سرسـختی نشـان داد تا رژیم مجبور شد آن سالن نمایش را تعطیل کند. شاید بتـوان گفت سلطان‌پور تشنۀ فـوران صـادق آتش و سـیاله‌های سـرخ درونش بود. چه‌بسا او که به‌قول خودش... تشنۀ شـعرهای هولناک بـود، تصادمش با یـک صخره و پراکندگـی پیکرش را با ستاره‌های خون و اسـتخوان‌های شکسـته قبلاً دیـده بـود. او خـواب صخـره و سنگسـتان می‌دیـد و فرسـنگ فرسـنگ از آرامش می‌گریخت. او رؤیای شـعری مصور از تصادم یک صخره با خورشید در سر داشـت. درنتیجـه، درگیری‌هـا و کشـمکش هایش بـا رژیـم پهلـوی بـه همین‌جا خاتمه نیافت. او می‌بایسـت سـلطان‌پور بشـود هم‌سرنوشت کسانی چون لورکا، شـاعر و نویسندۀ اسپانیایی، و پاناگولیس یونانی... صدای خستۀ مـن رنـگ دیگری دارد/ صدای خسـتۀ من سـرخ و تند و توفانی اسـت/ صدای خستۀ مـن آن عقاب را ماند/ که روی قلۀ شبگیر بال می‌کوبـد/ و نیزه‌های تفتۀ فریادش/ روی مدار انقـلاب می‌چرخد/...

سـعید در سال ۱۳۵۳ بار دیگر به‌جرم سـرودن اشـعار «آوازهای دربند» دستگیر شـد. این بـار در سـلول‌های کمیتۀ مشـترک ده‌ها بار شـکنجه شـد. هفت مـاه شـکنجۀ اقـراری و انتقامی و جیـره‌ای، او را بیسـت و یـک روز نیمه‌جـان روی تخـت بیمارسـتان شـهربانی انداخت، اما رژیـم پهلوی به این هـم راضی نشـد، چه پس از شـکنجه‌ها به سـه سـال زندان محکومش کردند.

۸- سلطان‌پور و مردم...

قلب سلطان‌پور سرشار از عشق به زحمت‌کشان و زخم‌خوردگان بود. عشقی که در اشعارش به‌وضوح دیده می‌شود. شعرهایی که باری شگفت‌انگیز از محرومیت‌ها و زجرهای مردم را یک‌جا بر دوش دارد. او در شعرِ «شانه‌به‌شانه با فلزتاوان، زمین‌کاوان» از زارعانی حرف می‌زند که قلبشان از خورشید و باران است. از آهنگری می‌گوید که زیر رگبار صدای پتک، قطعه‌آهنی را در کوره می‌تاباند. از زنی تورباف و از صیادی می‌گوید که برای لقمه‌ای نان بر امواج پرخطر می‌راند. از کارخانه‌ها، از کارگرهایی می‌گوید که از آنان نور و نیرو، آهن و فولاد، خون و اندوه می‌جوشد...

او به این امید زنده بود که زحمت‌کشان به‌سرعت آگاهی یابند و هرآن‌کس را که آرزو دارند قهرمان خود بدانند، انتخاب کنند و در این انتخابات او را هم ببینند. اما از دست توده‌هایی که سال‌ها زیر سلطهٔ حاکمیت‌های مستبد قرار دارند چه کاری ساخته است؟ شوربختانه در آن سطح از فرهنگ و دانش اجتماعی چنان نیست که جایگاهی شایسته برای خود و یک شاعر مردمی، یک اهل عمل و سیاست و یک هنرمند در نظر بگیرند. آن‌ها فقط می‌دانند یا به‌هر حال روزی خواهند دانست، فرخی‌ها، عشقی‌ها، گلسرخی‌ها، مختاری‌ها و پوینده‌ها نمونه‌هایی‌اند از اعتلای ارزش‌های انسانی جامعه. کسانی که هرکدام به‌زبان خود بر درون‌مایهٔ این شعر تأکید می‌کردند... / ای برادرها/ و ای خواهرها/ از شما می‌پرسم، بهتر نیست/ جای دشنام به تاریکی/ در تاریکی/ شمع روشن کنیم/ اگر چنین است بپا خیزید/ تا شب مردنی فاسد را/ متلاشی کنیم/ صبح را دریابیم/....

۹- سلطان‌پور و آموزگاری جامعه...

نخستین آموزگار او جامعه‌اش بود، همان جامعهٔ سخت‌گیر و گاه بی‌رحمی

که درس را با سیلی محکم و چوب و فلک و درد و رنج همراه می‌سازد. جامعه‌ای که در آن سنت‌های کهن به‌شکل حرکت‌های روبنایی در حال تغییر شکل بود و هر حرکت ترقی‌خواهانه و ضداستبدادی به‌مثابهٔ سرنیزه‌ای در چشم مستبدان به حساب می‌آمد. در این جامعه بود که سلطان‌پور درس‌هایی باارزش گرفت. او آموخت که چگونه از درد حرف بزند و مثل یک ورزای سرخ که بسته به خیش خشم است، خاک کهنه را زیرورو کند... او با عطش واقعی خواندن و دانستن و عمل‌کردن، با تحمل شکنجه و دست‌وپنجه‌نرم‌کردن با بازجوها شاگرد خوبی برای جامعه‌اش بود. حق او بود مردم از او شاعری بسازند که نامش کنار لورکا و پاناگولیس بیاید و برای جمع کثیری از مردم جهان الگو و پوستری شود از یک انقلابی فداکار و هدفمند. اما افسوس...

۱۰ - سلطان‌پور و شعر و شاعری و سیاست...

سلطان‌پور هنرمندی سیاسی بود، شاید هم سیاست‌پیشه‌ای هنرمند بود. او در عمل هنر را وسیله‌ای می‌دانست برای گسترش آگاهی‌های سیاسی. اوج این نگاه در دی ماه ۱۳۴۸ با دست‌بردن در نمایشنامهٔ «دکتر استوکمان یا دشمن مردم» نوشتهٔ ایبسن، نمایشنامه‌نویس نروژی (در انجمن ایران و آمریکا) به وقوع پیوست که به‌سبب تغییرات آشکاری که در جهت تبلیغ جنگ چریکی در آن داده بود، ادامهٔ اجرا از سوی ساواک ممنوع شد و متعاقب این واقعه او به‌سرعت شهرتی سیاسی اما موقتی یافت. بعدها هربار که به زندان رفت، نامش بیش از پیش بر سر زبان‌ها افتاد. او ذوق شاعری خود را با سرودن اشعار تغزلی آزمود، اما دیری نگذشت که به شعر سیاسی رو آورد و اشعار پرخروشی سرود که به‌تعبیری جریان جدیدی در شعر معاصر ایران محسوب شد. این جریان بعدها شعر چریکی نام

گرفت و پویندگان مستعدتری یافت اما نام او نیز به‌عنوان یکی از نمایندگان تمام‌عیار آن ثبت شد. او اولین کسی بود که در اشعارش آشکارا از مبارزهٔ مسلحانه سخن گفت و آن را ستود و بی‌آنکه تحولی در فرم شعر پدید آورده باشد، تحرکی در عرصهٔ محتوای آن ایجاد کرد.

۱۱- سلطان‌پور و کانون نویسندگان ایران...

کانون نویسندگان ایران در ۲۲ تیرماه ۱۳۵۶ با انتشار بیانیه‌ای ۴۰ نفری، بعد از فترتی ۸ ساله برای دومین بار شروع به فعالیت کرد. اولین جلسهٔ بنیان‌گذاران این دوره هم‌زمان شد با آزادی سلطان‌پور از زندان. می‌گویند او روز بعد از آزادی به خیابان سنایی، دفتر موقت کانون می‌رود و به یکی چند تن از اعضای قدیمی می‌گوید: «من دیشب آزاد شده‌ام و امروز آمده‌ام تا در دفاع از آزادی بیان و اندیشه و اجتماعات به کانون نویسندگان بپیوندم.» آنان می‌پذیرند و او نیز پس از امضای بیانیهٔ ۹۸ نفری خود را آماده می‌کند تا در مهر ماه ۱۳۵۶ در همایش یا مراسم ده‌شب کانون نویسندگان شرکت جوید.

۱۲- سلطان‌پور و ده شب شاعران و نویسندگان...

آن زمان من که به‌تازگی نیز عضو کانون شده بودم، حوالی تریبون جایی یافتم. وقتی سلطان‌پور مقابل میکروفن ایستاد، صورتی نسبتاً باریک و جوان و موهای پرپشت و جوگندمی متمایل به سفیدش کاملاً به چشم می‌آمد. جوانی در قالب پیری، یا پیری در قالب جوانی، اما توفنده و پرخروش، با گفتن همان جملهٔ اول «سلام شکستگان سال‌های سیاه، تشنگان آزادی، خواهران و برادرانم سلام...» جمعیت به خروش آمد. عبارت شکستگان سال‌های سیاه و تشنگان آزادی را طوری گفت که گویی همه تکان

خوردند. گویی حرفی تازه می‌شنیدند... گفت: «عضو کانون نویسندگان هستم و با حفظ استقلال اندیشهٔ خود و پذیرش تمام مسئولیت آن...» جمعیت جوان گویی که سال‌ها بود دنبال واژگانی تازه می‌گشتند تا به اندیشه‌های خود سروسامانی بدهند، شعرهایش را به گوش جان شنیدند، و او توانست به‌رغم سه چهار سال دوری از مردم و پسند عمومی، همراه اشتیاق شنوندگان به واژه‌واژهٔ شعرش آهنگ بدهد و احساسات جوان‌ها را تا نقطهٔ اوج و آن لحظهٔ شعری ناب بالا ببرد. او آن شب خوش درخشید و خوشبخت بود که بعد از مدتی دوری از هیاهوی صحنه، اندازهٔ تمام کف‌زدن‌های سالن‌های تئاتر، صدای کف و هورا شنید...

او بعد از خواندن بیتی از حافظ: / دانی که چنگ و عود چه تقریر می‌کنند / پنهان خورید باده که تعزیر می‌کنند... سپس اشعار خودش را خواند و چه خواندنی... / آتشفشان درد / نغمه در نغمهٔ خون غلغله زد، تندر شد / شد زمین رنگ دگر، رنگ زمان دیگر شد / چشم هر اختر پوینده که در خون می‌گشت / برق خشمی زد و بر گردهٔ شب خنجر شد /... (در این لحظات بود که زنده‌نام به‌آذین به‌عنوان عضو برجستهٔ قدیمی هیئت دبیران کانون، اندکی پیش رفت و آستین کت سعید را از پشت کشید که تندروی نکند. پس از به‌آذین، اسلام کاظمیه و احتمالاً منوچهر هزارخانی هم به او تذکر دادند. اما سعید بی‌توجه به تذکر مسئولانهٔ دیگر اعضای هیئت دبیران به شعرخوانی ادامه داد.)

سپس شعر «با کشورم چه رفته است» را خواند و آن چشم‌های پنهان دیدند که مردم طالب چه نوع شعرهایی‌اند. گویی خواست عمومی مردم این بود که شاعران و نویسندگان حاضر در جلسه، علاوه بر افشای ناکارآمدی رژیم، زخمی هم بر او بزنند. اوج ده شب انستیتو گوته شب پنجم و اوج شب پنجم، شعر «با کشورم چه رفته است» بود. شعری که

با این مصراع‌ها شروع می‌شد... با کشورم چه رفته است/ که زندان‌ها/ از شبنم و شقایق سرشارند/ و بازماندگان شهیدان/ انبوه ابرهای پریشان سوگوار/ در سوگ لاله‌های سوخته می‌بارند/ با کشورم چه رفته است که گل‌ها هنوز داغدارند...

این اشعار در حالی خوانده می‌شد که کمی دورتر از باغ انستیتو گوته، پلیس‌های گارد شهربانی، کنار خیابان نفس تازه می‌کردند و بیم آن می‌رفت که هر لحظه یورش بیاورند و... آن شب معلوم بود که سلطان‌پور به نقطه‌ای رسیده که قادر است... قلبش را روی حصار خانهٔ دل‌خستگان بگیرد و آفتاب کند... (گویی از همان شب کدورتی بین سلطان‌پور و دیگر شاعران و نویسندگان توده‌ای و مشروطه‌طلب کانون پدید آمد. شاید هم زخم کهنه‌ای سر باز کرد که دو سال بعد منجر به استعفای شمس آل احمد و اسلام کاظمیه و تلاش بی‌وقفهٔ سلطان‌پور و محمد مختاری و باقر پرهام و... شد برای اخراج توده‌ای‌ها از کانون.)

بعد از ده شب معروف شاعران و نویسندگان، سلطان‌پور به اروپا رفت تا برای دانشجویان کنفدراسیون از سال‌های درد و شکنجهٔ خویش بگوید. از کشوری بگوید که دامن زندان‌ها از شبنم و شقایق سرشار است، و ملت در آن کرانهٔ مرگ‌آباد چون آتش نهفته در خاکستر، همچنان بیدار است... همچنین بشارت بدهد به روزهایی که ایران دیگر مانند رودخانهٔ خونینی است که بر صخره‌های سختی می‌راند تا از قله‌های رنج فرو ریزد... که چنین هم شد و انقلابی به وقوع پیوست در سال ۱۳۵۷ که در آغاز چنین به‌نظر می‌رسید یا سطح توقع عمومی از رهبرانش که هیچ دغدغه‌ای ندارند جز زدودن استبداد سلطنتی و برقراری جامعه‌ای بی‌طبقه که در آن همهٔ گروه‌های آزادی‌خواه حضور خواهند داشت و... که افسوس و صدافسوس، آن انقلاب مردمی به یغما رفت و به‌تعبیری ملاخور شد.

۱۳- سلطان‌پور و کاندیداتوری مجلس شورای اسلامی...

او در سـال ۱۳۵۸ از طـرف چریک‌هـای فدایـی خلـق، کاندیـدای نمایندگی مجلس شـد. عوامل پشـت پردهٔ سیاسـت آخونـدی با روحیه‌اش کاملاً آشـنا بودنـد. نحوهٔ برخـورد او را با تضادهـا و تعارض‌ها و خدعه‌هـای درون رژیم می‌دانسـتند. همچنیـن می‌دانسـتند در صـورت موفقیـت و ورود بـه مجلس غوغایـی برپـا خواهـد کـرد و هیئت حاکمـه را به چالشـی سـخت فراخواهد خوانـد. چنیـن بـود کـه به لطایـف الحیـل، قبـل از انتخابـات از شـرکت در رقابت‌هـای انتخاباتـی محرومـش کردند. تا جایی که یادم می‌آید، اسـماعیل خویـیِ شـاعر هـم از صافـی شـورای نگهبان نگذشـت. (حداکثـر تحمل آن مجلـس ورود چنـد اصلاح‌طلـب دینی بـود و حتی یک نفـر از جناح چپ و روشـنفکران غیردینی بـه این مجلـس راه نیافت.)

۱۴- سلطان‌پور و روزهای خوب بی‌بازگشت...

روزهای خوب او (جدا از ایامی که با جدیت تمام علیه شاعران و نویسندگان تـوده‌ای (۱۳۵۸) در کانـون فعالیـت می‌کـرد)، هنگامـی بود که توانسـت در انتخابـات مجمع عمومی سـال ۱۳۵۹ کانون نویسـندگان به عضویت هیئت دبیـران درآیـد و سـاعاتی از روزش را بـه مشـورت بـا دیگر اعضـا اختصاص بدهـد و عصرهـای سه‌شـنبه پشـت تریبـون آزاد، آن حرف‌هـای انباشته‌شـدهٔ سـالیان را بـا مخالفان خود بزند. او به‌رغم منع اساسـنامهٔ کانون نویسـندگان گاه از آن تریبـون وارد پاسخ‌گویی به مخالفان سیاسـی و رقبای جناحی خود می‌شـد و هربار با تذکر رئیس جلسـه باز می‌گشـت به مسـیر اصلـی و باز... در جمـع اعضـای کانـون فـردی سـرزنده و انقلابی بود. سـعی می‌کـرد تمام گفتار و کردارش را مطابق سیاسـت‌های سـازمان متبوع خود تطبیق دهد. اما نمی‌دانـم چـرا همواره فکـر می‌کردم او به‌شـدت تنهاسـت. هنرمنـدی منفرد

که کافی است پیشقدم کاری شود تا اغلب دوستانش پشتش را خالی کنند. شاید چون من همواره سعید سلطان‌پور را با محسن یلفانی خوش‌اخلاق مردم‌دار مقایسه می‌کردم، او را این‌گونه تنها و بی‌پشت‌وپناه می‌دیدم. در یکی از سه‌شنبه‌های سال ۱۳۵۹ شاعری جوان که عضو کانون نبود و به‌قولی مکتبی می‌زد، سرزده به کانون آمد. به سلطان‌پور گفت جنگ‌زده است و تقاضای کمک مالی کرد. سلطان‌پور با اینکه می‌دانست آن شاعر جوان معتاد است و در جبههٔ مخالف کانون پرسه می‌زند، بلافاصله تسلیم شد. مشکل بین آن دو سر میزان کمک بود. سعید تعهد کمک را در شرایطی داد که به‌خوبی می‌دانست کانون نویسندگان چنان بودجه‌ای ندارد که به کسی غیر از اعضای شناخته‌شدهٔ مستمند کمک مالی بکند. اما او این حقیقت را ندیده گرفت. مسئله را جلو روی آن شاعر جوان با من (حسابدار کانون) در میان گذاشت. انتظار داشت بلافاصله اقدام کنم.

به‌عنوان عضو هیئت دبیران به‌قدری از نحوهٔ گردش امور مالی و اداری بی‌اطلاع بود که تصور نمی‌کرد می‌بایست موضوع را نخست در جلسهٔ هیئت دبیران مطرح کند و پس از تصویب از منِ حسابدار پول بخواهد. شاعر جوان پس از ساعتی معطلی رفت و تازه سلطان‌پور افتاد دنبال کارش و با سخت‌کوشی تمام در جلسهٔ هیئت دبیران ضرورت کمک به شاعر جوان جنگ‌زده را بازگفت و آن‌قدر اصرار کرد تا سرانجام هیئت دبیران موافقت کرد مبلغی در اختیار آن شاعر جوان گذاشته شود. روزی که من مبلغ تصویب‌شده را به آن جوان پرداخت کردم و رسید گرفتم، گل از گل سلطان‌پور شگفت و برقی احترام‌انگیز و غرورآفرین در چشمانش دوید. غروری زیبا و شکوهمند که از اجابت تقاضای انسانی هرچند دورو به هر انسان دریادلی دست می‌دهد. گویی می‌گفت... دست‌هایم لانهٔ خرگوشان است و کبوتران بر شانهٔ من می‌خوانند... ماه بعد آن شاعر جوان علیه کانون

در روزنامهٔ عصر مطلب مفصلی نوشت که پر بود از فحش و ناسزا به هیئت دبیران که به ناصر پاکدامن و باقر پرهام سهم بیشتری از بقیه رسیده بود.

۱۵- سلطان‌پور و نمایش خیابانی عباس‌آقا...

خوشبختی دیگر او روزهایی بود که حس می‌کرد می‌تواند به‌وسیلهٔ تئاتر با مردم تماس نزدیک‌تری بگیرد و شاهد مشارکت بیننده‌ها در نمایش باشد، پس با ایجاد یک گروه نمایشی و آوردن نمایش «عباس‌آقا کارگر ایران ناسیونال» به صحنه، خود را درگیر ماجرای تازه‌ای کرد. «عباس‌آقا» را به میان مردم کوچه و خیابان برد و نشان داد که هنوز کارگر جز زنجیری که به پاهایش بسته است، چیزی ندارد که از دست بدهد. این نمایش با آراء و عقاید متفاوتی روبه‌رو شد. اجراهایی که اغلب با زدوخورد بازیگران و تماشاگران از یک‌طرف و لباس‌شخصی‌های سازمان‌یافته از طرف دیگر همراه می‌شد. آقایان لباس‌شخصی خیلی سعی کردند با اعمال فشار جلو نمایش را بگیرند و البته وانمود کنند که این خود مردم‌اند که خودجوش چنین کرده‌اند. اما مقاومت سلطان‌پور و گروهش باعث شد نمایش عباس‌آقا... روزها ادامه یابد. در این میان سلطان‌پور واقعاً احساس می‌کرد خودش حادثه و حماسهٔ زمانه است نه «عباس‌آقا» با لب‌های خونین. او حتی یک بار همهٔ بازیگران را با سر و دست شکسته به جلسهٔ کانون نویسندگان آورد تا همه ببینند بیرون چه خبر است. همه می‌دانستیم بیرون چه خبر است. او هم می‌دانست که همه می‌دانند بیرون چه خبر است، اما آورد و برخلاف راه و رسم کانون که طبق اساسنامه نمی‌بایست وارد جزئیات مسائل غیرصنفی می‌شد، ساعاتی از وقت جلسه‌ای را گرفت که اعضا روی دقایق و ثانیه‌هایش برنامه‌ریزی کرده بودند تا هریک مشکلات خود را مطرح کنند و چه‌بسا می‌اندیشیدند هم‌سنگ و هم‌تراز حرف‌هایی

بود که او قصد داشت بزند. روح پرالتهاب و عصیانگرش چنین می‌نمود که همواره کارهایش جنجال‌برانگیز باشد. به‌عبارت‌دیگر می‌توان گفت روح او عصیانگر نبود بلکه او خود معنای عصیان بود. (شاید این جمله را از غلامحسین ساعدی در همان زمان‌ها به یاد داشته باشم.)

اینجاست که می‌گویم دربارهٔ سلطان‌پور نوشتن کار مشکلی است. او شاعر بود و همه این را می‌دانستیم که باید رفتاری شاعرانه و هنرمندانه می‌داشت. اما گویی خودِ او زیر این حرف را مهر و امضا نمی‌کرد... من هرگز شعر نساخته‌ام/ من خود لحظه‌هایی، شعر بوده‌ام/ من خود را نوشته‌ام/ در من درخت‌ها کلمه بودند/ چشمه‌ها کلمه بودند/ ستاره‌ها کلمه بودند/ و شعر من تصادم ستاره و درخت بود/ فوران درشت چشمه بود/ چیزی بود که بیهوده می‌کوشم تفسیرش کنم... چه‌بسا بتوان گفت اگر سلطان‌پور دنبال هیاهو نمی‌رفت، هیاهو و جنجال سراغش می‌آمد. کافی بود بپذیرد که کاری یا حرکتی می‌تواند در روح پرملال مردم که حاصل سال‌ها سکوت مرگ‌آور و خواب صدساله بود، اثر مثبت می‌گذارد، حتماً بی‌فوتِ وقت اقدام می‌کرد و به عواقب آن هم اعتنایی نداشت. او می‌پنداشت باید خیلی کار کرد. باید کمک کرد تا مردمِ بی‌لبخند خود پا پیش بگذارند و برخیزند. او هنرمندی امیدوار می‌نمود و گاه تا مرز زودباوری پیش می‌رفت. مردی بود دیرجوش اما سخت‌کوش. می‌پنداشت خود، رودخانه‌ای موج‌دار و مست است و این موج مست می‌تواند دریای مردمان را بشوراند.

در عین خشونت ظاهری، لطافت و نزاکت خاصی در اعماق وجودش لانه کرده بود که به‌آسانی دیده نمی‌شد. به‌قول خودش گویی روح چشمان سحر است در قبر بتنی که باید با بولدوزر بیرون کشیدش... عده‌ای او را متهم به غرور شخصی می‌کردند. می‌پنداشتند کسی که خود را شعلهٔ بی‌قرار آتشفشان و غوغای آتش می‌خواند و شعرهایش را نغمه‌های

شعله‌ور و بال‌های خود را خون تمام پرنده‌ها می‌داند، شاعری خاکی و خاکسار نیست، بلکه خودنما و خودپرستی است که فقط در جست‌وجوی موفقیت شخصی است. جاه‌طلبی که همواره برای مطرح‌ساختن خود می‌کوشد و... اما باید توجه داشت که او هر قدمی که برمی‌داشت، در ارتباط با منافع مردم بود. او همواره آگاهی جمعی را به منافع شخصی خود ترجیح می‌داد. کسی بود که به مال و ثروت نمی‌اندیشید و آغوش خود را آشیانهٔ سبز پرنده‌ها می‌دانست. آیا کسی می‌تواند پاسخ دهد سلطان‌پور سیاست‌پیشه‌ای هنرمند بود یا هنرمندی سیاست‌پیشه؟ یادم نمی‌رود هنگام استعفا یا اخراج شاعران و نویسندگان توده‌ای از کانون (۱۳۵۸) او با چنان جدیتی کار را پیگیری می‌کرد که تعجب‌برانگیز بود. به یاد ندارم که او مثل محمد مختاری پیرامون مباحثی چون تساهل و تسامح و درک حضور دیگری سخنی به‌جد گفته باشد.

۱۶- یکی چند خاطره حوالی کانون...

۱- اواخر سال ۱۳۵۸ مقاله‌ای کوتاه با عنوان «نقش ادبیات در رابطه با ضرورت‌های دوران ما» در یکی از جلسات عمومی کانون نویسندگان خواندم و طی آن پیشنهاد کردم کانون نویسندگان در این بلبشوی مطبوعاتی ناشی از انقلاب، اعلامیه‌ای حاوی رسم‌الخطی دقیق و هشدارگونه بدهد به نویسندگان نوپا یا نوخاسته یا تازه‌به‌دوران‌رسیده‌ای که آرام‌آرام در مطبوعات قدیمی و جدید شروع به فعالیت کرده‌اند بلکه هشداری شود تا این‌همه مطالب سراسر مخدوش و پر از غلط‌های املایی و دستوری ننویسند... پس از سخنرانی من، سعید سلطان‌پور، محسن یلفانی، محمدعلی سپانلو و غفار حسینی دربارهٔ آن مقاله صحبت کردند (گزارش کامل آن در مجلهٔ اندیشهٔ آزاد،

شـمارهٔ ۲، چاپ شـده اسـت.) سـلطان‌پور طی سخنان پرشـوری ابعاد مقالـه را به‌گونـه‌ای بـاز کرد کـه هـم رودرروی محمدعلی سـپانلو قرار گرفـت و هـم باعث شـد من به نقاط ضعف پیشـنهاد خـود پی‌ببرم و از ایـن بابت از او تشـکر کنم.

۲- چنـد روز بعد از انتشـار جنگ ادبی «نامهٔ شـمارهٔ ۳ کانـون» توی دفتر کانون نشسـته بودم و به حسـاب و کتاب‌ها و حـق عضویت‌های ماهانهٔ اعضـا رسـیدگی می‌کردم که سـلطان‌پور آمد و بی‌مقدمـه گفت: «از این داسـتان رعـد و بـرق بی‌بارانـت خیلی خوشـم آمـد.» تعجب کـردم که چگونـه با آن‌همه مشـغلهٔ بیرونی و درونی توانسـته بـود بخواند. بی‌آنکه مـن چیـزی بپرسـم، گفـت که از نقـش راوی کـه کودکی بـود و در میانهٔ داسـتان با نرمی و لطافت کم‌رنگ شـد و در پایان داسـتان یک‌باره رنگ باخـت، خوشـش آمـده... توجـه و دقت نظرش بـه آن تکنیک داسـتانی غافلگیـرم کرد. معلوم بود داسـتان را با حوصله خوانده اسـت. به نکاتی اشـاره کـرد کـه بعدها دیـدم با زبانـی دیگر دکتـر رضا براهنـی هم روی همان‌هـا تأکید دارد.

۳- سـال ۱۳۵۹ شـمارهٔ اول فصلنامـهٔ «بـرج» را با شـعر محمـد مختاری شـروع کردم. در شمارهٔ ۳ مصاحبه‌ای داشـتم با نسیم خاکسار که بسیار گل کـرد. در فکر بودم با سـلطان‌پور هم مصاحبـهٔ مفصلی انجام بدهم. روزی (احتمـالاً اوایل اسـفند ۱۳۵۹) غلامحسـین نصیری‌پور شـاعر و عضـو کانـون، دوربیـن عکاسـی آورد تـا از او و یکـی چند تـن دیگر از صاحب‌نامـان کانون عکـس بگیرد و به‌مرور به من بدهـد تا در فصلنامه اسـتفاده کنـم. سـلطان‌پور تـوی دفتـر کانون نشسـته بـود. همین‌که برق فـلاش دوربیـن را دید و فهمید از او هم عکـس گرفته‌اند، نگاه عجیبی به نصیری‌پـور و دوربینش انداخت که دلم لرزید. مثل همیشـه که به‌دلیلی

هیجان‌زده می‌شد، چند بار به تندی پلک زد و مژه‌هایش را به هم فشرد. موج دردی به چشمانش سرازیر شد، نگاه خسته و شکسته‌ای که گویی می‌گوید چرا بی‌خبر؟ نگاه کسی که گویی داشته فکری خصوصی را دنبال می‌کرده و ناگهان کسی از آن فکر پنهانی عکس گرفته است. شاید نگاه مردی که به لحظهٔ حساس مرگ و زندگی رسیده است و طبق گفتهٔ خودش که بارها تکرار کرده بود، نمی‌داند با این‌همه تهدیدهای حضوری و تلفنی چطوری کنار بیاید یا کسی چه می‌داند، شاید او در آن لحظه ناگهان به ذهنش رسیده بود که این آخرین عکسش خواهد بود. آخرین عکس او توسط شاعری که چندان برایش غریبه نبود. برخلاف بدقلقی‌هایی که گاهی در کانون از خود بروز می‌داد، لبخند نصفه‌نیمه‌ای زد. وقتی برایش توضیح دادم، هیچ نگفت. نه مثل برخی مخالفت کرد و نه مثل محمد مختاری و رضا براهنی و نسیم خاکسار تشکر کرد. این یک حقیقت است که او آدم صادقی بود و اغلب غیرقابل پیش‌بینی. گاه به چیزی شک می‌کرد و بی‌خود و بی‌جهت عناد می‌ورزید. به‌قول خودش آن روز از دندهٔ چپ پا شده بود. شاید این شگردی بود که قادرش می‌ساخت اغلب در موضع حمله قرار بگیرد.

۴- اواخر سال ۱۳۵۹، یادم نیست در جلسهٔ کانون چه مسائلی مطرح بود که سلطان‌پور ناگهان برخاست و به ده شب کانون نویسندگان سال ۱۳۵۶ حمله کرد. تهمت‌هایی زد به همان شب‌هایی که قبلاً ستایش‌ش کرده بود، تن همهٔ گردانندگان و مجریان را لرزاند. این اواخر گاهی می‌دیدم نویسندگان هم‌عقیدهٔ خودش هم از موضع‌گیری‌هایش تعجب می‌کردند. در حالت خودخوری انگار می‌دانست همه را می‌رنجاند، ولی گویی چاره‌ای نداشت جز رنجاندن. گرچه لحظاتی

شاهد عقب‌نشینی او هم بودم، اما باز... معلوم بود درونِ بس آشفته و ناآرامی دارد و از دست کسی هم کاری ساخته نیست.

۱۷- سلطان‌پور و کاندیداتوری برای ازدواج...

خبر داشتیم قرار است داماد شود، ولی نمی‌دانستیم عروس چه کسی است و غیر از نسیم خاکسار چه کسانی دعوت دارند. تعطیلات نوروز در پیش بود... تا اینکه خبر رسید در شب عروسی‌اش (۲۷ فروردین ۱۳۶۰) بازداشتش کرده‌اند... هول و ولای زیادی افتاد بین اعضای کانون. شایعه دهان‌به‌دهان می‌گشت. کم بودند کسانی که می‌دانستند چه اتفاقی افتاده است. فقط خبر رسید که گفته وکیل نمی‌خواهم... از یک‌سو باعث خوشحالی بود که لابد علت بازداشت چندان حاد نیست و دخالت کانون بعید نیست وضعیت او را پیچیده‌تر کند. از سوی دیگر این گمان را به ذهن می‌آورد که چه‌بسا قطع امید کرده است و... حقوق‌دان‌های کانون این اظهارنظر و انتخاب او را درست و منطقی نمی‌دانستند. با این‌حال به‌سرعت کمیته‌ای برای دفاع قانونی تشکیل شد تا شرایط او را در زندان پیگیری کنند... همچنین تصمیم گرفته شد در مجمع عمومی آینده او را غیاباً کاندیدای عضویت در هیئت دبیران انتخاب کنند بلکه توجه مجامع بین‌المللی و حقوق بشری جلب شود و همگی به حمایت از او برخیزند.

۱۸- سلطان‌پور و شایعه‌های گوناگون...

در جلسهٔ مجمع عمومی (احتمالاً ۹ اردیبهشت ۱۳۶۰) پس از گزارش مالی از سوی من، یکی از اعضای کمیتهٔ دفاع از سلطان‌پور برخاست و از قول مادر او گفت که سعید موافقت کرده برایش وکیل بگیرند و از موضع بالا برخورد کنند. چون دادگاه هیچ مدرکی علیه او ندارد و... همه خوشحال

شدیم که او رفتار لجوجانه را کنار گذاشته و چه‌بسا کابوس جوان‌مرگی‌اش غلط از آب در آید. تصور می‌کردیم اگر او از این شبیخون مزدورانهٔ آقایان جان سالم در ببرد با وجود همسری همراه و احیاناً فرزندی دلبند با این زندگی طور دیگری کنار خواهد آمد، زندگی مشترک با مسئولیت بیشتر، از او آدم معتدل‌تری خواهد ساخت و... اطلاعات ما از چگونگی دستگیری او همان اطلاعات مختصر و غیرواقعی بود که دادستانی به روزنامه‌ها داده بود... اتهاماتی نظیر خروج ارز و داشتن اسلحه و... بعد شایع شد شکنجهٔ بدنی و روحی-روانی‌اش کرده‌اند و... حتی کسانی از قول دیگر زندانی‌ها گفتند کف پاهایش را با آتش سیگار سوزانده‌اند... می‌گفتند زنی را جلو او اعدام مصنوعی می‌کنند (به تیرک می‌بندند و به جوخهٔ اعدام دستور آتش می‌دهند و...) زن به دفعات بیهوش می‌شود و سلطان‌پور آن‌طور که مأموران پیش‌بینی می‌کردند، مقابل این عمل غیرانسانی ساکت نمی‌نشیند. فریاد می‌زند. هوار می‌کشد و اعتراض می‌کند و... در نهایت بهانهٔ قوی‌تری می‌دهد به دست آقایان زندانبان (شایع شده بود یکی از همان کسانی که در زمان رژیم گذشته با او هم‌بند بوده، او را به تیرک اعدام می‌بندد و سعید در حالی که سراپا افروخته بود بی‌آنکه وصیتی نوشته و خواسته‌ای داشته باشد، از نه شب تا پنج صبح به آن تیرک بسته می‌ماند و بعد...)

۱۹- سلطان‌پور و اظهارنظرهای گوناگون...

برخی دوستان نزدیکش عقیده داشتند که تعلل و عدم درک صحیح از عملکردهای سیستم و جناح‌های درون هیئت حاکمه بود که سعید را به دام مرگ رهسپار کرد. او نمی‌بایست مجلس عقد و عروسی آشکار می‌گرفت و اگر گرفت، نمی‌بایست در آن عروسی خود را به‌راحتی تسلیم می‌کرد بلکه تنها راهش عصیان و گریز از مهلکه بود و این توقعی بود که خود

او در ذهن من و ما ساخته بود. برخی دیگر بر این عقیده بودند مرگ او در همان پای سفرهٔ عقد یا در حال گریز از پشت بام همسایه معقول‌تر و زیباتر بود تا در زندان و دور از چشم مردم. برخی دیگر می‌گفتند مگر کسی از سرنوشت و از آیندهٔ خود خبر دارد؟ حتی کسی مثل سعیدِ سراپا عصیان نمی‌داند چگونه با حادثهٔ نامحتمل و ستمگر کنار بیاید؟ به‌نظر برخی دیگر، شخصیت‌هایی مثل سعید که در کانون حوادث بودند، از این محوریت لذت می‌بردند و خود سرنوشت خود را رقم می‌زدند.

می‌گویند وقتی مأمور مرگ، چشمان گارسیا لورکای شاعر و نمایشنامه‌نویس اسپانیایی را بست و به‌سوی مسلخ برد، لورکا از مأمور پرسید امشب ماه در چه وضعی است؟ من دوست ندارم زیر بدر تمام بمیرم. من در شعرهایم خیلی از ماه حرف زده‌ام. اگر زیر نگاهش بمیرم، این احساس بهم دست می‌دهد که از طرف بهترین دوستم مورد خیانت قرار گرفته‌ام...

ما نمی‌دانیم سلطان‌پور به مأمور مرگ خود چه گفت؟ فقط خواندیم خود پیش‌تر گفته بود... کجاست قایقم ای موج/ کجاست قایقم ای خون/ کجاست پاروها/ می‌خواهم برای ماندن بر دریا/ برای ماندن بر خون سفر کنم تا مرگ/ و هستی‌ام را مثل گلِ همیشه‌بهار/ به راه خانهٔ مردم/ مهمان باغ تب‌آلود...

۲۰- سلطان‌پور و پاناگولیس، دو زندهٔ هوشیار...

در یک نگاه گفتنی است... سعید در سال ۱۳۳۷ یا ۱۳۳۸ از سبزوار به تهران می‌آید و به گروه تئاتری «آناهیتا» می‌پیوندد که گردانندگانش جمعی از اعضای قدیمی «حزب تودهٔ ایران» بودند. در دی ۱۳۴۸ با متوقف‌شدن نمایشنامهٔ دکتر استوکمان یا دشمن مردم، نوشتهٔ ایبسن در انجمن ایران و آمریکا از سوی ساواک (به‌سبب تغییرات آشکاری که در جهت تبلیغ جنگ چریکی در آن داده بود)، به‌سرعت بین اهل هنر به شهرت می‌رسد.

بعدها چندبار به زندان می‌افتد و هربار نامش بیش از پیش بر سر زبان‌ها جاری می‌شود. از سال ۱۳۵۶ عضو کانون نویسندگان می‌شود و در جریان اخراج شاعران و نویسندگان توده‌ای از کانون (۱۳۵۸) اصرار فراوان می‌کند. سرانجام در فروردین ۱۳۶۰ در مراسم ازدواجش دستگیر و ۶۶ روز بعد اعدام می‌شود.

او شاعری را با سرودن غزل شروع می‌کند اما دیری نمی‌گذرد که به شعر نو سیاسی روی می‌آورد و اشعار پرخروشی می‌سراید که جریان جدیدی در شعر معاصر بنیاد می‌گذارد. این جریان بعدها شعر چریکی نام می‌گیرد و پویندگانی چه‌بسا مستعدتر می‌یابد اما نام سلطان‌پور به‌عنوان نمایندهٔ تمام‌عیار آن ثبت می‌شود. به‌احتمال زیاد او اولین شاعر معاصر است که در اشعارش آشکارا از مبارزهٔ مسلحانه سخن می‌گوید و آن را می‌ستاید و بی‌آنکه تحولی در فرم شعر پدید آورده باشد، تحرکی در عرصهٔ محتوای آن ایجاد می‌کند.

همچنین در یک نگاه گفتنی است... آلساندرو پاناگولیس، هنگامی که در ترور پاپادوپولوس، دیکتاتور یونان، شکست می‌خورد، مدت زیادی در زندان شکنجه می‌شود و بعد در دفاعیهٔ خود در دادگاه با نطقی آتشین توجه جهانیان را به خود جلب می‌کند. پاناگولیس تا مرز اعدام پیش می‌رود اما درست پنج دقیقه قبل از اعدام بر اثر فشار سازمان ملل به حکومت یونان نجات می‌یابد و مدتی در زندان می‌ماند. طبق گفتهٔ اوریانا فالاچی، روزنامه‌نگار و نویسندهٔ ایتالیایی، کسی که تا مرز اعدام پیش می‌رود و نجات پیدا می‌کند، میل عجیبی به مردن برایش می‌ماند و همواره منتظر مرگ است. پاناگولیس مدت‌ها در زندانی قبرگونه زندگی می‌کند تا اینکه با فرمان عفو عمومی (در راستای نمایشی دروغین از استقرار دموکراسی در یونان) همهٔ زندانیان، ازجمله پاناکولیس، آزاد می‌شوند. اما او خیلی زود

مبارزه را از سر می‌گیرد. در همین هنگام است که اوریانا فالاچی، خبرنگار بین‌المللی، به‌بهانهٔ مصاحبه با او به دیدارش می‌رود. پس از چند دیدار آن دو به هم علاقه‌مند می‌شوند. پس از مدتی به ایتالیا مهاجرت می‌کنند و پاناگولیس چند سالی از خارج کشور به مبارزه‌اش ادامه می‌دهد. اما بعد از برکناری شورای نظامی به یونان بازمی‌گردد و در انتخابات شرکت می‌کند و نمایندهٔ مجلس می‌شود. سپس مدارکی را علیه اونگولوس آوروف، وزیر دفاع، که در صدد است دیکتاتوری را با حاکمیت ارتش آغاز کند، جمع‌آوری و تعدادی را منتشر می‌کند. اما خیلی زود در یک سانحهٔ رانندگی کشته می‌شود... آنچه می‌توان دربارهٔ پاناگولیس گفت اینکه او با فاشیست‌ها می‌جنگید و با کمونیست‌ها هم میانهٔ خوبی نداشت. او اصولاً پیرو هیچ ایسمی نبود و به هیچ ایدئولوژی‌ای وابسته نشد. او می‌گفت کمونیست‌ها یک دیکتاتور را برمی‌دارند و دیکتاتور دیگری را جایش می‌نشانند. سرانجام اینکه چون پاناگولیس پیرو هیچ حزبی نبود، پشتوانهٔ محکمی هم نداشت و همواره تنهایی می‌جنگید. طرز تفکری که چندان دور از ذهنِ سلطان‌پور ما نبود.

* * * * *

ارتباط عاطفی بین اوریانا فالاچی و پاناگولیس، ازجمله اتفاقاتی است که به‌راحتی نمی‌شود از کنارش گذشت. در واقع پس از اولین ملاقات، آن دو دلباختهٔ هم می‌شوند و این عشق تا مرگ پاناگولیس و سال‌ها بعد در ذهن و ضمیر اوریانا باقی می‌ماند... کتاب «یک مرد» فالاچی در واقع میوهٔ این عشق راستین است که آن دو را به هم رسانده بود... نوعی مستندکردن آن که البته با انتشارش شهرتی جهانی برای پاناگولیس همراه آورد. آیا با این طرز تلقی من موافقید؟

به‌نظر من هم همین‌طور است. اوریانا فالاچی از محبوب خود یک

الگو و چهره‌ای جهانی ساخت. اقبالی که هرگز نصیب سلطان‌پور و دیگر شاعران مبارز سیاسی ایران نشد. انگار سرنوشت حاکم بر این اقلیم جغرافیایی است که جایگاه واقعی سلطان‌پورها شناخته نشوند. مثل گلی که نشکفته پرپر می‌شود. نگاه کنید به شاعرانی چون عشقی، گلسرخی و...، هرچند عاطفه گرگین، پس از مرگ خسرو گلسرخی تمام کوشش خود را کرد تا نام خسرو فراموش نشود، اما بحث من شهرت در سطح جهان است. اگر بخواهیم بار دیگر سلطان‌پور و پاناگولیس را مقایسه کنیم، شما را ارجاع می‌دهم به فضای مجازی. پاناگولیس در سال ۱۹۷۳ جایزهٔ بین‌المللی شعر «ویارِجو» را دریافت کرد. پازولینی، فیلمساز مشهور ایتالیایی، نیز بر کتابش مقدمه نوشت و بعد از برکناری حکومت دیکتاتورها، پاناگولیس به مجلس نمایندگان یونان راه یافت. اما روح سرکش او هم هرگز مهار نشد و استعفا داد و چند ماه بعد...

در مقالهٔ شما که صحبتش به میان آمد، به چند قطعه‌شعر از سعید سلطان‌پور اشاره کرده‌اید. اجازه می‌خواهم این مطلب را با ذکر قطعه‌شعری از پاناگولیس به پایان ببریم... / چوب کبریت به‌جای قلم / خون بر زمین چکیده به‌جای جوهر / پاکت از یاد رفته / باند پانسمان به‌جای کاغذ / اما چه بنویسم؟ شاید تنها فرصت نوشتن نشانی خود را داشته باشیم / شگفتا! جوهرم منعقد می‌شود / برایتان از سیاه‌چالی می‌نویسم در یونان!... شما چیزی برای اضافه‌کردن دارید؟

گویا از گفته‌های اوست... قهرمان ملی که به کتاب نیاز ندارد/ زندگی قهرمان بدون مرگ معنی ندارد... به‌نظر من با توجه به میزان آثار هنری این دو شاعر، اگر سلطان‌پور در این جغرافیا نبود، جایگاه شایسته‌تری می‌یافت هرچند همان‌طور که طی مقاله گفتم، از خیلی جهات زندگی پاناگولیس و سلطان‌پور قابل‌مقایسه‌اند. سعید اگر یک شاعر و هنرمند نبود، مرگش

فاجعهٔ عمومی به شمار نمی‌رفت. پاناگولیس نیز اگر شعر نمی‌گفت و سخنران برجسته‌ای نبود، خاطره‌اش نمی‌ماند. با این‌حال گاهی آرزو می‌کنم کاش سعید سلطان‌پور هم مثل محمد مختاری و محمد پوینده و دیگران اندکی آرام‌تر بود و به خود مجالی هفده‌ساله می‌داد، یعنی تا ۱۳۷۷ زنده می‌ماند، با همان اخلاق خوش و گاه ناخوش پیش ما بود و با ما همین زندگی نکبت‌بار را ادامه می‌داد، تا بلکه فرصت می‌یافت اندکی بیشتر از اندکی افکار و ایده‌ها و تخیل‌هایش را بر صفحه کاغذ می‌ریخت و تصویر و تصور عمیق‌تری از خود برای آیندگان بر جای می‌گذاشت. حالا که رسیدیم به اینجا بد نیست اشاره کنم که هیچ بعید نیست کاندیداتوری سلطان‌پور برای مجلس شورای اسلامی نیم‌نگاهی بوده است به نماینده‌شدن پاناگولیس در مجلس ملی یونان. در جهان‌بینی اساطیری، آن‌که رشتهٔ عمرش ظالمانه بریده شود، لاجرم به‌شکلی دیگر به جهان بازمی‌گردد و زندگی را از سر می‌گیرد. یاد خسرو گلسرخی نیز گرامی.

۱۹

علی‌اشرف درویشیان

اکثر آثار علی‌اشرف درویشیان:

«سال‌های ابری»، «سلول ۱۸»، «از این ولایت»، «از ندارد تا دارا»، «دُرُشتی»، «آبشوران»، «شب آبستن است»، «همراه آهنگ‌های بابام»، «فصل نان»، «افسانه‌ها و متل‌های کردی»، «فرهنگ کردی کرمانشاهی»، «صمد جاودانه شد»، «جنگ به‌روایت بچه‌ها»، «روزنامهٔ دیواری مدرسهٔ ما»، «قصه‌های آن سال‌ها»، «آتش در کتابخانهٔ بچه‌ها» و...

علی‌اشرف درویشیان، شرف ادبیات ستمدیدگان (۱۳۹۶ - ۱۳۲۰)[1]

دربارهٔ صداقت گفتار و رفتار و کردار علی‌اشرف درویشیان هرچه بگویم کـم گفته‌ام. همچنین در خصوص متعهدبودن و مبارزبودنش، به‌شـرح ایضاً دربارهٔ مردمی‌بـودن خودش و نوشـته‌هایش. مـن اما می‌خواهم امروز روی چون‌وچرایی سال‌ها پرهیز او از ظاهرشـدن در مجامع عمومی و ادبی تأکید کنـم به‌دلیل تعهـد صادقانه‌اش به ادبیات ستمدیدگان.

اولین بار نام علی‌اشرف درویشیان را پس از چاپ مقالهٔ «صمد جاودانه شـد» در ماهنامهٔ «جهان نو» در دههٔ ۱۳۴۰ دیدم. جنبهٔ اعتراضی و مردم‌گرایی آن مقاله در مجموعه‌داستان «از این ولایت» (۱۳۵۲) و «آبشوران» (۱۳۵۴) هـم دیـده شـد، اما هنوز نامش به روزنامه‌های پرتیراژ صبح و عصر نرسیده بود تا اصطلاحاً پرآوازه شـود و من آرزو داشـتم پرآوازه شـود.

نخستین‌بار کـه نام علی‌اشرف درویشان در روزنامه‌های عصـر کیهان و اطلاعات دهان‌به‌دهـان گشـت، اوایل ۱۳۵۶ بـود. از سـوی کمیتـهٔ دفاع

۱- متـن سـخنرانی در برنامـهٔ بزرگداشـت علی‌اشرف درویشیان در سـالن کاردینـال، نـورث ونکوور، کانادا، ۱۰ دسامبر ۲۰۱۷. چاپ اول، مجلهٔ رسانهٔ همیاری، ونکوور، شمارهٔ ۴۴، ۱۵ دسـامبر ۲۰۱۷، ۲۴ آذر ۱۳۹۶

از آزادی هنر و اندیشه، وابسته به سازمان ملل متحد اعلامیه‌ای انتشار یافت که در آن از زندانیان سیاسی و نویسندگان ممنوع‌القلم نام برده شد و اسم علی‌اشرف درویشان همراه با طاهر احمدزاده، رضا علامه‌زاده، اصلان اصلانی، رحمت‌الله جمشیدی، عاطفه گرگین، حسن حسام، احد هوشمند، نسیم خاکسار، رضا مقصدی و دو تن از روحانیون مخالف شاه لیست شده بود. گرچه نام او بیشتر برای علاقه‌مندان به ادبیات داستانی آشنا بود و قابل‌احترام.

بعد از آن هم مشابه این اعلامیه‌ها از طرف دیگر مجامع و مدافعان آزادی بیان و اندیشهٔ بین‌المللی به چاپ رسید و نام علی‌اشرف در کنار جمعی دیگر از مبارزان سیاسی آمد. تا جایی که در مهرماه ۱۳۵۶ و در جریان برپایی «ده شب شعر و داستان» کانون نویسندگان ایران در انستیتو گوتهٔ آلمان، بارها نام او به‌عنوان نویسنده‌ای مستقل و متعهد مطرح شد. این انتظار می‌رفت که او به‌محض آزادی از زندان به میان مردم کوچه و بازار و مجامع دانشجویان و روشنفکران بیاید و بیشتر از پیش پاس داشته شود. اما او پس از آزادی از زندان در بحبوحهٔ انقلاب ۱۳۵۷ حتی به کانون نویسندگان نیامد تا در تشکیل و تشکل آن شرکت کند و با توجه به شهرت و محبوبیت و تجربه‌ای که کسب کرده بود، گوشه‌ای از کار را بگیرد.

کسانی که کم‌وبیش با او انس و الفتی داشتند، تعجب می‌کردند که چرا پس از آزادی از زندان در مجامع عمومی ظاهر نمی‌شود تا به‌صورت شفاهی بگوید طی سال‌های زندان چه شکنجه‌هایی را تحمل کرده و چه دستاوردهایی داشته است. در آن زمان همه‌چیز برای شنیدن صدای به‌حق او در تهران و شهرستان‌ها و حتی در خارج از کشور مهیا بود تا در این عرصه نیز نقشی به یادگار بگذارد. او قهرمانی از‌بندرسته بود و می‌بایست چون دیگر شاعران و نویسندگان رهاشده از زندان سخنانش اینجا و آنجای شهر منتشر می‌شد.

اواخر ۱۳۵۷ توسط دوستان مشترک شنیدم علت دوری و پرهیز علی‌اشرف از حضور در مجامع هیچ‌چیز نیست جز هجوم مضامین متعدد و تعهد شخصی و اجتماعی برای نگارش آن‌ها. اندکی تعجب‌برانگیز بود که چرا چنین فرصت طلایی‌ای را نادیده می‌گیرد. اما بعد دیدیم که او تا پایان سال ۱۳۶۰، شش هفت کتاب قصه و داستان برای کودکان و نوجوانان نوشت و تا جایی که یادم می‌آید «فصل نان»، «همراه آهنگ‌های بابام»، «قصه‌های بلند»، «سلول ۱۸» و «کتاب بیستون» جزو آن‌ها بود. و این خود نمونه‌ای عالی از پشتکار و ممارست نویسنده‌ای متعهد به حساب می‌آمد و پاسخ قانع‌کننده‌ای به عدم حضورش در مجامع عمومی. بعدها خبر رسید در فکر کارهای پرحجم‌تری است در خصوص جمع‌آوری فرهنگ کردی کرمانشاهی و فرهنگ افسانه‌های ایرانی. اما پسِ پشت این تصمیمات، این روش زندگی و سال‌ها اشتغال مستمر به آموزگاری، آنچه او درک و فهم کرده بود، این بود که می‌باید حالا و اکنون که ذهن فعال است به ادبیات کتبی و داستانی متعهد باشد. چرا که گویندگان شفاهی به مقتضای زمانه می‌آیند و می‌روند و آنچه باقی می‌ماند، همان جملات و کلماتی است که در قالب ادبیات نویسنده می‌آفریند و مکتوبش را به یادگار می‌گذارد برای آیندگان. به‌عبارت‌دیگر، درویشیان مثل صمد بهرنگی، نمونهٔ واضح و روشن نویسندگانی بود که جهان سیاست و مبارزهٔ اجتماعی را از منظر ادیبی اهل ادبیات داستانی می‌نگریست نه بالعکس. البته شاعران و داستان‌نویسانی هم بودند مثل نسیم خاکسار و سعید سلطان‌پور که به‌محض آزادی از زندان (۱۳۵۷) به کانون نویسندگان آمدند و از تریبون آن بهره بردند برای گفتن اعتقادات خویش و گسترش آزادی بیان و اندیشه.

به‌هر رو، جان کلام اینجاست که پسند علی‌اشرف درویشان چنین بود که مقهور و مفتون آن اوضاع بلبشوی دمکراتیک‌نمای اول انقلاب نشود.

آن بگیروببندهای حاصل از جنگ ایران و عراق و سپس کشتار مخالفان در دههٔ ۱۳۶۰ را پشت سر بگذارد و در سکوتی پرثمر به تولید ادبیات بپردازد. البته که گاهی به مجامع تئاتری می‌رفت و از نمایش‌ها دیدن می‌کرد، اما سخنرانی مبسوط نمی‌کرد. نیازی به توضیح نیست که چه تعداد از نویسندگان و شاعران و فعالان عرصه‌های اجتماعی و سیاسی با تغییر اوضاع پس از خرداد ۱۳۶۰ مجبور به ترک وطن شدند و او همچنان دور از هیاهوها و جنجال‌ها ماند تا به اهداف ادبی ازپیش‌تعیین‌شدهٔ خود سروسامانی بدهد. او می‌بایست به آرزوها و تعهدهای اجتماعی‌اش به‌عنوان نویسنده‌ای مردمی جامهٔ عمل می‌پوشاند که پوشاند و آن آرزوها که چیزی نبود جز خدمت صادقانه به هموطنان و همولایتی‌های خودش در جمع‌آوری فولکلور که آن هم به دست نمی‌آمد جز با کار مستمر و پیگیر و می‌ارزید تا خیلی چیزها ازجمله موفقیت‌های زودگذر را فدای آن کند. هرچند طی صحبت‌های گهگاهی به‌وضوح می‌دیدیم که مثل زنده‌نام غلامحسین ساعدی دچار نوعی واهمه‌های بی‌نام‌ونشان شده و کابوس‌هایی از مرگ‌های ناگهانی و آدم‌ربایی در وجودش خانه کرده است و این در حالی بود که سعید سلطان‌پور نشکفته پرپر شد و نسیم خاکسار با بغض در گلو مهاجرت کرد و او همچنان ایستاده و ایستاد.

تا جایی که یادم می‌آید اولین حضور او در کانون نویسندگان پس از امضای متن «۱۳۴ نویسنده» یا «ما نویسنده‌ایم» بود در آبان ۱۳۷۳ و پس از آن حضور گهگاهی در نشست‌های جمع مشورتی کانون برای تدوین اساسنامه و مرامنامهٔ جدید که طی سال‌های ۱۳۷۴ و ۱۳۷۵ صورت گرفت. در میانهٔ سال ۱۳۷۵ بحث سفر جمعی از اعضای کانون نویسندگان به کشور ارمنستان پیش آمد و علی‌اشرف نخست تمایل نشان داد و سپس به‌صراحت و صداقت گفت که چون اهداف اولیه و انتهایی سفر برایش روشن

نیست سوار اتوبوس نمی‌شود. در این تصمیم، جمعی دیگر از نویسندگان از جمله محمود دولت‌آبادی و... نیز با او همفکر بودند.

می‌دانستیم کماکان سخت مشغول گردآوری و انتشار مجلدهای متعدد قصه‌های ادبیات عامهٔ اقلیم کردستان و «داستان‌های محبوب من» است. تا آن زمان علی‌اشرف خود را چندان درگیر مسائل روز کانون نویسندگان نمی‌کرد، اما پس از ایجاد گرفتاری برای سرنشینان اتوبوس راهی ارمنستان و اطلاع از کم و کیف بگیروببندهای پس از آن که منجر به عدم حضور اجباری جمعی از اعضای قدیمی‌تر و ثابت جلسات مشورتی شد، او گویی برای روشن‌نگه‌داشتن چراغ کانون و برگزاری مجمع عمومی، یک‌باره آستین بالا زد و در سال ۱۳۷۶ همراه دیگر عزیزان عهده‌دار کمیتهٔ تدارکات مجمع عمومی شد و از این پس بود که مشارکت فعال علی‌اشرف ادامه یافت. پس از قتل‌های زنجیره‌ای محمد مختاری و محمدجعفر پوینده و... در سال ۱۳۷۷ او گویی که مصمم‌تر شده باشد، خود را کاندیدای عضویت در هیئت دبیران کرد و پس از انتخاب، سال‌ها در سمت خود باقی ماند و این اواخر به‌رغم بیماری شدید، کماکان چراغ کانون را روشن نگه داشت.

چنانچه بخواهم از این اندک یک جمع‌بندی بدهم، اینکه علی‌اشرف درویشیان ادیب و داستان‌نویسی بود زندان‌کشیده که سر و جان خود را در خدمت ادبیات داستانی مردمی قرار داد. او هم در پی صمد بهرنگی ادبیات کودکان و نوجوانان را به مسائل اجتماعی پیوند زد. این اشراف را داشت که شهرت حاصل از انتشار دو کتاب تا مقطع انقلاب ۱۳۵۷ چندان پایدار نخواهد بود و می‌بایست خود را در راهی که در پیش گرفته غرق کند تا به قلهٔ دلخواهش برسد که رسید. یاد عزیزش مانا که ماناست.

*****

از جملـه کارهای خواندنی و بهیادماندنی زندهیاد درویشـان یکی مجموعهٔ «داستانهای محبـوب من» اسـت. در آن مجموعه از شـما نیز داستانی انتخاب شـده؛ در اینبـاره برایمان بگویید؟

جلد اول این مجموعه در سـال ۱۳۸۰ منتشر شد. منتخبی از داستانهای نویسندگان معاصر بود کـه همراه رضا خندان مهابادی منتشـر کـرد و از من هم داسـتان «خورشـیدهای سـنگی» که فضای کارگری داشت انتخاب کرد. یادش گرامی. خوشـحالم در پاسداشت و بزرگداشتی که بههمت جمعی از اهل قلم و فرهیختگان سـاکن ونکوور ازجمله مجید میرزایی برگزار شـد، من هم حضور داشـتم. در این جلسـه علاوه بر مجید میرزایی بهعنوان گرداننده، علی نگهبان و مرتضی مشتاقی نیز سـخنرانی کردند. در ایران نیز از زحمات زندهنام علیاشرف درویشان تا حـدودی قدردانی به عمل آمده است. نگاه کنیـد بـه دهمیـن دورهٔ جایـزهٔ بنیاد گلشـیری و در هشـتمین دورهٔ جایـزهٔ بنیاد ادبی مهرگان ادب بابت تعهـد بیچونوچرا به آزادی بیان و یک عمر تلاش در عرصهٔ نوشـتن که از او تقدیر به عمل آمد. در خارج از کشـور هم سـازمان دیدبان حقوق بشر در سـال ۲۰۰۷ جایزهٔ هلمن-هامت را بـه او اختصاص داد. هفتمین دورهٔ جشـنوارهٔ فرهنگی «گلاویژ» کردسـتان عراق هم در آذرماه ۱۳۹۲ جایـزهٔ نخسـت خود را به او اهدا کرد. تـا جایی که میدانم و در اخبار آمده تاکنون پنج شـناختنامه هم در بررسـی آثارش منتشر شـده کـه البته بهباور من حق او بوده است.

از نظر شـما جایگاه ایشـان در عرصهٔ داستاننویسی ما و بهخصوص در حـوزهٔ داستاننویسی برای کودکان و نوجوانان کجاسـت و میراثی که از او در این حـوزه به یادگار مانده، کدام اسـت؟

زندهیاد علیاشرف درویشیان هـم مثـل صمـد بهرنگی جهان ادبیات کـودکان و نوجوانـان را بـه سـمت و سـوی ادبیـات مبارزه سـوق داد و باعـث

آگاهی‌بخشی به خوانندگان آن ردۀ سنی شد. کار مهم دیگر او پرداختن به مسائل اقلیم کردستان بود. سال‌ها پیش، در بخشی از مصاحبه با روزنامۀ شرق به‌تاریخ ۱۲ شهریور ۱۳۸۲، گفتم ... در یک تقسیم‌بندی کلی چه‌بسا داستان‌نویسان به‌نوعی جزو مورخان هم محسوب می‌شوند و هریک بنا به سلیقه و وظیفۀ خود به درون و بیرون شخصیت‌ها می‌روند و نوع تفکر هم‌عصران خود را بازگو می‌کنند. علی‌اشرف درویشیان نیز پژوهشگرانه تاریخ ناگفتۀ بخشی از اقلیم کردستان را برای ما بازسازی و از آن مهم‌تر ساخته است. مهم نیست وقایعی که علی‌اشرف درویشیان در کتاب‌هایش آورده، اتفاق افتاده یا نیفتاده بلکه مهم آن است که طی دو نسل، جوانان و نوجوانان ما باور کرده‌اند که در کردستان چنین اتفاقاتی محتمل بوده است و این خیلی مهم است که مردم به نویسنده‌ای اعتماد کنند و قولش را بپذیرند.

۲۰

علی باباچاهی

اکثر آثار علی باباچاهی:

مجموعه اشعار: «منزل‌های دریا بی‌نشان است»، «نم‌نم بارانم»، «عقل عذابم می‌دهد»، «قیافه‌ام که خیلی مشکوک است»، «رفته بودم به صید نهنگ»، «پیکاسو در آب‌های خلیج فارس»، «فقط از پریان دریایی زخم زبان نمی‌خورَد»، «هوش و حواس گل شب‌بو برای من کافی است»، «گُلِ بارانِ هزارروزه»، «دنیا اشتباه می‌کند»، «بیا گوش‌ماهی جمع کنیم»، «باغ انار از این طرف است»، «این کشتی پراسرار»، «اتاق بر آب راه می‌روم»، «در غارهای پر از نرگس»، «قشنگی دنیا به همین است»، «آئورا و دیگرانِ من»، «آدم‌ها در غروب اسم ندارند» و...

علی باباچاهی در دایره و مدار خلوص (۱۳۲۱ -)[1]

علی باباچاهیِ شاعر را بار اول در چهارم آبان ۱۳۶۰ دیدم. از او شعری گرفتم برای فصلنامهٔ «برج»[2]. در شعرِ «از خاکمان آفتاب برمی‌آید» نوشته بود:

... مشعلی بر راهم فراهم کرده‌ای که سیمای وطن را / گلگون‌تر می‌کند و نیم‌رخ دوست را / ای عشق / این بار / چهار لالهٔ خونین را / اما کجای دلم بگذارم؟ / چهار ستارهٔ سرخ را؟ / چهار آفتاب پریشان را / ...

تمامی این شعر، ماه بعد در شمارهٔ چهارم فصلنامهٔ «برج» چاپ شد و بر حسب تصادفی زیبا از نظر من، از چهار لالهٔ خونین سخن گفته بود، و من که با خون جگر و دستی تنگ شمارهٔ چهارم آن فصلنامه را منتشر می‌کردم، آن چهار، چهارها... چنان به وجدم آورد که گویی مهر علی باباچاهی بود که چهار بار بر دلم می‌نشست.

باورکردنی نیست، اما در آستانهٔ شصت‌سالگی اعتراف می‌کنم با دیدن

۱- چاپ اول، کتاب درنگ، انتشارات نظری اصفهان، ۱۳۷۸
۲- فصلنامهٔ «برج» از مهر ۱۳۵۹ با شعر محمد مختاری (میدان راه‌آهن اهواز) منتشر شد و در شمارهٔ پنجم، هم‌زمان با انتشار پنج رباعی از علی باباچاهی به محاق رفت.

عطوفت و صفا و همدلی علی باباچاهی دوست می‌داشتم نام خانوادگی‌ام را مهرعلی می‌گذاشتم - که متأسفانه به‌دلایلی ازجمله وابستگی به تبار، و سلسله و شجرهٔ خاص تهران، نتوانستم دست به ترکیب فامیلی خود بزنم، اما توانستم در چهار داستان کوتاه و بلند، نام شخصیت‌های داستانی‌ام را مهرعلی بگذارم.

دوستی من و علی باباچاهی با چاپ شعری از دفتر «از خاکمان آفتاب برمی‌آید»[۱] شروع شد و با چاپ «پنج رباعی» او در شمارهٔ پنجم فصلنامهٔ «برج» ادامه یافت و با دیدن پنج پنج به این نتیجه رسیدم که هر مقاله، هر فیلم، هر تابلو نقاشی و هر اثر هنری، در پس پشت خود راز و رمز داستانی نهفته دارد که با خطوطی خاص نوشته شده یا نانوشته مانده است که می‌بایست با همراهی و همخوانی خطیب و مخاطب به هم ربط یابد و پاسخ درست درمانی بدهد به ماورای ذهنِ شخصِ من، تا من از این راه روزگار خاکستری خود را رنگی شاد بزنم. نگاه کنید به داستان اعداد و نقش چهار و پنج در داستان رفاقت من و علی باباچاهیِ شاعر، علی باباچاهی در چهارم آبان ۱۳۶۰ شعری می‌دهد به من که در آن از چهار لالهٔ خونین سخن گفته است، و من آن شعر را بر حسب تصادف در چهارمین شمارهٔ فصلنامهٔ برج، پس از شعرهای سیمین بهبهانی، محمدعلی سپانلو و اسماعیل خویی صفحه‌بندی می‌کنم و به‌عبارتی او را در چهل و یک سالگی، چهارمین شاعر مطرح و سرشناس شمارهٔ چهار مجله قرار می‌دهم و شگفتا که پنج رباعی اهدایی بعدی او نیز در شمارهٔ پنجم مجله چاپ می‌شود، و باز این قصه ادامه می‌یابد - که اگر نخواهم خطوطی نامرئی را در سرنوشت چاپ و جایگاه شعرها در آن مجله ببینم (که به‌عنوان داستان‌نویس قصد دارم حتماً حتماً این خطوط نامرئی را به‌نفع جهانِ داستان مصادره و پررنگ کنم)، این تصادف‌ها در دستگاه

۱- از خاکمان آفتاب برمی‌آید، مجموعه‌شعر، علی باباچاهی، انتشارات بهنام تبریز، ۱۳۶۰

ماورائـی خـاص ذهن مـن، معنای خاص‌تـری می‌یابـد و در قضـاوت نهایی می‌گویم سرنوشـت مـن و علی باباچاهـی به‌گونه‌ای به هم گره خورده اسـت کـه فکـر می‌کنـم هـر دو قادر باشـیم تا چهـار پنج دهـهٔ دیگر هـم از جادوی کلام در شـعر و داسـتانِ هم سـخن بگوییم.

او در قالـب شـاعری کم‌حاشـیه امـا شـجاع و خوش‌قریحـه گفت «عقل عذابـم می‌دهـد.» این جمله (یـا مصرع) برگرفته از مصرعی از شـعر خودش اسـت، کـه البتـه پیش‌تـر در برخی آثـار عرفا و برخـی کلام عقـلای مجانین (تذکرةالأولیـاء و...) به‌گونـه‌ای آمـده، ولـی هرگـز در بیـن معاصـران پس از نهضـت مشـروطه شـنیده نشـده و در تبییـن پایه‌هـای اسـتدلالی آن سـخن بـه میـان نیامده اسـت، جـز در کلام علـی باباچاهـی. او با همیـن عبارت یا مصـرع در روی جلـد کتابـش چنـان در مباحث نظـری و تئوری‌هـای متأخر شـعر معاصر فرود آمد که صف موافقان و مخالفان این نگرش ادبی سیاسـی مقابـل نیچـه و مارکـس و میشـل فوکو قـرار گرفتنـد. آیا صف‌بنـدی در مقابل دانـش خـودآگاه و ناخودآگاه امـری تازه و امروزی اسـت؟

شـاعر از کدام عقل و کدام عذاب سـخن می‌گوید؟ آیـا این عنصر (عقل) همان «عقل فردی» مورد انتقاد در جامعهٔ سـرمایه‌داری اسـت که افرادی برای تأمیـن منافـع شـخصی خـود، عنصـر رابطـه و عاطفهٔ انسـانی و حـق و حقوق دیگـران را بـه هیـچ می‌گیرند و مثـل ابزارهای مکانیکـی و گاه چـون جانورانی وحشـی، خـود را بـه آب‌وآتـش می‌زننـد تـا در انباشـت سـرمایه از رقیب خود پیشـی بگیرنـد؟ آیـا ایـن عقـل همان عقلـی نیسـت کـه از دل آن مدرنیسـمی بی‌عاطفـه بـا خصوصیاتـی مثل عـدم رعایـت حرمت‌هـای انسـانی، هیتلرها و موسـولینی‌ها بیـرون می‌آینـد، و بـا خود رسـالهٔ «پول بیشـتر، قدرت بیشـتر» را به‌همـراه می‌آورنـد و خـود نقابـی می‌شـوند بـر چهرهٔ زورگویـانِ صاحـب ایدئولوژیی‌هـای مذهبـی شـرقی کـه از اکثریـت خامـوش سـنتی اخلاق‌گـرا

سودجویی می‌کنند؟ خیلی‌ها از روابط مکانیکی حاکم و متصل و معطوف به تولید و توزیع کالا و سرمایه بین معاصران خود عذاب می‌کشند، و با چنین نظام‌هایی سر ستیز دارند و صدایشان به هیچ‌کجا نمی‌رسد جز در فرصت‌هایی اندک این‌چنین، مخصوصاً اگر جهان را از فیلتر ادبیات بنگرند.

آیا پس پشت ظاهر بسیار آرام علی باباچاهی، روح شاعری متعهد به تعهد اجتماعی عام پنهان شده است که در نگاه اول دیده نمی‌شود؟ آیا او در زمرهٔ شاعران و پژوهشگرانی است که حریم پریشانی زیبا و هنرمندانهٔ خود را فقط و فقط از طریق شعر در تیراژی معمول محک می‌زنند؟

با ما سخن از بهار می‌گفت اما
از لالهٔ داغدار می‌گفت اما
وقتی که وضوی عشق، با خون می‌کرد
از دار به‌جای یار می‌گفت اما...

آیا او با انبوه موهای پرپشت جوگندمی، کت‌وشلوار آراسته، و کفش واکس‌زده، همواره در راه یافتن مفر و مجرایی است تا انقلابی‌ترین رساله‌های عاشقیت اجتماعی را در چهارچوب اعتقادی شعرش فریاد بکشد و بغض نهفته در گلو مجالش نمی‌دهد؟ آیا هریک از جمله‌های اخیر من مصداق واضح و روشنی است بر چهل سال آشنایی دور و بیست سال آشنایی نزدیک من با او؟ - که چنین است و چنان باشد و حالا می‌گویم چرا به خود اجازه می‌دهم او را چنین معرفی کنم.

همراه علی باباچاهی پس از آشنایی در چهارم آبان ۱۳۶۰ از سال ۱۳۶۴ تا ۱۳۷۴ هرهفته به «جلسهٔ شاعران سه‌شنبه»[1] می‌رفتم و ساعت‌ها

۱- جلسهٔ شاعران سه‌شنبه (۱۳۶۴) نخست به‌همت جمعی از اعضای کانون نویسندگان ازجمله من و حمیدرضا رحیمی، اسماعیل رها و غلامحسین نصیری‌پور پا گرفت و طی ده سال گسترش یافت و گویی سوکمیسیونِ [کمیسیون فرعی] آن نهادِ دموکراتیک بود در خانهٔ اعضای قدیمی.

کنار جمعی از اعضای کانون نویسندگان ایران ازجمله محمد مختاری و عمران صلاحی و جواد مجابی و فرامرز سلیمانی و کاظم سادات اشکوری، حمیدرضا رحیمی، عظیم خلیلی و دیگر میهمانانی چون رضا براهنی، محمد حقوقی و... می‌نشستیم. او شعر می‌خواند و شعر تفسیر می‌کرد، داستان من و مجابی را می‌شنید و در تحلیل آن‌ها می‌کوشید. ما نیز متقابلاً دربارهٔ آثار او صحبت می‌کردیم. از آن مهم‌تر، در سال ۱۳۷۵ همراه ۲۱ شاعر و نویسندهٔ دیگر سوار اتوبوسی منحوس شدیم به‌نام مرگ که متأسفانه از گردنهٔ حیران بالا نرفت تا آن گروه را به کنگرهٔ شعر و داستان کشور ارمنستان برساند.

*****

صحبت ما به آقای باباچاهی که رسید، چهره و لحن صدای شما فرق کرد! دوستی با ایشان چقدر برایتان مهم بود یا چه تأثیری روی کارهای ادبی‌تان داشته است؟

در ادامهٔ دوستی‌ها از شهریور ۱۳۷۶ تا اردیبهشت ۱۳۷۸ در مجلهٔ آدینه علاوه بر مسئولیت صفحات شعر و داستان، به‌اتفاق هم ویژه‌نامه‌های شعر و داستان مجلهٔ آدینه را به‌عشق خدمت به جوان‌ها منتشر کردیم که در زمانهٔ خود به‌باور شاهدان در معرفی شعر و داستان مدرن ایران بسیار مؤثر بود. باز هم از همه مهم‌تر، من علی باباچاهی را با جان‌مایه‌ای بومی از اقلیم جنوب، برادر بزرگ خود می‌دانم. شاعری معترض و عاشق، همدل و صمیمی که جز اعتلای شعر و شاعری به مشغلهٔ دیگری بها نداده است.

علی باباچاهی عضو کانون بود و تا سال ۱۳۶۰ در اکثر جلسات هفتگی سه‌شنبه‌های کانون شرکت می‌کرد. بعدها در مناسبت‌ها هم حضور می‌یافت. علی باباچاهی بازنشستهٔ وزارت آموزش و پرورش بود

و جزو شاعران اهل نظر دربارهٔ شعرهای پسانیمایی. شعر او که صبغه‌ای بومی از اقلیم جنوب دارد، عمدتاً عاشقانه و اجتماعی و معترض است. زبان ساده‌ای دارد که کمابیش با آرایه‌های ادبی می‌آمیزد. اشعاری عاطفی-تصویری با رویکردی اجتماعی، سرشار از اندوهی عمیق است. هر جا که با هم بودیم حضور علی باباچاهی برایم دلگرم‌کننده بود.

اطلاع دارم که در سال ۱۳۹۰ فیلم مستندی با عنوان «این قیافهٔ مشکوک» پیرامون شعر و حیات شعری علی باباچاهی به‌طراحی و کارگردانی وحید علیزاده رزازی ساخته شده و شما هم در آن صحبت کرده‌اید. ممکن است پیرامون آن کمی برایمان بگویید. آیا مجموعه‌شعر «قیافه‌ام که مشکوک است» آقای باباچاهی ربطی به فیلم آقای وحید علیزاده با نام «این قیافهٔ مشکوک» دارد؟

در این فیلم ۹۰ دقیقه‌ای علاوه بر من، چهره‌هایی چون هوشنگ چالنگی، مسعود بهنود، محمد قائد، مدیا کاشیگر، احمد پوری، فتح‌الله بی‌نیاز، فرخنده حاجی‌زاده، بهزاد خواجات، رضا عامری، اردشیر رستمی، علی عبداللهی، علیرضا مجابی، فرخنده بختیاری و بابک صحرانورد دربارهٔ زوایای گوناگون شعری و شخصیتی باباچاهی صحبت کردند. من هم گوشه‌ای از خاطرات مشترک خودم و باباچاهی را در ماجرای اتوبوس منحوس ارمنستان در سال ۱۳۷۵ گفتم. این فیلم اولین‌بار در مراسم بزرگداشت علی باباچاهی در اسفند ۱۳۹۰ به‌همت گروه ادبی مایا در تهران به نمایش درآمد و چند ماه بعد در یکی از برنامه‌های تلویزیون بی‌بی‌سی پخش شد. و اما اینکه می‌پرسید مجموعه‌شعر «قیافه‌ام که مشکوک است» آقای باباچاهی چه ربطی دارد به فیلم آقای وحید علیزاده با نام «این قیافهٔ مشکوک»؟ فکر می‌کنم وحید علیزاده رزازی پاسخ شما را در یادداشت پشت جعبه (سی‌دی) داده است. آنجا که می‌گوید «این قیافهٔ

مشـکوک» تنها یک فیلم نیسـت، دقایقی صرفاً دیدنی-شـنیدنی هم نیسـت، شـعری اسـت در واقع چندمنظـوره که منظـور خاصی را هم دنبـال نمی‌کند. پیچیـده اسـت و آسـان‌یاب و مؤلف‌هـای متکثری دارد. مؤلـف محوری آن جنون و نوشـتن را برگزیده تا گرفتار عقل روزمره نشـود و عقل عذابش ندهد. مشـکوک و متفـاوت و «طـور» دیگـری اسـت کلاً. جـدا از دیگران نـه، رها، آری! بـا خـودش آن‌قـدر تنها راه می‌رود - بدون شـما هرگز، تا به شـکل خود خـودش درمی‌آید...

از کار مشـترک خـود بـا آقـای باباچاهی در مجلـهٔ آدینه بگوییـد. آیا در تقویت دوسـتی شـما مؤثـر بود؟ آیا از احـوالات شـخصی خانوادگی آقای باباچاهی خبـر دارید؟

یـک سـال بعـد از ماجـرای اتوبـوس منحـوس ارمنسـتان در ۱۳۷۵ و زندانی‌شـدن فرج سـرکوهی، غلامحسـین ذاکری، مدیر مسـئول مجلهٔ آدینه، از مـن دعـوت کـرد بخـش داسـتان مجلـهٔ آدینـه را بـه عهـده بگیـرم. پس از مشـورت بـا علـی باباچاهی قبـول کـردم و همـان روز اول پیشـنهاد ویژه‌نامهٔ شـعر و داسـتان را دادم به ذاکری و او هم بلافاصله قبول کرد. با پاپوش‌دوختن وزارت اطلاعـات برای فرج سـرکوهی، ذاکری به‌شـدت افسـرده بود. هرچند مسـعود بهنـود هنوز بخش مقالات را سرپرسـتی می‌کرد، امـا او هم آنی نبود کـه بایـد باشـد. به‌هـر رو مـن و علـی باباچاهـی شـروع کردیم بـه کار. طی چهـار ویژه‌نامـهٔ مجلـهٔ آدینـه بیش از صد داسـتان و صد شـعر تـازه عمدتاً از جوان‌هـا چـاپ کردیـم. از ایـن بابت خوشـحال بودیم، کـه زنده‌یـاد منصور کوشـان به‌عنـوان سـردبیر مجلـهٔ آدینـه انتخاب شـد. پیـدا بـود دگرگونی‌های فراوانـی در راه اسـت چون هم صفحهٔ شـعر را از علـی باباچاهی گرفت و هم لزومی ندید من ویژه‌نامه‌های داسـتان را منتشـر کنم. خود کوشـان هم پس از انتشـار ده پانزده شـماره متأسـفانه نتوانسـت به کارش ادامه دهد و مجلهٔ آدینه

دچار دادگاه مطبوعات شد و در سال ۱۳۷۷ برای همیشه به محاق رفت. هیچ‌یک از این مسائل و مصائب روی دوستی من و علی باباچاهی اثر منفی نگذاشت بلکه آن را تقویت کرد.

این که می‌پرسید آیا از احوالات شخصی خانوادگی آقای باباچاهی خبر دارم یا نه؟ فقط گفتنی است که علی باباچاهی و همسرش (فرخنده بختیاری) بازنشستهٔ وزارت آموزش و پرورش‌اند و دو فرزند دارند به‌نام‌های غزل و بهرنگ.

۲۱

محمد مختاری

اکثر آثار محمد مختاری:

مجموعه‌اشعار: «پنجاه و هفت»، «بر شانهٔ فلات»، «در وهم سندباد»، «سحابی خاکستری»، «قصیده‌های هاویه»، «آرایش درونی»، «منظومهٔ ایرانی»، «وزن دنیا» و...

سایر آثار: «اسطورهٔ زال»، «انسان در شعر معاصر»، «تمرین مدارا»، «چشم مرکب»، «حماسه در رمز و راز ملی»، «زادهٔ اضطراب جهان»، «هفتاد سال عاشقانه» و...

مختاری روشن‌اندیش (۱۳۷۷ - ۱۳۲۱)[1]

این متن برداشت نسبتاً آزادی است از انبوه خاطره‌های راقم سطور، از انبوه نوشته‌ها و گفته‌های محمد مختاری، مبارز راه آزادی.

خیام گوید:

ای کاش که جای آرمیدن بودی
یا این ره دور را، رسیدن بودی
یا از پس صد هزار سال از دل خاک
چون سبزه امید بردمیدن بودی

من اما اکنون محمد مختاری را پس از یازده سال در خواب‌وبیداری سبزِ سبز می‌بینم. سبزی روشن، روشن‌تر از هر سبزی و در خیال نه مرثیه که ثنای او می‌گویم.

محمد مختاری یکی از روشن‌اندیشان زمانهٔ خود بود. حاصل روشن‌اندیشی او، درک حضور دیگری بود در کنار خود. او با درک حضور

۱- چاپ اول، مجلهٔ شهروند بی‌سی، متن سخنرانی در بزرگداشت محمد مختاری، ونکوور، ۳۱ دسامبر ۲۰۰۹، ۱۰ دی ۱۳۸۸

دیگری به نقد اندیشه و فرهنگ و تاریخ و افسانه و اسطورهٔ سرزمین ایران از طریق تحلیل معرفت‌شناسی پرداخت. علاوه بر سه سال اول انقلاب در کانون نویسندگان ایران، از اواسط سال ۱۳۶۵ تا انتهای ۱۳۷۴ هر هفته در حضور جمعی از اعضای شاعران و نویسندگان برآمده از دل کانون نویسندگان، موسوم به شاعران «سه‌شنبه» و جمع مشورتی کانون دربارهٔ ارزش‌ها و اصول انسانی، سخن‌ها شنید و صحبت‌ها گفت. نقدها شنید و پاسخ‌ها داد و باز سخن‌ها گفت و سخن‌ها شنید و سرانجام به این نتیجه رسید که ارزش نظام‌های اجتماعی، در نوع رویکرد آنان به انسان تعیین می‌شود. انسانی که با حقوق تعریف‌شدهٔ امروزی خود، مقوله‌ای برآمده از تمدن بشری است، و نه توحش بشری.

او نخست به فرهنگ نظام ارزشی سنتی پرداخت و گفت در نظام‌های سنتی، عارضه‌های اجتماعی و تاریخی در جهت دفع و حذف و نفی انسان و ندادن حق رأی به او نمودار می‌شود. چرا که ساخت استبدادی ذهن در آن نظام ارزشی به‌طور نهادی و تاریخی به تجربه‌های آزادی اندیشه و بیان دست نیافته است. سپس او به مبحث نظام ارزشی فرهنگ جدید پرداخت و گفت فرهنگ نو چیزی نیست جز رویکرد نو به انسان که در نواندیشی‌های اجتماعی-سیاسی و ادبی و هنریِ جهان نمونه‌های قابل‌توجهی به یادگار گذاشته است. این رویکرد نمایانگر جهت جذب و درک و حضور چشمگیر و حق شأن انسان است؛ نگاه انسان به خود و دیگری و تقویت نگاه انسانی به خـود و دیگری. مختاری تاریخچهٔ تکامل عقیده به انسان و نگاه انسانی به انسان را به سه مرحله خلاصه کرد:

۱- گرایش به فردیت انسان از دیرباز تاریخ تا انقلاب کبیر فرانسه که همان آغاز عصر طلایی روشنگری است.

۲- انسان‌گرایی با تأکید بر حرکت‌ها و جنبش‌های عدالت‌خواهانه،

حق‌طلبانه، و برابری‌طلبانهٔ زن و مرد که از قرن نوزدهم شروع شد و تا نیمهٔ اول قرن بیستم ادامه یافت - که همان عصر طلایی عدالت اجتماعی است.

۳- درک حضور دیگری، از نیمهٔ اول قرن بیستم تا امروز که همان عصر طلایی گرایش نو به انسان نو است یا شاید حتی بتوان گفت دیدن انسان نو بر مبنای پذیرش تنوع و تکثر، که من اسمش را می‌گذارم عصر طلایی پست‌مدرن که با وازدگی انسان از جنگ‌های جهانی آغاز می‌شود.

از این تقسیم‌بندی‌ها چنین برمی‌آید که در بررسی این سه دوره، دو اصل «خِرَد» و «آزادی» مبنای بررسی محمد مختاری بوده است و تحول و چگونگی کاربرد و کارایی آن‌ها موکول است به ذکر نمونه‌های تاریخی در جغرافیای وسیع ایران که متأسفانه مجال آن برای راقم سطور فراهم نیست.

اما جان کلامِ سبزاندیشانهٔ محمد مختاری کجاست؟ جان کلام محمد مختاری تساهل و تسامح و مداراست با درک حضور دیگری در نظام ارزشی فرهنگ نو که خود طی سیزده سال آخر عمر پربارش و طی جلسه‌های مشورتی کانون نویسندگان و جلسه‌های خصوصی و عمومی به‌هر مناسبتی طرحش می‌کرد و هریک از اعضا گوشه‌ای از آن بحث را به نقد و تفسیر می‌کشیدند و او با درک حضور دیگری، طی آن سال‌های پرتلاطم مبارزهٔ نویسندگان با سانسورِ همه‌جانبهٔ مبتلا به ایران خود را به‌عنوان شاعری اندیشمند و پژوهشگری خستگی‌ناپذیر به همکاران خود شناساند.

او طی مقاله‌هایی ازجمله «بازخوانی فرهنگ»، «فرهنگ بی‌چرا»، «شبان‌رمگی» و «حاکمیت ملی» و ده‌ها مقالهٔ خوب دیگر نشان داد که چنانچه از دست دژخیمان نظرتنگِ تاریک‌اندیش رهایی می‌یافت، می‌توانست وجه درخشان تفکر انسان‌گرایانهٔ خود، ازجمله تقبیح خشونت و از این رهگذر تبلیغ نرمش و مدارا را پیش چشم «روشنفکران دینی» و

جوانـان وابسـته و پیوسـته بـه قدرت سـنتی آشـکار سـازد، و چه‌بسـا هریک از آنان در فرسـایش اسـتبداد سـنتی، از بدنهٔ حاکمیت سـنتی جدا می‌شدند - که متأسـفانه صاحب آن سخنان شیرینِ سنجیده به‌دسـت بدخواهان و بداندیشان در تاریـخ ۱۲/ آذر/۱۳۷۷ شـکار و آن دریچـهٔ نو بر آگاهی جمعی بسـته شـد.

فاصله‌گیـری از اَشـکال سـنتی قـدرت یکـی از مضمون‌های موردپسـند محمد مختاری بود. می‌گفت فاصله‌گیری از معرفت سـنتی در ایران از دوران مشـروطه آغاز شـد و در نهضـت ملی‌کردن صنعت نفـت (۱۳۲۹) و انقلاب اسـلامی ۱۳۵۷ تجسـم ویـژه‌ای یافـت. امـا تا به‌امروز چشـم‌انداز روشـن و جهـت مثبتـی نیافتـه و به‌همین مناسـبت اسـت که مبنای مشـروعیت سـنتی و قـدرت ناشـی از آن به‌رغـم حضور مظاهر تمدن شـهری و بالارفتن سـطح عمومـی سـواد و انبـوه دانشـگاهیان در مراکز علمـی و فرهنگی هنـوز در هم نریختـه اسـت، حتی هـرازگاه تجدید قوا کرده، خود را نـو و تازه جلوه می‌دهد و بـا تجدیـد مطلع حتی خود را در موقعیت و شـرایط جدیـد به‌گونه‌ای برتر و فراتـر از صورت قبلی نمودار می‌سـازد یـا بازتولید می‌کنـد. نمونه‌اش جنبش دوم خـرداد ۱۳۷۶ و قبل‌تـر، انقـلاب ۱۳۵۷ کـه بـا تثبیت قـدرت حکومتی، بخـش بزرگـی از جامعه را همچنان معتقد به اعمال سـنتی قدرت نگه داشـته و به‌طـور طبیعـی فضای بخش دیگـر جامعه را در اصول و مبانی مشـروعیت نظام ارزشـی نـو، تنگ‌تر وتنگ‌تر کرده اسـت.

محمد مختاری بارها از مشروعیت قدرت سنتی و تقابل آن با مشروعیت قدرت نو سـخن گفت. او با درکی روشـن‌تر از قشـرهای گوناگون مسـتقر در لایه‌هـای جامعـه، مشـروعیت سـنتی و جدیـد را از هم تفکیک می‌کـرد، و با طرح مشـروعیت جدیـد به‌هرحال جنبش‌های اصلاح‌طلبانـه را روندی رو به جلو و مردمی می‌دانسـت. جان‌مایهٔ سـخن او در توسـعهٔ سیاسـی می‌گنجید. او گـذار از مشـروعیت سـنتی بـه مشـروعیت جدیـد و نـو را حرکتی آهسـته

اما مستمر و مداوم و بی‌وقفه می‌دید که می‌بایست همچنان پیش‌رونده و آگاه‌ساز باشد. البته با این شرط که گذار همراه مشاهدهٔ دقیق و گرفتن درس عبرت از تاریخ و برداشتن گام‌های محکم به‌گونه‌ای باشد که نیاز به عقب‌نشینی و تکرار تجربه‌های مکرر نداشته باشد.

برداشتن گام‌های آهسته، اما محکم در عبور از مشروعیت قدرت سنتی به مشروعیت قدرت جدید و نو، روشی است که هم‌اکنون نشانه‌هایی از آن در فرایند ظهور جنبش سبز دیده می‌شود. این رویکرد، و این پذیرفتن بخشی از گذشتهٔ قابل‌انعطاف و قابل‌بازسازی‌شدن، فراتر از مدرن بلکه پیرامون پست‌مدرن پرسه می‌زند.

مختاری در تقدیس زندگی شادمانه، اسطوره‌ها و افسانه‌ها و تاریخ ایرانی را مقابل فرهنگ ماتم‌زده و اندوه‌بار و انفعالی فرهنگ سامی قرار می‌داد. او فرهنگ گذشته و تداوم آن در فرهنگ معاصر را از آن‌رو مجاز می‌دانست که قادر بود هنر و ادبیات فرهنگ بی‌چرای سنتی را به چالش کشد. همچنین او اندیشهٔ نو را سازگار با فرهنگ شادی و در تقابل با فرهنگ سنتی اندوه‌زده می‌دانست.

ارزش و اعتبار اندیشهٔ محمد مختاری در این است که در تفکر او، تجدد و مدرنیته از ساختارهای غربی عبور کرده است. همچنین رویکردش به گذشتهٔ تاریخی، افسانه‌ای و اسطوره‌ای ایرانی، ساختاری خالی از تعصب‌های ناسیونالیستی و شرقی‌مآبانه است. به‌عبارتی دستاورد او در عرصهٔ فرهنگ به‌ویژه ادبیات، از مدارای او با دریافت‌های فرهنگ مدرن و کلاسیک، بهره‌وری از عناصر زنده و درهم‌شوندهٔ شرق و غرب نشئت گرفته است، و نه مدارای او با ظلم و همسویی با قدرت سنتی.

او همواره به جنبه‌های مقابله با سنت‌های دست‌وپاگیر شرقی و دوری از فرهنگ متجددمآبانه و متظاهرانهٔ غربی فکر می‌کرد. در یک کلام، او

به چگونگی امکان حیات و تداوم فرهنگی پویا می‌اندیشید که در عین ایرانی‌بودن روی سخنش تمام مردم جهان باشد. محمد مختاری آن‌گاه که از مدارا سخن می‌گفت، آشکارا از جنبش‌های سیاسی اجتماعی بی‌خشونت حرف می‌زد، او فرهنگ مدارا را آگاهانه به‌کار می‌گرفت و انتقال آگاهی را بهترین مبارزه می‌دانست. او داوطلب گفتمانی اقناعی بود. در جلسات مشورتی کانون نویسندگان می‌گفت هرکس قانع شده، رأی مثبت بدهد. روش اقناعی او وقت‌گیر و گاه حوصله‌سربر بود. اما همواره به آگاهی بیشتر منجر می‌شد؛ چیزی که ترویج آن را در مسائل سیاسی و اجتماعی توصیه می‌کرد. او کانون نویسندگان ایران را محل درک اختلاف‌های اندیشه‌ورزانهٔ روشنفکری می‌دانست. حضور نویسنده را حضوری علنی می‌پنداشت. نوشتن برای او امری پنهان و پسله نبود، می‌گفت در کانون نویسندگان ایران ما فرد داریم، گروه و دسته و جمعیت نداریم.

محمد مختاری آن‌گاه که از زال و رودابه و دیگر حماسه‌های ملی سخن می‌گفت، در پی اجرایی نو و تفسیری جدید از آن‌ها بود. آن‌گاه که از درک حضور دیگری، آن‌گاه که از مدارا و تمرین مدارا، آن‌گاه که از چندصدایی در هنر و ادب و سیاست و اقتصاد، آن‌گاه که از عدم‌قطعیت در سیاست و دین و هنر و ادب، آن‌گاه که از عبور اندیشهٔ قدرت‌طلبانهٔ فرهنگ سنتی به اندیشهٔ نو و فرهنگ نو سخن می‌گفت، حتی آن‌گاه که از شبان‌رمگی به‌عنوان مقوله‌ای بدیهی، قطعی و جهان‌شمول و مربوط به گذشتهٔ تاریخ بشری صحبت می‌کرد و سلطهٔ دیرپای استبداد شرقی را به چالش می‌کشید، همواره روشنفکری روشنگر و روشن‌اندیش بود. یادش گرامی، عمر همسر و فرزندانش دراز باد.

*****

آقای محمدعلی، کمی از نزدیکی‌ها و احیاناً دوری‌هایتان با زنده‌یاد مختاری بگویید؟

زنده‌یاد مختاری از سال ۱۳۵۷ عضو کانون بود و همواره یکی از فعالان. در این مجموعه‌نوشتار و گفتار کم‌وبیش از رابطهٔ صمیمانهٔ خود با زنده‌نام محمد مختاری بارها به نیکی یاد کرده‌ام. محمد مختاری چندین سال در بنیاد شاهنامه فعالیت داشت. از او دو فرزند به‌نام‌های سیاوش و سهراب به‌جا مانده که حاصل ازدواج وی با مریم حسین‌زاده، نقاش معاصر، است. اما می‌خواهم در اینجا به خاطره‌ای تلخ که همواره با من بوده اشاره کنم. گویا سال ۱۳۷۴ مختاری طی سفر به آمریکا و کانادا به ونکوور هم می‌آید. در یک جلسهٔ سخنرانی، جمعی از دوستانِ «چپ» که «راست» در چشمانش نگاه کرده و گفته بودند: نویسندگانی که از ایران به خارج کشور می‌آیند، به‌خواست رژیم آمده‌اند تا چهرهٔ جمهوری اسلامی را بزک کنند... او این زخم زبان را وقتی به ایران برگشت، بارها برای ما اعضای جلسهٔ «سه‌شنبه» شاعران تعریف کرد. سال ۱۳۸۸ که به ونکوور مهاجرت کردم، با نشانی‌هایی که محمد مختاری داده بود، یکی از آن انسان‌های بی‌ملاحظه را شناختم، اما طی سال‌ها با ملاحظه‌کاری جبلی خودم به روی او نیاوردم. این روزهای آغشته به شعار «زن، زندگی، آزادی» بی‌اختیار یاد شعر «جنون رودابه است این سرزمین» سرودهٔ مختاری می‌افتم در «منظومهٔ ایرانی»، هرچند ربطی به رودابه همسر زال ندارد. .../هر شب ستارگانی/ از این گدازه برمی‌خیزند./ هر شب چراغ بادی را در کنار آبگیرها بر می‌افروزند/ این سایه‌ها/ که صورت ماه را بر آب بگسترانند./ و هر شب از درون خاکستر/ آواز همسران جوانی را می‌شنوم/ که گرده‌های تاریخ را می‌بویند/ و گیسوانشان را/ از شانهٔ ستاره می‌آویزند.../ -/ امواج سرودهای خاکستری/ در دشت ارغوانی مهتاب/ رودابه‌های شیفته می‌افشانند/ گیسو بر آب...

۲۲

نسیم خاکسار

اکثر آثار نسیم خاکسار:
«گام‌های پیمودن»، «قفس طوطی جهان خانم»، «بادنماها و شلاق‌ها»، «فراز مسند خورشید»، «کریستینا»، «گیاهک»، «نان و گل»، «بقال خرزویل»، «قفس طوطی جهان‌خانم»، «مرائی کافر است»، «آهوان در برف»، «بادنمادها و شلاق‌ها»، «ماهی‌های ساردین و نمایشنامه‌های دیگر»، «سفرنامهٔ تاجیکستان»، «کریستینا»، «راستهٔ آریزونا» و...

ما باید راوی صادقی از زندگی باشیم[1]

متن سخنرانی دربارهٔ نسیم خاکسار (۱۳۲۲ -)

ضمن تبریک سال نو (البته با تأخیر) به دوستان حاضر در جلسه، می‌خواهم بگویم امروز وظیفهٔ من معرفی جامع عزیزمان نسیم خاکسار نیست، بلکه خوشامدگویی است به دوستی دیرینه، فرهیخته و هنرمندی متعهد.[2]

ازآنجاکه هر میهمانی محتوای اندیشگی و کاراکتر خود را می‌آورد، می‌خواهم از طرف انجمن هنر و ادبیات ونکوور، به نویسنده‌ای خلاق و مردمی و دوستی خوش‌خلق و رفیقی شفیق خوشامد بگویم. نویسنده‌ای که هم ارزش‌های فرهنگی و اندیشگی‌اش برای من و ما مهم است و هم تعهدهای اخلاقی و اجتماعی انسان‌دوستانه‌اش در تحکیم ادبیات مهاجرت و زندان، که خود مقوله‌ای بسیار مهم و تعریف‌شده است در تاریخ ادبیات ایران و جهان.

پس من و ما، به نسیم خاکسار داستان‌نویس، نمایشنامه‌نویس و شاعر، خوشامد می‌گوییم و عشق و مهربانی خود را با او تقسیم می‌کنیم. چراکه او نیز طی سالیان متمادی سکونت در ایران و اروپا، عشق و مهربانی خود را با

۱- مراسم بزرگداشت نسیم خاکسار، اینلت تیاتر پورت مودی، ۱۵ آوریل ۲۰۱۲، ۲۷ فروردین ۱۳۹۱
۲- چاپ اول، مجلهٔ شهروند بی‌سی، ۲۰ آوریل ۲۰۱۲، ۱ اردیبهشت ۱۳۹۱

خوانندگان پرشمارش تقسیم کرد و همراه این عشق و مهربانی، درس‌هایی داد به داستان‌نویسانی که گاه فکر می‌کنند داشتن موضع ضداستبدادی و سرمایه‌داری و جانب‌داری از محرومان اجتماعی کافی است برای نوشتن داستان. بی‌آنکه به جوهر یا گوهر تکنیک‌های امروزی هنر داستان‌نویسی و رنج دلنشین به‌کارگیری آن دست یافته باشند.

می‌خواهم بگویم، با برپایی پاسداشتی (در حد بضاعت خود) برای نسیم خاکسار، قصد داریم به خوانندگان حتمی و احتمالی او بگوییم، طبق آموزه‌های نسیم خاکسار فراگیری هنر داستان‌نویسی و تکنیک‌های نوشتن، و شناخت صحیح اجزا و عناصر داستان کمک می‌کند به فهم درست هر داستانی که از عمق و لایه‌های دوم و سومی برخوردار است.

می‌خواهم بگویم، برای من و ما، هنر داستان‌نویسی نسیم خاکسار، عضو برجستهٔ کانون نویسندگان ایران و سپس در تبعید، بسیار اهمیت دارد، اما آنچه مایهٔ فضیلت و برتری و مایهٔ شایستگی و لیاقت نسیم خاکسار است، نخست الزام و تعهد اوست به هنر نوشتن، مستمرنوشتن، اهمیت‌دادن به زبان مادری، و به‌کارگیری تکنیک‌های گوناگون فن روایتگری، انتخاب مضامین بکر، داشتن جهان‌بینی قابل‌لمس و پرداخت هنری در آثارش.

البته حالا و اکنون دیگر مهم نیست، نسیم خاکسار خود را وابسته به یکی از جریان‌های چریکی و سیاسی بداند یا نداند. چرا که او مبارزهٔ خود را در راه آزادی بیان و اندیشه، بی‌هیچ حصر و استثنا، با نوشتن آثاری قابل‌توجه که منجر به دریافت جوایز متعدد بین‌المللی شده است، به انجام رسانده و نگارش بیش از ۳۰ کتاب و صدها مقاله و ترجمه‌شدن تعدادی از آن‌ها به زبان‌های انگلیسی و هلندی و آلمانی، گواه این مدعاست.

او به‌وضوح و روشنی، نشان داده است، چنانچه کسی در کار نویسندگی، از خلاقیت بهره‌مند باشد و حرفه‌ای عمل کند، بهترین وسیله و ابزار را در

اختیار دارد برای ارتقاء کمّی و کیفی آگاهی طبقاتی و نهادینه‌کردن شک، در امور مطلق‌اندیشی، که این خود سرآغاز آگاهی‌بخشی و راهیابی به جهان دموکراتیک است.

برای نسیم خاکسار، اعتراض به نابرابری‌های فرهنگی و اقتصادی، به‌عنوان یک مضمون جهانی در هنر، از دورۀ جوانی مطرح بوده است. مثال مع‌الفارغ نیست، همان‌گونه که صادق هدایت و بزرگ علوی و یکی چند نامدار و نام‌آور عرصۀ هنر داستان‌نویسی ایران تا زنده بودند، همواره در نقش ادیبی معترض و هوشیار و عدالت‌خواه ظاهر شدند بی‌آنکه از شعارهای دم‌دستی مدد بگیرند.

این نوع اعتراض‌های ریشه‌ای و اندیشگی میان نویسندگان مشهور جهانی سبقه و سابقه‌ای چندصدساله دارد. آیا سروانتس اسپانیایی، با رمان «دن کیشوت» خود، نگرش مردم جهان را نسبت به سنت‌های پوسیده و توهم خودبزرگ‌بینی تغییر نداد؟ یا کافکا و کامو و جیمز جویس و پروست، نقش مهمی در دموکراسی‌خواهی و احقاق حقوق فردی و عدالت‌خواهی مردم جهان نداشتند؟ مباحث عدم قطعیت و چندصدایی در هر امری از کجا آمده است؟ عبارت‌های شکست فرهنگ پدرسالاری، دورشدن از رسوبات فرهنگ سنتی را چه کسانی ساخته‌اند جز نویسندگانی که به آیندۀ بشر عشق می‌ورزیده‌اند؟

اگر نگارش مستمر نبود، چه‌بسا آثار نسیم خاکسار، طی ۳۰ سال گذشته که از وطن دور بود، برای خوانندگان داخل و خارج از کشور ناشناخته می‌ماند، و تلاش بی‌وقفۀ آقایان مسئول تحجر در ایران، برای زدودن چهرۀ ادبی و هنری او به ثمر می‌رسید. اما آفتاب آمد دلیل آفتاب!

نسیم خاکسار، حالا چون نسیم بهاری، پرطراوت و زندگی‌بخش در میان ماست تا طی دوازده روز و برگزاری جلسات متعدد، کتاب‌خوانی و داستان‌نویسی

و ملاقات‌هـای جمعـی و انفـرادی بـا شـاعران و نویسـندگان و مترجمـان شـهر آموخته‌های خود را با شـور و شـوق و شـعف با همهٔ ما قسـمت کند.

بار دیگر می‌گویم، من و ما باید از او تشکر کنیم که طی ۳۰ سـال دوری از وطـن، مسـتمر نوشـت و در مسیر ادبیـت ادبیـات از افـراط و تفریط‌هـای معمـول فاصلـه گرفت. به تعادلی هنرمندانه رسـید و خود را برای جامعهٔ ادبی حفـظ کرد. فرصـت اندیشـیدن و برقراری دیالـوگ با خود و دیگری را میسـر سـاخت، تا علاقه‌منـدان این‌گونه مباحث، با نگاهی ادیبانه به کرسـی ادبیات تبعیـد و مهاجـرت و زنـدان و مقاومـت و اعتراض، که ریشـهٔ شـرقی و غربی هـم دارد، نگاه کنند.

دغدغه‌هـای اندیشـگی و هنـری نسـیم خاکسـار، و اهمیـت‌دادن به زبان فارسـی ثابـت کرد دوری از وطـن و زندگی در تبعید بـرای او، نه‌تنها بار منفی نداشـته، بلکه این امر خود سـکوی پرشـی شـد برای او تا به کشـف‌های تازه در دریای زبان فارسـی (که هم‌اکنون بیش از ۱۵۰ میلیون ایرانی و غیرایرانی، قـادر به تکلم آن‌انـد) نائل آید.

در خاتمه گفتنی اسـت، من با نسـیم خاکسـار، خاطرات فراوانی از دورهٔ دوم کانون نویسـندگان، در فاصلهٔ سـال‌های ۱۳۵۸ تا ۱۳۶۰ دارم، اما به‌دلیل کمبـود وقـت به آن نمی‌پـردازم. همین‌قدر بگویم که او یکـی از محبوب‌ترین و محجوب‌ترین نویسـندگانی اسـت که تاکنون شناخته‌ام.

خانم‌هـا وآقایـان بـار دیگـر بـه نسـیم خاکسـار و تک‌تـک شـما عزیـزان حاضـر در جلسـه، خوشـامد می‌گویـم.

* * * * *

از متن سـخنرانی شـما پیداسـت که نسیم خاکسـار را خوب می‌شناسید و درعین حـال عزیـزش می‌دارید. پس لطفاً کمی از آنچه را که دربارهٔ ایشـان

در سخنرانی‌تان به‌دلیل کمبود وقت ناگفته ماند، بگویید.

نسیم خاکسار یکی از اعضای فعال کانون نویسندگان بود، به پاکی و زلالی محمد مختاری و محمدجعفر پوینده. شاعر و نویسنده، مترجم چپ‌گرایی که اگر در ایران می‌ماند بعید نبود به سرنوشتی همچون آن دو یا سعید سلطان‌پور گرفتار می‌شد. حق با شماست؛ در سخنرانی دربارهٔ دوستی با نسیم سخن نگفتم. آشنایی من با نام نسیم خاکسار برمی‌گردد به زمانی که محصل دبیرستان «مروی» بودم، روزی دانشجویی به‌نام واحدی که حالا یادش گرامی است، نشریهٔ «هنر و ادبیات جنوب» را آورد و گفت که همهٔ دست‌اندرکاران نشریه را ساواک گرفته و... همین باعث شد مطالب آن نشریه را با دقت بیشتری بخوانم. اوایل همان سال، یعنی ۱۳۴۴، داستان کوتاه «کناره» نوشتهٔ نسیم خاکسار را در مجلهٔ «فردوسی» به‌سردبیری عباس پهلوان خوانده بودم. شک نداشتم این نویسنده روزی داستان‌نویس محبوب من خواهد شد. دل و جرئت به آب‌وآتش‌زدن در عرصهٔ داستان‌نویسی را داشت، امیدوار بودم سرش را در راه عدالت‌خواهی و عضویت در گروه‌های سیاسی و چریکی از دست ندهد که خوشبختانه شانس با من یار بود.

در دورهٔ سربازی یعنی از ۱۳۴۹ تا ۱۳۵۱ به‌بعد هم آثارش را در مجلهٔ «موزیک»، «صدا»، «لوح»، «سحر» و «جنگ اصفهان» می‌خواندم و می‌دیدم این گاهنامه‌ها و فصلنامه‌ها چه نقش مؤثری در پیشبرد ادبیات متعهد ایران بازی می‌کنند. به‌رغم مشغولیات داستان‌نویسی خودم، همواره نام نسیم خاکسار در ذهن و زبانم ماند و ماند و در جریان انقلاب ۱۳۵۷ هم شوق دیدارش بود و بود تا آنکه از زندان آزاد شد و در عرصهٔ داستان بزرگسالان و نوجوانان آثارش را منتشر کرد.

نسیم خاکسار در جریان شکل‌گیری دورهٔ دوم کانون نویسندگان ایران در فروردین ۱۳۵۷، نبود اما سال ۱۳۵۸ با دست پر به کانون آمد. هر هفته،

عصرهـای سه‌شـنبه در جلسـات عمومـی و خصوصی دربارهٔ مجلهٔ «اندیشهٔ آزاد»، ارگان کانـون نویسـندگان، و مجلـهٔ ادبـی «نامهٔ کانون» یـا به‌بهانه‌های دیگـر مثل داسـتان‌خوانی مشـترک در کتابخانهٔ مرکزی دانشـگاه تهران، همراه و هم‌صحبـت می‌شـدیم بـا دکتر رضا براهنـی و احمد کریمی حـکاک که در دپارتمـان دانشـکدهٔ ادبیـات فارسـی و انگلیسـی فعالیت می‌کردند. در سـال ۱۳۵۹ کـه بـا همدلـی و همراهی محمـد مختـاری و دیگر عزیـزان فصلنامهٔ «بـرج» را منتشـر کـردم، در دومین شـمارهٔ آن با نسـیم خاکسـار مصاحبه‌ای جـدی دربارهٔ ادبیـات کودکان و نوجوانـان انجام دادیم که بسـیار طرف توجه قـرار گرفـت. تیتـر مصاحبـه را گذاشـتم «مـا بایـد راوی صادقـی از زندگـی باشـیم» و آن‌قدر سـلوک نسـیم به دلمان نشسـت که هنگام انتشـار، تصمیم گرفتیـم از او قدردانی کنیم. محمـد وجدانی، مدیر فنی و هنری «برج»، یکی از عکس‌هـای او را در انـدازهٔ ۴۰×۳۰ بـزرگ کـرد و قـاب گرفـت و به‌عنـوان هدیه تقدیمش کردیم که اشـک شـوق در چشـمانش درخشـید و گفت که تا حـال عکـس خـود را به آن بزرگـی و زیبایی ندیده بوده اسـت.

در شـمارهٔ سـوم فصلنامـهٔ «برج»، داسـتان «بعـد از نشسـتن» او را چاپ کـردم. ده‌هـا خاطـرهٔ دیگـر از او دارم، و شـاید آخریـن دیـدار به‌یادماندنـی مـن و او ۲۷ فروردیـن ۱۳۶۰ بـود. آن روز شـاد و شـنگول می‌رفـت مجلس عروسـی سـعید سـلطان‌پور کـه متأسـفانه سـعید را در همـان مجلـس و پای سـفرهٔ عقد دسـتگیر کردند. نسـیم که خطر از بیخ گوشش گذشـته بود، راهی جنـوب شـد و پس از بازداشـت از سـوی دادسـتانی انقلاب اهـواز ناچار تن بـه مهاجـرت داد. دو ماه بعد هـم در خرداد ۱۳۶۰ آقایانِ تازه‌به‌قدرت‌رسـیده سـعید سـلطان‌پور را تیرباران کردند. بعد درِ کانون را بسـتند و ما ناچار شدیم جلسـات هفتگـی کانـون نویسـندگان را در خانهٔ اعضـای فعال برگـزار کنیم. در آن ایـام، اعضـای هیئـت دبیـران بارها به خانـهٔ من هم آمدنـد. چهره‌هایی

مثل محسن یلفانی، اسماعیل خویی، هما ناطق، ناصر پاکدامن، محمد مختاری، باقر پرهام... در خاطرم مانده، حسن حسام به‌سیاق تشکیلات گروه‌های سیاسی، برای هر پنج عضو، یک سرپل ارتباطی تعیین کرد و سرپل ارتباطی من بار دیگر شد غلامحسین ساعدی، که یادآور حوادث جانبی کانون در سال ۱۳۵۶ بود و جلوتر به آن خواهم پرداخت.

پیرامون داستان «مرائی کافر است»؟[1]

نوشته: نسیم خاکسار

نسیم خاکسار آثار داستانی متعددی دارد، با مضمون‌های متفاوت. من اما در این مجال، از بین داستان‌های کوتاه او، داستان «مرائی کافر است»[2]، را برگزیدم بلکه بتوانم به یکی از نکات فنی آن بپردازیم. در این داستان محمد، جوان انقلابی محلهٔ جوادیه، در زندان احساس می‌کند سگ شده است. چرا که در فرازی از داستان خواننده متوجه می‌شود او تواب شده است. داستان با تصاویر متعددی از درون زندان و مسائل عجیب و غریب، بین تواب‌ها و بازجوها ادامه می‌یابد. اما در بین سلسله‌حوادث داستانی، دو رخداد مهم اوج محسوب می‌شود، اولی سگ‌شدن و تواب‌شدن محمد است، و دومی از جلدِ سگ بیرون آمدن و تف‌کردن به‌صورت بازجویی که بالای سرش ایستاده است و از حاج‌آقا (لاجوردی) دستور می‌گیرد.

سگ‌شدن محمد، شگرد داستانی خلاقانه‌ای است برای جلب توجه و مقایسهٔ آن با توابانی که از قرار باید صاحبان خود را بلیسند و مجیزشان را بگویند. درون‌مایهٔ داستان در همین حوالی دور می‌زند با واقعیتی بیرونی و درونی. بیشتر حجم داستان، تصاویری است از زندان که زندانیانش

۱- چاپ اول، مجلهٔ آشتی بی‌سی، شمارهٔ دهم، مهٔ ۲۰۱۲، اردیبهشت ۱۳۹۱

۲- مرائی کافر است، عنوان مجموعه‌داستانی‌ست به‌همین نام که در سال ۱۳۶۷ در هلند به چاپ رسیده است.

مجبورنـد مثـلاً کتاب‌هـای تحمیلی را بخواننـد یا نطـق و خطابه‌های تکراری را گـوش کنند که در مسـجد زندان بر پا می‌شـود، یا بـه برنامه‌های تلویزیونی مداربستهٔ یکنواخت بی‌محتوا توجه کنند.

بحث اصلی استحاله است. اینکـه چگونه جوانی مبارز بچـهٔ جوادیه، تبدیـل بـه توابـی مجیزگـو می‌شـود. مهـم ایـن اسـت کـه خواننـدهٔ احتمالیِ زندان‌نرفته، بداند تواب چه جایگاه و پایگاهی می‌یابد. ممکن اسـت زندانی زیر شکنجه اقرار کند و دوستان سـابقش را لو بدهد که اصطلاحاً می‌گوینـد شکسـته یا بریده. صورت زشت دیگر این اسـت که زندانی بریده و شکسته، عـلاوه بـر اقرار و توبـه، تـا آنجا سـقوط می‌کنـد کـه خـود به عامل شکنجه تبدیـل شـود و روی اعمـال آمـران و ناهیـان پیرامونـش، چنان صحـه بگذارد کـه قبـلاً هیچ‌یـک از آن امـور را قبـول نداشـته و به‌قـول معروف، کاسـهٔ داغ‌تر از آش شـود و بـا پلشـتی، قلب واقعیت کنـد و مثل محمـد، حرف‌هایی بزند کـه در خـارج از داسـتان، همـگان می‌داننـد گفته‌هـای او حقیقـت نـدارد. در اینجا خواننده با شگرد داسـتانی پارادوکس روبه‌رو می‌شـود. شـگردی بدیع کـه در ادبیـات ایران و جهان یکـی از مقوله‌های نظریِ شناخته‌شـده اسـت که حتی رومی‌ها و یونانی‌های پیش از میلاد مسـیح از ایـن ترفند بهره بـرده و در ادبیـات ایران نیز در اشـعار عرفانی و غیره، سـابقهٔ چندصدسـاله دارد.

در ایـن داسـتان نیـز دو امـر متناقـض برخـلاف منطـق کنـار هـم قرار می‌گیرنـد، و در عیـن متناقض‌بـودن، در نگاهـی کلی‌تر به هم می‌رسـند و بر هـم منطبـق می‌شـوند. تناقضی که آشـکارا مهمل به نظر می‌رسـد. خواننده درمی‌یابـد به‌رغـم مهمل‌بودن، در آن حقیقتی نهفته اسـت که دو امر متناقض را بـا هـم سـازگاری می‌دهد و تعادلـی در بیـرون و درون ایجاد می‌کنـد. به فـرازی از داسـتان توجـه کنیـد: «واقعیت این اسـت کـه حاج‌آقـا (لاجوردی) واقعـاً دوست‌داشـتنی بـود. اصـلاً من نمی‌دانـم چرا همه ریخته‌اند سـر آدمی

به‌این نازنینی، و هر روز و هر ساعت برایش حرف درمی‌آورند. حاج‌آقایی به‌این خوبی که در عرض چهار پنج ماه می‌تواند آدمی را به سگ تبدیل کند، ناز شست لازم دارد نه طعن و لعن...»

در ادبیات فارسی، به‌خصوص در شعر به مقولهٔ «مدح شبیه ذم» صنعت تحویل یا زشت و زیبا هم می‌گویند. برخی، متناقض‌نما را هنجارگریزی معنایی می‌دانند، چرا که هنجارگریزی معنایی، از نظر لفظی بی‌معناست، اما این بی‌معنایی لفظی یا ظاهری، خواننده را وا می‌دارد از ورای تعریف لغوی، به تعبیری عقلانی برسد. در فرازی دیگر از داستان می‌خوانیم: «مقاومت زندانی در زیر شلاق در چشم حاج‌آقا حالت نوزادی را دارد که نمی‌خواهد از شکم مادرش بیرون بیاید. ما زندانی‌ها، بارها این نظریهٔ حکیمانهٔ او را شنیده‌ایم. به‌نظر او نوزاد چون عادت به تاریکی شکم مادر دارد، حاضر نیست به‌سادگی به جهان تازه پا بگذارد. این‌طور است که حاج‌آقا در نظر خودش، تنها وظیفهٔ یک ماما را انجام می‌دهد. البته ماماهای قدیمی...»

در نگاهی دقیق‌تر به این داستان که پایانی واقع‌گرایانه، اما شعارگونه دارد و راوی به قالب اصلی خودش برمی‌گردد، علاوه بر شگرد پارادوکسی، می‌توان از شگرد به‌کارگیری جملات نغز اشاره کرد که در لغت به‌معنی سخنی لطیف و در اصطلاح ادبی، کلام کوتاه و پرمعنایی است که ظرافتی در بیان و مضمونی بکر در خود دارد. مثل این پاره از شعر سهراب سپهری که می‌گوید... من قطاری دیدم که سیاست می‌برد و چه خالی می‌رفت... که رنگی از طنز دارد. در ادبیات انگلیسی، آثار اسکار وایلد و چسترتون، به داشتن پارادوکس معروف‌اند. یا حتماً شنیده‌اید که می‌گویند... هرگز همراهی ندیدم که به‌اندازهٔ تنهایی، شایستهٔ همراهی باشد... یا روشن‌تر از خاموشی ندیدم، و سخنی به از بی‌سخنی نشنیدم، ساکن سرای سکوت شدم... یا وقتی عرفا می‌گویند... درد بی‌دردی، و نالهٔ خاموش، و برگ بی‌برگی... همه و همه

قصـد دارنـد بـا تصاویـر و کلامـی نغـز، توجه خواننـده را به تناقص‌ها جلب کنند.

بـه فـرازی دیگر از داسـتان توجه کنیـد: «حاج آقا خم شـد و بـا مهربانی... پیشـانی عرق‌کـرده و داغـم را بوسـید. نه، مشـکل اسـت بـاور کنیـد. باید زیر شـلاق بـود تا محبت بی‌کران حاج‌آقا را درک کرد (مردم)... راحت و دلخوش تـوی خانه‌شـان نشسـته‌اند و همین‌طور بیخـود و بی جهت برای حاج‌آقا سـاز کـوک می‌کننـد. بدتـر از آن، چشـم ندارنـد ببیننـد مـا پـدر مهربانـی داریم که یـک لحظـه ترکمـان نمی‌کنـد. شـب و روزش توی اویـن می‌گـذرد. یکی از شـماها حاضریـد خانـه و زندگی‌تـان را به‌دلخواه ول کنید و یک سـاعت توی راهروهـای تاریـک و نمـور سـر کنیـد؟ هرگـز.»

در مجمـوع زبـان داسـتان «مرائـی کافـر اسـت»، شـیوا و بـدون پیچیدگی اسـت. بـا دسـتور زبـان برخـوردی جـدی و چالشـی نـدارد. مضمونـش، شـرح پریشـانی جمعـی تواب اسـت که راوی در قلب واقعیت (عملـی پارادوکسـی) قصد دارد آن را عادی جلوه بدهد و در پایان سـگ را در درون خود می‌کشـد. اگـر بخواهیـم بـه محتـوا و یک جهان‌بینی نزدیک شـویم، بایـد بگوییم خیلی اتفـاق می‌افتـد مـا در برخـورد بـا زندانیـان بریـده و شکسـته، عامـل اصلی و علـت را فرامـوش می‌کنیـم و بـه معلـول که همان زندانی باشـد، می‌تازیـم و این میـان گویـی مقصر اصلی، شـکنجه‌گران، را فراموش می‌کنیم.

*****

داسـتان کـه از منظـر روان‌شـناختی، اثری پختـه، اما کم‌بحث‌شـده در آثار داسـتانی اسـت، گویـی گزارشـی تکان‌دهنـده اسـت از واقعیتـی به‌غایت تلـخ. نویسـنده انـگار شـب‌ها و روزهای بسـیاری را بـا این افـراد گذرانده اسـت... آیـا تجربیـات شـخصی نویسـنده از دوران زندان در شـکل‌گیری این داسـتان مؤثر بوده است؟

خُب البته تجربیات شخصی به او یاری رسانده است. او دوبار در زمان رژیم سلطنتی به زندان افتاد و یک بار هم پس از انقلاب از سوی دادسرای خوزستان دستگیر و سرانجام در سال ۱۳۶۲ ناچار به ترک ایران شد و به هلند مهاجرت کرد. وقتی به‌دعوت انجمن هنر و ادبیات به ونکوور آمد، من کارگاه داستان‌نویسی را در اختیارش گذاشتم و او طی سه جلسه بخشی از تجربیات داستان‌نویسی‌اش را در اختیار هنرآموزان گذاشت. یکی از مباحثی که مطرح کرد، این بود اگر ما به‌عنوان داستان‌نویس به درون زندانی یا همان شخصیت مورد نظر برویم و افکار او را دست‌مایۀ کار قرار بدهیم، از طریق درون زندانی به حوادث بیرونی هم می‌رسیم و همین عمیق‌شدن به درون شخصیت‌ها اثر را هنری می‌کند. همین‌جا بگویم داستان «مرائی کافر است» به انگلیسی و هلندی هم ترجمه شده است. تعداد زیادی از آثار داستانی و نمایشنامه‌های نسیم به هلندی نوشته شده و به انگلیسی ترجمه شده. داستان‌هایش در مجموع، موجز و بهره‌مند از تکنیک است. مضمون اغلب آثارش، رنج و نومیدی مردم جنوب کشور است، و نثری تغزلی و شاعرانه دارد.

قدسی قاضی‌نور که خود نویسنده و نقاش زبردستی‌ست، همسر نسیم خاکسار هم بود، آیا با ایشان نیز آشنایی داشتید؟

بله آن دو در سال ۱۳۵۸ ازدواج کردند و به عضویت کانون درآمدند و گویا ده سال بعد در هلند از هم جدا شدند. وجه مشترکشان آثاری بود که برای کودکان و نوجوانان نوشتند. قدسی قاضی‌نور در این زمینه موفق‌تر از نسیم بود. یادم است سال گذشته در کارگاه داستان‌نویسی ونکوور داستان «از زیر خاک» نسیم خاکسار را خواندیم که بیانگر زاویۀ دید و مشاهدات یک دستِ بیرون‌مانده از خاک بود و شرح مناسبات زندان و قبرستان. بعد هم جناب مرتضی مشتاقی نمایشنامه‌نویس و بازیگر، و

مسئول انجمن هنر و ادبیات ونکوور، دربارهٔ اقتباسی که از این داستان کرده بود در نمایشنامه‌ای، صحبت کرد، که بسیار مورد توجه قرار گرفت. نسیم خاکسار در تکمیل و رونق ادبیات زندان و شکنجه تلاش بسیار کرد. او در سال ۱۹۹۳ میلادی یا ۱۳۷۲ شمسی، یکی از برندگان «جایزهٔ بین‌المللی نویسندگان آزادهٔ جهان» بود.

۲۳

مهدی سحابی

اکثر آثار مهدی سحابی:

ترجمه‌ها: «نقاشی دیواری و انقلاب مکزیک»، «گارد جوان»، «دانهٔ زیر برف»، «مکتب دیکتاتورها»، «خروج اضطراری»، «مرگ آرتمیو کروز»، «همه می‌میرند»، «مزدک»، «سمبولیسم»، «دیوید کاپرفیلد»، «آرزوهای بزرگ»، «بارون درخت‌نشین»، «خوشی‌ها و روزها»، «مجموعهٔ در جست‌وجوی زمان ازدست‌رفته»، «بچه‌های نیمه‌شب»، «شرم»، «مرگ قسطی»، «دستهٔ دلقک‌ها»، «قصر به قصر»، «مونته دیدیو کوه خدا»، «مادام بوواری»، «تربیت احساسات»، «مون بزرگ»، «تقسیم»، «جامعه‌شناسی هنر»، «سرخ و سیاه»، «باباگوریو»، «واتیکان و فاشیسم ایتالیا»، «نخستین شهر»، «دور دنیا در هشتاد روز»، «دوست بازیافته»، «توفان در مرداب» و...

سلمان رشدی بیخ گوش مهدی سحابی (۱۳۸۸ - ۱۳۲۲)[۱]

وقتی مهدی سحابی، مترجم و نقاش نام‌آشنا برای رمان «شرم» سلمان رشدی جایزهٔ بهترین مترجم (احتمالاً دورهٔ پنجم) کتاب سال جمهوری اسلامی را گرفت، نام او به‌سرعت سر زبان‌ها افتاد. گرچه ترجمهٔ رمان هشت‌جلدی «در جست‌وجوی زمان ازدست‌رفته» نوشتهٔ مارسل پروست نویسندهٔ فرانسوی جایگاه ویژه‌ای دارد، اما ترجمهٔ دو رمان سیاسی-اجتماعی «شرم» و «بچه‌های نیمه‌شب» نوشتهٔ سلمان رشدی، نویسندهٔ هندی‌تبار بریتانیایی، که به تلقی بسیارانی برآمده از تجربه‌های پس از رمان «صد سال تنهایی» گارسیا مارکز و ادبیات جادوی آمریکای لاتین است، اتفاق مهمی به حساب می‌آید. من اما در مصاحبه‌ای گفتم این دو رمان در حوزهٔ ادبیات رئالیسم جادویی نیست، بلکه رئالیسم شعبده است و برآمده از دل جادو یا بهتر که بگوییم در حاشیهٔ جادو، که باید بهتر بشناسیمش.

به‌اتکای این دو اثر، من سلمان رشدی را بیشتر نویسنده‌ای آسیایی می‌دیدم تا یک غربی-اروپایی و خوشحال بودم نویسنده‌ای از تبار

۱- چاپ اول، مجلهٔ شهروند بی‌سی، ۲۰ نوامبر ۲۰۰۹، ۲۹ آبان ۱۳۸۸

مردمان این حوالی (منظورم آسیا و خاورمیانه) توانسته با تأثیرپذیری از عمق جامعهٔ هند و پاکستان آثاری خلق کند که بی‌شباهت به شعبده و جادو نیست و کسی آن را ترجمه کرده که ظاهر زندگی‌اش هیچ شباهتی به زندگی جادوگران و شعبده‌بازان ندارد و آن‌قدر ساکت و متین به‌نظر می‌رسد که گویی به‌تعبیر امروزی‌ها آدمی مثبت و پاستوریزه و بهداشتی است که حالا خواسته مثلاً با ترجمهٔ این دو اثر کمی شیطنت کند. حال آنکه مهدی سحابی از درون می‌جوشید و می‌خروشید و در سر سودای ترجمهٔ آثار جنجالی‌تری داشت.

سال‌ها پیش (۱۳۶۵ - ۱۳۶۴) روزی در تقاطع خیابان حجاب-انقلابِ تهران، روبه‌روی کافه‌قنادی فرانسه، پس از چاق‌سلامتی معمول لحظاتی بی‌وقفه از خصوصیات دو رمان «بچه‌های نیمه‌شب» و «شرم» داد سخن دادم. حتی گفتم آن‌ها را به احمد شاملو داده‌ام تا بخواند و... وقتی دید منتظر تأیید یا تکذیبش نیستم، گفت: «سلمان رشدی را باید در آخرین کتابش «آیه‌های شیطانی» بشناسی. کتاب قطوری است و بخش‌هایی از آن را ترجمه کرده و به‌سرعت دارم پیش می‌روم...» سر آخر گفت اثری عجیب و شجاعانه است و... معلوم بود از طرفی نمی‌خواهد بیشتر توضیح دهد و از طرف دیگر نتوانسته بر شوق افشای یک راز، فائق آید.

آن روزها من به جلسهٔ شاعران «سه‌شنبه» و داستان‌نویسان «پنجشنبه» رفت‌وآمد داشتم. در طول هفته حداقل سی چهل تن از اهل قلم و هنر را می‌دیدم. جلسات با اعلام اخبار انتشار کتاب‌های ترجمه و تألیف و برپایی گالری‌ها و... شروع می‌شد. اعلام خبر ترجمهٔ آخرین اثر سلمان رشدی (همان آیات شیطانی) از سوی مهدی سحابی با استقبال همگانی روبه‌رو شد. چون وقتی او می‌گفت اثری شجاعانه و عجیب جسورانه است، قطعاً خواندنی بود. البته او از فرم و محتوا چیزی نگفت و خودِ این نگفتن‌ها و

اشاره‌نکردن‌ها هم برای علاقه‌مندان به ادبیات داستانی، کسانی که شنیده بودند یا می‌شنیدند، نکتهٔ قابل‌توجهی بود که کتاب را از چهارچوب اثری ادبی مثل دیگر آثار این نویسنده خارج می‌کرد.

ترجمه اندکی طول کشید و دو سال بعد (۲۵/بهمن/۱۳۶۷) آن حادثهٔ ضد آزادی بیان و اندیشه اتفاق افتاد. آیت‌الله خمینی آن را محکوم کرد و نویسنده‌اش را مهدورالدم دانست و رسماً ریختن خون سلمان رشدی را حلال کرد و گفت که کشتن او قصاص ندارد! حتی بنیادی وابسته به حاکمیت (پانزده خرداد) در مرحلهٔ نخست برای سر او جایزهٔ چندصدهزاردلاری گذاشت و بعدها آن را افزایش داد... در حالی‌که کتاب‌های سلمان رشدی پس از این فتوای مذهبی در اروپا و آمریکا در تیراژ بسیار بالا فروش می‌رفت، در ایران و چند کشور آسیایی دیگر، کتاب‌های او به‌طور رسمی جمع‌آوری شد و اجازهٔ انتشار نیافت و به‌صورت کالای سودمندی درآمد برای کتاب‌فروشان زیرزمینی و کنارِخیابانی.

این اتفاق باعث شد دوستان دور و نزدیک و اقوام، نگران مهدی سحابی شوند. هرچند می‌دانستیم او با توجه به اقبال عمومی در سراسر جهان طرف ترجمهٔ کتابی رفته که یک‌شبه دشمن اسلام و مسلمین شناخته شده و... تلفن زدم به خانه‌اش، که نبود. ناشرش هم خبر نداشت. به دوست صمیمی و همشهری‌اش، دکتر جواد مجابی، تلفن زدم، گفت: «نباید راه دوری رفته باشد» و خندید. این جملهٔ دکتر مجابی برای من به‌مفهوم رفع نگرانی بود. کماآنکه روز بعد دوست مشترک دیگری گفت رفته دوروبَرِ تاکستان‌های ولایت (قزوین) تا به‌شیوهٔ ازتولیدبه‌مصرف، تجدید عهد و پیمانی کند با جمشید جم باستانی که به‌قول عمر خیام نیشابوری کاشف و سازندهٔ شراب بود. دروغ یا راستش گردن خودش، ولی خیال من آسوده شد.

مدتی طول کشید تا بر اثر فشارهای بین‌المللی و مجامع حقوق بشری

آب‌ها از آسیاب افتاد و پروندهٔ قتل سلمان رشدی از دستور جلسهٔ فوری‌وفوتی تروریست‌های بین‌المللی موقتاً برداشته شد. پس از چند ماه مهدی سحابی هم برگشت به روزگار سابقش و تو گویی انگارنه‌انگار که نگاری داشته است. اما تا سال‌ها هربار که مهدی سحابی را اینجا و آنجا، در دفتر ناشران و مجالس ترحیم و گالری‌های عکس و نقاشی می‌دیدم، بلافاصله به گوش خود و خطری که از بیخ گوش آن عزیز گذشته بود، اشاره می‌کردم. من آهسته و زیرلبی می‌گفتم: «در رفتی ها!» او هم به‌همان نحو آهسته و زیرلبی می‌گفت: «در رفتم ها!»، خیلی واضح بود، چنانچه او «آیات شیطانی» را ترجمه و احیاناً ناشری اصطلاحاً زیرزمینی چاپ می‌کرد، دیگر مهدی سحابی آنی نبود که باید باشد و تکه‌بزرگه‌اش گوشش بود.

این اشاره‌ها و لبخندها بود و بود تا آنکه سال ۱۳۷۳ مجوز مجموعه‌داستان «چشم دوم» من پس از سه سال توقف در ارشاد صادر شد و ما بار دیگر همدیگر را در دفتر نشر مرکز دیدیم. با دیدنش حسابی شادوشنگول شدم. پس از اشاره‌ای هماهنگ به گوش‌ها، علیرضا رمضانی، مدیر نشر مرکز، طرح جلد مجموعه‌داستان «چشم دوم» مرا سپرد دست مهدی سحابی و او با تلفیق هنر نقاشی و گرافیک، کاری ارائه داد شبیه روجلد کتاب‌های جوانان، اما همین که مهر و امضای مهدی سحابی زیرش بود، پیوند تازه‌ای زد بین من و خودش که به‌قولی کودک درونمان هنوز فعال بود. من بیشتر خوشحال بودم که او داستان‌های مرا پسندیده. چون محال بود صرفاً برای گرفتن حق طراحی جلد کتاب هر مضمونی را به تصویر بکشد، یا در نمایشگاه گالری سیحون که برای طرح‌های رو جلد کتابش ترتیب داده بود، آن را به نمایش بگذارد.

سال‌ها بعد یک شیرپاک‌خوردهٔ شجاعی تمام «آیات شیطانی» را به فارسی ترجمه کرد و به‌صورت رایگان در اینترنت گذاشت، ولی من

و مهدی سحابی کماکان با دیدن هم، در هرکجا، گذرا یا ساکن، از دور یا از نزدیک، نخست بی‌هیچ حرف‌وسخنی به پشت گوش خود دست می‌کشیدیم. اشاره به خطری می‌کردیم که از بیخ گوش او گذشت. بیخ گوش کسی که اگر همت یازده‌ساله‌اش نمی‌بود، رمان قطور هشت جلدی «زمان ازدست‌رفته» مارسل پروست معلوم نبود چند سال در نوبت ترجمه و چاپ می‌ماند. شاید هم اگر ما پشت گوش خود را می‌دیدیم، ترجمهٔ یکی از قله‌های ادبیات جهان را هم به فارسی می‌دیدیم. کما آنکه سی چهل سال است منتظر ترجمهٔ کامل «یولسیز» جیمز جویس هستم.

یاد احمد شاملو، گرامی! سال ۱۳۶۶ وقتی طی گفت‌وگوی مفصل من و او بحث رمان جادویی پیش آمد و او از آثار غلامحسین ساعدی به‌عنوان پیشروتر از مارکز نام برد و بحث بالا گرفت، من در رد استنباط او رمان «شرم» و «بچه‌های نیمه‌شب» ترجمهٔ مهدی سحابی را به او دادم که با خواندن یکی دو صفحه از هرکدام درجا گفت به‌نظر ترجمهٔ قبراقی می‌آید - که بود. گو که هر دو رمان با عجله ترجمه شد و گویی آن عجله با ذات مضمون اثر همخوانی داشت. چیزی که هرگز در چهره و رفتار مهدی سحابی نمود پیدا نمی‌کرد، آن آتش‌فشان درونش بود که هم می‌توانست به‌آرامی و زلالی رمان «زمان ازدست‌رفته» را ترجمه کند، هم آیات شیطانی سلمان رشدی را.

اکنون که آن عزیز نیست تا هنوز احساس کند خطری بوده که از بیخ گوشش گذشته، خطری که فقط در کمین اندیشه‌ورزانی است که در آن اقلیم زندگی می‌کنند، به آن اقلیم عشق می‌ورزند و سربلندی آن اقلیم را می‌خواهند و گاه ناچارند در مواجهه با مصیبت‌های دست‌سازش از خود بپرسند چرا باید یک نویسنده، یک مترجم، یک نقاش همواره با کابوس‌های اقلیمی‌اش دست‌به‌گریبان باشد؟

*****

کتاب آیات شیطانی به‌طور کامل ترجمه شد و از طریق اینترنت در دسترس عموم قرار گرفت، اما به‌درستی معلوم نشد که چه کسی به این مهم دست زده است. آیا شما در این مورد اطلاعی دارید؟

اینکه سرانجام کدام شیرپاک‌خوردهٔ عاشقی کتاب آیات شیطانی را ترجمه کرد، باید بگویم آن زمان یعنی در سال ۱۳۸۸ که من در مقاله‌ام اصطلاح شیرپاک‌خورده را به‌کار بردم، معلوم نبود. اما حالا شایع است زنده‌یاد روشنک داریوش با نام «روشنک ایرانی» ترجمه‌اش کرد و انتشارات نیما (آلمان) و آوای بوف (دانمارک) نسخهٔ کاغذی و صوتی آن را پخش و نشر کردند. روشنک داریوش[1] مترجم و فعال سیاسی عضو کانون نویسندگان بود. پدرش، پرویز داریوش هم عضو قدیمی کانون بود، دوستی نزدیکی با جلال آل احمد داشت و هر دو از مترجمان پرکار ایران به حساب می‌آیند.

همان‌طور که اطلاع دارید، این روزها متأسفانه مصادف است با حمله یکی از اسلام‌گراها به سلمان رشدی. برای خود من همیشه این سؤال مطرح بود که آیا وقتی آیت‌الله خمینی فتوای قتل سلمان رشدی را صادر کرد، خود او آن کتاب را خوانده بود یا که بنا به مصلحت‌های سیاسی و طبق شنیده‌هایش به چنین کاری دست زد. نظر شما در این‌باره چیست؟

تا جایی که یادم می‌آید آن زمان نه مردم کوچه و بازار که مخاطب عام فتوای آیت‌الله خمینی بودند، و نه حتی اغلب روشنفکرها و اهل ادب هم از متن آیات شیطانی اطلاع نداشتند. فقط اخباری از محتوای ضداسلامی آن دهان‌به‌دهان می‌گشت. گویا در همین روزها گزارشی در روزنامهٔ «جامعهٔ نو» ایران چاپ شده که در اواخر ۱۳۶۷ و چند ماه پس از صدور فتوای

۱- روشنک داریوش (۱۳۸۲ - ۱۳۳۰)، مترجم و فعال سیاسی ایرانی، به‌مدت ۱۷ سال (از ۱۱ سالگی تا ۲۸ سالگی) در آلمان تحصیل کرد و در جامعه‌شناسی و علوم سیاسی با نمرهٔ عالی در سطح فوق لیسانس (کارشناسی ارشد) فارغ التحصیل شد.

ارتداد سلمان رشدی از سوی آیت‌الله خمینی، مرحوم دعایی، مدیر مسئول روزنامهٔ اطلاعات، به سه تن از کارکنان روزنامه‌ها دستور می‌دهد کتاب آیات شیطانی را به‌سرعت ترجمه کنند و شرحی انتقادی بر آن بنویسد تا اگر کسی پرسید فتوای آیت‌الله خمینی بر اساس چه اطلاعاتی صادر شده، زعمای قوم مجبور نشوند بگویند چون مسلمان‌های پاکستانی علیه آن تظاهرات کرده‌اند، رهبر انقلاب ندیده و نشناخته فتوا صادر کرده...

۲۴

اصغر الهی

اکثر آثار اصغر الهی:

«سـالمرگی»، «مـادرم بی‌بـی جـا»، «قصه‌هـای پاییـزی»، «دیگـر سیاوشـی نمانـده»، «رؤیـا و رؤیا»، «حکایت عشـق و عاشـقی ما» و...

دکتر اصغر الهی نویسنده‌ای که در شغلش جلودار بود و در ذوقش گوشه‌نشین (۱۳۹۱ - ۱۳۲۳)[۱]

وقتی که دکتر اصغر الهی در سال ۱۳۸۶ موفق به دریافت جایزهٔ بهترین رمان از بنیاد هوشنگ گلشیری شد، من به هرکس رسیدم، گفتم حق به حق‌دار رسید. سال ۱۳۷۶ داستانی از او در ویژه‌نامهٔ شعر و داستان مجلهٔ «آدینه» چاپ کردم. خیلی‌ها خواندند و خودش هم خوشحال بود که داستانش در کنار بهترین داستان‌نویسان جوان چاپ شده. روزی همراه حسن اصغریِ داستان‌نویس رفتیم مطبش در یوسف‌آباد. سرش خیلی شلوغ بود. یادم است که چند نفر از نویسندگان از یاری‌های بی‌دریغ او به خود یا اقوام دور و نزدیک‌شان مشکور بودند. همین حالا که دارم این سطور را می‌نویسم، دارد اشکم سرازیر می‌شود. یادش به‌خیر.

اصغر الهی کار بزرگی در دست انجام داشت با انتشارات «توس». می‌خواست برگزیده‌ای از «داستان‌های ایران و جهان» را منتشر کند. چند جلد هم منتشر کرد. از من هم داستانی گرفت، اما در کشاکش کار، تنش

۱- چاپ اول، روزنامهٔ شرق، شمارهٔ ۱۵۴۵، ۱۶ خرداد ۱۳۹۱

با او یاری نکرد و خاموش شد. آن داستان که حالا یادم نیست اسمش چه بود با تأخیر چاپ شد.

دکتر اصغر الهی در رشتۀ روان‌پزشکی بسیار معتبر بود. انبوه مراجعانش خیلی دوستش داشتند اما اغلب نمی‌دانستند او نویسنده است. مجموعه‌داستان «دیگر سیاوشی نمانده است» یکی از بهترین آثار داستانی معاصر ماست. در جوانی گرفتاری‌های سیاسی مانع داستان‌نویسی او می‌شد و بعدها مشغلۀ شغلی و دانشگاهی. او در زمینۀ روان‌پزشکی چنان پرآوازه بود که وجه نویسندگی‌اش را کم‌رنگ می‌کرد. اصغر الهی خدمت به مردم را در دو ساحت و فایل جداگانه انجام می‌داد. برخلاف دیگر پزشکان یا روان‌پزشکانِ داستان‌نویس مثل غلامحسین ساعدی و بهرام صادقی، او در این رشته به مرتبۀ استادی دانشگاه رسید و شاگردان بسیاری را آموزش داد. مطب پرمراجعه‌کننده‌ای هم داشت. این انتخاب و سلیقه و پسند او بود که این‌چنین زندگی کند.

چنانچه به نسل خوبان خود احترام می‌گذاریم، باید برای انتخابشان هم احترام قائل باشیم. او در زمینۀ شغلش جلودار بود و در زمینۀ ذوقش گوشه‌نشین. به‌رغم گوشه‌نشینی و نوعی عزلت فراموش نمی‌کنم که در سال ۱۳۷۲ به جلسۀ نقد و بررسی رمان «نقش پنهان» من آمد (آن جلسات به همت خانم الهام مهویزانی برگزار می‌شد. حاصل ده جلسه نقد و بررسی آثار نویسندگان در جلد اول کتاب «آینه‌ها» در انتشارات «روشنگران» به چاپ رسید.) گوشه‌ای نشست و در حضور دکتر رضا براهنی و مشیت علایی و ... به گفتن چند جملۀ کلیدی اکتفا کرد. هنگام عکس گرفتن هم در انتهای صف ایستاد. داشتن چنین روحیه‌ای از طرف او یک انتخاب است؛ یک امتیاز و یک ویژگی ممتاز و کاملاً فردی و خصوصی. داستان‌نویسی که در شغلش جلودار بود و در ذوقش گوشه‌نشین.

*****

لطفاً از ویژگی‌های داستان‌نویسی ایشان بیشتر بگویید. آیا داستان‌های ایشان در حوزهٔ روان‌شناسی جای می‌گیرد؟ لزوم نگارش چنین داستان‌هایی در کجاست؟

تا یادم نرفته این را بگویم که او عضو کانون نویسندگان بود، اما چندان که باید فعال نبود، اما او متن مشهور ۱۳۴ نویسنده کانون را امضا کرد. الهی در مجموعه‌داستان «دیگر سیاوشی نمانده» چاپ ۱۳۶۹ که حاصل دومین مرحلهٔ داستان‌نویسی اوست، با کاربرد صناعت داستان‌نویسی ذهنی، گسیختگی‌های عاطفی و روان‌پریشی آدم‌هایی را تحلیل کرد که در برابر وحشت‌های زمانه به درون می‌گریزند. یادش گرامی با آن رمان «سالمرگی» که ریشه در اسطوره‌ها داشت. شخصیت‌های داستانی با وجود تفاوت بسیارشان با یکدیگر، هنگام ماندن و رفتن به هم شبیه می‌شوند. او با بازگویی دو دغدغهٔ امروزین بشر، «تقابل مرگ و زندگی» و «رویارویی سنت و تجدد»، روایتی از بحران اخلاق و ایمان در روزگار معاصر نوشت که از جهاتی یادآور برخی داستان‌های ساعدی و صادقی است. و اما در پاسخ پرسش شما دربارهٔ لزوم نگارش داستان کوتاه و رمان در حوزهٔ روان‌شناسی و روان‌پزشکی باید عرض کنم، به‌طور کلی ادبیات داستانی ما از کمبود مضامینی که به‌صورت علمی به درون شخصیت‌های داستانی برود و احساس‌های تازهٔ بشری را بازگو کند در رنج است. اصغر الهی به‌سهم خود با نوعی نوآوری در فرم، به تحلیل گسیختگی‌های عاطفی و پیچیدگی‌های درونی ذهن مشوش شخصیت‌هایی پرداخته است که در برابر رویدادهای وحشت‌زا به خیال‌بافی روی آورده‌اند. اغلب داستان‌هایش را در قالب حدیث نفس نوشته است و هر یک از شخصیت‌ها در ذهن خود با دیگری سخن می‌گوید. آدم‌های داستان‌های او اغلب در فضایی تاریک و محدود گیر افتاده‌اند و می‌کوشند از آن فضا روزنی باز کنند به بیرون.

از دیگر فعالیت‌های او در زمینهٔ رشتهٔ تحصیلی و تخصصی‌اش می‌توان به ترجمهٔ کتاب «روان‌شناسی تخیل» و تألیف دو جلد از دایرةالمعارف دوازده‌جلدی روان‌پزشکی اشاره کرد. یاد و نام او گرامی است.

۲۵

مسعود بهنود

اکثر آثار مسعود بهنود:

«دولت‌های ایران از سیدضیا تا بختیار»، «حرف دیگر»، «دو حرف»، «این سه زن»، «ازدل‌گریخته‌ها»، «امینه»، «۲۷۵ روز بازرگان»، «ما می‌مانیم»، «شاید حرف آخر»، «گلوله بد است»، «در بند اما اسیر»، «خانوم»، «پس از ۱۱ سپتامبر»، «ضد یادها»، «کوزهٔ بشکسته» و...

قصهٔ[1] «سه عشق مسعودی»[2]

مسعود بهنود (- ۱۳۲۵)

اولین عشق مسعودی من، مسعود ظروفچی بود، که همزادم بود. از هنگام تولد با هم بودیم. کلاس نهم، حوالی کافه نادری تهران به او گفتم عاشقش شده‌ام. گفت اگر عاشق خودم شده‌ای، شرح عاشقی‌ات را بنویس. گفتم به‌شرطی می‌نویسم که تو راوی‌ام باشی. قهوه‌ای خوردیم و او قبول کرد. اما به‌قول حافظ... که عشق آسان نمود اول ولی افتاد مشکل‌ها... اثبات عشقم با تأخیری چندین و چند ساله به‌صورت رمان «جهان زندگان» همین سه چهار سال پیش در ونکوور منتشر شد به روایت او.

دومین عشق مسعودی من، مسعود نقره‌کار، نویسندهٔ رمان «از اعماق» و «قبیلهٔ من»، بود؛ همشهری من و از اهالی محلهٔ تیردوقلو. مسعود نقره‌کار در سال ۱۳۸۰ هم‌زمان با برپایی اولین فستیوال بین‌المللی ادبیات برلین با مصاحبه‌ای جانانه دربارهٔ کانون نویسندگان ایران، عشق مرا کلید زد که شرح آن در جلد پنجم کتاب باارزش «جنبش روشنفکری ایران» آمده است. او، سال گذشته که آمد ونکوور و شنید که هنوز عاشقش هستم، تا پشت گوشش

۱- متن سخنرانی در دانشگاه سایمون فریزر ونکوور، ۹ اکتبر ۲۰۱۶، ۱۸ مهر ۱۳۹۵

۲- چاپ اول، مجلهٔ رسانهٔ همیاری، شمارهٔ ۱۵، ۲۱ اکتبر ۲۰۱۶، ۳۰ مهر ۱۳۹۵

سرخ شد، هرچند نویسنده‌ای فحشمند بود، اما در عالم همشهری‌گری سخنرانی غرایی کرد در کارگاه داستان‌نویسیِ «خانهٔ فرهنگ و هنر» و من پیشانی بلندش را چنان بوسیدم که لاله‌های گوشش به لرزه درآمد.

سومین عشق مسعودی من، با مسعود بهنود طور دیگری رقم خورد و از هر دوی این‌ها پرفرازونشیب‌تر شد. از دورهٔ نوجوانی، آن‌طور که افتد و دانی، هنگامی که کلاس یازدهم دوازدهم (۱۳۴۷) در رشتهٔ روزنامه‌نگاری مدارس، مقام اول کشور را کسب کردم و از دست خانم فرخ‌رو پارسا (وزیر آموزش‌وپرورش) جایزه گرفتم، نگاهم به مسعود بهنود بود. او را در خیال رقیب احتمالی خود می‌دیدم. دلم خوش بود که چندین و چند سال از من بزرگ‌تر است و حالاحالاها وقت دارم تا به او برسم. او آن زمان که من مشغول حفظ‌کردن سینوس و کسینوس و تانژانت و کتانژانت و جدول مندلیف بودم، آن‌قدر چهره بود که حتی تلویزیون ملی ایران در اواخر دههٔ چهل شمسی مفتخر بود مصاحبه‌هایش را با شخصیت‌های سیاسی و ادبی کشور پخش کند.

در همان ایام وقتی کاشف به عمل آمد بهنود متولد ۱۳۲۵ است و فقط دو سال از من بزرگ‌تر، و دنیادنیا تجربهٔ روزنامه‌نگاری پشت سر دارد، علاقه به روزنامه‌نگاری را بوسیدم و گذاشتم کنار. اصلاً از حرص و بغضم، همین که دیپلم گرفتم، رفتم سربازی و آن‌قدر بی‌انگیزه بودم که مرا به‌عنوان سپاه ترویج و آبادانی فرستادند به یکی از شهرهای مرزی ایران و عراق؛ یعنی انزوا. این قضایا مربوط به سال ۱۳۴۹ تا ۱۳۵۱ بود و آنجا کلاهم را قاضی کردم دیدم نه سر و زبان مسعود بهنود را دارم و نه قلم او را در روزنامه‌نگاری، پس باز هم از حرص و بغضم شروع کردم به نوشتن داستان و خلاصه چه دردسر، این وجود ذی‌جودِ مسعودخانی در تهران نشسته بود و مطبوعات و رادیو و تلویزیون را درمی‌نوردید و من کنج روستایی محرومیت‌زده، در

اتاقی ده‌دوازده‌متری یکی می‌زدم توی سر خودم و یکی توی سر کتاب‌های همینگوی و فاکنر و داستایوفسکی و... در ضمیر ناخودآگاهم می‌دانستم روزی قصه‌نویس هم می‌شود و من بار دیگر عاشقش می‌شوم.

این افکار با من بود و بود پس از دوران سربازی، طی سال‌های ۱۳۵۴ تا ۱۳۵۷ دو مجموعه‌داستان منتشر کردم و عضو کانون نویسندگان ایران شدم، اما هنوز چشمم دنبال مسعود بهنود بود. سال ۱۳۵۹ یک خیز برداشتم تا به او برسم. سردبیر فصلنامهٔ «برج» شدم تا به مسعود بهنود بگویم آقا وایسا با هم برویم اما او کماکان روزنامه‌نگاری مشهور و چیره‌دست بود و بار دیگر به این حقیقت رسیدم که حتی اگر به آب و آتش هم بزنم، به گرد پای او نمی‌رسم. رقیب خیالی دلچسب و خویشاوندی بود. اعتراف می‌کنم همین‌که احساس کردم او هنوز کتابی منتشر نکرده، لبخندی سرخوشانه زدم. اما بعد از خود خجالت کشیدم که این بود ظرفیت تو مقابل کسی که این‌همه دوستش داشتی؟ آن زمان مسیرهایمان جدا بود؛ من منشی و حسابدار و عضو فعال کانون نویسندگان بودم و او در چندین روزنامه و مجله کار می‌کرد. در دههٔ ۱۳۶۰ چندبار یکدیگر را دورادور دیدیم. نخست در خانهٔ دکتر جواد مجابی، بعد در یک مجلس ختم و یک بار هم در مجلس رونمایی کتاب و عمدتاً حوالی مجلهٔ «کلک» علی دهباشی. و من اما هنوز جای مناسبی پیدا نمی‌کردم تا عشقم را به او ابراز دارم. حتی در مجلهٔ آدینه هم نتوانستم. حوادث گوناگونی دور سر ما می‌چرخید و می‌چرخید تا اینکه در مرداد ۱۳۷۵ بحث سفر نویسندگان و شاعران و روزنامه‌نگاران به ارمنستان پیش آمد و نامش را در لیست مسافران دیدم. گل از گلم شکفت. تصور نمی‌کردم او میلی به این سفر پرمخاطره (انگار از پیش هم می‌دانستیم سفری بی‌دردسر نخواهد بود) داشته باشد. اما همراه سیروس علی‌نژاد، فرج سرکوهی و علی صدیقی

چهار روزنامه‌نگار شجاعی شدند که چمدان بستند و خطر سقوط در دره را به جان خریدند! پیش‌ترها، برخی از اعضای نامی کانون نویسندگان به ما راهیان سفر هشدار داده بودند که سفر پرمخاطره‌ای پیش رو داریم و ما خیره‌سرانه راه افتادیم تا ببینیم تیغ آقایان بدخواه ملک ملت تا کجا می‌بُرد.

تا لحظهٔ سوارشدن به اتوبوس، هرچند مسعود بهنود به‌زعم من در دنیای دیگری سیر می‌کرد و من دوستش داشتم، اما یک‌باره با حرکت اتوبوس او دوست‌داشتنی‌تر و نزدیک‌تر شد. دو سه ساعت بعد از حرکت هنگامی که اتوبوس مرگ به انتهای اتوبان تهران–قزوین رسید و همه بیست و یک تن سرنشین در خود فرو رفته بودیم و گاه از خود می‌پرسیدیم یا به خود نهیب می‌زدیم چرا به هشداردهندگان بی‌توجه بوده‌ایم و راهی این سفر با راننده‌ای ناآشنا و اتوبوس بی‌آرِم شرکت تعاونی شده‌ایم، که یک‌باره مسعود بهنود پیپ به دهان پشت سر راننده ایستاد. بوی عطر توتون کاپیتان بلاکش همه‌جای اتوبوس پیچید. سر شب بود و ما مسافران در حال خویش‌خراشیِ روح و روان خود با بغل دستی و گذران لحظه‌های دشوار بلاتکلیفی و سکوت شبانهٔ پیشِ رو و تردد میان انواع تردیدها، که او پیپ از دهان برداشت و شروع کرد به قصه‌گویی دربارهٔ ایل قاجار که چگونه توسط یک زن مرموز روس از پراکندگی درآمد و توسط آقامحمدخان قاجار زمام امور ایران را به دست گرفت و... هنوز به نیمه‌های قصه نرسیده بود که به خود آمدم و دیدم دستم زیر چانه‌ام است و لم داده‌ام روی دستهٔ صندلی و چهارچشمی مفتون بافت و ساخت کلام و لحن روایی قصه‌ای شده‌ام که مضمون و محتوایش حوالی من نیست، اما لحن قصه‌گویش به جانم نشسته است. پیش‌بینی‌ام دربارهٔ قصه‌گویی او درست از آب درآمده و او تیر خلاص را زده بود و دل و دین مرا برده بود. مشهود بود که دارد همان‌جا سر صحنه قصه‌ای جفت‌وجور می‌کند و هَل من مبارز می‌طلبد در بیان قصه‌های شفاهی در آن گرگ و میش غروب،

نحوهٔ قصه‌گویی او مرا از خود بی‌خود کرد و البته هنوز هم این خاصیت را دارد. تا مدتی نمی‌دیدم که مجابی و سپانلو و فرج سرکوهی و علی باباچاهی و بیژن نجدی هم مثل من چشم به دهانش دوخته‌اند بی‌آنکه خود صاحب چنان سلیقه‌ای در به‌هم‌پیوستن چنان مضمون و محتوایی باشند.

وقتی آن بخش را تمام کرد و نشست، رفتم بالا سرش و از جذابیت قصه و بوی توتون پیپش تمجیدها کردم. بعد گفتم که عاشقش شده‌ام. او برخلاف مسعود نقره‌کار که با اعتراف من تا پشت لاله‌های گوشش سرخ شد، لبخند دلنشینی زد و خونسرد پاسخ داد: «تو عاشق قصه‌های منی، نه خود من.» بی‌انصافی کرد ولی به دل نگرفتم. به هر رو آن حادثه‌ای که سال‌ها منتظرش بودم در اتوبوسی اتفاق افتاد که قرار بود ما را ببرد ارمنستان تا در سمیناری ادبی شرکت کنیم. در پرانتز عرض می‌کنم، بعدها یکی از مسافران اتوبوس که از عاشقیت من به بهنود خبر داشت گفت: «زوج هنری‌ای که ماه عسل بروند لب پرتگاه درهٔ حیران و ایام خوشی را حوالی زندان ژاندارمری و زندان سپاه آستارا بگذرانند و آب خنک بخورند، پیوندشان همیشگی است و به طلاق منجر نمی‌شود.» باری، در زندان آستارا هم این او بود که به دیگر همسفران آن سفر عجیب و تاریخی و پرسه‌زن در حوالی مرگ و زندگی روحیه می‌داد. این او بود که در بازداشتگاه پیشنهاد کرد هریک از شاعران جمع بیست و یک نفری شعری بخوانند. محمدعلی سپانلو و جواد مجابی و علی باباچاهی قول دادند تا صبح شعری بگویند و برای تقویت روحیهٔ جمع آن را بخوانند. و این گرهٔ عاطفی دیگری بود بر آن رشتهٔ پیدا و ناپیدای عاشقیت من به مسعود بهنود. به‌قول حافظ... ای دل، شباب رفت و نچیدی گلی ز عیش/ پیرانه سر مکن هنری ننگ و نام را...

من و مسعود در سال ۱۳۷۵ به دره پرت نشدیم و نمردیم، اما از ادامهٔ سفر باز ماندیم. هریک تاوان آن به آب و آتش زدن را با عملیات توطئه‌آمیز

آقایـان طـی سـالیان بعد پـس دادیم کـه جای شـرحش اینجا نیسـت. من اما کمـاکان عاشـق مسـعود بهنـود بودم و بـودم و چشـمم دنبالش بـود. با چاپ قصه‌هایـش از حالـت رقابـت درآمـده و به رفاقت رسـیده بودم. انـگار تقدیر کیهانـی هـم به‌گونه‌ای بـود که دنبالـش بـروم. او عضـو هیئت‌تحریریهٔ مجلهٔ «آدینـه» بـود. مـن در سـال ۱۳۷۶ به جمـع تحریریه پیوسـتم تا همـراه علی باباچاهـی ویژه‌نامـهٔ شـعر و داسـتان آدینـه را منتشـر کنـم. آنجـا هرچند روز کاریِ مـن و او در یـک روز نبود امـا هرازگاه همدیگـر را می‌دیدیم و لبخندی و جملـهٔ قصـاری بین مـن و او رد و بدل می‌شـد.

در ادامـهٔ آن تقدیـر کیهانـی پس از تعطیلـی مجلهٔ آدینه، نگار اسـکندرفر در سـال ۱۳۷۸ مؤسسـهٔ فرهنگی هنری «کارنامه» را برپا کرد و مسعود بهنود اولیـن اسـتادی بـود که بـرای کلاس‌هـای روزنامه‌نـگاری انتخاب شـد. پس از او تـا جایـی که یـادم می‌آید منوچهر آتشـی، کلاس شـعر، مـن هم کلاس داستان‌نویسـی دایر کردم و باز هم اوقات شـریفی با هم داشـتیم. سال ۱۳۷۹ روزنامـهٔ «فتـح» که خاطـرات مرا از سـفر ارمنسـتان چاپ می‌کـرد، یک‌باره توقیـف و همـان ایام مسـعود بهنود معلوم نشـد به چـه جرمی به زنـدان افتاد و مـن هـم بر اثـر برخی فشـارهای روحـی روانی دچـار عارضهٔ قلبـی و پس از سـکته‌ای ملیح راهی بیمارسـتان شـدم. او در سـال ۱۳۸۱ به خارج کشـور مهاجـرت کـرد. من هم هفت سـال بعد بـه ونکوور آمـدم. می‌بینیـد فقط دو سـال از مـن بزرگ‌تر اسـت اما در هـر کاری چندیـن گام جلوتـر. به‌هر رو او حـالا نه رقیـب بلکه رفیق من اسـت.

مـن حـالا دارم دربـارهٔ نه یـک روزنامه‌نـگار بلکـه قصه‌نویسـی پرخواننده صحبـت می‌کنـم کـه تاکنـون بیـش از پانـزده کتـاب نوشـته و بیـش از یـک میلیـون نسـخه از کتاب‌هایـش بـه فـروش رفتـه اسـت. ایـن البته آمار رسـمی دربـارهٔ کتاب‌هـای هریـک از ماسـت. چـرا که طی دورهٔ هشت‌سـالهٔ ریاسـت

جمهوری آقایی به‌نام احمدی‌نژاد اکثر آثار من و ما اجازهٔ انتشار نیافتند اما بعضی‌ها به‌صورت غیررسمی و زیرزمینی منتشر شدند و در پیاده‌روهای جلو دانشگاه تهران به فروش رفتند. شاید ندانید همین میزان فروش آثار بهنود در تاریخ نشر کتاب ایران حتی قارهٔ آسیا جزو آثار نادر محسوب می‌شوند. شگفت‌آورتر اینکه تاکنون کسی در این خصوص، یعنی از جایگاه یک نویسندهٔ پرتیراژ و پرخواننده با مسعود بهنود مصاحبه‌ای جدی نکرده است. گویی جامعهٔ مطبوعاتی ما در بخش ادبیات فراموش کرده‌اند ژانری که مسعود بهنود می‌نویسد، خیلی‌ها را با شیرینی و حلاوت خود دعوت به مطالعهٔ ادبیات داستانی کرده و آمار کتاب‌خوانی را بالا برده است. گویی رمان‌نویسی حرفه‌ایِ کشور ما هنوز آن‌قدر نوپاست که درک درستی از تفکیک آثار در ژانرهای مختلف را ندارد و قادر نیست نویسندگان را بر اساس نوع تفکر و جایگاهشان نزد مردم به نقد و بررسی و تحلیل بنشیند. گویی تا به غرب نیایی، در نمی‌یابی آثار پرخواننده چه جایگاهی در دانشگاه‌های این‌سو دارد و چه کرسی‌های ارزشمندی به آن اختصاص یافته است.

می‌خواهم بگویم کسی که پاره‌ای از خود، اعم از تجربه‌ها و کشف و شهودهای خود را می‌نویسد و چاشنی واقعیت و خیال به آن می‌زند برایش چندپاره‌شدن، شرحه‌شرحه‌شدن، با هر نوشته اجتناب‌ناپذیر است. یکی از شرحه‌ها و پاره‌ها خود اوست که می‌نویسد و بی‌رحمانه در معرض قضاوت قرار می‌گیرد. پارهٔ دیگرش همان من دیگرشده است که می‌تواند مثلاً عقاید فلان شخصیت داستانی را در فلان واقعهٔ سیاسی یا اجتماعی رد کند یا بپذیرد. پارهٔ دیگر چیزی است که به قالب داستان یا شعر یا مقاله‌ای خواندنی در می‌آید، او به‌دلیل ماندگاری حوالی تغییر عقیده و سلیقه نمی‌چرخد و از جایی می‌آید که به جان آدمی وابسته است که نه با توپ و تشر ارشاد اسلامی چندان تغییر می‌کند و نه با پشت چشم نازک‌کردن

این خواننده و آن منتقدِ فصلی تنگ‌نظر و تُنُک‌مایه. بحث بر سر دوپارگی و چندپارگی نویسنده و شاعر و هنرمند است. همان تفاوت ظریف و نازک‌تر از موی راوی و نویسنده و عقاید تک‌تک شخصیت‌ها که به راوی و نویسندهٔ دمکرات اجازه می‌دهد هریک اندازهٔ توان و قابلیت خود سخن بگوید و خود آن‌قدر انصاف دارد که نظاره‌گر تغییرات روحی روانی و جسمی آنان و خویشتن خویش باشد. نگاه کنید به مجسمه‌سازی که همراه هر ضربهٔ تیشه و تلاش برای به‌صورت‌رساندن سنگ، انگار ضربه‌ای هم بر پیکر خود، بر سنگ درون خویش فرود می‌آورد و چون خسته و کوفته از پای مجسمه بر می‌خیزد، خود نیز آدمی دیگر است که در راه تکامل خود گام برمی‌دارد و آن دیگری که تماشاگر مجسمه است از او آدمی دیگر می‌سازد.

افکار من و مای این جمع ازجمله مسعود بهنود روزنامه‌نگار، فیلمساز، گویندهٔ قصه و قصه‌نویس بازتاب حوادث جامعه‌ای است که در آن زندگی می‌کنیم. مسعود بهنود نیز قدر مشترک تمایلات مردم شکست‌خورده و پیروزشدهٔ همین جامعه است. گاه از خود می‌پرسم مرز زندگی بیرونی و درونی مسعود کجاست؟ مرز آن خیال‌ها و واقعیت‌های او تا کجا گسترش یافته است که این‌همه مقاوم و عاشق است؟ پس ما هم‌اکنون مسعود بهنود روزنامه‌نگاری داریم که دوست دارد مثل هر روزنامه‌نگار حرفه‌ای دیگری به‌روز و به‌هنگام سخنانی بگوید که نو‌به‌نو، دهان‌به‌دهان بچرخد و در صدر اخبار قرار بگیرد و مسعود بهنود دیگری هم داریم که رمان‌نویسی پرخواننده است و آثارش به چاپ‌های متعدد می‌رسد. او در مقام روزنامه‌نگار بی‌آنکه خود بداند یا بخواهد هَل من مبارز می‌طلبد، اما در مقام رمان‌نویس مقابل قصه‌هایش زانو زده و درخواست می‌کند جنجال‌آفرین نباشند و بی‌صدا به راه خود بروند. من بار دیگر به او خوشامد می‌گویم.

*****

آقـای بهنود بـه‌دلیل حرفۀ روزنامه‌نگاری، اغلب خبرسـاز شـده‌اند تا جایی کـه کمتـر روزنامه‌نگار ایرانی در موقعیت شـغلی ایشـان این‌همه در معرض انتقادهـای تنـد قرار گرفته‌اند. خود شـما در این‌باره چـه فکر می‌کنید؟

بی‌آنکـه بخواهم قضاوت کنم، می‌توانـم بگویم اگر بـا معیارهای جهان آزاد و عمدتاً غربـی به حرفه و فن روزنامه‌نگاری نگاه کنید، مسـعود بهنود در بخش روزنامه‌نگاری عمومی کارش را خوب بلد اسـت. اغلب نوشته‌هایش هـم مـی‌رود اصطلاحـاً روی آنتـن. به‌عبارت‌دیگر خواننـدگان و شـنوندگان فـراوان دارد. روزنامه‌نـگاران حـوزۀ عمومـی عمدتاً برایشـان تفـاوت نمی‌کند در زمـان کدام ریاست‌جمهوری یا نخست‌وزیر قلم می‌زننـد. به‌راحتی کنار مقامـات دولتـی می‌نشـینند تا ذهـن آن‌هـا را بکاوند، یـا مقابلش می‌ایسـتند و در همـان حـال بـه تیتـر مطلبـی می‌اندیشـند کـه قـرار اسـت ارائـه بدهند. به‌عبارت‌دیگـر کسـی روزنامه‌نگار حرفه‌ای و خبرسـاز اسـت کـه بتوانـد به‌هر حیله خواننده و شـنوندۀ بیشـتری را به‌سـوی خـود جلب کند.

۲۶

عمران صلاحی

اکثر آثار عمران صلاحی:

«طنزآوران امروز ایران با همکاری بیژن اسدی‌پور»، «گریه در آب»، «قطاری در مه»، «ایستگاه بین راه»، «هفدهم»، «رؤیاهای مرد نیلوفری»، «شاید باور نکنید»، «یک لب و هزار خنده»، «حالا حکایت ماست»، «آی نسیم سحری یک دل پاره دارم چند می‌خری؟»، «ناگاه یک نگاه»، «طنز و شوخ‌طبعی ملانصرالدین»، «از گلستان من ببر ورقی»، «هزار و یک آینه»، «آینا کیمی»، «تفریحات سالم»، «گفتار طرب‌انگیز (طنز سعدی در گلستان و بوستان)»، «عملیات عمرانی»، «خنده‌سازان و خنده‌پردازان»، «موسیقی عطر گل سرخ»، «کمال تعجب»، «پشت دریچهٔ جهان»، «عطر بیدار زمین»، «آن‌سوی نقطه‌چین‌ها» و...

مهرورزی با عمران صلاحی در پی آبادی دل خویش (۱۳۸۵ - ۱۳۲۵)[۱]

از زمانـی که شـعر «من بچهٔ جوادیـه‌ام» عمران صلاحی را خواندم یا شـنیدم (احتمـالاً سـال ۱۳۵۳) او بـرای من شـد یـک «شـاعری مردمـی». از اوایل سـال ۱۳۵۶ وقتـی به‌دعـوت شـمس آل احمـد و جـلال سـرفراز بـه جمـع شـاعران و نویسندگان موسـوم به «دوشـنبه‌های کافه‌چارلی» پیوستم و شاهد برنامه‌ریزی برای برپایی «ده شـب کانون نویسـندگان» بـودم و با طنز کلامی و نوشـتاری عمران از نزدیک آشـنا شـدم، دریافتم خوش‌قریحه‌تر از آن اسـت کـه فکـرش را می‌کـردم. بعدهـا در دورهٔ انقـلاب (۱۳۵۸ - ۱۳۵۷) گاهـی کـه اینجـا و آنجـا، گوشـه و کنـار تظاهـرات خیابانی یـا در جلسـات هفتگی کانـون نویسـندگان می‌دیدمـش، بـا توجه بـه نکته‌سـنجی‌ها و طنـز نهفته در باریک‌بینی‌هایـش، احسـاس کـردم خیلـی دوسـتش دارم. بـا مجلـهٔ فکاهی توفیـق کار کـرده بود و با پرویز شـاپور و بیژن اسـدی‌پور همکاری داشـت که من آن دو را هم دوسـت داشـتم.

بعدها در سـال ۱۳۵۹ که شـعر کوتاه «زنده‌باد برف» او را در شـمارهٔ دوم

۱- چاپ اول، مجلهٔ گوهران، فصلنامهٔ تخصصی شعر، شمارهٔ ۳۰، بهار ۱۳۸۳

فصلنامهٔ «برج» چاپ کردم، دربست عاشقش شده بودم. ولی حوالی سال ۱۳۶۳ تعجب می‌کردم که چرا عشق ما مثل اغلب عشق‌ها نه یک‌طرفه است و نه اوج و فرودی دارد. تا اینکه سال بعد، اواسط ۱۳۶۴، جلسهٔ «شاعران سه‌شنبه» را تشکیل دادیم و این جلسات تا اواسط ۱۳۷۴ ده سال کامل خورشیدی هر هفته، سه‌شنبه‌ها تا پاسی از شب و گاه تا دمادم صبح همراه جواد مجابی، زنده‌یاد محمد مختاری، حمیدرضا رحیمی، فرامرز سلیمانی، کاظم سادات اشکوری، غلامحسین نصیری‌پور، علی باباچاهی، اسماعیل رها و... می‌نشستیم به خواندن شعر و داستان و نقد آثار هم. آنجا بود که دریافتم حتی عشاق قلمی تا در جدالی ادیبانه عیب و ایرادهای آثارِ هم را نگیرند، به واقعیت‌های درونی و بیرونی زندگی مشترک پی نمی‌برند و نقایص هم را برملا و سپس برطرف نمی‌کنند... به‌هر رو، این عشق که از سال ۱۳۵۶ شروع به زبانه‌کشیدن کرد، هنوز زبانه می‌کشد و هر دوی ما را گرم می‌کند، حتی اگر ماهی بگذرد و همدیگر را نبینیم.

به گذشته که نگاه می‌کنم، تصاویر متعددی جلو چشم می‌آید و ناگزیر به گزینش می‌شوم. او شعری دارد به‌نام «کولر همسایه» که در چاپ اول رمان «نقش پنهان» (۱۳۷۰) با ذکر نامش از آن سود بردم و به‌پاس آن بهره‌گیری، اولین نسخهٔ چاپ‌شدهٔ رمانم را تقدیمش کردم که البته مقارن شد با انتشار زندگی و آثار «سرمد کاشانی» از شاعران فارسی‌زبان سدهٔ یازده هجری از سوی او. جای شما خالی که ببینید بعد از مُچامچه و مُسابله (اصطلاحی ساخته‌شده برای هنگامی که دو آدم سبیل‌دار هم را ماچ می‌کنند) فراوان، من چگونه از نثر سلیس و تنظیم زیبای کتاب او تعریف می‌کردم و او چگونه حجم رویدادها و ساخت محکم و پیچاپیچ و موج در موج داستان مرا می‌ستود! این البته اوجی بود که بار دیگر گرهٔ محکمی زد بین من و او تا قدر همدیگر را بدانیم. بار دیگر با انتشار رمان «برهنه در بادِ» (۱۳۷۹) من

بود که شعلهٔ عشق به خرمن وجود ما افتاد و عجبا این‌بار هم مقارن شد با انتشار «آی نسیم سحری» و «باران پنهان» در همان سال ۷۹ که او آستین بالا زد و در ویژه‌نامهٔ مجلهٔ گلستانه، طنز رمان برهنه در باد را با زبان خاص و موجز خود ستود، و من نمی‌دانستم چگونه پاسخ محبت‌هایش را بدهم که مثلاً رفیق‌بازی نشده باشد.

حالا گویی مجالی پیش آمده تا بگویم ای عمران عزیز، درست است که من مثل بیژن اسدی‌پور نتوانستم با تو اثر مشترکی چون «طنزآوران امروز ایران» منتشر کنم و صاحب فرزندی معنوی بشوم، ولی هرگز خود را از تو جدا ندانسته و ترکت نکرده‌ام... در طول سال‌های پردغدغهٔ انقلاب و مصیبت جنگ و مضایق اجتماعی جورواجور و مرگ عزیزان مشترک (محمد مختاری و محمدجعفر پوینده) همواره در کنار هم بوده‌ایم. در مجالس ختم با هم گریسته‌ایم. در جشن جوایز کتاب به برندگان شادباش گفته‌ایم و... بی‌آنکه به‌صراحت اعلام کنیم هر دو هنوزاهنوز بر این باوریم، در انتهای طنازی‌های او جدی‌ترین مسائل جامعه نهفته است و در انتهای خشم و خروش‌ها و روی ترش مکتوبات من چیزی نیست جز بیان تراژدی این روزگار که خالی از طنزهای سیاه نیست.

* * * * *

آیا زنده‌یاد عمران صلاحی هم از اعضای فعال کانون نویسندگان ایران بودند؟ لطفاً کمی هم دربارهٔ محفل «دوشنبه‌های کافه‌چارلی» بگویید.

او هم مثل من مقارن برپایی ده شب کانون نویسندگان ایران در سال ۱۳۵۶ عضو کانون شد. تا وقتی زنده بود، به آن وفادار ماند. او در سال ۱۳۵۲ به استخدام رادیو ایران درآمد. در سال ۱۳۵۳ ازدواج کرد و بعد صاحب دو فرزند شد. پس از بازنشستگی در سال ۱۳۷۵، مدتی در

بخش ویراستاری کماکان با رادیو همکاری کرد.

اما دربارۀ محفل «دوشنبه‌های کافه‌چارلی» که پرسیدید، باید بگویم آن محفل جلسه‌ای هفتگی بود که بنیادش را گویا اوایل دهۀ ۱۳۴۰ جلال آل احمد گذاشته بود با جمعی از فرهنگیان اهل ادب و هنر. بعد از خاموشی او، شمس آل احمد و اسلام کاظمیه آن را احیا کردند با جمع شاعران و نویسندگان صاحب کتاب. محل آن خیابان شاه سابق، جمهوری اسلامی فعلی، بود در تقاطع خیابان کارگر تهران. در طبقۀ دوم آن، رستوران که خلوت بود، هر هفته پانزده بیست نفر و اغلب از نویسندگان و شاعران مخالف سلطنت، طرفداران و اعضای کانون نویسندگان جمع می‌شدند. نکتۀ جالب نحوۀ گرداندن جلسه بود. در سال ۱۳۵۶ هر عضو به‌محض ورود مبلغی مثلاً ده یا بیست تومان می‌داد به شمس و بعد او سفارش اطعمه و اشربه می‌داد و هرچه سر میز می‌آمد، همگی اشتراکی می‌خوردند. اغلب آن‌ها عضو کانون نویسندگان بودند یا مثل من و عمران بعدها عضو شدند. در آن جلسات هفتگی همراه بحث‌های سیاسی، اخبار هنری هم ردوبدل می‌کردند و این میان عمران هم گویی مسئول زنگ تفریح بود. یادم است در کتاب «واقعیت و رؤیا ۲» گفتم که وقتی در سفر فرهنگی ترکیه بودم همراه دکتر رضا براهنی و دیگران خبر خاموشی عمران صلاحی را شنیدم؛ ۱۱ مهر ماه ۱۳۸۵ را هرگز فراموش نمی‌کنم. همچنین جمله‌ای از او را که می‌گفت: «به‌نظر من کسی شاعر شناخته می‌شود که مردم حداقل یک شعرش را به یاد بیاورند و بیتی یا مصرعی از آن را زمزمه کنند.» یادش گرامی، او همواره خود را شاعری تأثیرپذیر می‌دانست تا تأثیرگذار. ... نیست ما را ستاره‌ای، ای دوست / که به هفت آسمان بدهکاریم...

آقای محمدعلی، دامنۀ ارزیابی شما از عمران صلاحی به‌عنوان یک طنزپرداز تا کجاست؟ آیا می‌شود او را مثلاً با عبید زاکانی مقایسه کرد

یا با ایرج میرزا؟ یا مثلاً در مقام مقایسه با هم‌نسلان خودش مثل هادی خرسندی یا آقای عالی‌پیام (هالو)، او کجا ایستاده؟ مایلم نظر شما را در این رابطه هم بپرسم که سایهٔ سانسور آیا توانست بر ذوق و خلاقیت او آن‌طور اثر بگذارد، که اگر نبود، ما با یک عمران صلاحی دیگر با کیفیتی متفاوت روبه‌رو بودیم. نمی‌دانم منظورم را رساندم یا نه؟

از پرسش دوم شما شروع می‌کنم. او در رژیم گذشته با وجود مجلهٔ مستقلی مثل توفیق شجاعت‌های بی‌شماری به‌خرج داد. اما متأسفانه در رژیم اسلامی مجلهٔ طنزی مثل توفیق نداشتیم و من از عمران مطالب زیادی ندیدم. او در مجله‌های مستقل ادبی گاهی طنازانه مطالبی می‌نوشت و اتفاقاً خوانندگان فراوانی داشت. به‌هر حال عضویت در کانون نویسندگان خیلی از راه‌ها را برای او هم بست. تنها هادی خرسندی از جنس و جنم او بود که خیلی زود پس از انقلاب به لندن مهاجرت کرد.

۲۷

فرخنده حاجی‌زاده

اکثر آثار فرخنده حاجی‌زاده:
«خلاف دموکراسی»، «تقدیم به کسی که قاتلم نبود»، «نامتعارفه آقای مترجم!»، «من از چشم‌های شما می‌ترسم»، «من منصور و البرایت»، «گزارش قصه ۱ سهراب کشی»، «زن عجم خوبه یا تی.ان.تی؟»، «کتاب‌شناسی اساطیر و ادیان» و...

فرخنده حاجی‌زاده، پویندهٔ هفت اقلیم (- ۱۳۳۱)[1]

اگـر بـه ویکی‌پدیا مراجعـه کنید، شـرح حال مبسـوط فرخنده حاجـی‌زاده را می‌بینیـد. به‌بـاور راقم سـطور او جزو زنانی اسـت که در هفـت اقلیم فعالیت داشـته اسـت. من از سـال ۱۳۶۹ که او را در کارگاه شعر و داسـتان دکتر رضا براهنـی دیدم، شـیفتهٔ وسـعت کار و تعهدش به ادبیات شـدم.

- در اقلیـم اول، او مـادر اسـت؛ مـادر پیمان سـلطانیِ موسـیقی‌دان و پژمان سـلطانیِ ناشر.
- در اقلیم دوم، او کتابدار وزارت علوم و فناوری بوده و حالا بازنشسته شده.
- در اقلیم سـوم، او ناشـر است؛ مدیر انتشاراتی ویسـتار. ویستاری که علاوه بر نشـر کتاب، محل تجمع اهل قلم و علاقه‌مندان به کتاب بود و در سـال ۱۳۸۶ جلو فعالیت آن گرفته شـد.
- در اقلیـم چهـارم، او مدیـر مسـئول و سـردبیر مجلـهٔ ادبی-هنـری «بایا» و «گفتمـان» بـود کـه هر دو به محاق کشـیده شـد.
- در اقلیم پنجـم، او فعـال اجتماعـی اسـت. نـگاه کنیـد به هفت سـاحت

۱- سـخنرانی در کتابخانـهٔ مرکـزی شـهر کوکئیتـلام ونکـوور، چاپ اول، رسـانهٔ همیـاری، ونکوور، شـمارهٔ ۶۵، ۵ اکتبـر ۲۰۱۸، ۱۳ مهـر ۱۳۹۷

این اقلیم: عضویت در اتحادیهٔ ناشران، عضویت در شرکت تعاونی توزیع‌کنندگان کتاب تهران، عضویت در شورای کتاب کودک، همکاری با فرهنگ‌نامهٔ کودکان، همکاری با جمع صنفی فرهنگی زنان ناشر، همکاری با بنیاد فرهنگی زبان و عضویت در کانون نویسندگان ایران از سال ۱۳۸۷ و این مقطع مهمی است در هفت اقلیم فرخنده حاجی‌زاده و نیاز به توضیح دارد.

کانون نویسندگان ایران تا پیش از این تاریخ چند فراز مهم را پشت سر گذاشته است. اگر چندان دور نروم دورهٔ اول آن از ۱۳۴۷ بود تا ۴۹ - ۱۳۴۸ که به تعطیلی کشیده شد. دورهٔ دوم، از ۱۳۵۷ بود تا خرداد ۱۳۶۰ که بار دیگر به تعطیلی کشیده شد. دورهٔ سوم، از زلزلهٔ رودبار ۱۳۶۹ شروع شد و به‌صورت جلسات مشورتی کم و بیش بود تا در سال ۱۳۷۳ که متن ۱۳۴ نویسنده منتشر شد و پیامد آن ماجرای اتوبوس ارمنستان بود در سال ۱۳۷۵ و در ادامهٔ آن قتل‌های زنجیره‌ای ۱۳۷۷ شروع شد و کانون نویسندگان زنده‌نامان محمد مختاری و محمدجعفر پوینده را از دست داد. دورهٔ چهارم، از سال ۱۳۸۷ شروع شد و به‌دلایلی واضح و ممانعت‌های آشکار و پنهان، اکثر اعضای قدیمی و تولیدگران سرشناس ادبی کنار رفتند و به‌تدریج اعضای تازه‌نفسی چون دکتر فریبرز رئیس‌دانا، دکتر ناصر زرافشان، دکتر کاظم کردوانی، اکبر معصوم‌بیگی، فرخنده حاجی‌زاده، حافظ موسوی، محسن حکیمی، فاطمه سرحدی‌زاده، جاهد جهانشاهی، رضا خندان مهابادی، بکتاش آبتین و دیگر عزیزان با پایمردی نام کانون را زنده نگه داشته‌اند.

- اقلیم ششم، فرخنده حاجی‌زادهٔ شاعر است نگاه کنید به مجموعه شعرهای «طلعت منم» و «اعلام می‌کنم».

- در اقلیـم هفتـم، او داستان‌نویس اسـت. نگاه کنیـد به مجموعه‌داستان‌ها و رمان‌هـای «خـلاف دموکراسـی»، «تقدیـم بـه کسـی کـه قاتلـم نبـود». «نامتعارفۀ آقای مترجم» «خالۀ سـرگردان چشـم‌ها»، «از چشـم‌های شما می‌ترسـم»، «مـن، منصور و آلبرایـت» و گزارش‌قصۀ «سـینۀ سـهراب»، گزارش‌قصۀ «زن عجم خوبه یا تی.انتی؟» کـه بایـد گفـت فرخنده حاجی‌زاده در ایـن اقلیم نگاهـی جدی به ترجمۀ آثارش داشـته اسـت و تعـداد قابل‌توجهـی از داسـتان‌های سـه مجموعـۀ او بـه زبان‌هـای دیگـر ازجملـه انگلیسـی، ایتالیایی و ترکی اسـتانبولی ترجمه شده اسـت.

- نکتـۀ آخـر اینکه از فرخنده حاجی‌زاده چندین اثر مشـترک بـا دیگران در زمینۀ گفتمان ادبی و کتاب‌شناسـی اسـاطیر و ادیان و مجموعه‌ای نقد ادبی منتشر شـده اسـت. بار دیگر به او خوشـامد می‌گویم و مقدمش را گرامی می‌دارم. خرسـندم کـه اینجاسـت و خرسـندم که همچنان ایسـتاده اسـت، بـدون آنکـه از مسـیری کـه طی سـال‌ها بـرای خـودش تعیین کرده اسـت، قدمی عقب نشسـته باشـد. او به‌عنوان یک زن، هم نوشـت و هم به فعالیت اجتماعـی خـود ادامـه داد بی‌آنکـه واهمـه‌ای از ممانعت‌هـا بـه دل راه بدهد.

*****

تـا جایـی کـه بـه یـاد مـی‌آورم فرخنده حاجی‌زاده، به کارگاه داستان‌نویسـی شـما هـم آمدنـد. سـیما خانـم غفارزاده هـم گزارشـی از آن جلسـه در شـمارۀ ۶۵ مجلۀ رسانۀ همیاری، مهر ۱۳۹۷، منتشر کردند. آیا مایلید از حضور ایشـان در کارگاه داستان‌نویسـی کمی صحبت کنید؟

دو روز بعـد از سـخنرانی مـن در کتابخانۀ مرکزی کوکئیتلام، ایشـان را بـه کارگاه دعـوت کـردم. از دکتـر فـرزان سـجودی هـم خواهـش کردم بـرای نقد بیایـد. خانـم حاجی‌زاده داسـتان «خـلاف دموکراسـی» را خوانـد و عـلاوه بر

خـودم، دکتر فرزان سـجودی، خانم دکتر فریبا خدامی هـم صحبت کردنـد. دلـم می‌خواسـت از اقلیـم هشـتم فرخنده هم به‌عنوان خواهر شـاعر، حمید حاجی‌زاده، از قربانیـان قتل‌های زنجیره‌ای در شـهریور ۱۳۷۷، هم صحبت کنـم کـه مجـال آن پیش نیامـد. همین جا بـد نیسـت اضافه کنم کـه فرخنده حاجی‌زاده از مونترآل و تورنتـو آمدنـد ونکوور. آنجـا جلسـاتی با شـرکت ایشـان برگـزار شـد. بعـد به‌دعوت آقـای هـادی ابراهیمـی، سـردبیر مجلۀ شـهروند بی‌سـی، آمدند ونکوور و در اینجا مهمان دوست عزیزمان نویسـنده و منتقـد گرامـی، علـی نگهبـان، بودند.

در پایان جلسـۀ کارگاه شـما کار سـمبلیک خوبی صـورت گرفت؛ رمان «باورهـای خیـس یک مـرده» خودتان را دادیـد حضـار تا امضـا کنند و آن را به‌رسـم یادگاری به ایشـان اهدا کردید.

ایـن رسـم را کـه نوعـی تشـکر و پاسداشـت حضـور مهمان ویژه اسـت، در کارگاه داستان‌نویسی مؤسسـۀ فرهنگی هنری کارنامه پایه گذاشـتم و اینجا هم ادامه دادم. کتاب هم مثل دسته‌گل اسـت. با این تفاوت که چه‌بسـا ماندگارتر و خاطره‌انگیزتـر باشـد. مـن فرخنـده را به‌عنـوان یـک فعـال اجتماعـی خیلی قبـول دارم. عـلاوه بـر اینکـه از شـاگردان بنام دکتر رضـا براهنی بـود، مدیریت کلاس‌هـای او را هـم به عهده داشـت، حالا یاد دکتر براهنی به خیر و خوشـی. فرخنـده حاجی‌زاده خوشـحال بـود کـه داسـتان «خـلاف دموکراسـی» را در کارگاه مـن خوانـده و دکتر فرزان سـجودی و دیگر دوسـتان برای اولین بار آن را نقـد کردنـد. او طی مصاحبه با سـیما خانم غفارزاده، مدیر و سـردبیر مجلۀ رسانۀ همیاری، در معرفی خود گفت: «فرخنده حاجی‌زاده‌ام، به‌قول سـهراب سـپهری خرده‌هوشـی دارم/ سـر سـوزن ذوقـی و دلـی بـرای دوسـت داشـتن، شـاخک‌هایی بـرای پریـدن و عشـق و علاقه به انسـان، ادبیـات و فرهنگ، هنر و جامعـه. عشـق و علاقـه‌ای کـه گاه تجلی‌اش را در کلماتـی به‌نام شـعر، قصه،

گزارش قصه و رمان پیدا می‌کند. گاه در فعالیت‌های صنفی، اجتماعی و فرهنگی... گاهی هم چنبره می‌زند در وجود زنی که من هستم. در حسرت کارهای نکرده، راه‌های نپیموده و جاده‌های پرسنگلاخ پیموده و...»

آقای محمدعلی شما در سخنرانی‌تان دربارهٔ فروغ فرخزاد و خانم فرخنده حاجی‌زاده از هفت اقلیم زندگی و آثار آن دو نام بردید. اشاره به موضوع خاصی داشتید؟

شاید به‌نظر من هر دو فروغ و فرخنده‌اند، و من خیلی دوستشان دارم. تا یادم نرفته بگویم فرخنده حاجی‌زاده در سال ۲۰۰۳ برندهٔ اولین جایزهٔ جهانی آزادی انتشار انجمن قلم و اتحادیهٔ ناشران آمریکا شد و در سال ۱۳۸۷ به عضویت هیئت دبیران کانون نویسندگان درآمد. او یکی از زنان کوشای جامعهٔ فرهنگی-هنری ایران است. بد نیست در حاشیه بگویم، این روزها زنان و دختران ایرانی جلودار و پرچم‌دار نهضت یا انقلابی‌اند که در جهان بی‌نظیر است. شعار «زن، زندگی، آزادی» تأکیدی است بر اصول زندگی معمولی و نبرد زنان با پیرمردان عصر حجر؛ دفاع از حقوق بشر در ایران که زنگ آن با خاموشی مهسا امینی به صدا درآمد. کشتن یک دختر جوان برای پیدابودن چند تار مو چیزی نیست که حافظهٔ جمعی جهان فراموشش کند.

۲۸

مسعود نقره‌کار

اکثر آثار مسعود نقره‌کار:

«بخشی از تاریخ جنبش روشنفکری ایران (۵ جلد)»، «مقدمه‌ای بر کشتار دگراندیشان در ایران (۵ جلد)»، «بچه‌های اعماق»، «زنگی‌های گود قدرت»، «هذیان‌های مقدس»، «روسپیان صادق‌ترین معشوقه‌های عالم‌اند» و...

«قبیلهٔ من» مسعود نقره‌کار و خاطرات خوب من از چند کتاب (- ۱۳۳۲)[1]

به‌قول صادق هدایت «هر زبانی که فحشمند است دق دلی مردمش بیشتر است. از تعداد فحش و نوع فحش هر زبانی می‌شود از اوضاع مردمی که تو یک محله و ناحیه هستند سر درآورد و رابطه‌هاشان را کشف کرد. زبان فارسی اگر هیچ چیز نداشته باشد، فحش‌های آبدار زیاد دارد. ما که سر این ثروت عظیم نشسته‌ایم چرا ولخرجی نکنیم...»[2]

ضمن خوشامدگویی به دکتر مسعود نقره‌کار و دیگر حضار محترم گفتنی است، هر اثر خوب داستانی قادر است ذهن خواننده را پرواز دهد طرف مباحث گوناگون هنری، ادبی و اجتماعی و... و من از خواندن رمان «قبیلهٔ من» نوشتهٔ دکتر مسعود نقره‌کار لذت بردم، چون یادآور شش کتاب ایرانی و غیرایرانی بسیار خوب و مفید بود. این کتاب‌ها به‌طور مستقیم تاریخ‌نگاری نکرده‌اند، اما مورخانی هستند که وضعیت اجتماعی و موقعیت سیاسی و... من و ما را در گذشته‌های نه‌چندان دور بیان داشته‌اند. رمان «قبیلهٔ من» نیز

۱- چاپ اول، مجلهٔ فرهنگ بی‌سی، ۳۰ اکتبر ۲۰۱۵، ۸ آبان ۱۳۹۴. چاپ دوم، سایت عصر نو، ۹ نوامبر ۲۰۱۵، ۱۸ آبان ۱۳۹۴

۲- متن سخنرانی در خانهٔ فرهنگ و هنر ونکوور، کارگاه داستان‌نویسی، ۲۵ اکتبر ۲۰۱۵، ۳ آبان ۱۳۹۴

این خاصیت را دارد. گرچه به‌طور مستقیم از آن شش اثر ارزشمند پیروی نکرده است و نه این بوده و نه آن، اما هم این بوده است و هم آن؛ چراکه صاحب تشخص کامل و شخصیت مستقل ادبی است.

هنگام خواندن رمان «قبیلهٔ من» اولین کتابی که به ذهنم رسید «ده روزی که دنیا را لرزاند» اثر جان رید، خبرنگار معروف آمریکایی، بود که دربارهٔ انقلاب اکتبر ۱۹۱۷ روسیه نوشت. مضمون آن کتاب نحوهٔ به‌قدرت‌رسیدن کمونیست‌ها به‌رهبری لنین در روسیهٔ تزاری بود. جان رید آن را بی‌طرفانه نوشت. «قبیلهٔ من» نیز مورخ حوادث ظهور و گسترش سازمان چریک‌های فدایی خلق ایران است و به تاریخچهٔ این سازمان در بستر پرتلاطم روزهای سخت انقلاب ۱۳۵۷ می‌پردازد. نخست اندکی جانب‌دارانه است؛ سپس اندکی ناامیدانه و سرانجام اندکی خشمگینانه که با حوادث پیش روی آن سال‌ها شکل می‌گیرد.

دومین کتاب، رمان «طوطی» نوشتهٔ زکریا هاشمی است که در سال ۱۳۴۸ منتشر شد. مضمون آن داستان حول محور حادثه‌آفرینی دو دوست جان‌جانیِ جان‌به‌سرشده در جنوب شهر تهران است. نومیدی نسلی را بازتاب می‌دهد که تسلیم تمنای تن شده است، کسانی که عمدتاً ساعات فراغت خود را در کافه‌ها و فاحشه‌خانه‌ها می‌گذرانند و به مقتضای محیط به‌شدت فحشمند شده‌اند. آن رمان خوش‌ساخت جزو رمان‌هایی است که به بیان مشکلات جوانان جنوب شهری می‌پردازد و «قبیلهٔ من» نیز با ساختاری محکم در فضایی فرهنگی، گویی شرح حال راوی و چند دوست جان‌جانیِ جان‌به‌سرشده است که به چگونگی بروز احساسات شخصیت راوی طرفدار چپ می‌پردازد که شاهد ندانم‌بکاری رفقاست و گویی چاره‌ای ندارد جز سوختن و ساختن و روی‌آوردن به مشروب‌خواری مفرط. سومین کتاب «لحظه‌های انقلاب است» نوشتهٔ محمود گلاب‌دره‌ای.

این اثر در سال ۱۳۵۸ منتشر شد. شرح مستندگونهٔ شفاهی و روزشمار یا روزنگار وقایع چندماههٔ حول و حوش انقلاب است با تمایل راوی به‌سوی مردمی‌بودن، نه لزوماً چپ یا راست بودن. این کتاب بعد از یکی دو چاپ ممنوع شد و سرانجام در سال ۱۳۹۱ اجازهٔ تجدید چاپ گرفت با حذف پاره‌ای جملات و بندها.

چهارمین کتاب «فرهنگ زبان مخفی» نوشتهٔ دکتر مهدی سمائی است. سمائی در تأیید حرف هدایت در خصوص فحشمندبودن ایرانی‌ها می‌گوید «ازآنجاکه زبان حافظهٔ جامعهٔ است و تصویر حافظهٔ هر جامعه در زبان آن جامعه منعکس است، پس زبان مثل قالبی است که تجربه و افکار و ذهنیات جوامع را می‌توان در آن ریخت و از نسلی به نسل دیگر منتقل کرد.»

رمان «قبیلهٔ من» نیز به‌مثابهٔ بازتاب‌دهندهٔ نحوهٔ سخن‌گفتن قشر وسیعی از جامعه، خودبه‌خود یک فرهنگ لغات نه مخفی مثلاً بالای شهری این دوره‌ها، بلکه زبان آشکار بخش وسیعی از نواحی جنوب شهر تهران است که من هم در آن زیسته‌ام و مسعود نقره‌کار به‌خوبی از پس انتقال جنبه‌های تلخ و شیرین آن زبان برآمده است.

پنجمین کتاب «کتاب کوچه» گردآوری احمد شاملو است، حاوی لغات و اصطلاحات و تعبیرات و ضرب‌المثل‌های فارسیِ به‌روزشده، همراه با توضیحات و قصه‌های مرتبط با مدخل‌ها. این کتاب یکی از مفصل‌ترین و جامع‌ترین مراجع در زمینهٔ فرهنگ عامه است که متأسفانه با مرگ شاملو ناتمام ماند.

ششمین کتاب «امثال و حکم» علی‌اکبر دهخداست، که حاوی ۲۷,۰۰۰ ضرب‌المثل و اصطلاح و تعبیر مثلی و نصیحت و نکتهٔ اخلاقی در زبان فارسی، اعم از رسمی و عامیانه است و اندکی قدیمی.

نتیجه اینکه از شش کتابی که هنگام خواندن رمان «قبیلهٔ من» به یاد

آوردم، سه کتاب مربوط به زبان مخفی، زبان کوچه و بازار، زبان عامیانه و محاوره و رسمی است. به‌جرئت می‌توان گفت زبان محاوره در رمان «قبیلهٔ من» تشخص ویژه دارد و شخصیت اصلی و هنری این اثر داستانی مستندگونه همان زبان است. چنانچه بخواهیم به اجزا و عناصر رمان «قبیلهٔ من» بپردازیم، می‌بایست نخست برویم سراغ زبان و سپس مضمون و محتوا و سر آخر، پرداخت هنری.

در خصوص روساخت زبان، آنچه در این مجال اندک می‌گنجید گفته شد، در خصوص زیرساخت زبان گفتنی است این اثر در شرایط غیرمتعارف قرار دارد، مخصوصاً از طرف شخصیت اصلی که همان مراد، پزشک متخصص باشد، و دیگر دوستانش که عمدتاً در امور فرهنگی و انتشاراتی فعالیت می‌کنند. گفت‌وگوها بسیار طولانی است و صرفاً دربارهٔ مسائل فرهنگی، سیاسی و اجتماعی است که گویی در تضادی آشکار الصاق شده به شخصیت‌های تحصیل‌کرده‌ای چون مراد و دیگر دوستان فرهنگی و سیاسی‌اش که در بیان درون‌مایه یا مضمون به‌عنوان فکر اصلی و مسلط که در خلال اثر کشیده شده، خلل ایجاد می‌کند و مانع از آن می‌شود که عناصر آن به‌درستی به یکدیگر پیوند بخورند. از این رو باعث شده حتی عناصر داستان نیز که نویسنده برای عرضهٔ کل معنای مورد نظرش به کار گرفته به‌نوعی ناهماهنگ جلوه کند.

در رمان «قبیلهٔ من» جوان تحصیل‌کرده و پرجنب‌وجوشی، برخاسته از یکی از جنوبی‌ترین نواحی تهران در آرزوی سربلندی کشورش (ایران)، از راه گسترش فرهنگ چپ با صداقت تمام پا به میدان مبارزه با خرافات و تحجرگرایی می‌گذارد. با دفتر انتشاراتی چکیده همکاری می‌کند بلکه علاوه بر خدمات پزشکی در حوزهٔ فرهنگی نیز برای جامعهٔ خود فردی مفید باشد و سهم بسزا و درخوری را در اعتلای فرهنگ کشورش بپردازد.

او به‌دلیل خلق‌وخوی مردمی خود اهل اندیشه و علاقه‌مند به مسائل روشنفکری است و در این حوزه دوستان فراوان و صاحب‌نامی دارد، اما با ناملایمات متعدد از درون و برون روبه‌رو می‌شود و آرام‌آرام روحیهٔ جنگندگی خود را از دست می‌دهد. درنتیجه محتوای اثر هم که ترکیبی است از درون‌مایه و موضوع و شیوهٔ هنری خاصی که زادهٔ طبیعت هنرمند است، در این رمان درهم می‌آمیزند و کل واحدی را تشکیل می‌دهند که به‌آسانی از یکدیگر قابل تفکیک نیست. به‌عبارت‌دیگر، نمی‌توان ساخت و بافت و برداشت نویسنده از موضوع و درون‌مایه و شکل یا فرم را که حاصل دیدگاه هنری و بینش اجتماعی نویسنده است از هم جدا ساخت و این البته موفقیت کمی نیست برای مسعود نقره‌کار که شخصیت‌های داستانی‌اش عجین شده است با مجموعهٔ فرم و محتوا.

رمان «قبیلهٔ من» با سرزندگی و شادابی راوی که شخصیتی متواضع است به‌نام دکتر مراد، شروع می‌شود و پس از اوج و فرودهایی گاه مستند و گاه مستندگونه و گاه تخیلی ادامه می‌یابد و سرانجام چون سرنوشت انقلاب از دست کارگزاران و دلسوزان واقعی آن مثل طبقهٔ متوسط شهری و کارگران و زحمت‌کشان در می‌آید و به‌عبارتی، ربوده یا مصادره می‌شود و همراه اندوه فراوان بی‌هیچ نگاه روشنی به فردا به دست آقایان همه‌فن‌حریف متحجری سپرده می‌شود تا به یکی از بن‌مایه‌های تکرارشونده که غالباً از طرف نزدیکان دلسوز راوی بیان می‌شود، برسد یا تجسم یابد، و آن چیزی نیست جز اینکه اگر آدم صاف و صادق و بی‌شیله‌پیله‌ای هستی، از سیاست‌بازی حذر کن چون سیاست پدر و مادر ندارد. همچنین پرهیز‌دادن جوان‌های صادق بی‌تجربه در گرایش‌های چریکی و مبارزات زیرزمینی که دیگر عصر آن سپری شده است. دریافت این واقعیت که برای تودهٔ مردم همه‌کار کرده‌ایم جز کار فرهنگی و آگاهی‌دهندگی تا بلکه بتوانند در روزگاری

نه‌چندان دور دوغ را از دوشاب تمیز بدهند....، از دیگر مضامین واقعی مطرح در این رمان است. این یک واقعیت و حقیقت است و بر اساس فلسفهٔ وجودی این اثر که با فلسفه‌ای روشن و ملموس به میدان نشر آمده است، به‌زبان ساده می‌گوید: «همین یک انقلاب چنان پدری از ما در آورد که برای هفت پشتمان بس است.» داستان خطی است و هرازگاه رجعت به گذشته می‌کند. در پاره‌ای رفت و برگشت‌ها راوی گویی گنگ خواب‌دیده است تا جایی که وسط جلسهٔ سازمان چریک‌های فدایی یاد شهرفرنگی دوره‌گرد دوران کودکی خود می‌افتد و خنده‌اش می‌گیرد از آن‌همه داد و قال و تکرار حرف‌ها و شعارهای خوب و قشنگ اما بی‌استدلال و بی‌زمینهٔ تاریخی. راوی که بی‌شک نمایندهٔ قشر وسیعی از جوانان و روشنفکران عصر خویش است، از همین منظر شاهد استحاله یا ادغام سازمان سیاسی محبوب خود در حزب قدیمی اما نه‌چندان خوش‌نامِ توده می‌شود.

رمان «قبیلهٔ من» جزو معدود رمان‌های معاصر است که گاه بجا از اشعار شاعران معاصر و متقدم سود برده است. قطع و وصل‌هایش به‌صورت برش‌ها و کات‌های سینمایی است، به‌گونه‌ای که از روی گفت‌وگوهای بی‌مقدمه، خواننده متوجه می‌شود زمان و مکان داستان تغییر یافته است. دوسوم حوادث رمان در ایران و بقیه در خارج کشور می‌گذرد. سراسر رمان با یک شیوهٔ نگارش نوشته شده و جایی برای بروز احساسات رمانتیک و درام‌های خانوادگی ندارد. از صحنه‌های زیبای رمان می‌توان به انداختن سیانور راوی در قفس و خوراندن آن به کبوترهای محبوبش یاد کرد. من که روزگاری خود دل‌سوخته و پاسوختهٔ این قلم عشق‌بازی بودم، خوب می‌دانم حتی نگارش این صحنه چقدر دردآور و دشوار بوده است برای مسعود نقره‌کار.

* * * * *

آقای محمدعلی، آیا آقای مسعود نقره‌کار یک داستان‌نویس سیاسی‌اند یا یک سیاسیِ داستان‌نویس؟ در ضمن ایشان کتاب پرحجمی دارند به‌نام «تاریخ جنبش روشنفکری ایران» که در آن از چگونگی تشکیل کانون نویسندگان ایران به‌تفصیل نوشته‌اند. آیا ایشان از نزدیک با کانون در ارتباط بودند؟

ایشان عضو کانون نویسندگان ایران در تبعید و انجمن قلم خارج کشورند. همان‌طور که گفتید، معروف‌ترین کتاب آقای مسعود نقره‌کار دربارۀ جنبش روشنفکری و کانون نویسندگان ایران است. این کانون برای نویسندگان و شاعران ویژگی و اهمیتی خاص دارد. با بیش از نیم‌قرن قدمت پویاترین و پایاترین نهاد مستقل فرهنگی کشور است که از بستر مبارزات روشنفکری ایران برخاسته و بر این جنبش و نیز بر تاریخ معاصر ایران تأثیری ماندگار و ژرف گذاشته است. کتاب پنج‌جلدی آقای نقره‌کار نه‌تنها دربرگیرندۀ تاریخ کوشش‌های روشنفکران ایرانی برای یافتن آزادی بیان و اندیشه است، بلکه فصل‌های مهمی از جنبش روشنفکری ایران را نیز روایت می‌کند.

در بخشی از کتاب آمده برای تأسیس و راه‌اندازی و هویت‌بخشی کانون نویسندگان خیلی از شاعران و نویسندگان از سال ۱۳۴۷ تاکنون چه جان‌فشانی‌ها کرده‌اند، به زندان افتاده‌اند و حتی جان باخته‌اند. خیلی‌ها نیز متکی به حرفۀ خود در حوزۀ مطبوعات، وقت و عمر صرف کرده‌اند تا نام کانون نویسندگان همچنان باقی بماند که خوشبختانه به‌رغم ممانعت‌های دو رژیم شاهنشاهی و جمهوری اسلامی، باقی مانده و کماکان نزد روشنفکران متعهد ایران و جهان به نیکی یاد می‌شود.

در راه ماندگاری و مانایی این کانون علاوه بر نشریاتی که به‌همت اعضای قدیمی و جدید در داخل و خارج کشور منتشر شده و می‌شود، کتاب‌هایی نیز به چاپ رسیده است که بی‌شک این کتاب سه هزار و

پانصد صفحه‌ای منبع معتبری است از مقالات و خاطرات و گفته‌های صاحب‌نظران و دست‌اندرکاران کانون طی سالیان گذشته همراه عکس نویسندگان و شاعران و نمایشنامه‌نویسان و مترجمان و... که در سال ۲۰۰۲ برابر با ۱۳۸۱ از سوی نشر باران سوئد منتشر شده است.

جلد اول این کتاب که ۴۴۰ صفحه است، پس از پیش‌گفتاری مفصل دربارهٔ فرهنگ، زمینه‌های عینی و ذهنی تکوین و تشکیل کانون نویسندگان به تاریخچهٔ نهادهای فرهنگی ایران پیش از تشکیل کانون می‌پردازد. پیش‌زمینهٔ تاریخ کانون را در سال‌های ۱۳۴۵ تا ۱۳۴۷ و سپس از ۱۳۴۸ تا ۱۳۴۹ پی گرفته و گروه‌بندی‌های درونی کانون و روابط کانون با قدرت‌های آشکار و پنهان رژیم سلطنتی را تصویر و تحلیل و تفسیر می‌کند.

جلد دوم که ۵۶۴ صفحه است، تاریخ فعالیت‌های کانون در سال‌های ۱۳۵۵ تا ۱۳۶۰ را در بردارد. ده شب نویسندگان و شاعران در مهرماه ۱۳۵۶ و انقلاب بهمن ۱۳۵۷ و انشعاب نویسندگان و شاعران توده‌ای در سال ۱۳۵۸، و تشکیل شورای نویسندگان از فصل‌های مهم این جلد است.

جلد سوم که ۸۷۱ صفحه است، به فعالیت‌های کانون در سال‌های ۱۳۶۷ تا ۱۳۸۰ اختصاص دارد. در این جلد فعالیت‌های جمع مشورتی کانون، تهیه و انتشار متن ۱۳۴ نویسنده و قتل‌های معروف به زنجیره‌ای (محمد مختاری، محمدجعفر پوینده و...) بررسی شده است.

جلد چهارم که ۷۷۸ صفحه است، به فعالیت‌های کانون نویسندگان ایران در تبعید و تأسیس انجمن قلم ایران در تبعید پرداخته است.

و جلد پنجم که ۸۴۶ صفحه است، به مصاحبهٔ مؤلف با فعالان دوره‌های مختلف کانون تا مقطع ۱۳۸۰ اختصاص دارد. در این مجلد طی گفت‌وگو با سی و شش نویسنده و شاعر و مترجم و نمایشنامه‌نویس ایرانی، هر یک گوشه و زوایایی را دربارهٔ کانون نویسندگان بازگو می‌کنند که بسیار

خواندنی است. این کتاب در قطع وزیری و جلد سخت یا گالینگور منتشر شده و طرح جلد آن از امیر صورتگر و ویراستارش عباس معروفی است.

آیا در این کتاب با شما هم مصاحبه شده است؟

در جلد پنجم مصاحبهٔ مفصلی با من انجام شد و طی چهار جلد دیگر نیز بیش از پنجاه بار از من نام برده شده است. مجموعاً کتاب حاوی اطلاعات خوبی است برای محققان و علاقه‌مندان تا برحسب ذوق و سلیقهٔ خود مباحث گوناگون و پراکندهٔ آن را دسته‌بندی کنند و به نتایج دلخواه خود برسند.

امیدوارم مجالی پیش آید تا عین آن مصاحبه را در جلد سوم این سلسله‌گفتار شفاهی-کتبی که اختصاص دارد به کانون نویسندگان، بیاوریم.

۲۹

محمدجعفر پوینده

اکثر آثار محمدجعفر پوینده:
ترجمه‌ها: «درآمدی بر هگل»، «درآمدی بر جامعه‌شناسی ادبیات»، «سودای مکالمه»، «خندۀ آزادی»، «هگل و اندیشه‌های فلسفی در روسیه»، «اعلامیۀ جهانی حقوق بشر و تاریخچۀ آن»، «مکتب بوداپست وگزیدۀ آثار شاگردانش»، «تاریخ مبارزات فلسفی در شوروی»، «درآمدی بر زبان‌شناسی اجتماعی»، «تاریخ و آگاهی طبقاتی»، «جامعه‌شناسی رمان»، «پیکار با تبعیض جنسی»، «سپیده‌دمان فلسفۀ تاریخ بورژوایی»، «آرزوهای بربادرفته»، «پیردختر»، «گوبسک رباخوار» و...

دو خاطره از اولین ملاقات‌های من با آن دو سوخته[1]

محمد مختاری و محمدجعفر پوینده (۱۳۷۷ - ۱۳۳۳)

در عرفان شرقی، سوخته کسی را گویند که به کمال عبودیت رسیده و مراتب کمالات معنوی را گذرانیده باشد. بداند که... قصهٔ عاشق و معشوق، حدیث فراق و وصال است. دردزده‌ای باید که قصهٔ دردمندان خوانَد. عاشقی باید که درد عشق و سوز عاشقان را درک کند. سوخته‌ای باید که سوز حسرتیان در وی اثر کند. غلام آن مشتاقم که بر سر کوی دوست آتش حسرت افروزد. رشک برم بر چشمی که در فراق عشق جانان اشکی فرو بارد، جان‌ودل نثار کنم دل‌شده‌ای را که داستان دل‌شدگان گوید... «ای بی‌خبر از سوخته و سوختنی/ عشق آمدنی بود نه آموختنی» ~ سنایی

صفحات شمارهٔ یک فصلنامهٔ «برج»[2] را بسته بودم، که عراق به ایران حمله کرد. من هم دست نگه داشتم تا ببینم عواقب این پیشامد تا کجاست. با شروع جنگ این بحث بین تعدادی از اعضای کانون نویسندگان ایران پیش آمد که اعضا... نباید نسبت به مصائب جنگ بی‌تفاوت باشند و... چون فکر خودجوش بود، در همان جلسهٔ اول چند تن داوطلب شدند تا گزارش‌هایی

۱- چاپ اول، مجلهٔ شهروند بی‌سی، ۴ دسامبر ۲۰۰۹، ۱۳ آذر ۱۳۸۸

۲- فصلنامهٔ «برج» شمارهٔ اول، محمد محمدعلی، انتشارات آگاه، آذر ۱۳۵۹

از پشت جبهه و حتی مناطق جنگ‌زده به جلسهٔ عمومی ارائه کنند. زنده‌یاد محمد مختاری جزو کسانی بود که توانست دو هفته پس از آغاز جنگ، از خطهٔ جنوب بازدید کند و مأموریت داوطلبانه‌اش را به انجام برساند.[۱]

قبل از آن، محمد مختاری را فقط سه‌شنبه‌ها بعدازظهر در جلسات عمومی کانون نویسندگان می‌دیدم. شاعر و محققی فعال بود که بعدها، طی سال‌های ۵۷ تا ۶۰ تا عضویت هیئت دبیران کانون هم پیش رفت. مثل کسانی بود که می‌دانند بعدها (ده پانزده سال بعد) شاعر، نویسنده، مترجم، پژوهشگر و اسطوره‌شناس نام‌آوری می‌شوند.

یادم نیست برای گرفتن شعر، من به خانه‌اش رفتم یا او به دیدنم آمد، اما خوب یادم است که عصر بود و هوا سرد و من بهت‌زده از اخبار جنگ که چرا نیروی هوایی پرآوازهٔ کشورمان کارایی لازم را ندارد؟ آیا ما فقط پرآوازه بودیم و به‌مصداق ضرب‌المثل معروف از کلاه‌مالی فقط پف‌نم‌زدنش را یاد گرفته بودیم؟ اما مقاومت مردم محاسبات صدام حسین را در هم ریخته بود و انبوه داوطلبان نیروهای مردمی باعث تعادل قوا در جبهه‌ها شده و باعث دلگرمی بود...

چای خوردیم و گرم شدیم. شخصیت منسجم و قدرتمند محمد مختاری چنان با مسائل اجتماعی گره خورده بود که هرجا بود به‌ناگزیر حرف‌ها از حدود حدس و گمان خارج می‌شد. گفت بحث ناکارآمدی نیروهای هوایی نیست، چرا که آقایان دو سال پیش همان اوایل انقلاب، جمعی از فرماندهان نیروی هوایی را بیکار و حتی اعدام کرده‌اند و حالا بعید نیست تعدادی از فرماندهان کم‌وبیش کم‌کاری یا کارشکنی می‌کنند...

از خرمشهر و اهواز، دوکوهه، شوش دانیال و... برگشته بود. با چشمی

۱- از دیگر کسانی که به آن مأموریت داوطلبانه رفتند، می‌توان از زنده‌یاد غفار حسینی، نسیم خاکسار و... نام برد. برای اطلاعات بیشتر، رجوع کنید به نامهٔ شمارهٔ ۴ کانون نویسندگان، ویژهٔ جنگ، انتشارات آگاه، ۱۳۵۹

تیزبین و جزئی‌نگر و کوله‌باری از مشاهده و تحلیل... «در فرهنگ حکام، مرگ پایان زندگی نبود، اما ادامهٔ جنگ به‌معنای حاکمیت وحشت بود...»

تمام آن بعدازظهر و عصر به بحث و گفت‌وگو گذشت. من حوادث را از منظر یک راوی داستان می‌دیدم. منظری که حالا هم در گیرودارشم. اسمش منزه‌طلبی شغلی و ذوقی نیست بلکه تفکیک امور است که گاه به پس‌زدن اطلاعات اضافی تعبیر می‌شود. من از عبور مسائل سیاسی از فیلتر هنر مخصوصاً داستان‌نویسی سخن می‌گفتم اما سخنان محمد مختاری مجذوبم می‌کرد. او نقش نویسنده و شاعر را در افق‌های اجتماعی‌تر می‌دید. من اما افق‌های وسیع‌تر را در حفظ میراث کلام مردم در قالب داستان می‌دیدم...

به نظر می‌رسید مفهوم میراث کلام برای محمد مختاری کافی نبود. برای من هم ادبیات به‌صورت بی‌پیرایه و آرایش کلامی کافی نبود چرا که زمانه عوض شده بود. وقت آن بود که کلیشه‌های بی‌روح و تکراری از فرهنگ گفتاری مردم و بعد در شعر و داستان دور ریخته شوند. دیگر شعار جای خالی شعر را پر نمی‌کرد. اما عجیب بود. چون سرانجام آنچه که او می‌خواست و می‌گفت، چیزی جز آنچه من می‌خواستم و نمی‌توانستم گفت، نبود. زبان و لحن ما، واژگان و عبارت‌پردازی ما با هم متفاوت بود. و اِلّا مسیر و مقصد و بحث و جدل‌ها از یک‌جا سرچشمه می‌گرفت و آن عشق به مردم این آب و خاک بود و غنای هرچه‌بیشتر ادبیات برای گسترش درک حضور دیگری. همان بحثی که او بعدها به‌خوبی از پس تبیین آن برآمد.

گفتم و گفت و همواره با تحسین نگاهش می‌کردم. گفتم شعری بده تا فصلنامه را در اندوه جنگ با بوی جبهه شروع کنیم. شعری خواند که حاصل بخشی از مشاهداتش بود در خطهٔ جنوب، که سخت به دلم نشست. صدایش خش‌دار و لحنش دل‌دوز بود. یادش به‌خیر

هرازگاهی با نگاهی به سقف می‌خواند...

آن شب شعر او را گرفتم و صبح فردا در صفحهٔ اول فصلنامهٔ «برج» نوشتم: «زندگی مفهوم مبارزه است. و این را حتی آنان که نمی‌دانستند باور کرده‌اند، اما در اینجا طرح پرسشی است و آن اینکه کدام مبارزه و کدام انسان؟ انسان مجبور یا انسان مختار؟ و اگر انسانی مختاریم، باید بدانیم برای چه می‌جنگیم؟ خونی که آفتاب را شرمنده می‌کند، دریغا اگر سربلندی آدمی را به‌یاد نیاورد...»

شعر میدان راه‌آهن اهواز[1]

چهار ثانیه از پایان جهان/ چهار بمب به روی میدان/ چهار نخل آدمی/ چهار باغچه خون/ دوار خال و ترکش اندام/ کسوف زندگانی در گردش جنایت/ پی که باید گشت/ که تکه‌ای از اندامش/ بر دروازهٔ جهنم آویزان نباشد؟/ هنوز/ درخت را بغل کرده است/ پیرمردی/ که خون سینه‌اش را ترکشی/ به آوندهای نخل پیوسته است/ هنوز/ به سینه می‌فشارد فرزندش را/ زنی/ که سینه‌خیز از پای قلم‌شده‌اش دور می‌شود/ هنوز دست‌های قطع‌شده/ به ریشه‌های چمن/ چسبیده‌اند/ هنوز گوشت تازه بر روی برگ‌ها می‌درخشد/ دو زلف بافتهٔ کودکانه/ بر تکه‌ای از پوست سر/ که خوشهٔ خرما را تاب می‌دهند/ اشارت انگشتی قطع‌شده/ لای بوته‌ای/ و نیمه‌ای از یک جمجمه/ فراز نخل/ از آدمی چه به‌جا مانده است؟/ چگونه چشم‌ها لابه‌لای چمن می‌گردند؟/ چه سخت می‌شود دل/ وقتی که ناگزیر/ تکه‌ها را جمع می‌کنی/ به روی گوری/ که برانکاردها را در آن خالی می‌کنند/ چه می‌نویسند؟/ چهار ساعت تأخیر سفر/ در آفتاب بعدازظهر/ و دانه‌های سرخ خرما/ که چشم مسافران را/ در پشت شیشه‌های قطار/ بدرقه می‌کنند/ اهواز/ ۱۳۵۹/۷/۱۷

۱- شعر «میدان راه‌آهن اهواز» سرودهٔ محمد مختاری که در نخستین شمارهٔ فصلنامهٔ «برج» چاپ شد.

... و اما اولین‌بار محمد پوینده را سال ۷۳ - ۱۳۷۲ دیدم. دو کتاب ترجمه کرده بود و حالا با مجلهٔ تکاپو به‌سردبیری منصور کوشان همکاری می‌کرد. آن روزها رضا براهنی، جواد مجابی و محمد مختاری از همکاران ثابت مجله بودند. من هم مقاله‌هایی دربارهٔ آثار دولت‌آبادی و ساعدی نوشتم. پس از تشویق محمد مختاری و دیگر دوستان برای نوشتن مقالهٔ «فراخوان فرزانگان» که بسیار خوانده شد و خیلی‌ها پاسخم را دادند، بین مختاری و پوینده بحث‌های جدی در گرفت.

همواره هر دو را تحسین می‌کردم، دانش برادر بزرگ‌ترم، محمد مختاری از اساطیر ایران مجذوبم می‌کرد. برادر کوچک‌ترم، محمد پوینده هم، جامعه‌شناسی ادبیات را خوب خوانده بود. هر دو از فرهنگ مبارزهٔ بی‌امان بر ضد سانسور می‌آمدند. از محدودیت‌های فرهنگ دیرینه و سنتی باخبر بودند. می‌دانستند آنچه به‌راحتی جلو تهاجم تحجر را می‌گیرد، همانا گذار از اعمال و افکار تعصب‌آمیز و بازدارنده است به طرز تفکر و عمل آزادمنشانه و انتقادی...

روزی در دفتر مجله، یادم نیست در پی کدام مرحله از بحث به پوینده گفتم: «دوست ندارم در جوانی پوستر بشوم.» بحث بر سر آزادی بی‌حصر و استثنای اندیشه و بیان بود و شأن و مقام گوینده در عرصهٔ ادبیات و... شرایط هیجان‌زدهٔ جلسه طوری نبود که پوستر شدن یا نشدن را بیشتر بشکافیم. گذشت و گذشت تا ترجمه‌اش از «درآمدی بر جامعه‌شناسی ادبیات آدورنو و...»[1] منتشر شد. کتابی ضروری بود و از این بابت خوشحال بودم و قصد خرید داشتم - که آمد محل کارم مثل همیشه صاف روبه‌رویم نشست. به‌نوعی همکار بودیم. برای مجلهٔ پیام یونسکو از فرانسه ترجمه می‌کرد. هرازگاهی از طبقهٔ پنجم ساختمان «رستم گیو - معاونت پژوهشی وزارت

۱- درآمدی بر جامعه‌شناسی ادبیات، مجموعه‌مقاله، گزیده و ترجمهٔ محمدجعفر پوینده، انتشارات نقش جهان، ۱۳۷۷

علـوم» نبـش خیابان انقلاب و فلسـطین می‌آمد بـه کتابخانه طبقـهٔ هفتم...

آن روز نـگاه و حالـی داشـت وصف‌نشـدنی. گویـی بـا حـوادث آینـده پیمانـی سـرّی بسـته بود تـا طرز تفکـر آزادمنشـانه و انتقـادی‌اش را به‌وضوح حتـی بـرای مـردم کوچـه و بـازار جـار بزند. بـه او گفتم: «چشـم ما روشـن، روجلـد خوبی دارد.» سـرحال و قبراق بود. در صفحهٔ اول کتاب نوشـته بود:

تقدیـم بـه محمـد محمدعلـی، دوسـت گرامـی نویسـندهٔ ارجمنـد و پوسترسـتیز| به‌امیـد آنکه کلک خیال‌پردازش| فراتـر از عرصهٔ آگاهی واقعی| عرصـهٔ آگاهـی ممکن را در نـوردد| و دفـاع بی حدوحصـرش از آزادی بیان| ترک بـر ندارد.

فکـر نمی‌کردم پس از سـه چهار سـال یـادش مانده باشـد. گفتم: «جوان رعنا (همیشـه به او می‌گفتم جوان رعنا و او می‌خندید) لازم بود پوسترسـازی کنـی؟» که بغضـش ترکید: «حاضرم جانم را فدای تـو و این واژه‌های مقدس بکنـم.» در لحظـهٔ اوج احسـاس بودیـم. چیـزی در درونـم می‌شکسـت که نمی‌دانسـتم نامش چیسـت؟ چیزی آشـناتر از یک شـعار. شـعری بود که در همـان شـمارهٔ اول فصلنامهٔ «برج» مـرا به آن دو عزیـز پیوند زده بود.

بـر پیشـانی‌ات خالـی داری/ کـه پیـش از ایـن/ بر پیشـانی هنـدوان دیده بـودم/ خال تو خونین اسـت آیا ماتـادوری/ در پی مبارزهٔ بزرگـش/ این خال را بر پیشـانی‌ات گذاشـته اسـت؟/ یا خون خورشـید بر سـرت چکیده اسـت؟/ بر پیشـانی بلندت، نقشـی از سـرزمینم را می‌بینم/ و خورشیدی را که می‌تابد و می‌تابـد/ و هـزاران سـال اسـت که انسـان‌های میهـن من/ شـاهد تابش این خورشـیدند/ خورشـیدی که خونش/ خورشـیدی کـه نامش/ خورشـیدی که نفسـش/ بر پیشـانی تو دیدنی اسـت.[1]

* * * * *

۱- بخشـی از شـعر خـوزه آرکادیـوس، ترجمهٔ (به‌احتمـال) احمد نوری‌زاده، که در نخسـتین شـمارهٔ فصلنامهٔ «برج» چاپ شـده اسـت.

آقای محمدعلی، تا اینجای گفت‌گو چندین بار به شما حسودی کردم و این آخری از بابت دوستی عمیق شما با دو عزیز ازدست‌رفته، پوینده و مختاری، است! بی‌تعارف من از دیو و دد ملولم و انسانم آرزوست؛ بسیار زیاد دلم می‌خواست جای شما بودم و با این انسان‌های شریف و فرهیخته نشست و برخاست می‌داشتم. خوشبختانه افتخار آموختن در محضر شما نیز برای من سعادتی بزرگ است. از مختاری گفتید و حالا از شما می‌خواهم اگر مطلب بیشتری در مورد زنده‌نام پوینده هست، بگویید؟

زنده‌نام پوینده که سال ۱۳۷۳ عضو کانون نویسندگان بود پس از ماجرای اتوبوس ارمنستان در ۱۳۷۵ و غیرفعال‌شدن اجباری برخی از اعضای قدیمی، نه‌تنها پس نکشید بلکه بر فعالیت‌های خود افزود. او از راه ترجمه زندگی می‌کرد و از همسر اولش (سیما صاحبی) یک دختر داشت به‌نام نازنین. او یک سال پس از مرگ دلخراش پدرش در سن ۱۸ سالگی به فرانسه رفت و پس از تحصیلات عالی در زمینهٔ هنر، حالا یکی از نقاشان اسم‌ورسم‌دار فرانسه است. او موفق شد نمایشگاه‌های فراوانی برپا و جوایز گوناگونی بگیرد.

به یاد دارم، شبی، شاید یکی دو ماه پس از ماجرای اتوبوس ارمنستان در ۱۶ مردادماه ۱۳۷۵، چه‌بسا حوالی تولد نازنین، من و غفار حسینی مهمان پوینده و همسر دومش بودیم؛ آپارتمان کوچکی، درست روبه‌روی درِ اصلی ژاندارمری حوالی میدان انقلاب. گویا شنیده بودند قصد دارم به‌هر قیمتی ماجرای اتوبوس ارمنستان در گردنهٔ حیران را بنویسم و مایل بودند از زبان خودم بشنوند. من آنچه را دیده بودم بی‌کم‌وکاست گفتم. غفار حسینی که پیش از سفر به ما ۲۱ نویسنده هشدار داده بود که پرت می‌شویم توی دره و... حالا به‌جد می‌پرسید چرا به حرفش گوش

نداده‌ایـم؟ و... مـن نمی‌دانسـتم در پاسـخ آن دلسـوزِ دل‌خسـته چـه بگویم. پوینده خندید و گفت «خوشـحال باشـیم که نقشه‌هایشـان نقش بر آب شـد و محمدعلـی و دیگـر چهره‌هـای فرهنگـی هنوز زنده‌انـد.» نکتهٔ آخـر اینکه من خاطرات سـفر ارمنسـتان را توانسـتم برای اولین بار در فروردین ۱۳۷۹ با عنـوان «جان می‌دهد دریا اگر فراغتی داشـته باشـی» در سـه شـمارهٔ روزنامه فتح چاپ کنم که آن روزنامه هم توقیف شـد و چاپ بقیهٔ سـفرنامه به تعویق افتاد. یاد زنده‌نام غفار حسـینی[۱] شـاعر، نویسـنده، مترجم و از کشته‌شـدگان قتل‌های سیاسـی زنجیـره‌ای را گرامـی می‌دارم.

۱- غفـار حسـینی (۱۳۷۵ - ۱۳۱۳) شـاعر، مترجـم، اسـتاد دانشـگاه و از فعـالان کانون نویسـندگان ایران و یکـی دیگـر از قربانیـان قتل‌هـای زنجیـره‌ای اسـت کـه در ۲۰ آبـان ۱۳۷۵ در منزل مسـکونی خـود در تهران به قتل رسـید.

۳۰

علی دهباشی

اکثر آثار علی دهباشی:

یادنامه‌ها: «کمال‌الملک»، «جلال آل احمد»، «پروین اعتصامی»، «عبدالحسین زرین‌کوب»، «ابوالحسن صبا»، «هراب شهید ثالث»، «علامه محمد قزوینی»، «دکتر مهدی سمسار»، «همایون صنعتی‌زاده»، «داریوش شایگان» و...

شناخت‌نامه‌ها: «گونتر گراس»، «امبرتو اکو»، «آنا آخماتووا»، «ایتالو کالوینو»، «رابیندرانات تاگور»، «ویرجینیا وولف» و...

علی دهباشی در مرکز گسترش فرهنگ قدردانی (- ۱۳۳۷)[۱]

مقابـل اهـل قلمی که طی سـی سـال باعـث و بانی انتشـار چنـد مجلهٔ وزین بوده و بیش از دویسـت جشـن‌نامه و یادنامه منتشـر کرده، چه باید گفت جز سـتایش از وجود ذی‌جودش.[۲]

سـی و هشـت سـال از آشـنایی من و علـی دهباشـی در انتشـارات رواق می‌گـذرد. از سـال ۱۳۵۶ تاکنـون هـر دو تلاطم‌هـای سیاسـی، اجتماعـی جامعـهٔ ایـران، حـوادث تلـخ و شـیرینی را پشـت سـر گذاشـته‌ایم. گاهـی خنداخند من و ما به آسـمان رفته و گاه بغضی در گلو و قطره‌اشـکی در چشـم من و ما دل‌دل زده اسـت برای سرریزشـدن. در جلسـات ادبی فراوانی شرکت کرده‌ایـم، رفت‌وآمدهـای خانوادگـی داشـته‌ایم، بارهـا به کمک هم شـتافته و مددرسـان هـم بوده‌ایـم، گاهـی هـم البته نـه مقابل هم بلکـه از کنـار هم رد شـده‌ایم، امـا همـواره هر دو بـر این باور بوده‌ایـم که در همان نزدیکی کسـی هسـت که نگران حال و روز سـخت و دشـوار دیگری اسـت. به‌تعبیری چون سـنگ و صخـره‌ای کنـار جویباری ناظـر آب‌هـای روان بوده‌ایم...

۱- چاپ اول، مجلهٔ بخارا شمارهٔ ۱۰۹، آذر و دی ۱۳۹۴

۲- متن سخنرانی در دانشگاه سایمون فریزر، ونکوور، ۲۰۱۵، ۱۳۹۴

علی دهباشی در یک نگاه

و اما آنچه می‌باید در این مجلس گفت اینکه اگر برای رسیدن به شهرت، ثروت و قدرت تن به انجام هر کاری نمی‌دهی، به این معنا نیست که نمی‌توانی؛ شاید به این معناست که چهارچوب ذهنی‌ات، مجموع باورهایت اجازه نمی‌دهد. چهارچوب ذهنی و باورها همان دستگاه، الگو و اسلوبی است که خودت برای خودت تعریف می‌کنی و پایه و اساس آن از وجود خود تو و گاه از محیط زیستی و تربیت ذهنی تو سرچشمه می‌گیرد. کسی که صاحب چهارچوب ذهنی است و گرایش به کارهای انسان‌دوستانهٔ فرهنگی در مدار حقوق بشر دارد، شریف است. اصالت را نه می‌توان خرید، نه می‌توان به ارث برد، و نه می‌توان ادایش را درآورد و نه می‌توان بزک‌دوزکش کرد و به قیمت بالاتری به دیگری فروخت. چیزی است کاملاً شخصی و خاص خود تو، با قید احتیاط عرض می‌کنم، شاید اندکی آموختنی باشد.

فردوسی در شاهنامه از پادشاهان و پهلوانان نژاده سخن گفته است. نژاده از نظر آن حکیم به‌معنای برتری یکی بر دیگری یا قومی بر دیگر اقوام نیست، بلکه تأکید بر آدم‌هایی است که در هر مقام و جایگاهی که باشند انسان‌وار با تکیه بر ندای وجدان خویش از عمل خویش نان می‌خورند، نه نان به‌نرخ روز. با جانب‌داری از حق و حقیقت راضی به خیانت به همنوعان خود نمی‌شوند. آدمیزاد نژادهٔ خود خودش است؛ چه تحصیل‌کرده باشد چه بی‌سواد، چه کم‌کار باشد چه پرکار، خود خودش است و اگر بخواهد این خود خود را باشد، صدالبته خساراتی را متحمل می‌شود، و سرانجام باید بپذیرد نه از کسی طلبکار است نه بدهکار.

علی دهباشی خود خودش است. همین است که هست. در چهارچوب ذهنی خودش هر لحظه قادر است هم سردبیر مجلهٔ کلک و طاووس و سمرقند و بخارا باشد و هم کارگری که قادر است کف چاپخانه را جارو

بکشد. از فراست او همین بس که طی سالیان، انگشت گذاشته روی یکی از خلأهای فرهنگی عظیم که از دیرباز دلسوزان فرهنگ و ادب ایران را عذاب می‌داده است و آن چیزی نیست جز احیای رسم پاسداشت و بزرگداشت و نکوداشت. با نگاهی به گذشتهٔ فرهنگی و رفتار اجتماعی این مرز و بوم می‌بینیم که نویسندگان و شاعران و اساتید دانشگاهیِ بنام ما همواره مورد بی‌مهری مقامات سیاسی قرار گرفته‌اند حتی آنان که هرازگاه صله‌ای دریافت کرده‌اند، از خشم و بی‌مهری سلاطین خودمحور در امان نبوده‌اند.

جایگاه علی دهباشی در مطبوعات

در علوم انسانی یا هر رشتهٔ تخصصی دیگر می‌توان کوشندگان آن رشته را به سه گروه ایجادکنندگان و گسترش‌دهندگان و زمینه‌سازان تقسیم کرد. مثلاً دربارهٔ ادبیات معاصر ایران، خاصه شعر و داستان، می‌گوییم نیما، شعر نو را ابداع کرد و سپس شاملو، اخوان، سهراب و فروغ و... آن را گسترش داده به اوجی در خور رساندند. یا در داستان می‌گوییم جمال‌زاده و هدایت، بنیان داستان نو را گذاشتند و سپس علوی، چوبک، دانشور، گلشیری و دولت‌آبادی و... همین نقش را ایفا کردند. این‌ها را گروه تولیدکنندگان ادبی می‌نامیم از نسل اول و دوم شعر و داستان که ضمن فتح قله‌ای، جمعی را ناخودآگاه به خواندن آثار ادبی و رفتن به مسیرهای تازه ترغیب کردند. اما گروه سومی هم هست که عمدتاً نه شاعرند و نه داستان‌نویس، بلکه کار و وظیفه‌شان ساختن زمینه برای اشاعهٔ این فرهنگ است. نگاه کنید به انواع مطبوعاتی که به‌صورت روزنامه، هفته‌نامه، ماهنامه و فصلنامهٔ ادبی هنری در ایران و سراسر جهان چاپ و منتشر می‌شوند. در این گروه نیز کسانی هستند که متعهدانه و همپای گروه اول و دوم صاحب نبوغی خاص می‌شوند و جمعی را به الگوبرداری از خود ترغیب یا فرا می‌خوانند. علی

دهباشی در ایران و کشورهای همجوار فارسی‌زبان ازجمله افغانستان، تاجیکستان، ازبکستان و... یکی از آن قله‌های مطبوعاتی است که ضمن پرداختن به هنر و ادبیات معاصر ایران با ابتکارهای شخصی به ادیبان و اساتید معاصر ادبیات کلاسیک نیز پرداخته و آثار آنان را نیز در معرض دید قرار داده است.

به‌عبارت‌دیگر علی دهباشی با این ویژگی خاص در جاانداختن فرهنگ بزرگداشت و قدردانی در حوزهٔ زبان فارسی بسیار مؤثر بوده است. قدردانی، تشخیص و تمیز است بین دوغ و دوشاب؛ جایزهٔ آشکاری است برای آنانی که سال‌ها بی‌مزد و منت در گوشهٔ عزلت کار کرده‌اند و حالا قرار است پاداشی معنوی دریافت کنند.

مقدمه‌ای بر چند خاطره

هنگام آشنایی من و علی دهباشی، او نوزده ساله بود و من بیست و نه ساله. سال ۱۳۵۶، او به‌نوعی فعال مایشاء انتشاراتی «رواق» بود. رواق هم انتشاراتی شمس آل احمد، برادر کوچک‌تر جلال آل احمد بود و شمس دومین مجموعه‌داستان مرا فرستاده بود برای چاپ. به‌هر رو من داستان‌نویسی شاغل در سازمان بازنشستگی کشوری بودم و محل کارم روبه‌روی در اصلی دانشگاه تهران و محل کار علی دهباشی، خیابان مشتاق، ضلع جنوبی دانشگاه تهران و نزدیک کانون نویسندگان ایران که من مسئول امور مالی آن بودم. در آن سال‌ها علی دهباشی جوانی بود خوش‌رو، کارکن و سراسر شور زندگی. در آستانهٔ انقلاب ۱۳۵۷ آن انتشاراتی محل خوبی بود برای آشنایی من با کوشندگان عرصهٔ ادبیات معترض به رژیم شاهنشاهی.

در آن محل من با جمعی از شاعران و نویسندگان و مترجمان ازجمله

دکتر علی‌اصغر حاج‌سیدجوادی، اسلام کاظمیه، پرویز داریوش، علی‌اصغر خبره‌زاده، طاهره صفارزاده و... آشنا شدم و تعجب می‌کردم که این جوان چه جنمی دارد که این‌گونه پرحوصله با نسل قبل‌تر از من دمخور می‌شود، تا آنکه انقلاب شد و هریک به سویی رفتیم. من در کانون نویسندگان بودم و آن جوان بِل باریک یا همین جناب دهباشیِ کماکان خوش‌صحبت مستقر در انتشاراتی رواق.

طی یکی دو سال بعد حدس و گمان‌های من صورت واضح‌تری به خود گرفت. او توانست در تلاطم‌های انقلاب راه خود را پیدا کند. به‌عبارت‌دیگر در پی وضوح و گسترش راه خود بود. شاید ذکر یکی چند خاطره ابعاد گوناگون روحیهٔ علی دهباشی را بازگو کند. یکی از آن‌ها مربوط به اواسط سال ۱۳۵۹ است که قصد داشتم فصلنامهٔ «برج»[1] را منتشر کنم. بودجه‌ای نداشتم که دفتری بگیرم. دنبال مکانی می‌گشتم که بساط حروف‌چینی و تایپ و صفحه‌بندی را پهن کنم. علی دهباشی دفتر انتشاراتی رواق را در اختیارم گذاشت. روزهایی بود که من دیگر مثل سابق شمس آل احمد را سر جای خودش، به‌عنوان روشنفکر معترض نمی‌دیدم و... به‌هر رو در غیاب او من شمارهٔ اول و دوم فصلنامه را با همکاری مجدانهٔ علی دهباشی بستم و ایشان علاوه بر همکاری تکنیکی در تهیهٔ مقاله و خبر هم یاری‌رسان بود.

در همان شمارهٔ اول مقاله‌ای از او چاپ کردم که در آن می‌گفت «هنر جزء لاینفکی از زندگی اجتماعی و زبان گویایی است که انسان هم از طریق آن توانایی بیان روابط میان خود و محیط را می‌یابد و هم به بازنگری خود و جامعه‌اش بر می‌نشیند، و این باور است که به‌جرئت می‌توان گفت هرکس با هر نقطه‌نظری اگر به واقعیت توجه داشته باشد، نمی‌تواند منکر

۱- فصلنامهٔ «برج» مهرماه ۱۳۵۹ تا فروردین ۱۳۶۱ در پنج شماره به‌سردبیری محمد محمدعلی منتشر شد.

آن شود و آنچه ضامن اعتلای هنر است، حضور فعال و گستردهٔ هنر و ارتباط تنگاتنگ آن با تغییرات و تحولات اجتماعی است.»

با شروع سال ۱۳۶۱ فصلنامهٔ «برج» توقیف شد. دفتر انتشاراتی رواق هم به‌دلیل مشغله‌های دولتی شمس آل احمد و مسافرت‌های کوتاه و بلند او رفت رو به تق‌ولقی و یک وقت دیدیم رواق اوراق شد. اما علی دهباشی راه خود را پیدا کرده بود و در اولین فرصت سفرنامهٔ مظفرالدین‌شاه به فرنگ و یادداشت‌های دکتر قاسم غنی را با همکاری ناشران دیگر منتشر کرد. و کماکان همان جوان خوش‌رو و عاشق ادبیات و خاطرات رجال عصر قاجاریه بود که بود. خودش بود و خودش ماند و حالا دیگر آرام‌آرام حلقه‌ای پیرامون او پدید آمده بود از وراث فرصت‌الدوله شیرازی و حاج سیاح محلاتی و نوادگان نایب حسین کاشی و...

یادم نمی‌رود ایامی را که تازه بمباران‌ها یا موشک‌باران‌های تهران شروع شده بود، ۱۳۶۳ یا ۱۳۶۴. روزهایی بود که علی دهباشی ساعاتی از روز در انتهای کتاب‌فروشی تیراژه (روبه‌روی دانشگاه تهران) پشت میز صاحب انتشاراتی می‌نشست و قرارهایش را در آنجا تنظیم می‌کرد. خودش هم کتابخانه، یا کتاب‌فروشی سیاری بود که در سراسر تهران می‌گشت و در چند منزلگاه نفس تازه می‌کرد. روزی من و دکتر براهنی، رفتیم انتشارات تیراژه و یک‌باره با جمع کثیری از اساتید بازنشسته با میانگین سنی حوالی هشتاد روبه‌رو شدیم که هر کدام کیسه‌ای بزرگ یا پوشه و زونکنی قطور یا کیف چرمی فرسوده‌ای دست گرفته و منتظر نوبت بودند که علی دهباشی بیست و پنج ساله آن مطالب را بگیرد تا چنانچه در آن بمباران‌ها بلایی سرشان آمد، نسخه‌ای از دست‌نوشته‌شان را پیش علی دهباشی امانت بگذارند تا از گزند حوادث روزگار مصون بماند و در صورت مرگ(شان) آن را چاپ کند. صحنهٔ پیش رو، هم کمدی و طنز بود و هم درامی غم‌انگیز از

فرط بی‌کسی و یادآور داستان‌های چخوف، علی دهباشی رو به آن‌ها گفت چرا فکر می‌کنید خلبان‌های صدام حسین کافر خانهٔ مرا نمی‌زنند و خانهٔ شما را می‌زنند؟... من و براهنی می‌خندیدیم و آن جمع لرزان و ترسان هاج‌وواج چشم به دهان او دوخته بودند و خداخدا می‌کردند دستشان را پس نزند، امیدشان را ناامید نکند.

می‌خواهم بگویم یا بپرسم این‌همه اتکا و اعتماد از کجا می‌آمد یا از کجا ناشی می‌شد جز استواری جسم و جان جوانی که می‌دانست چه می‌کند و مقصدش کجاست. تربیت ذهنی‌اش او را وادار می‌ساخت تعهدش را به انجام برساند. او می‌داند کجا ایستاده و با درک درست از معنای پاسداشت و بزرگداشت و قدردانی، یکی از خصلت‌های مغفول‌مانده در جامعهٔ امروزی ما را که همان التفات به خادمان فرهنگ و هنر است، زنده می‌کند. به‌عبارت‌دیگر شاید او به‌مثابهٔ یک معلم اخلاق عملاً به جامعهٔ هیجان‌زده و بحران‌خیز من و ما می‌گوید از هر راهی برویم، رد پای ما می‌ماند. زندگی شاید راه‌رفتن زنی، مردی، کودکی باشد در ساحلی ماسه‌ای و شنی خیس که اگر امواج سهمگین رد پاها را نشوید، آیندگان از میزان و نوع فرورفتگی پنجه یا پاشنهٔ پای تک‌تک ما می‌فهمند هنگام راه‌رفتن به چه می‌اندیشیدیم؛ از کجا آمده‌ایم و به کجا می‌رویم...

* * * * *

این‌طور پیداست که شب بزرگداشت آقای دهباشی در ونکوور، به‌نوعی یک ادای دین بوده و به‌هر حال با توجه به امکانات موجود، شب باشکوهی بوده است. کمی از مراسم آن شب برایمان بگویید.

تا جایی که یادم می‌آید آغازگر جلسه خانم فیروزه صوفی بود که طی سخنانی از سابقهٔ مجلهٔ کلک و بخارا گفت. سپس خانمی بومی‌تبار به

نام اُدری که با ساز و موسیقی بسیار گوش‌نواز بومیان کانادا خوشامد گفت. پس از سخنرانی من، موسیقی ایرانی اجرا شد که در آن خانم مهیج، بردیا صادقی و سپس خانم فرشته فرمند به‌همراه گروه خود چند ترانهٔ خاطره‌انگیز اجرا کردند. بعد از سخنرانی علی دهباشی، آقای کامبیز روشن‌روان، موسیقی‌دان، آهنگ‌ساز و رهبر ارکستر ساکن ونکوور، لوحی از کارهای نقاشی بومیان کانادا را از طرف جمع به علی دهباشی هدیه داد.

در سخنانی که در شب بزرگداشت ایشان ایراد کردید، اشاره‌ای به عضویت ایشان در کانون نویسندگان نکردید. منظورم این است که چنین کوشندهٔ فعالی در حوزهٔ ادب و فرهنگ هیچ‌گاه عضو کانون بودند؟ و اگر نه، تمایلی به پیوستن به کانون از خود نشان ندادند؟ یا که دلایل دیگری مانع از این امر شد؟

در پاسخ شما دربارهٔ عضویت آقای دهباشی در کانون نویسندگان ایران باید عرض کنم طی سال‌های ۱۳۶۹ تا نیمهٔ اول دههٔ ۱۳۷۰ چند بار بحث عضویت ایشان و چند روزنامه‌نگار فعال و سرشناس دیگر مطرح شد، اما هربار به‌دلیل برخی ملاحظات یا عدم تمایل خودشان به نتیجه نرسید. ایشان روزنامه‌نگار برجسته و شناخته‌شده‌ای بوده و هستند. اما در کانون نویسندگان عمدتاً روی عضویت مؤلفان و مترجمان بحث می‌شد. آن زمان چند تن دیگر وضعیتی مشابه ایشان داشتند. برخی از آنان تقاضای عضویت هم دادند، اما من تقاضای عضویت آقای دهباشی را ندیدم گو که همواره در انتشار اخبار کانون مددرسان بودند. اولین مجله‌ای که در سال ۱۳۷۲ مقالهٔ «فراخوان فرزانگان» مرا در برپایی دورهٔ سوم کانون نویسندگان ایران منتشر کرد، مجلهٔ کلک به‌سردبیری علی دهباشی بود.

۳۱

جمشید برزگر

اکثر آثار جمشید برزگر:

مجموعه‌اشعار: «هر عمر راه بر خود بریدم»، «مثل پرنده درخت را فراموش می‌کنی»، «روزنامهٔ تعطیل» و...

فیلم‌های مستند دربارهٔ: «سیمین بهبهانی»، «محمود دولت‌آبادی»، «سیاوش کسرایی»، «محمدعلی سپانلو»، «اسماعیل خویی»، «جواد مجابی»، «شمس لنگرودی» و...

در ستایش آن جمع پرتکاپو[1]

جمشید برزگر (- ۱۳۵۰)

برای من، جمشید برزگر، علاوه بر وجود ذی‌جود شاعر، روزنامه‌نگار و مستندسازش، یادآور مجلهٔ وزین تکاپو، زنده‌یاد منصور کوشان، و همچنین کانون نویسندگان ایران است.

وقتی زنده‌نام منصور کوشان، در سال ۱۳۷۲ مجلهٔ تکاپو را منتشر کرد، در جوار آن کارگاه شعر و داستان‌نویسی و روزنامه‌نگاری هم در دفتر مجله تشکیل داد که با استقبال جوانان روبه‌رو شد. ازجمله هنرجویان کوشای آن دوره می‌توان از جمشید برزگر نام برد که آن زمان جوانی بود در عرصهٔ شعر و روزنامه‌نگاری و حالا تو گویی درختی است به‌ثمرنشسته با چند عنوان کتاب شاعرانه و چند فیلم مستند پخش‌شده در کانال بی‌بی‌سی.

خوشحالی و خرسندی امروز من از این روست که جمشید برزگر در ونکوور احساس غربت نمی‌کند. چرا که هم‌کلاسی آن سال‌های جوانی خود، خانم فریده نقش شاعر را می‌بیند، همچنین دو تن از همکاران آن مجلهٔ پرتکاپو را. من و علی نگهبان، نویسنده و منتقد خوب معاصر، از همکاران مجلهٔ تکاپو بودیم.

۱- متن سخنرانی در شب «انکار سکوت و نفی فراموشی»، سالن دانشگاه سایمون فریزر ونکوور، ۶ اوت ۲۰۱۶، ۱۶ مرداد ۱۳۹۵

در بالا اشاره شد که جمشید برزگر یادگار و یادآور مجلهٔ تکاپوست. برای اطلاع یا یادآوری می‌گویم که مجلهٔ تکاپو طی سال‌های ۱۳۷۲ و ۱۳۷۳، چهارده شماره منتشر شد و طی آن علاوه بر منصور کوشان به‌عنوان سردبیر، رضا براهنی، محمد مختاری، هوشنگ گلشیری، جواد مجابی، به‌طور پیوسته، من و محمدجعفر پوینده و چند تن دیگر به‌طور ناپیوسته با آن همکاری داشتیم. به‌نوعی می‌توان گفت تا وقتی مجلهٔ تکاپو دچار تیغ سانسور نشده بود، تو گویی تریبون پرتکاپویی بود برای انتشار اخبار و اهداف کانون نویسندگان ایران و فرصتی درخور برای طرح یکی چند مسئلهٔ اجتماعی در آن سال‌های سیاه سراسر رعب و وحشت از سانسوری که آقایان ارشادی بر نویسندگان مستقل تحمیل می‌کردند.

وقتی مقالهٔ «فراخوان فرزانگان» من در شمارهٔ ۴ مجلهٔ تکاپو به چاپ رسید و بحث تشکیل و تشکل مجدد کانون نویسندگان مطرح شد، منصور کوشان، سلسله‌مصاحبه‌ها و میزگردهایی تدارک دید و برخی اعضای قدیمی کانون با جان و دل در آن شرکت کردند. آن‌ها توانستند دربارهٔ لزوم تشکیل مجدد کانون، مباحثی نو مطرح و بودنِ فرهنگی خود را به‌اطلاع دیگر شاعران و نویسندگان و کوشندگان فرهنگی در سراسر ایران برسانند. در چنین روند پرثمری نسلی از جوانان پرتلاش، چون جمشید برزگر که در دایره و مدار مجلهٔ تکاپو بودند، حاضر و ناظر بر این گفت‌وگوهای تخصصی و درعین‌حال شجاعانه و موشکافانه هم بودند. که تو گویی در جوار فراگیری تکنیک‌های شعر و داستان و حرفهٔ روزنامه‌نگاری، با ساز و کار و نحوهٔ استدلال و اساساً نوع برخورد و مبارزهٔ کانونی‌ها با سانسور آشنا می‌شدند. می‌توان گفت آن مجله به‌نوعی سرمایه‌گذاری فکری و سازمانی کرد برای آیندهٔ کانون نویسندگان ایران.

آن دسته از جوانانی که مثل جمشید برزگر، مسائل و مشکلات کانون

نویسندگان و اهدافش را طی پنج سال ۱۳۷۲ تا ۱۳۷۷ دنبال می‌کردند، می‌دانند که مهم‌ترین حوادث برای کانون نویسندگان و لاجرم برای جنبش روشنفکری ایران پس از نگارش متن «فراخوان فرزانگان» راقم سطور و انتشار متن «۱۳۴ نویسنده» اتفاق افتاد. هم جمعی از اعضای قدیمی به کانون بازگشتند، هم متن «۱۳۴ نویسنده» چنان در رسانه‌های داخلی و خارجی نمود پیدا کرد و چنان آگاهی‌بخش بود که در تاریخ پرفرازونشیب کانون نویسندگان بی‌سابقه بود، طوری‌که گاه ما هشت نویسندهٔ متن (رضا براهنی، محمد خلیلی، فرج سرکوهی، سیما کوبان، منصور کوشان، هوشنگ گلشیری، محمد محمدعلی، محمد مختاری) از خود می‌پرسیدیم چگونه بود و چگونه شد که این متن در سراسر جهان چنان پرصدا بازتاب یافت که حتی انجمن بین‌المللی قلم یا پن جهانی، و ده‌ها نویسنده و شاعر مشهور و مستقل جهان دربارهٔ آن اظهارنظر کردند و اهداف مترقی آن را ستودند؟

آن زمان، جمشید برزگر، هنوز خبرنگار و مفسر رادیو و تلویزیون و بی‌بی‌سی نبود، اما اینجا و آنجا شنیدیم که او و نسلی از جوانان پرشور و متعهد به آزادی بیان و اندیشه که محدودیت‌های سانسور سازمان‌یافته را برنمی‌تافتند، به‌مثابهٔ واحد پشتیبانی کانون، در طرح متن «۱۳۴ نویسنده» در مطبوعات داخلی و خارجی بسیار کوشا بوده‌اند. این مشارکت خودجوش برای مای نسل قبل‌تر بسیار جذاب و امیدبخش و به‌عبارتی نور امیدی بود برای روشن‌ماندن چراغ کانون نویسندگان در سپهر ایران نوینِ آینده. به‌هر رو، تا یادم می‌آید جمشید برزگر طی آن سال‌های جوانی جزو سخت‌کوشان مستقل در زمینهٔ شعر و شاعری و روزنامه‌نگاری بود.

جوانی بیست و سه ساله که تازه نخستین کتاب شعرش را چاپ کرده بود و توگویی روزشماری می‌کرد تا با انتشار دومین مجموعه‌شعرش،

شرایط عضویت در کانون نویسندگان را بیابد و به یکی از الزامات و تعهدات درونی خود پاسخ مثبت بدهد.

در اواسط سال ۱۳۷۴ و میان آن‌همه هیاهوی برخاسته از انتشار متن «۱۳۴ نویسنده» که کانون در پی احقاق حقوق فردی و اجتماعی نویسندگان مستقل و متعهد بود و برخی روزنامه‌های وابستهٔ داخلی آن را سرزنش و اغلب روزنامه‌ها و مجله‌های مستقل خارجی آن را ستایش می‌کردند، اتفاق خوشایندی افتاد و آن برپایی همایش فرهنگی-هنری در گرامیداشت یاد نیما یوشیج، پدر شعر نو معاصر، بود در شهر ساری، مازندران (دی‌ماه ۱۳۷۴) که در آن جمشید برزگر، همراه نصرت رحمانی، محمدعلی سپانلو، فرج سرکوهی، علی صدیقی، مجید دانش‌آراسته، فرزانه طاهری، هوشنگ گلشیری، غزاله علیزاده، منصور کوشان، محمد محمدعلی و بیژن نجدی و جمعی دیگر از نویسندگان و شاعران، حضور فعال داشت و همان‌جا بود که در بین دیگر شاگردان کلاس شعر و داستان با همسر آینده‌اش عهد و پیمان ازدواج بست، و من شخصاً به منصور کوشان تبریک گفتم بابت تربیت چنین شاگردانی.

اما در بین آن هنرجویان، تنها جمشید برزگر بود که علاقهٔ خاص خود به کانون نویسندگان را حفظ کرد. به‌طوری‌که پس از حادثهٔ شوم سوق‌دادن اتوبوس شاعران و نویسندگانِ راهی سفر ارمنستان به درهٔ حیران (مرداد ۱۳۷۵) و حوادث بعدی آن ازجمله دستگیری اعضای جمع مشورتی کانون در خانهٔ منصور کوشان و قتل‌های زنجیره‌ای (۱۳۷۷) که طی آن محمد مختاری و محمدجعفر پوینده به‌طرز فجیعی به قتل رسیدند، او ارتباطش را با اعضای مؤثر کانون قطع نکرد. به‌عبارت‌دیگر نهراسید از یاری‌رساندن به کانونی که اهداف آزادی‌خواهانه‌اش را با جان و دل پذیرفته بود.

جمشید برزگر به‌عنوان نسل تازهٔ نویسندگان و شاعران، علاوه بر چاپ

آثـارش، شـرایط عضویـت در کانون را کسـب کـرد و همراه یکـی چند تن از نویسـندگان و شـاعران ازجملـه کاظـم کردوانـی، محسـن حکیمـی، جاهد جهانشـاهی، رضـا خنـدان مهابـادی، بکتـاش آبتیـن و اکبـر معصوم‌بیگـی، فرخنـده حاجـی‌زاده و... جـای تعـدادی از اعضـای قدیمـی و نویسـندگان متـن ۱۳۴ نویسـنده را که به‌طور جد از طرف عوامل سـازمان‌یافتهٔ سانسـور، از شـرکت در جلسـات کانـون منـع شـده بودنـد، گرفتنـد و کانون بـا حضور چهره‌هـای جدیـد فعـال انـگار کـه جـان تـازه‌ای یافته باشـد، سـر پا ایسـتاد تـا جایـی کـه بـه یاد دارم، او نخسـت منشـی جلسـات مشـورتی و سـپس به عضویـت هیئـت دبیـران کانـون نیز پذیرفته شـد.

مـن بار دیگـر به او خوشـامد می‌گویم. حضـورش کنار دوسـتان تکاپویی و کانونـی‌اش نویدبخـش «بـودنِ فرهنگـی» مـن و مـا و شـما خواهـد شـد. با اسـتعانت از زنده‌یـاد منصـور کوشـان به خود و دیگـری یادآور می‌شـوم تاریخ آن دوران پرفرازونشـیب سـرزمین آباواجـدادی مـا را چـه کسـانی، فـارغ از دادوسـتدها، رابطه‌هـا و روزمرگی‌هـا ثبت خواهنـد کرد جز جوانانـی که در راه آزادی بیـان و اندیشـه گام می‌نهنـد؟ کیان‌اند آن کسـانی که ژرفـای وجود من و مـا و شـما را درمی‌یابنـد و بـه ثبت دلهره‌هـا و هراس‌های شـبانه‌روزی ما در آن سـال‌ها متعهد می‌شـوند؟ کیان‌اند آن کسـانی کـه بیان حقیقـت را وظیفهٔ خود می‌داننـد و تـداوم آن را امکان‌پذیر می‌سـازند جز آگاهان بر اندیشـه‌های نو که بی‌شـک اینجا و آنجا نزد جوانان نطفه بسـته اسـت و به‌رغم ممانعت‌ها باز هم نطفـه می‌بنـدد و نویدبخش همان بودنِ فرهنگی من و ما و شـما خواهد شـد؟

*****

پیش‌تـر آقـای جمشـید برزگـر را تنهـا به‌عنـوان خبرنگار رسـانهٔ بی‌بی‌سـی فارسـی می‌شـناختم، امـا حـالا می‌بینـم کـه او شـاعر و درعین‌حـال یـک

کوشندهٔ مدنی نیز است و نکتهٔ جالب‌تر برای من این بود که ایشان همراه با تنی چند از شاعران و نویسندگان امروزی ما جزو شاگردان زنده‌یاد منصور کوشان بودند. در شب «انکار سکوت و نفی فراموشی» که به‌بهانهٔ حضور ایشان در ونکوور برپا شد، چه کسان دیگری سخنرانی داشتند و در مجموع ارزیابی شما از آن شب چیست؟

تا جایی که یادم می‌آید، دوست عزیز و مشترکمان علی نگهبان، نویسنده و منتقد، هم صحبت کرد. عنوان برنامه که از تورنتو شروع می‌شد و به ونکوور می‌رسید «در انکار سکوت و نفی فراموشی» بود و البته پیرامون شعر و سیاست. و جمشید برزگر خوب از عهده برآمد. او تا وقتی در ایران بود، یعنی ۱۳۸۰، به روزنامه‌نگاری حرفه‌ای روی آورد و تا سردبیری روزنامهٔ همبستگی هم پیش رفت و پس از مهاجرت در شبکه‌های معروف بی‌بی‌سی و بخش فارسی شبکهٔ خبری آلمان، دویچه وله، به‌عنوان مدیر و تحلیل‌گر سیاسی هم کار کرد. فیلم‌های مستندی هم از برخی اعضاء کانون ساخت که مورد توجه قرار گرفت. روزهای بعد از سخنرانی هم چند نوبت هم را دیدیم. بار آخر او دوربین فیلم‌برداری آورد و همراه علی نگهبان، رفتیم ساحل دریای نزدیک خانهٔ ما و او ساعتی از من و ما فیلم گرفت بلکه روزی روزگاری به کار آید. خاطره دوره کردیم و یاد منصور کوشان را گرامی داشتیم.

در پایان مایلید به فهرست منابع این مجموعهٔ نقد و گفت‌وگو اشاره‌ای داشته باشید؟

علاوه بر کتاب‌هایی که طی این گفت‌وگوها نام بردم، همان‌گونه که شاهد بودید، برای تکمیل برخی پرسش‌ها و پاسخ‌ها علاوه بر منابع وسیع اینترنتی، در واقع سایت‌ها یا پایگاه‌های ادبی، از سه کتاب «فرهنگ ادبیات فارسی» نوشتهٔ محمد شریفی و «صد سال داستان‌نویسی» و

«فرهنگ داستان‌نویسان ایران از آغاز تا امروز» نوشتهٔ حسن میرعابدینی بهرهٔ فراوان برده‌ایم.

عطار در تذکرةالاولیاء گفت... بر همه‌چیز کتابت بود، مگر بر آب. و اگر گذر کنی بر دریا، از خون خویش بر آب کتابت کن. تا آن‌کز پی تو درآید، داند که عاشقان و مستان و سوختگان رفته‌اند...

نمایه

الف

آبتین، بکتاش ۳۸۰، ۴۲۳
آتشی، منوچهر ۳۶۴
آخوندزاده، میرزا فتحعلی ۲۵۳
آل احمد، جلال ۱۷، ۱۸، ۶۶-۶۴، ۷۴-۷۱، ۹۵-۷۷، ۱۹۵، ۱۹۷، ۲۱۱، ۲۱۵، ۲۳۸، ۳۴۸، ۳۷۴، ۴۰۷، ۴۱۲
آل احمد، شمس ۲۰۳، ۲۰۵، ۲۸۲، ۳۷۱، ۳۷۴، ۴۱۴-۴۱۲
آوروف، اونگولوس ۲۹۴
ابراهیمی رودبارکی، هادی ۱۸۹، ۳۸۲
ابراهیمی، نادر ۲۲۰-۲۱۳
احمدزاده، طاهر ۳۰۰
احمدی‌نژاد، محمود ۳۶۵
اخوان ثالث، مهدی ب، ۱۱۸، ۱۵۷، ۲۳۲، ۲۳۳، ۲۶۰، ۲۶۵، ۴۱۱
ارسطو ۷
استاین، گرترود ۷۱
اسدی‌پور، بیژن ۱۹، ۲۸، ۳۶۹، ۳۷۱، ۳۷۳
اسکندرفر، نگار ۳۶۴
اسکویی، مهین ۲۷۶
اصغری، حسن ۳۵۳
اصلانی، اصلان ۳۰۰
اصلانی، محمدرضا ۲۲۷، ۲۲۸
اعتصامی، پروین ۱۵۶، ۴۰۷
اعتمادزاده، محمود (به‌آذین) ۷۳، ۲۰۵، ۲۳۸، ۲۸۱
اقتصادی‌نیا، سایه ۲۴۰
اکبری، علی‌اکبر ۱۶۲، ۱۶۳
الهی، اصغر ۳۵۶-۳۵۱
امامی، ایرج الف
امینی، مهسا ۳۸۳
اوباما، باراک حسین ۲۴۹
ایبسن، هنریک یوهان ۲۷۶، ۲۷۹، ۲۹۲
ایرج میرزا ۳۷۵

ب

باباچاهی، بهرنگ ۳۱۶
باباچاهی، علی ب، ۳۱۶-۳۰۷، ۳۶۳، ۳۶۴، ۳۷۲
باباچاهی، غزل ۳۱۶
باوی ساجد، حبیب ۱۴۵
بختیاری، فرخنده ۳۱۴، ۳۱۶
براهنی، ارسلان ۱۹۲
براهنی، اسفندیار ۱۹۲
براهنی، الکا ۱۹۱
براهنی، اوکتای ۱۹۲
براهنی، رضا پ، ۱۲۶، ۱۹۲-۱۶۵، ۱۹۷، ۲۵۸، ۲۶۶، ۲۸۸، ۲۸۹، ۳۱۳، ۳۳۴، ۳۵۴، ۳۷۴، ۳۷۹، ۳۸۲، ۴۰۳، ۴۲۰، ۴۲۱
برزگر، جمشید ۴۲۵-۴۱۷
برشت، برتولت ۲۱۷، ۲۷۶
بقیعی، غلامحسین ۱۷۰
بلخی، جلال‌الدین محمد (مولانا، مولوی) ۴۱، ۲۲۵
بهبهانی، سیمین ۶۳، ۱۶۲، ۲۳۵، ۲۴۷، ۳۱۰، ۴۱۷
بهبهانی، علی ۲۴۷
بهرنگی، صمد ۳۰۱، ۳۰۳، ۳۰۴
بهنود، مسعود ۳۱۴، ۳۱۵، ۳۶۷-۳۵۷
بودلر، شارل ش
به‌آذین (محمود اعتمادزاده) ۷۳، ۲۰۵، ۲۳۸، ۲۸۱
بیات، بابک ۱۱۶
بیضایی، بهرام چ، ح، ۲۱۸، ۲۵۲
بی‌نیاز، فتح‌الله ۳۱۴
بیهقی، ابوالفضل ش، ۲۵۸

پ

پاپادوپولوس، گئورگیوس ۲۷۳، ۲۹۳
پارسا، فرخ‌رو الف، ۳۶۰
پارسی‌پور، شهرنوش ۲۱۵
پازولینی، پیر پائولو ۲۹۵
پاکدامن، ناصر ۲۲، ۲۸۵، ۳۳۵
پاناگولیس، آلساندرو ۲۷۳-۲۷۱، ۲۷۵، ۲۷۷، ۲۷۹، ۲۹۶-۲۹۲
پرهام، باقر ۲۸۲، ۲۸۵، ۳۳۵
پروست، مارسل ۳۳۱، ۳۴۳، ۳۴۷
پزشک‌زاد، ایرج ۵
پستا، حسن ۲۳۵
پهلوان، عباس ۳۳۳
پهلوی، رضا (رضاشاه) ۲۵، ۸۱، ۱۵۳، ۱۶۷
پهلوی، فرح ۱۷۵، ۱۷۶
پهلوی، محمدرضا (محمدرضاشاه) ۲۴، ۳۵، ۱۵۳، ۱۵۵، ۲۷۲
پو، ادگار آلن ۳۲
پورمقدم، یارعلی ۱۱۸، ۲۵۳
پورنوروز، فرامرز پ، ۴۷
پوری، احمد ۳۱۴
پوریای ولی (پهلوان محمود خوارزمی) ۱۴
پوکلن، ژان باتیست (مولیر) ۴
پوینده، محمدجعفر ۲۳۴، ۲۹۶، ۳۰۳، ۳۳۳، ۳۷۳، ۳۸۰، ۳۹۴، ۴۰۶-۳۹۷، ۴۲۰، ۴۲۲
پوینده، نازنین ۴۰۵
پیروزان، علیرضا پ

ت

تروتسکی، لئون ۱۸۸
تنکابنی، فریدون ۲۶۵
تورگنیف، ایوان ۲۷

ث

ثنایی، محمود الف

ج

جمال‌زاده، محمدعلی ۲۱۵، ۲۶۴، ۴۱۱
جمشیدی، رحمت‌الله ۳۰۰
جنیدی، فریدون ۱۱۱
جهانشاهی، جاهد ۳۸۰، ۴۲۳
جولایی، رضا ۱۴۷
جیمز جویس ۳۳۱، ۳۴۷

چ

چالنگی، هوشنگ ۳۱۴
چخوف، آنتون ۲۷، ۴۰، ۲۴۹، ۲۵۳، ۲۷۶، ۴۱۵
چرم‌شیر، محمد ح
چهلتن، امیرحسین ۲۰۴، ۲۱۵
چوبک، روزبه ۲۰، ۲۱
چوبک، صادق ۱۸، ۲۰، ۲۱، ۶۰-۴۹، ۷۱، ۷۳، ۱۳۷، ۱۸۳، ۲۱۱، ۲۱۵
چوبک، قدسی‌خانم ۲۰

ح

حاج‌سیدجوادی، علی‌اصغر ۴۱۳
حاجی‌زاده، فرخنده ۳۱۴، ۳۸۳-۳۷۷، ۴۲۳
حافظ شیرازی (خواجه شمسُ‌الدّینْ محمّدِ بن بهاءُالدّینْ محمّدْ حافظِ شیرازی) ۱۶۱، ۱۹۵، ۱۹۸، ۲۲۵، ۲۸۱، ۳۵۹، ۳۶۳
حسام، حسن ۳۰۰، ۳۳۵
حسام، محسن ۱۷۰
حسین، صدام ۴۰۰، ۴۱۵
حسین‌زاده، مریم ۳۲۵
حسینی، غفار ۲۸۷، ۴۰۰، ۴۰۵، ۴۰۶
حقوقی، محمد ۷۶، ۳۱۳
حکیمی، محسن ۳۸۰، ۴۲۳

خ

خاقانی شروانی، افضل‌الدّین بدیل بن علی (خاقانی) ۱۶۷
خاکسار، نسیم ۱۷۰، ۲۹۰-۲۸۸، ۳۰۲-۳۰۰، ۳۲۷-۳۴۰، ۴۰۰
خامنه‌ای، سیدعلی ۱۴۴
خبره‌زاده، علی‌اصغر ۴۱۳
خدامی، فریبا ۳۸۲
خرسندی، هادی ۳۷۵
خرمی، فریده ۲۲
خلیلی، عظیم ۲۰۴، ۳۱۳
خلیلی، محمد ۴۲۱
خمینی، سیداحمد ۱۹۹

خمینی، سیدروح‌الله ۳۴۵، ۳۴۸، ۳۴۹
خندان مهابادی، رضا ۳۰۴، ۳۸۰، ۴۲۳
خواجات، بهزاد ۳۱۴
خوارزمی، پهلوان محمود (پوریای ولی) ۱۴
خویی، اسماعیل ۲۴۱-۲۲۹، ۳۱۰، ۳۳۵، ۴۱۷
خیام نیشابوری، عمر ۱، ۳۷، ۳۱۹، ۳۴۵
خیام، مسعود ۱۲۰

د

دِ سروانتس ساآودرا، میگل ۱۰، ۳۳۱
داریوش، پرویز ۳۴۸، ۴۱۳
داریوش، روشنک ۳۴۸
داستایوفسکی، فیودور ۳۲، ۱۸۸، ۳۶۱
دانش‌آراسته، مجید ۴۲۲
دانشور، سیمین ب، ۶۷-۶۱، ۸۲، ۸۵، ۹۲، ۹۴، ۹۵، ۱۹۷، ۱۹۹، ۲۱۱، ۲۱۵، ۲۳۲
دانشی، مجتبی چ، ح
دبیری، بهرام ۲۰۴
درویشیان، علی‌اشرف ۱۷۰، ۱۸۴، ۲۱۵، ۲۹۷-۳۰۵
دعایی، سیدمحمود ۳۴۹
دهباشی، علی ۳۶۱، ۴۰۷-۴۱۶
دهخدا، علی‌اکبر ۳۸۹
دهکردی، بهاره ت، چ، ح، خ، ر، ز، س
دوبوار، سیمون ۶۵
دولت‌آبادی، محمود ب، ۵، ۱۷-۱۹، ۷۲، ۱۱۸، ۱۸۴، ۲۲۰، ۲۵۵-۲۶۷، ۳۰۳، ۴۰۳، ۴۱۱، ۴۱۷
دوما، الکساندر ۲۶۰

ذ

ذاکری، غلامحسین ۳۱۵

ر

رادی، اکبر چ، ۲۱۸، ۲۲۰-۲۵۴، ۲۴۳
ربیحاوی، قاضی ۱۱۵، ۱۱۸
رحمانی، نصرت ۴۲۲
رحیمی، حمیدرضا ۳۱۲، ۳۱۳، ۳۷۲
رزم‌آرا، حاجعلی ۳۵
رستمی، اردشیر ۳۱۴
رشدی، سلمان ۳۴۳-۳۴۹
رضاشاه (رضا پهلوی) ۲۵، ۸۱، ۱۵۳، ۱۶۷
رمضانی، علیرضا ۳۴۶
رها، اسماعیل ۳۱۲، ۳۷۲
روانی‌پور، منیرو ۲۱۵
روشن‌روان، کامبیز ۴۱۶
روکرت، فریدریش ۲۴۰
ریاحی، لیلی ۶۷
رید، جان ۳۸۸
رئیس‌دانا، فریبرز ۳۸۰

ز

زاکانی، عبید ۹۷، ۱۰۵، ۳۷۴
زال‌زاده، ابراهیم ۱۱۳-۱۱۱، ۱۱۶، ۱۱۷
زراعتی، ناصر ۱۱۳، ۱۱۸
زرافشان، ناصر ۳۸۰
زرهی، حسن ۱۸۶
زمانی‌نیا، مصطفی ۱۹۵

ژ

-

س

سادات اشکوری، کاظم ۱۰۳، ۳۱۳، ۳۷۲
سارتر، ژان پل ۲۷، ۶۵
ساعدی، اکبر ۱۹۷
ساعدی، غلامحسین ۱۸، ۲۱۱-۱۹۳، ۲۱۸، ۲۳۲، ۲۴۵، ۲۸۶، ۳۰۲، ۳۳۵، ۳۴۷، ۳۵۴
سایمون، نیل ح
سپانلو، محمدعلی ۲۸۷، ۲۸۸، ۳۱۰، ۳۶۳، ۴۱۷، ۴۲۲
سپهری، پری‌دخت ۱۳۰
سپهری، سهراب ۱۰۴، ۱۳۱-۱۲۳، ۳۳۷، ۳۸۲
سجودی، فرزان ۳۸۱، ۳۸۲
سحابی، مهدی ۳۴۹-۳۴۱
سرحدی‌زاده، فاطمه ۳۸۰
سردوزامی، اکبر ۱۱۸
سرفراز، جلال ۳۷۱
سرکوهی، فرج ۳۱۵، ۳۶۱، ۳۶۳، ۴۲۱، ۴۲۲
سرکیسیان، آیدا ۱۱۳، ۱۱۴
سرمد کاشانی ۳۷۲
سعد سلمان، مسعود ۱۶۷
سعدی (ابومحمّد مُشرف‌الدین مُصلِح بن عبدالله بن مشرّف) ۷۵، ۱۶۰، ۱۶۱، ۳۶۹
سلطان‌پور، سعید ۲۳۲، ۲۳۳، ۲۳۶، ۲۳۸، ۲۴۰، ۲۹۶-۲۶۹، ۳۰۱، ۳۰۲، ۳۳۳، ۳۳۴
سلطانی، پژمان ۳۷۹
سلطانی، پیمان ۳۷۹
سلیمانی، فرامرز ۲۳۵، ۳۱۳، ۳۷۲
سلیمی، سهراب ح
سمائی، مهدی ۳۸۹
سنایی غزنوی (ابوالمجد مجدود بن آدم سنایی غزنوی) ۳۹۹
سیاح، فاطمه ۶۳، ۶۴، ۶۶

ش

شاپور، پرویز ۱۰۵-۹۷، ۱۵۳، ۳۷۱
شاپور، کامیار ۱۰۵-۱۰۳، ۱۵۳
شاملو، احمد ب، ۸۲، ۹۴، ۹۹، ۱۰۱، ۱۲۱-۱۰۷، ۱۲۶، ۱۵۷، ۱۶۲، ۲۰۹، ۲۱۰، ۲۱۷، ۲۳۲، ۲۵۲، ۲۶۰، ۲۶۵، ۳۴۴، ۳۴۷، ۳۸۹، ۴۱۱
شجریان، محمدرضا ۴۰
شریعتی، علی ۱۶۲
شریفی، محمد ۴۲۴
شفیعی، کمال‌الدین ح
شکسپیر، ویلیام ۲۷، ۲۲۵
شولوخوف، میخائیل ۱۸
شهرستانی، میکائیل چ
شیدا، علی‌اکبر ۴۰
شیرازی، فرصت‌الدوله ۴۱۴

ص

صاحبی، سیما ۴۰۵
صادقی، بردیا ۴۱۶
صادقی، بهرام ۹۳، ۱۰۴، ۲۱۵، ۲۲۸-۲۲۱، ۳۵۴
صادقی، مانلی ۲۲۸

صادقی، نیلوفر ۲۲۸
صبا، رکسانا ۲۴۱
صحتی، ساناز ۱۹۱
صحرانورد، بابک ۳۱۴
صدیقی، علی ۳۶۱، ۴۲۲
صفارزاده، طاهره ۱۳
صفدری، محمدرضا ۱۱۸
صلاحی، عمران ۱۰۱، ۱۰۳، ۱۰۴، ۳۱۳، ۳۶۹-۳۵۷
صورتگر، امیر ۳۹۵
صوفی، فیروزه ۴۱۵

ض

-

ط

طاهباز، سیروس ۹۷، ۱۹۸
طاهری، صمد ۱۱۸
طاهری، فرزانه ۴۲۲

ظ

-

ع

عالی‌پیام، محمدرضا ۳۷۵
عامری، رضا ۳۱۴
عبداللهی، اصغر ۱۱۸
عبداللهی، علی ۳۱۴
عبداللهی، مصطفی چ، ۲۵۲
عزیزپور، بتول ۲۰۴
عطار نیشابوری (فریدالدین ابوحامد محمد عطار نیشابوری) ۴۲۵
علامه‌زاده، رضا ۳۰۰
علایی، مشیت ۳۵۴
علوی، بزرگ ۷۱، ۱۶۷، ۱۶۸، ۱۷۰، ۲۱۵، ۲۶۴، ۳۳۱، ۴۱۱
علیزاده رزازی، وحید ۳۱۴
علیزاده، غزاله ۲۱۵، ۴۲۲
علی‌نژاد، سیروس ۳۶۱
عنقا، حمیده‌بانو ۲۴۸، ۲۵۱

غ

غفارزاده، سیما ر، ۳۸۱، ۳۸۲
غنی، قاسم ۴۱۴

ف

فاطمی، حسین ۸۷
فاکنر، ویلیام ۱۸۷، ۲۲۵، ۳۶۱
فالاچی، اوریانا ۲۷۱، ۲۹۳، ۲۹۴
فرخزاد، فروغ ۷۳، ۷۶، ۱۰۴، ۱۰۵، ۱۲۷، ۱۶۴-۱۴۹، ۲۱۰، ۴۱۱
فرخزاد، محمد ۵۳

فرخی یزدی، محمد ۷۸
فردوسی ۱۱۲، ۱۵۷، ۲۳۲، ۴۱۰
فرزاد، مسعود ۸
فرزاد، هومان ۳۸
فرزانه، مصطفی ۲۹، ۳۵، ۳۹
فرمند، فرشته ۴۱۶
فروید، زیگموند ۴۷
فوکو، میشل ۳۱۱
فیروز، مریم ۳۳

ق

قاضی، محمد ۱۱۵
قاضی‌نور، قدسی ۳۳۹
قائد، محمد ۳۱۴
قائمیان، حسن ۳۰

ک

کاشانی، مهدی ۴۷
کاشی، نایب حسین ۴۱۴
کاشیگر، مدیا ۳۱۴
کاظمیه، اسلام ۲۸۱، ۲۸۲، ۳۷۴، ۴۱۳
کافکا، فرانتس ۲۴، ۳۲، ۳۳۱
کامو، آلبر ۳۳۱
کاهانی، عبدالرضا خ
کبیری پرویزی، هومن ر
کردستانی، سیدمحمدرضا (میرزاده عشقی) ۲۷۸، ۲۹۵
کردوانی، کاظم ۳۸۰، ۴۲۳
کریمی حکاک، احمد ۲۳۵، ۳۳۴
کسرایی، سیاوش ۱۵۷، ۱۶۲، ۲۳۸، ۲۴۰، ۴۱۷
کسلر، آرتور ۱۴۶
کمال، یاشار ۱۸، ۲۵۸، ۲۶۳، ۲۶۵
کوبان، سیما ۴۲۱
کوزه‌کنانی، طاهره ۲۱۰
کوشان، منصور ۱۱۵، ۱۸۳، ۳۱۵، ۴۰۳، ۴۲۴-۴۱۹
کیمیایی، مسعود ۱۴
کیهانی، نسرین الف، ر

گ

گالیو، فرانکا ۲۴۱
گراس، گونتر ۱۴۷، ۴۰۷
گرگین، عاطفه ۲۹۵، ۳۰۰
گروسه، رنه ۴۰
گلابدره‌ای، محمود ۳۸۸
گلستان، ابراهیم ۶۷، ۷۶-۶۹، ۱۵۳، ۲۱۱، ۲۱۵
گلستان، فخری ۷۶
گلستان، کاوه ۷۶
گلستان، لیلی ۷۶
گلسرخی، خسرو ۲۷۸، ۲۹۵، ۲۹۶
گلشیری، هوشنگ ب، ۵، ۱۹، ۶۴، ۶۵، ۷۲، ۱۱۳، ۱۱۸، ۲۱۵، ۲۲۳، ۲۶۶، ۳۰۴، ۳۵۳، ۴۱۱، ۴۲۲-۴۲۰
گورکی، ماکسیم ۲۷۶
گوگول، نیکلای ۴۰

ل

لاجوردی، سیداسدالله ۳۳۷-۳۳۵
لنکرانی، بدری ۲۱۰

لنگرودی، شمس ۲۰۴، ۴۱۷
لنین، ولادیمیر ۱۸۸، ۳۸۸
لورکا، فدریکو گارسیا ۲۷۷، ۲۷۹، ۲۹۲
لوئیس، سینکلر ۲۵۸

م

مارکز، گابریل گارسیا ۱۸۶، ۲۰۹، ۳۴۳، ۳۴۷
مارکس، کارل هاینریش ۱۸۸، ۳۱۱
مجابی، جواد ۲۵۳، ۳۱۳، ۳۴۵، ۳۶۱، ۳۶۳، ۳۷۲، ۴۰۳، ۴۱۷، ۴۲۰
مجابی، علیرضا ۳۱۴
محسنی، سام خ
محلاتی، حاج سیاح ۴۱۴
محمدطاهر، ابوالقاسم ۱۱۶
محمدرضاشاه (محمدرضا پهلوی) ۲۴، ۳۵، ۱۵۳، ۱۵۵، ۲۷۲
محمدعلی، محمد الف، ب، پ، ت، چ، ح، ذ، ر، ز، ش، ۲۱، ۳۹، ۱۰۹، ۱۱۸، ۱۲۰، ۱۲۱، ۱۵۹، ۱۶۷، ۲۳۵، ۲۶۰، ۲۹۳، ۳۹۹، ۴۰۴، ۴۰۵، ۴۱۳، ۴۲۱، ۴۲۲
محمود، احمد ۱۸، ۱۴۷-۱۳۳، ۱۷۰، ۱۸۴، ۲۱۵
محمودی، حسن ۲۲۸
مختاری، سهراب ۳۲۵
مختاری، سیاوش ۳۲۵
مختاری، محمد ب، ۱۲۹، ۱۸۵، ۱۸۹، ۲۳۴، ۲۳۸، ۲۴۰، ۲۷۸، ۲۸۲، ۲۸۹-۲۸۷، ۲۹۶، ۳۰۳، ۳۰۹، ۳۱۳، ۳۲۵-۳۱۷، ۳۳۵-۳۳۳، ۳۷۲، ۳۷۳، ۳۸۰، ۳۹۴، ۴۰۳-۳۹۹، ۴۲۲-۴۲۰
مدرس صادقی، جعفر ۲۱۵
مرادی، ژیلا ۲۲۸
مرزبان، هادی ۲۵۱
مشتاقی، مرتضی ۳۰۴، ۳۳۹، ۴۲۷
مشرف آزاد تهرانی، محمود (م.آزاد) ۲۳۵
مشگینی، مهدی خ
مصدق، محمد ۸۶، ۱۵۳
مُصلِح بن عبدالله بن مشرّف، ابومحمّد مُشرف‌الدین (سعدی) ۷۵، ۱۶۰، ۱۶۱، ۳۶۹
مظفرالدین‌شاه قاجار ۴۰، ۴۱۴
مظفری، حمید چ
معروفی، عباس ۳۹۵
معصوم‌بیگی، اکبر ۳۸۰، ۴۲۳
مقدم مراغه‌ای، رحمت‌الله ۲۰۳
مقصدی، رضا ۳۰۰
ملکی، خلیل ۷۹، ۸۶، ۸۷
منصوری، حسین ۱۰۴، ۱۰۵، ۱۵۴
مهدی‌پور عمرانی، روح‌الله ۲۲۸
مهویزانی، الهام ۳۵۴
مهیج، مهردخت ۴۱۶
موسولینی، بنیتو ۳۱۱
موسوی، حافظ ۳۸۰
مولیر (ژان باتیست پوکلن) ۴
مؤذن، ناصر ۲۰۰
مولانا /مولوی (جلال‌الدین محمد بلخی) ۴۱، ۲۲۵
میرزاده عشقی (سیدمحمدرضا کردستانی) ۲۷۸، ۲۹۵
میرزایی، پیروز ح
میرزایی، مجید ۳۰۴
میرصادقی، جمال ۲۱۵
میرعابدینی، حسن ۴۲۵

ن

نادرپور، نادر الف، ۱۲۵، ۱۲۸، ۱۴۵، ۲۴۰
نادری، امیر ۵۴

ناطق، هما ۳۳۵
نجات، هوتن ۲۴۶
نجدی، بیژن ۳۶۳، ۴۲۲
نصیری‌پور، غلامحسین ۲۸۸، ۳۱۲، ۳۷۲
نظامی گنجوی ۲۶۲
نفیسی، سعید ۳۸

نقره‌کار، مسعود ۲۳۱، ۳۵۹، ۳۶۳، ۳۸۵-۳۹۵
نقش، فریده ۴۱۹
نگهبان، علی ۳۰۴، ۳۸۲، ۴۱۹، ۴۲۴
نوری‌زاده، احمد ۴۰۴
نوشین، عبدالحسین ۲۲-۲۴، ۲۶
نیچه، فریدریش ۳۱۱

و
واقدی، اصغر ۱۰۳، ۱۱۸
وجدانی، محمد ۳۳۴

ورن، ژول ۱۴۶

ه
هاشمی، زکریا ۳۸۸
هانچف، وسلین ۲۷۶
هایراپتیان تبریزی، لرتا ۲۷
هدایت، جهانگیر ۴۷
هدایت، صادق ۴۷-۱، ۵۳، ۵۴، ۵۸، ۶۷، ۷۱-۷۳، ۹۲، ۹۳، ۱۰۴، ۱۲۶، ۱۲۷، ۱۳۷، ۱۵۸، ۱۵۹، ۲۰۲، ۲۱۱، ۲۱۵، ۳۳۱، ۳۸۷، ۳۸۹، ۴۱۱
هرندی، محسن ۲۵۳

هریتاش، خسرو ۲۲۷
هزارخانی، منوچهر ۲۸۱
هلنس، فرانتس ۱۷
همینگوی، ارنست ۲۰، ۷۱، ۳۶۱
هوشمند، احد ۳۰۰
هومر ز، ۲۶۰
هویدا، امیرعباس ۵۴، ۷۴، ۲۰۲
هویدا، فریدون ۷۴
هیتلر، آدولف ۳۱۱

ی
یلفانی، محسن ۲۷۶، ۲۸۴، ۲۸۷، ۳۳۵
یوشیج، نیما ۵۶، ۵۸، ۱۱۷، ۱۵۷، ۱۸۵، ۱۹۰، ۲۱۰، ۲۴۰، ۳۴۸، ۴۱۱، ۴۲۲

نشر رها منتشر کرده است:

- **ریشه‌ها و نشانه‌ها در نمایش میر نوروزی، مرتضی مشتاقی**، مارس ۲۰۲۳، ونکوور
- **بوی برگ شمعدانی، مجید سجادی تهرانی**، مهٔ ۲۰۲۳، ونکوور
- **خطابه‌های راه‌راه: داستانی ناتمام، محمد محمدعلی**، ژوئن ۲۰۲۳، ونکوور
- **شام کریسمس؛ خورش قیمه‌بادنجان، نوشا وحیدی**، ژوئن ۲۰۲۳، ونکوور
- **سنگام و دیگر داستان‌ها، مهرنوش مزارعی**، آوریل ۲۰۲۴، ونکوور
- **شهر کریستال، مریم رئیس‌دانا**، آوریل ۲۰۲۴، ونکوور
- **پدرم کالیگولا را می‌کشد، علیرضا جوانمرد**، فوریهٔ ۲۰۲۵، ونکوور
- **به‌یاد خالق «جهان زندگان»، مجموعهٔ مقالات و یادداشت‌هایی دربارهٔ زندگی ادبی و آثار محمد محمدعلی**، آوریل ۲۰۲۵، ونکوور

برای خرید نسخه‌های الکترونیک و چاپی کتاب‌های نشر رها به‌صورت آنلاین از لینک زیر استفاده کنید یا از طریق تبلت یا تلفن هوشمندتان کد QR زیر را اسکن کنید:

https://bit.ly/RahaaBookstore

Yādegārī Rū-ye Dīvār-e Dīgarān: Majmū'eh Maqālāt Va Goftogūhā-ye Mohammad Mohammadalī Darbāre-ye Chehrehā-ye Barjaste-ye Adabīyyāt-e Mo'āser
(Inscriptions on Others' Walls: A collection of articles by Mohammad Mohammadali about prominent figures in contemporary literature)
With Contributions by Bahareh Dehkordi
Editors: Sima Ghaffarzadeh and Houman Kabiri Parvizi
Cover Design: Farhad Sefidi, Inspired by a photo of Mohammad Mohammadali by Mohamad Reza Amini Chehragh

Rahaa Publishing is the book publishing division of Hamyaari Media Inc.
PO Box 31055, St Johns Street, Port Moody, BC V3H 4T4, Canada
+1-604-671-9505
info@rahaa.pub
www.rahaa.pub
Copyright © 2025 by Rahaa Publishing
All rights reserved, including the right to reproduce this book or portions thereof in any form whatsoever. Without limiting the rights under copyright reserved above, no part of this publication may be reproduced, stored in or introduced into a retrieval system, or transmitted in any form or by any means (electronic mechanical, photocopying, recording or otherwise), without the prior written permission of the publisher.

Yādegārī Rū-ye Dīvār-e Dīgarān: Majmū'eh Maqālāt Va Goftogūhā-ye Mohammad Mohammadali Darbāre-ye Chehrehā-ye Barjaste-ye Adabīyyāt-e Mo'āser
(Inscriptions on Others' Walls: A Collection of Articles by Mohammad Mohammadali and Interviews with Him about Prominent Figures in Contemporary Literature)

Print ISBN: 978-1-7383638-4-1
eBook ISBN: 978-1-7383638-5-8

Yādegārī Rū-ye Dīvār-e Dīgarān: Majmū'eh Maqālāt Va Goftogūhā-ye Mohammad Mohammadali Darbāre-ye Chehrehā-ye Barjaste-ye Adabīyyāt-e Mo'āser

(Inscriptions on Others' Walls: A Collection of Articles by Mohammad Mohammadali and Interviews with Him about Prominent Figures in Contemporary Literature)

With Contributions by Bahareh Dehkordi

نشر رها

Vancouver, Canada